铁道警察学院2014年度学术著作出版资助项目

拐卖犯罪防治对策比较研究：以《联合国反人口贩运议定书》实施为视角

兰立宏 著

中国人民公安大学出版社
·北 京·

图书在版编目（CIP）数据

拐卖犯罪防治对策比较研究：以《联合国反人口贩运议定书》实施为视角/兰立宏著．—北京：中国人民公安大学出版社，2014.12

ISBN 978-7-5653-2083-5

Ⅰ.①拐… Ⅱ.①兰… Ⅲ.①拐卖人口—预防犯罪—对比研究—世界 Ⅳ.①D914.04

中国版本图书馆 CIP 数据核字（2014）第 281661 号

拐卖犯罪防治对策比较研究：
以《联合国反人口贩运议定书》实施为视角

兰立宏　著

出版发行：中国人民公安大学出版社
地　　址：北京市西城区木樨地南里
邮政编码：100038
经　　销：新华书店
印　　刷：北京蓝空印刷厂

版　　次：2014 年 12 月第 1 版
印　　次：2014 年 12 月第 1 次
印　　张：13.125
开　　本：880 毫米×1230 毫米　1/32
字　　数：353 千字

书　　号：ISBN 978-7-5653-2083-5
定　　价：40.00 元

网　　址：www.cppsup.com.cn　www.porclub.com.cn
电子邮箱：zbs@cppsup.com　zbs@cppsu.edu.cn

营销中心电话：010-83903254
读者服务部电话（门市）：010-83903257
警官读者俱乐部电话（网购、邮购）：010-83903253
法律图书分社电话：010-83905745

作者简介

兰立宏，男，汉族，1979 年 3 月出生，河南南阳人。曾在郑州大学（1997 - 2001，2005 - 2008）、中国社会科学院研究生院（2010 - 2013）学习，分别获得英语语言文学学士、国际法学硕士、国际法学博士学位；2012 年 1 月至 2013 年 1 月，以公安部、教育部公派访问学者身份在加拿大麦吉尔大学法学院从事访学研究。现为公安部铁道警察学院副教授、院学术委员会委员、学报编辑部主任。主要研究方向为国际刑法学、刑法学、国际移民法，主持完成省部级科研项目 3 项，先后在《中国人民公安大学学报（社会科学版）》、《Frontiers of Law in China》、《青少年犯罪问题》、《北大国际法与比较法评论》等刊物上发表中、英文论文 10 余篇。

目 录

引 言

一、背景

人口贩运已经成为一种全球现象。据国际劳工组织最新权威估计，自2002年至2011年，在这期间任一时间点上，全球大约有1870万名强迫性剥削或强迫劳动的受害者，其中遭受强迫性剥削的受害者约占76%，全部受害者中约55%为女性，约74%的受害者为18岁以上的成年人。[①] 虽然受害者遍布全球，但其中56%分布在亚太地区，18%分布在非洲地区，9%分布在拉美和加勒比地区，7%分布在发达经济体和欧盟，7%分布在中欧、东欧、东南欧非欧盟地区和俄罗斯，另外有3%分布在中东地区；全部受害者中29%为外国公民，强迫性剥削受害者中外国公民的比例达到74%。[②] 全球强迫劳动的受害者所遭受的经济损失在2009年达210

① International Labor Organization, *ILO Global Estimate of Forced Labor: Results and Methodology*, pp. 13 - 15, Geneva, 2012. 国际劳工组织在该报告中使用了1930年《强迫劳动公约》第2条的定义"强迫或强制劳动系指以任何惩罚相威胁，强迫任何人从事的非本人自愿的一切劳动或服务"，将强迫劳动分为三类，分别是强迫性剥削、强迫劳动和政府施加的强迫劳动。强迫劳动则包括了奴役、类似奴役的做法、劳役和债役。显然，该报告涵盖了《议定书》中的性贩运和为劳动剥削而进行的贩运，但未包括为强迫婚姻、收养和器官切除而进行的贩运。需要指出的是，"政府施加的强迫劳动"是指《强迫劳动公约》第2条第2款规定的例外情形之外政府施加的强迫劳动。

② International Labor Organization, *ILO Global Estimate of Forced Labor: Results and Methodology*, pp. 15 - 17.

亿美元。① 人口贩运已经成为仅次于毒品贩运和武器贩运获利最丰的跨国有组织犯罪。② 尽管由于各种因素很难准确地摸清人口贩运的规模、范围、类型和危害，③ 但是上述统计在一定程度上反映了人口贩运的全球性、严重性和危害性。

---

① United Nations Office on Drugs and Crime, *The Globalization of Crime: A Transnational Organized Crime Threat Assessment*, p. 39, Vienna, 2010; International Labor Organization, *The Cost of Coercion: Global Report under the Follow – up to the ILO Declaration on Fundamental Principles and Rights at Work*, International Labor Conference, p. 32, Geneva, 2009. 评估侧重于对受害者所遭受的经济损失，包括未得到的工资，而不是贩运者或剥削者所获得的收益。

② Nassir Abdulaziz Al – Nasser (President of the 66th Session of General Assembly of the United Nations), *Speech on the Occasion of the Second Ministerial Meeting of the Group of Friends United against Human Trafficking*, New York, 2011, at http://www.un.org/en/ga/president/66/statements/trafficking260911.shtml (last visited 1 July 2014); INTERPOL, *INTERPOL Call for Private Sector to Help Fight Human trafficking*, Lyon, 2006, at http://www.interpol.int/News – and – media/News – media – releases/2006/N20060124b (last visited 1 July 2014).

③ 影响摸清全球人口贩运规律和特点的因素有很多，既有客观原因，比如，人口贩运活动所具有的隐蔽性，调查、统计人口贩运犯罪能力的有限，被害人不能够或者不愿意与执法部门合作起诉贩运人所造成的起诉失败，又有政治因素导致的不报或少报，如部分国家出于获取外汇或者税收的需要而纵容人口贩运，为了应对外国压力、获取外国财政资助而控制对人口贩运的报告，为了维护国家名誉而限制对人口贩运的报告，部分执法机关由于腐败而对人口贩运的庇护，还有法律原因，如各国对“人口贩运”有不尽相同的界定，有的国家没有在国内法中对人口贩运作出规定，有的仅将人口贩运限定在妇女、儿童贩运上，有的则限定在妇女性贩运上。目前评估全球人口贩运的方法有很多，比较有代表性的是国际劳工组织的方法和美国国务院的方法，但是各有利弊。关于影响统计全球人口贩运数量的因素，见 Heather M. Smith, Sex Trafficking: Trends, Challenges, and the Limitations of International Law, *Human Rights Rev.*, Vol. 12, 2011, pp. 278 – 283; Ernesto U. Savona et al., *Measuring Human Trafficking: Complexities and Pitfalls*, California: Springer, 2007, pp. 55 – 69. 关于估计全球人口贩运数量的方法，见 International Labor Organization, *Methodologies for Global and National Estimation of Human Trafficking Victims: Current and Future Approaches*, Geneva, 2007, at http://www.ilo.org/sapfl/Informationresources/ILO-Publications/WCMS_081989/lang – – en/index.htm (last visited 1 July 2014); Amanda J. Gould, *From Pseudoscience to Protoscience: Estimating Human Trafficking and Modern Forms of Slavery*, Second Annual Interdisciplinary Conference on Human Trafficking, 2010, Paper 6, at http://digitalcommons.unl.edu/humtrafconf2/6 (last visited 1 July 2014).

为了应对日益严重的人口贩运问题，国际社会制定了许多国际法律文件，以预防和打击人口贩运，如先后制定了1904年《禁止贩运白奴国际协定》、1910年《禁止贩运白奴国际公约》、1921年《禁止贩运妇女和儿童国际公约》、1933年《禁止贩运成年妇女国际公约》、1949年《禁止贩卖人口及取缔意图盈利使人卖淫的公约》、1979年《消除对妇女一切形式歧视公约》、1989年《儿童权利公约》、《儿童权利公约关于买卖儿童、儿童卖淫和儿童色情制品的任择议定书》、《联合国打击跨国有组织犯罪公约》（以下简称《公约》）、《联合国打击跨国有组织犯罪公约关于预防、禁止和惩治贩运人口特别是妇女和儿童的补充议定书》（以下简称《议定书》）等国际法律文件。其中，《议定书》是“目前全球打击人口贩运的最主要的、最具影响力的国际法律文件”。[①] 该《议定书》于2000年11月15日获得通过，2003年12月25日生效，截至2014年7月1日，已有159个缔约国，中国于2010年2月8日批准了该《议定书》。自《议定书》生效以来，许多国家纷纷依据《议定书》，或者制定新的反人口贩运法律，或者修订现有的反人口贩运法律，加强对《议定书》的实施，国际社会在反人口贩运方面取得了较大的进步。但是，事实上，很少有国家适用其反人口贩运法律对人口贩运者进行定罪，在具有专门的反人口贩运法律的国家中，约有40%的国家自2003年至2008年间从未进行过此种定罪，而且即使适用了反人口贩运法律，也很少依据该法律定罪。[②] 根据美国《2014年人口贩运报告》统计，全球2013年起诉的人口

---

① Office of the United Nations High Commissioner for Human Rights, *Recommended Principles and Guidance on Human Rights and Human Trafficking: Commentary*, p. 20, New York and Geneva, 2010, at http://ec. europa. eu/ anti - trafficking/entity; jsessionid = SkGgNszKvB23hRz pZPFGKKvQCTGNlyxHfnv051MQDn3f1nkhsGnl! 855818409? id = 0537bd22 - 4175 - 4915 - b89f - 577738665625 (last visited 1 July 2014).

② See United Nations Office on Drugs and Crime, *The Globalization of Crime: A Transnational Organized Crime Threat Assessment*, Vienna, 2010, p. 51.

贩运案例仅有9460起，其中劳动贩运案例1199起，定罪的人口贩运案例仅有5776起，其中劳动贩运案例470起，确定的被害人仅有44758人，其中劳动贩运被害人10603人。[①] 而且，根据上文国际劳工组织2012年对全球劳动贩运的估计，全球大约有1870万名强迫性剥削或强迫劳动的受害者，而该组织在2005年对全球劳动贩运受害者的估计数字为1230万名。[②] 尽管国际劳工组织解释说估计数字前后的变化不足以作为确定全球劳动贩运发展趋势的证据，这只是由于2012年使用的统计方法比2005年更加复杂，使用的数据来源也比2005年多，质量也更好，但是，不管统计的方法和使用的数据来源如何变化，前后两次统计的数字应该都在很大程度上反映了国际社会人口贩运的实际情况。因此，可以在一定程度上说，近年来全球人口贩运问题日益严重和突出。上述问题的出现，在很大程度上说明了《议定书》在预防和打击人口贩运的力度和成效方面存在问题，《议定书》未能在国际社会得到全面、有效的实施，《议定书》的实施机制有待于进一步完善。

事实上，《公约》与《议定书》的实施监督机制目前正处于迅速发展和完善的阶段，实施监督机制的进一步完善将会促使包括中国在内的缔约国更加充分地遵守《议定书》。但是，人口贩运问题特别是国内人口贩运问题在我国日益突出和严重，拐卖妇女儿童，收买被拐卖的妇女儿童，拐骗儿童，强迫劳动、协助强迫劳动，强迫卖淫、协助组织卖淫，强迫残疾人、未成年人乞讨，组织未成年人进行违反治安管理活动等人口贩运犯罪在不断地蔓延和增多。人口贩运这种严重侵犯人权的现象不仅使被害人的人格尊严和身心健康遭到严重摧残，使安全和谐的社会秩序受到严重破坏，也使我国

① U. S. A. Department of State, *Trafficking in Persons Report* 2014, Washington, 2012, p. 45, at http://www.state.gov/documents/organization/226844.pdf (last visited 1 July 2014).

② International Labor Organization, *A Global Alliance against Forced Labor*, Geneva, 2005, pp. 12–15.

的国际形象大大受损。尽管引起这一问题的原因有很多，但是我国相关法律制度不完善、相关法治实践不到位是重要原因。因此，可以预见，随着《公约》与《议定书》的实施监督机制的完善，我国在反人口贩运方面的立法、执法和司法实践将会面临巨大的国际压力和挑战。所以，无论从保护基本人权、维护社会和谐的角度出发，还是从履行国际义务、维护国际形象的立场考虑，均有必要对《议定书》的内容及其国内实施情况与国际实施机制进行深入研究，在全面深刻理解《议定书》确立的实然义务和应然义务的基础上，借鉴其他国家实施《议定书》的良好做法，系统探讨我国反拐法律制度的完善之道，并为我国参与反拐国际合作提出建设性意见。也正因为如此，《中国反对拐卖人口行动计划（2013—2020年）》明确将“完善法律法规和政策体系”和“加强国际合作”作为我国反拐六项行动措施中重要的两部分内容。

二、国内外研究状况

随着全球人口贩运问题的日益严重和突出以及国际社会反人口贩运实践的发展，越来越多的学者和实务工作者将研究的焦点集中在人口贩运这一几乎困扰所有国家的问题上。由于人口贩运问题既涉及犯罪特别是跨国有组织犯罪或国际犯罪，又涉及被害人和证人的人权保护；既涉及移民管理和国家安全，又涉及移徙工人的权利保护；既涉及国际法，又涉及国内法；既是一个法律问题，又是一个政治问题，所以，人口贩运问题引起了多个学科学者的关注，包括法学、社会学、政治学、人口学、卫生学等学科的学者，而法学学者又包括刑法学、诉讼法学、国际法学、移民法学、人权法学等方面的学者。由于《议定书》是国际社会预防和惩治人口贩运犯罪的一个“最主要的、最具影响力的国际法律文件”，所以研究人口贩运问题的学者在研究的过程中不可能不研究该《议定书》。因此，在一定意义上，可以说《议定书》引起了研究人口贩运问题学者的共同注意。但是，这些学者在研究方法、侧重点、落脚点等方面存在较大差异。

国外关于人口贩运问题的专著和文章很多，主要集中在国际法学、人权法学、政治学和社会学领域，但是专门研究《议定书》的专著和文章则是凤毛麟角。国际法学者在研究人口贩运问题时，往往用规范分析的方法，对有关人口贩运的各种国际法律文件及相关案例进行分析，以期在阐明法律条文含义、明确国家义务的基础上，指出国际法的完善之道以及国际社会应对人口贩运问题的努力方向。例如，安妮·加拉格尔在《国际人口贩运法》一书中，对有关人口贩运的国际法律文件进行了梳理，对与人口贩运有关的国家责任和国家义务进行了综合分析，以期为国际社会更好地实施国际法提供指导。[①] 西尔维娅·斯卡帕在《人口贩运——现代奴役》一书中，认为人口贩运是现代形式的奴役，先后对全球性的国际人权法、国际刑法和国际劳动法中关于贩运被害人保护的规定以及欧洲理事会和欧盟关于人口贩运的地区性法律中关于人口贩运被害人保护的规定进行了分析，最终向包括国家、政府间国际组织、非政府国际组织、研究机构和个人在内的国际社会提出了清除这种现代奴役的建议。[②] 大卫·麦克林在《跨国有组织犯罪——联合国公约及其议定书评论》一书中，对《联合国打击跨国有组织犯罪公约》及其三个补充议定书进行了逐条分析，结合谈判历史对每一条款进行了评析，明确了其含义和适用范围。[③] 汤姆·奥博卡塔在《人权视域下的人口贩运——迈向综合的方法》一书中，分别对英国、波兰、泰国有关人口贩运的立法、司法和执法情况进行了分析，同时结合国际法分析了国家、政府间国际组织和其他非国家主体在应

① See Anne T. Gallagher, *The International Law of Human Trafficking*, New York: Cambridge University Press, 2010.

② See Silvia Scarpa, *Trafficking in Human Beings: Modern Slavery*, New York: Oxford University Press, 2008.

③ See David McClean, *Transnational Organized Crime: A Commentary on the UN Convention and its Protocols*, New York: Oxford University Press, 2007.

对人口贩运问题方面的义务、责任和作用，并提出了在国家、地区和国际层面完善人权保护机制以应对人口贩运的建议。① 比较有代表性的国际法文章，如卡伦·弗雷德特的《重温议定书——在平衡中寻求更加有效的法律》、乐华·珀尔兹的《全球人口贩运——评估议定书的成功之处》、希瑟·史密斯的《性贩运——趋势、挑战与国际法的局限性》等，均对制定《议定书》的背景进行了介绍，并分析了《议定书》的主要条款及存在的问题，最后提出了完善《议定书》的建议。② 上述在国际法领域比较有代表性的专著和文章，虽然均对《议定书》有所涉及，但是主要侧重于对其条文含义的分析和国际法主体义务的明确，落脚点在于提出完善国际反人口贩运法律的建议，鲜有对《议定书》的实施进行论述，即使对《议定书》的实施有所涉及，也是浅尝辄止，缺乏体系性和深入性。例如，《国际人口贩运法》一书虽然对全球各种反人口贩运实施机制有所论述，对《议定书》实施机制的未来发展有所预测，但是并未对《议定书》的实施情况进行深入考察，也没有系统地运用国际关系理论和国际法学关于国际法遵守的理论提出促进《议定书》有效实施的建议。

国外在社会学、国际政治学领域研究人口贩运问题的文献也很多。社会学的学者往往把人口贩运作为一种社会问题进行研究，侧

① Tom Obokata, *Trafficking of Human Beings from a Human Rights Perspective: Towards a Holistic Approach*, Leiden: Martinus Nijhoff Publishers, 2006.

② Kalen Fredette, Revisiting the UN Protocol on Human Trafficking: Striking Balances for More Effective Legislation, 17 *Cardozo J. Int'l & Comp. L.*, Vol. 17, 2009, pp. 101 – 134. Leroy G. Polls, Global Trafficking in Human Beings: Assessing the Success of the United Nations Protocol to Prevent Trafficking in Persons, *The George Washington International Law Review*, Vol. 35 (1), 2003, pp. 227 – 249; Heather M. Smith, Sex Trafficking: Trends, Challenges, and the Limitations of International Law, *Hum Rights Rev.*, Vol. 12, 2011, pp. 271 – 286.

重于对人口贩运产生的原因、特点、趋势、影响及应对措施进行探讨。[①] 这些研究加深了对人口贩运这一社会问题本质的认识，有助于认清人口贩运产生的深刻根源，反思当前反人口贩运的做法，构思预防人口贩运的有效策略。但是，人口贩运不仅仅是一种复杂的社会问题，还是一种政治问题、法律问题，特别是跨国人口贩运，更易受国际政治的影响，其解决需要综合使用社会方法、政治方法和法律方法。国际政治学的学者则采用政治学研究的方法对《议定书》进行研究，往往先找准一个问题，然后运用一定的国际政治理论提出一定的研究假设，再运用定性分析、定量分析等方法对研究假设进行检验或论证。例如，贝斯·西蒙斯在《主观框架与理性选择——跨国犯罪与人口贩运》一文中先运用国际关系社会建构的理论与理性选择的理论提出了以下研究假设：在有关人口贩运的各种思想框架中，跨国有组织犯罪这种思想框架是《议定书》关于将人口贩运进行刑事定罪的规定在全球迅速扩散的原因，它使国家将注意力集中在与人口贩运有关的消极影响上，影响了国家在人口贩运问题上对成本和收益的理性分析；之后又运用实证的方法对这一假设进行了检验。[②] 又如，周秀杨在《论议定书的遵守》一文中，先运用国际关系理性选择理论提出了以下研究假设：在《议定书》规定的三大义务——预防人口贩运、起诉人口贩运者和保护被害人中，由于预防人口贩运与其他义务相比，反映了强国（大多是贩运目的地国）的主要利益，而且不会引起实施国国内的反对，实施的政治成本较低，所以《议定书》的批准会对预防义

① See Sally Cameron et al. (Eds.), *Trafficking in Humans: Social, Cultural and Political Dimensions*, Hong Kong: United Nations University Press, 2008; Maggy Lee, *Trafficking and Global Crime Control*, London: Sage, 2011; Louise Shelley, *Human Trafficking: A Global Perspective*, New York: Cambridge University Press, 2010.

② See Simmons, Beth A. and Paulette Lloyd, *Subjective Frames and Rational Choice: Transnational Crime and the Case of Human Trafficking*, July 17, 2010, at http://ssrn.com/abstract=1653473 (last visted 1 July 2014).

务的履行产生最大影响，预防人口贩运是实施《议定书》的最有效方式；之后运用定量的方法对该假设进行了检验。① 这些文章运用国际关系理论对《议定书》的实际实施规律进行了一定探讨，有助于加深对《议定书》实施规律的理解。但是，影响《议定书》实施的因素很多，除了可以运用社会建构理论、理性选择理论对这些因素进行解释，还可以运用国际法遵守的其他理论，如管理主义理论、合法性理论、互动主义理论等，对影响《议定书》实施的诸多因素进行全面分析，从而提出促进《议定书》有效实施的全面、科学的策略。因此，综合运用国际关系理论和国际法学交叉的国际法遵守理论，探讨促进《议定书》有效实施的科学、有效策略，便是本文的努力方向。

国内关于拐卖妇女、儿童罪的文献较多，主要集中在刑法学、犯罪学领域，这些文献侧重于探讨拐卖妇女、儿童犯罪的现状、我国刑事法律在打击此种犯罪方面存在的问题及完善策略，其研究重心不在于《议定书》的实施，而是将其作为完善我国相关刑事法律的依据或参照。② 近年来，国内研究跨国人口贩运问题的文献逐渐增多。③ 特别是自我国于 2010 年 2 月 8 日正式批准《议定书》以来，国际法学界研究《议定书》及其对我国反人口贩运法律完善的影响方面的文献日益增多，出现不少研究《议定书》的文章，如梁淑英教授的《国际法关于贩运人口的定义及我国刑法规定之

---

① See Seo – Young Chou et al. , Compliance with the Anti – Trafficking Protocol, *European Journal of Political Economy*, Vol. 28, 2012, pp. 249 – 265.

② 相关文献参见刘宪权主编：《打击拐卖人口犯罪的法律对策》，上海人民出版社 2003 年版；赵军：《略谈我国拐卖犯罪的立法缺陷——以山西黑砖窑事件及联合国 "The UN Trafficking Protocol" 为视角》，载《法学评论》2008 年第 1 期，第 98 ~ 101 页；荆长岭：《中国治理跨国人口贩运的现状及其发展》，载《政法学刊》，2010 年第 2 期，第 78 ~ 87 页；许晓娟、彭志刚：《论〈巴勒莫公约〉相关议定书对我国刑法的影响》，载《西部法学评论》2011 年第 2 期，第 124 ~ 127 页。

③ 蔡巍：《惩治跨国贩运妇女儿童犯罪的现状、困境与对策》，载《政法学刊》2005 年第 2 期，第 28 ~ 32 页。

思考》、刘国福教授的《中国反贩运人口法律的理性回顾与思考：以国际法为视角》、魏怡然的《论〈打击人口贩运议定书〉的成就与不足》等。[①] 这些文献对包括《议定书》在内的反人口贩运国际法律进行了较为深入的研究，或者指出这些国际法律在反人口贩运方面的作用和不足，并提出了完善这些法律的初步建议，或者以这些国际法律为依据或参照，提出了完善我国反人口贩运法律的建议。应该说，这些文献加深了我们对反人口贩运国际法律的认识，为我国国内法与这些国际法的良好衔接提出了许多好的思路。但是，这些文献限于文章篇幅，对《议定书》内容的涉及不够全面、系统和深入，没有结合作为《议定书》母约的《联合国打击跨国有组织犯罪公约》及相关国际人权公约对《议定书》下的实然义务和应然义务进行全面而深入的探讨。而且这些文献在依据或参照《议定书》提出完善我国反拐法律的建议时，仅仅将我国关于拐卖妇女儿童罪的规定与《议定书》的内容进行简单对照，并没有深入比较探讨其他国家实施《议定书》的情况，也没有对我国应对包括强迫劳动罪、协助强迫劳动罪，强迫卖淫罪、协助组织卖淫罪，拐骗儿童罪，组织残疾人、儿童乞讨罪等在内的犯罪的反拐法律体系进行系统深入的研究。更重要的是，跨国人口贩运作为一种遍布全球的跨国有组织犯罪，其有效预防与打击需要包括中国在内的国际社会的共同努力。《议定书》作为国际社会预防和惩治跨国人口贩运犯罪的一个最全面、最广泛、最有影响力的国际合作工

① 相关文献参见梁淑英：《国际法关于贩运人口的定义及我国刑法相关规定之思考》，载《北大国际法与比较法评论》2011年第11期，第3～12页；刘国福：《中国反贩运人口法律的理性回顾与思考：以国际法为视角》，载《甘肃政法学院学报》2010年第5期，第74～85页；刘国福：《试论中国反贩运人口法律制度的完善》，载《政法学刊》2010年第3期，第42～47页；魏怡然：《论〈打击人口贩运议定书〉的成就与不足》，载《湖北社会科学》2011年第4期，第140～144页；魏怡然：《全球化背景下跨国人口贩运之国际法分析》，载《湖北大学学报（哲学社会科学版）》2012年第2期，第108～112页。

具，其有效实施意义十分重大。因此，有必要对《议定书》的有效实施问题进行深入、系统的研究。

值得注意的是，2011 年，我国出版了研究《议定书》的第一部专著。柳华文研究员的《〈联合国禁止贩运人口议定书〉研究：以人权法为视角》一书，从人权法的视角对人口贩运的历史脉络、定义、预防机制、被害人的保护及我国的反拐机制等问题进行了探讨，并提出了加强社会管理创新、加强社会建设、实现软法之治是我国实施《议定书》、加强反拐工作的新趋势。① 毫无疑问，作为《议定书》的重要组成部分，预防人口贩运和保护帮助被害人是从根本上解决人口贩运问题的必由之路。但是，从人权法的研究视角研究《议定书》，不仅需要探讨被害人的保护和帮助，探讨侵犯被害人人权的人口贩运行为的预防，还需要探讨具有惩治和威慑人口贩运、使被害人获得正义作用的起诉和惩治贩卖者行为。因此，无论从全面保护人权的角度，还是从有效实施《议定书》、减少或根除人口贩运的角度，都有必要对《议定书》进行全面研究，特别是对其实施的情况、实施的机制以及实施的促进进行深入系统的研究。

综上所述，目前国内关于《议定书》的研究还比较少，而且研究得不够深入、系统，在研究方法上侧重于规范研究和实体法研究，缺乏对其实施程序法的深入研究，更无人对其在缔约国的实施情况进行系统深入的研究和比较，并在了解《议定书》下的实然义务和应然义务以及其他国家良好做法的基础上，提出完善我国反拐法律制度的建议。综观国内外关于人口贩运的研究，特别是关于《议定书》的研究，法学界普遍侧重于对《议定书》条文的规范分析，或者在分析《议定书》缺陷的基础上，提出完善之道，或者在厘清《议定书》内容的基础上，提出完善国内法的建议；社会学界则侧重于运用社会学理论探讨人口贩运这一社会问题出现的原

① 参见柳华文著：《〈联合国禁止贩运人口议定书〉研究：以人权法为视角》，社会科学文献出版社 2011 年版。

因、影响、特点、趋势和应对；政治学界则侧重于运用国际政治理论验证其提出的与《议定书》实施有关的研究假设，但缺乏对《议定书》内容的深入关注。

三、研究思路与方法

本文运用《维也纳条约法公约》第31条和第32条所规定的条约解释方法，结合作为《议定书》母约的《公约》及其谈判准备工作文件，完整准确地还原《议定书》下的国家义务，以形成有利于统一、有效地实施《议定书》的共识；同时从保护人权、有效解决人口贩运问题的角度出发，结合相关的国际人权公约和刑法公约，指出《议定书》存在的缺陷和问题，并构思出《议定书》下的应然义务；然后系统深入地分析比较这些义务在加拿大、美国、泰国和中国的立法、执法和司法实施，以有效实施《议定书》和解决人口贩运问题作为评价标准，在总结这些国家在应对人口贩运问题方面存在的问题和具有的良好经验的基础上，结合我国的国情和法治实践提出完善我国反拐法律制度的针对性建议；在运用国际法的管理理论对旨在促进《议定书》有效实施的程序性机制进行深入探讨的基础上，为我国参与反拐国际合作提出构想和建议。

尽管研究国际法的方法很多，但本文侧重于运用国际关系理论与国际法学跨学科研究的方法，将国际关系理论融入国际法研究之中。[①] 国际关系理论与国际法学跨学科研究方法兴起于20世纪90年代

① 国际法的研究方法有很多，如实证主义方法、规范分析方法、政策定向法学方法、国际法律程序、批判法学方法、国际法与国际关系跨学科研究方法、女性主义法学方法、经济学方法等。有关这些研究方法的特点，见 Steven Ratner & Anne - Marie Slaughter, Appraising the Methods of International Law: A Prospectus for Readers, *American Journal of International Law*, Vol. 93, 1999, pp. 291 - 302.

初，如今仍风靡于北美和欧洲的国际法研究之中。[①] 而在我国，直到进入21世纪，国际法学界才开始关注以国际关系理论分析国际法的方法。[②] 将国际关系理论应用于国际法研究之中，有助于国际法学者更好地描述、解释国际法和进行国际制度设计。这也是国内学者建议采用国际关系理论与国际法学跨学科研究方法来建构国际法的“法理学”的原因所在。[③] 国际法遵守理论则是国际关系理论与国际法学跨学科研究的重要成果。围绕国家是否会遵守国际条约以及为什么会遵守或不遵守国际条约，形成了不同学派的国际法遵守理论，如理性选择理论、国家名誉理论、强制执行理论、民主主义理论、管理理论、合法性理论、跨国法律过程理论、互动理论等。[④] 这些不同学派的国际法遵守理论，总体上可以分为两大类：以规则为基础的理论（或规范主义理论）和以利益为基础的理论（又称工具性理论或功能性理论）。以规则为基础的理论侧重于初级规则（方法结构）和方法过程，认为国家遵守国际法是由于国际规则自身的特征使他们产生了国际义务观念，使他们认为遵守国际规则是符合其

---

① 20世纪90年代左右提倡进行国际关系理论与国际法跨学科研究的代表作有：Kenneth Abbott, Modern International Relations Theory: A Prospectus for International Layers, *Yale Journal of International law*, Vol. 14, 1989, pp. 335 - 411; Anne - Marie Slaughter Burly, International law and International Relations Theory: A Dual Agenda, *American Journal of International Law*, Vol. 87, 1993, pp. 205 - 239; Anne - Marie Slaughter, International law and International Relations Theory: A New Generation of Interdisciplinary Scholarship, *American Journal of International Law*, Vol. 92, pp. 367 - 397.

② 早期比较有代表性的作品有，刘志云：《试论当代国际关系理论中的国际法角色定位》，载《现代国际关系》2003年第2期，第30~35页；刘志云：《国际机制理论与国际法的发展》，载《现代国际关系》2004年第10期，第36~42页；徐崇利：《全球化趋势与“跨国法学”的兴起》，载《法商研究》2003年第4期，第59~66页。

③ 参见徐崇利：《构建国际法之“法理学”——国际法学与国际关系理论之学科交叉》，载《比较法研究》2009年第4期，第13~25页。

④ See William Bradford, International Legal Compliance: Surveying the Field, *Geo. J. Int'l L.*, Vol. 36, 2005, p. 496; Jutta Brunnee & Stephen J. Toope, *Legitimacy and Legality in International Law: An Interactional Account*, New York: Cambridge University Press, 2010, p. 98.

身份的，认为按照“适当性逻辑”应该遵守国际法。[①] 这类理论包括管理理论、合法性理论、跨国法律过程理论、互动理论等。以利益为基础的理论则侧重于次级规则（与不遵守和执行有关的规则）与问题结构，认为国家是为了获得收益或者优势而制定和遵守国际法的，国家之所以遵守国际法是出于对其行为后果的评估，因而国家的遵守行为符合“后果逻辑”。[②] 理性选择理论、国家名誉理论、强制执行理论、民主主义理论均可归于这一类理论。这些不同流派的理论具有不同的理论假定，对于影响国际法遵守的因素有不同的侧重，相应地提出了不同的促进遵守的策略。这些理论的差异之处具体体现在以下六个方面：问题结构、方法结构、方法过程、规则、国际结构和国内联系。[③] 这些理论由于对以下四个影响国际法遵守的因素（问题结构、规则、国际结构和国内联系）有不同的侧重，从而主张不尽相同的促进遵守的方法结构和方法过程。[④] 这

① See James G. March & Johan P. Olsen, The Institutional Dynamics of International Political Orders, *Intl Org.*, Vol. 52, 1998, pp. 943 - 969. 詹姆士·马奇（James March）和约翰·奥尔森（Johan Olsen）认为，在解释国际秩序的历史时，“预期后果逻辑”与“适当性逻辑”是行为的两个基础。根据“预期后果逻辑”，行为的动因是对后果的预期，主体在作出各种选择时会对这些选择对其个人目标或集体目标可能带来的后果进行评估，而且他们也认为其他主体也会作出类似行为；根据“适当性逻辑”，行为是以规则为基础的，主体会遵守与其身份相一致的规则，当主体认为某一规则或行为与其身份相一致，遵守该规则或采取该行为是符合其身份的、适当的时候，就会去遵守或者行动。

② 哈特认为法是有层级的，初级规则（规定义务）植根于次级规则（承认规则、变更规则和裁判规则），而整个法律体系建立于通过官员实践产生的最根本的“承认规则”之上。See H. L. A. Hart, *The Concept of Law*, Oxford: Clarendon Press, 1961, pp. 89 - 96.

③ 关于遵守的要素，参见 Kal Raustiala & Anne - Marie Slaughter, *International Law, International Relations and Compliance*, in Walter Carlsnaes, Thomas Risse & Beth A Simmons (Eds.), *Handbook of International Relations*, London: Sage Publications, 2006, pp. 545 - 548.

④ 艾迪斯·维斯（Edith Weiss）在影响国家遵守国际法的因素方面提出了类似观点，她认为影响国际法遵守的因素有四个方面，分别是待规范问题的特点、国际协议的特点、国际环境和国内因素。参见 Edith B. Weiss, Rethinking Compliance with International Law, in Eyal Benvenisti & Moshe Hirsh (Eds.), *The Impact of International Law on International Cooperation: Theoretical Perspectives*, Cambridge: Cambridge University Press, 2004, pp. 141 - 144.

些词语是国际关系理论上的术语，我们可以用国际法学术语使之更加通俗易懂，这四个影响因素分别是：待规范问题的特点、国际条约自身的特点、实施条约的国际环境和国内因素。例如，待规范问题的特点（问题结构）是以利益为基础的国际法遵守理论所强调的最基本的变量，但是却往往被以规则为基础的国际法遵守理论所忽视。① 问题结构包括战略互动和根本性实质问题的特点。② 作为问题结构的一个核心方面，战略互动涉及在合作和协调这两种基本的博弈情境下激发法律规则遵守的因素。在协调博弈情境下建立起来的法律规则，由于激发缔约国违反这些规则的诱因不存在或者非常微弱，因而一般不易被违反，被认为是“自执行的”。③ 而在合作博弈情境下建立起来的法律规则，则由于激发某一缔约国单独违反这些规则以取得最佳收益的诱因十分强大，因而很容易被违反。

正如前文所述，人口贩运已经成为一个困扰世界上绝大多数国家的全球性问题，人口贩运的跨国性决定了其有效预防和打击有赖于整个国际社会的共同努力，需要人口贩运的原住国、过境国和目的地国之间的鼎力合作。为此，作为全球应对人口贩运主要工具的《议定书》对缔约国在预防人口贩运、起诉贩运者以及保护与帮助被害人三方面的国际合作义务进行了规定。事实上，人口贩运的原住国往往为相对贫穷落后的发展中国家，而目的地国往往为发达国家。《议定书》规定的三个方面的措施具有不尽相同的立法用意：预防人口贩运和起诉贩运者旨在减少人口贩运；尽管保护和帮助被害人在一定程度上有利于起诉贩运者从而减少人口贩运，但是其立

---

① See Kal Raustiala, Compliance and Effectiveness in International Regulatory Cooperation, *Case W. Res. J. Intl L.*, Vol. 32, 2000, p. 387.

② See Kal Raustiala & Anne – Marie Slaughter, International Law, International Relations and Compliance, in Walter Carlsnaes, Thomas Risse & Beth A Simmons (Eds.), *Handbook of International Relations*, London: Sage Publications, 2006, p. 545.

③ See Duncan Snidal, Coordination Versus Prisoner's Dilemma: Implications for International Cooperation and Regimes, *Am. Political Science Rev.*, Vol. 79, 1985, pp. 931 – 932.

法用意旨在保护被害人的人权，因而客观上会鼓励非法移民，从而使人口贩运增加。[①] 另外，实施这三个方面的措施会给人口贩运的原住国、过境国和目的地国带来不尽相同的实施成本。因而，不同的缔约国在实施《议定书》、应对人口贩运问题方面有不尽相同的国家利益考虑，缔约国在应对人口贩运方面的博弈应该是合作博弈，容易出现不遵守《议定书》但可享有其他缔约国实施《议定书》所带来的部分收益的"搭便车"的现象。

尽管上述四种因素均在不同程度上影响着国际法的有效实施，例如，待规范问题的复杂性程度和战略互动的特点无疑会影响条约实施的难度，某一缔约国在国际体系中的地位以及其他缔约国遵守条约的情况无疑也会影响该缔约国关于条约遵守的决定，缔约国的国内经济社会发展水平、政治结构、法治建设水平以及选民的支持与否无疑也会影响国家遵守条约的能力与意愿，但是国际条约自身的特点无疑在很大程度上影响其在缔约国的实施。体现利益分配格局的条约规则不仅会影响缔约国的国家利益，而且会影响缔约国对国家利益和身份的建构。这是因为条约是国家间达成共识的结果，既在一定程度上反映了缔约国的利益，又在一定程度上反映了缔约国间在利益分配上的妥协。符合国家利益的条约条款无疑会被缔约国自觉遵守，不符合国家利益的条约条款的遵守可能会遇到较大阻力。但是如果这些条款具有较高的合法性（legality）和合理性（legitimacy），而且条约自身又有一套运行良好的实施审议监督机制，那么缔约国就可能会对这些规则心服口服，也可能会对国家利益作出重新判断，将遵守可能带来的国家利益、不遵守可能遭受到的国家名誉损失及附随的国家利益损失等因素考虑在内。因此，重视国际条约自身的合法性与合理性以及相应的实施审议监督机制，无疑是促进国际条约遵守的核心策略的一部分。

① 参见 Seo－Young Chou et al.，Compliance with the Anti－Trafficking Protocol，*European Journal of Political Economy*，Vol. 28，2012，p. 250.

要研究条约的遵守和实施问题，有必要对条约遵守、条约实施、条约承诺、条约义务和条约有效性之间的关系从理论上加以界定。首先，条约遵守不同于条约实施。尽管不同的国际法学者和国际关系理论学者对条约遵守可能有不同的界定，本文倾向于将条约遵守定义为国家行为与条约规则相符合的一种状态或者程度。① 而将条约实施界定为将国际义务付诸实践的过程，包括法律制定、组织（既包括国内组织又包括国际组织）建立和规则执行。② 显然，在通常情况下，条约实施是条约遵守的重要一步，但并不是条约遵守的必要条件。这是因为，有时即使国家没有采取任何实施条约的措施，国家的行为也已经符合条约的要求。例如，国家在批准或加入某条约前，其行为已经符合条约的要求，在此情况下就没有必要采取实施条约的措施了。而且，条约实施也不是条约遵守的充分条件，采取了实施条约的措施之后，未必能使国家行为完全符合条约的要求。总之，条约遵守是条约实施的目标，其实现通常需要实施措施的采取。其次，条约遵守不同于条约承诺。条约承诺一般是指批准、核准、接受或者加入条约的行为。承诺是遵守的前提，但是承诺未必能带来遵守，因为一国虽然对某条约作出了承诺，但未必有遵守的意愿或者能力。③ 而且，与遵守有关的承诺成本通常影响国家是否作出承诺的决定。正如哈萨维所言，国家基于激励遵守的因素作出承诺，也基于激励承诺的因素予以遵守。④ 再次，条约遵

① See Kal Raustiala & Anne – Marie Slaughter, *International Law, International Relations and Compliance*, p. 539; Ronald B. Mitchell, *Intentional Oil Pollution at Sea: Environmental Policy and Treaty Compliance*, Cambridge: MIT Press, 1994, p. 30; Oran R. Young, *Compliance and Public Authority: A Theory with International Applications*, Baltimore: Johns Hopkins Press, 1979, p. 107.

② See Kal Raustiala & Anne – Marie Slaughter, *International Law, International Relations and Compliance*, p. 539.

③ See Oona A. Hathaway, The Cost of Commitment, *Stanford Law Review*, Vol. 55, 2003, p. 1839.

④ See Oona A. Hathaway, Between Power and Principle: An Integrated Theory of International Law, *The University of Chicago Law Review*, Vol. 72, 2005, p. 535.

守不同于条约义务。国际法学者传统上认为条约义务与条约承诺是同时存在的，当一国对某一条约作出承诺、同意受其约束的时候，便产生了实施和遵守条约的义务。然而，理性主义国际关系学者往往会忽视甚至否认条约义务的存在，因为他们认为在平行的国际秩序中，条约是没有意义的，或者作用是极其微弱的，而义务利益和成本的考量才是国家是否遵守条约的决定性因素。① 而建构主义学者认为，法律义务来源于对法律的承诺或者信赖，而对法律的信赖产生于对规则法律性的坚持，法律信赖的维持需要不断地实践法律性。② 最后，条约遵守不同于条约有效性。界定条约有效性的方法有很多，例如，条约所引起的国家行为的变化，条约解决待规范问题的能力，或者条约与不存在条约时的情形以及取得集体最优理性效果的理念相比的效果。③ 本文将条约有效性界定为条约所引起的国家行为变化以及条约解决待规范问题的能力。因此，有效的条约不仅能使国家行为发生变化，导致国家对条约的最终遵守，还能有效地解决其规制的问题。遵守程度较低的条约也可能是有效的，因为遵守程度较低可能意味着对国家行为变化要求的标准较高、较难以实现。相反，遵守程度较高的条约可能有效性较低，因为较高程

---

① See Hans J. Morgenthau, *Politics among Nations*: *The Struggle for Power and Peace*, Sixth Edition, New York: Jefrey A. Knopf, 1985, p. 8; Jack. L. Goldsmith & Eric A. Posner, *The Limits of International Law*, New York: Oxford University Press, 2005, pp. 40 – 85.

② Jutta Brunnee & Stephen J. Toope, *Legitimacy and Legality in International Law*: *An Interactional Account*, pp. 12 – 13.

③ Andrew T. Guzman, *How International Law Works*: *A Rational Choice Theory*, New York: Oxford University Press, 2008, p. 23; Jürgen Neyer & Dieter Wolf, The Analysis of Compliance with International Rules: Definitions, Variables, and Methodology, in Zürn and Joerges (eds.), *Law and Governance in Post – national Europe*: *Compliance beyond the Nation – state*, Cambridge: Cambridge University Press, 2005, pp. 41 – 42; Oran R. Young, November 2, 2011, *Effectiveness of International Environmental Regimes*: *Existing Knowledge*, *Cutting – edge Themes*, *and Research Strategies*, at http://www.pnas.org/content/108/50/19853 (last visited 1 July 2014).

度的遵守可能意味着要求国家行为变化的标准较低、较容易达到。①

正如上文所述，本文将条约有效性界定为条约所引起的国家行为变化以及条约解决待规范问题的能力。在考察《议定书》有效性的时候，既要考虑国家实施《议定书》的效果，又要考虑其在解决人口贩运问题上的有效性。在考察《议定书》国内实施的有效性时，重点采用比较的研究方法。不仅将加拿大、美国、泰国和中国的相关法律制度和实践与《议定书》的内容和要求相比较，以了解这些国家有效实施《议定书》的实际情况，还将这四个国家的相关法律制度和实践进行相互比较，在了解异同及其原因的基础上，找出既能有效实施《议定书》又能有效应对人口贩运问题的制度和做法，作为提出完善我国反拐法律制度、有效实施《议定书》之道的根据和参考。在进行具体比较的时候，不仅进行概念和规则的比较（规范比较或立法比较），而且进行功能比较，②还要从法律的意义之维进行比较，了解法律的文化意义；③不仅比较书面的法律制度，而且比较现实运行中的法律制度。

---

① See Kal Raustiala & Anne – Marie Slaughter, International Law, International Relations and Compliance, in Walter Carlsnaes, p. 539.

② 功能被认为是一切比较法的出发点和基础，不同的法律制度只要它们要解决相同的事实问题，即适应相同的法律需要，就是可比较的。参见沈宗灵：《比较法的方法论》，载《法制与社会发展》1996 年第 3 期，第 10 页。功能比较的视角有助于比较法学者穿越不同文化和体制的藩篱，进行跨国家或民族的法律比较，有助于辨别不同国家或民族之间法律的同名异物和同物异名。参见高鸿钧：《比较法研究的反思：当代挑战与范式转换》，载《中国社会科学》2009 年第 6 期，第 168 页。

③ 高鸿钧教授认为，在现代法律可分为的三个向度中，实用向度的法律涉及的是技术性问题，并不涉及法律的意义之维，只有道德向度和伦理向度的法律才涉及法律的意义之维，道德向度的法律承载的普遍之善，涉及的是基本人权和生命尊严，体现的是超越不同法律制度和法律文化的人类普适价值，只有伦理向度的法律意义之维才是具体国家和特定民族的特殊之善，体现特殊之善的法律只有与体现普遍之善的法律相容，差异和多元才有益无害。参见高鸿钧：《比较法研究的反思：当代挑战与范式转换》，载《中国社会科学》2009 年第 6 期，第 169 页。

四、结构安排

本文将采取以下结构：第一章运用《维也纳条约法公约》关于条约解释的规则，结合《议定书》制定的背景、目的和过程，对《议定书》“人口贩运”的含义进行明确界定，同时厘清人口贩运与相关问题的关系，这样有利于统一对人口贩运问题的认识，形成有利于《议定书》有效实施的共识。并在系统分析比较《议定书》“人口贩运”定义在加拿大、美国、泰国和中国实施情况的基础上，提出完善我国相关法律制度的建议。第二章、第三章和第四章从国际机制互动的角度，结合相关国际法律文件的内容以及有效解决人口贩运问题的需要，不仅进一步明确《议定书》下的三项国家义务，而且提出完善《议定书》下国家义务的建议。通过深入考察比较这三方面义务在上述四国的实施情况，既了解了《议定书》在现实世界中的运行实施情况，也在此基础上提出了促进《议定书》在我国的有效实施的建议。第五章，运用国际法遵守的管理理论对《议定书》实施监督机制的现状和发展趋势进行深入分析和探讨，提出促进《议定书》有效实施的设想和建议。

第一章　人口贩运构成要件的实施

正如上文所述，待规范问题的特点是影响国际公约有效实施的重要因素。这是以利益为基础的国际法遵守理论通常要考虑的影响国际法遵守的因素，而这一因素却常常为以规则为基础的国际法遵守理论所忽视。[①] 这一因素包括问题的复杂性、相关信息的透明度、应对该问题所涉及的战略性互动的特点等方面。[②] 作为一种全球性问题，人口贩运问题涉及世界上的绝大多数国家，与跨国有组织犯罪、移民、卖淫、人权等问题相互交织，错综复杂；而且作为一种违法犯罪问题，人口贩运经常处于一种不透明的地下状态，很难获得有关其原因、规模、方式、类型、路线、影响、趋势等方面的准确信息。所以，人口贩运问题的复杂性成为影响《议定书》有效实施的一个重要因素。

《议定书》在“人口贩运”概念上笼统、模糊的特点也严重影响了《议定书》的有效实施。作为国际法遵守理论诸多流派中一个极具影响力的流派，国际法遵守的管理理论认为，国家在花费大量时间、精力谈判、缔结国际条约时通常都有遵守的意愿，而在实施过程中出现的不遵守现象通常都不是故意的，而是由于规则的含混不确定、缔约国实施能力的有限以及缔约后情势的变化。[③] 国际

---

① See Kal Raustiala, Compliance and Effectiveness in International Regulatory Cooperation, p. 387.

② See Ronald B. Mitchell, Problem Structure, Institutional Design, and the Relative Effectiveness of International Environmental Agreements, *Global Environmental Politics*, Vol. 6(3), 2006, pp. 80 – 81.

③ See Abram Chayes & Antonia Handler Chayes, *The New Sovereignty: Compliance with International Regulatory Agreements*, Cambridge: Harvard University Press, 1995, pp. 3 – 17.

法遵守合法性理论则把规则的确定性作为能够增强规则的法律合法性（legal legitimacy）进而促进规则遵守的四大指标之一。① 值得注意的是，根据合法性理论，国际法规则的确定性不仅指规则条文要简洁、明晰且具有较大适应性，而且还指复杂而有弹性的规则可通过适当的解释和适用程序得以明晰、确定。② 而且国际法规则的明确性也被国际法遵守互动理论认为是可以促进规则的法律合法性从而增强规则的法律拘束力的八大标准之一。③ 值得庆幸的是，国际社会已经意识到《议定书》未对某些关键术语进行明确界定已经

---

① See Thomas M. Franck, *The Power of Legitimacy among Nations*, New York: Oxford University Press, 1990, pp. 41 – 183. 根据国际法遵守的合法性理论，国际法规则通常不用强制执行，而是由国家自觉遵守，强大的国家之所以经常遵守软弱无力的国际法规则，并不是出于成本收益评估后的利益分析，而是由于认为这些规则具有较高的合法性，应该予以遵守。所谓国际规则的“合法性”是指，某一国际规则或制定规则的制度由于相关国家认为该规则或制度的形成和运行遵循了普遍接受的正当程序原则而具有的促进相关国家遵守的性质。能够增强国际规则合法性的指标，除了包括规则的确定性，还包括通过某种程序或仪式而获得的形式有效性、规则的连续性以及与规范其制定、解释和适用的次级规则的一致性；如果国际法规则的制定、解释和适用遵守了这些指标或者程序，就会产生较大的合法性，从而促进缔约国对这些规则的遵守。

② Ibid., pp. 84 – 85.

③ See Jutta Brunnee & Stephen J. Toope, *Legitimacy and Legality in International Law: An Interactional Account*, New York: Cambridge University Press, 2010, p. 95. 朱塔·布兰列（Jutta Brnnee）和史蒂芬·图普（Stephen Toope）以朗·富勒（Lon Fuller）关于法的内在道德的理论为基础，融入国际关系社会建构理论的观点，创立了国际法遵守互动理论。根据该理论，在无政府的平行的国际关系中，国家之所以遵守国际法是由于其基于国际法规则的法律合法性而产生的法律义务意识，而规则的法律合法性源于坚持了富勒所主张的法律性的八个标准：一般性、公开性、明确性、合理性、不溯及既往、一致性、稳定性和符合性。因此，如果某一法律规则要保持其促进国家遵守的力量，就必须与基本的社会规则相一致，其制定的过程要坚持上述法律性的八个标准，而且要持续实践这种法律性。遵守过程包括争端解决过程、强制执行等程序，也要实践这种法律性。而立法过程和遵守过程均是国际主体间持续互动过程的一部分，应具有一定的透明度和包容性，这是因为国际法律规则法律合法性的产生取决于多数人的意识。关于富勒所主张的法律性的八个标准，参见 Lon L. Fuller, *The Morality of Law*, Revised Edition, New Haven: Yale University Press, 1969, p. 39 and pp. 46 – 90.

成为严重影响《议定书》有效实施的重要挑战。[①] 缺乏对"人口贩运"及相关概念的明确界定，可能会使缔约国对人口贩运的概念产生不同的理解，从而造成人口贩运概念在国内立法中的差异，进而影响人口贩运被害人的认定、对被害人的保护与帮助、对贩运者的起诉和惩罚以及对人口贩运的预防，还会在一定程度上影响所收集相关材料和数据的完整性和可靠性。而且，在实务中，有责任对人口贩运进行识别的官员或组织很多，如边检人员、基层执法人员、法官、非政府组织、政府间组织等。因此，缺乏明晰、操作性强的"人口贩运"概念将会严重影响对贩运者与贩运被害者的认定。"人口贩运"成为国际社会有效实施《议定书》、应对人口贩运问题的关键概念。尽管作为协助公约缔约方会议履行与《议定书》实施有关职责的专门机构，人口贩运问题工作组已经在界定《议定书》有关关键术语的含义方面进行了一定努力，而且还在继续努力，但仍未形成对"人口贩运"及相关概念的共同认识。因此，有必要对"人口贩运"及相关概念进行合理、清晰的界定，形成有利于《议定书》实施的共同的社会认识，不断地增强《议定书》的法律合法性和促使遵守的能力。

《议定书》是国际法历史上首个对"人口贩运"进行法律界定的全球性法律文件。[②]《议定书》第3条对"人口贩运"的概念进行了界定："人口贩运"系指为剥削目的而通过暴力威胁或使用暴力手段，或通过其他形式的胁迫，通过诱拐、欺诈、欺骗、滥用权力或滥用脆弱境况，或通过授受酬金或利益取得对另一人有控制权

---

① See Report on the meeting of the Working Group on Trafficking in Persons held in Vienna on 27 to 29 January 2010, UN Doc, CTOC/COP/WG. 4/2010/6, February 17, 2010, pp. 14 – 16.

② See Venla Roth, *Defining Human Trafficking and Identifying Its Victims: A Study on the Impact and Future Challenges of International, European and Finnish Legal Responses to Prostitution – Related Trafficking in Human Beings*, Leiden and Boston: Martinus Nijhoff Publishers, 2012, p. 102.

的某人的同意等手段，招募、运送、移交、窝藏或接收人员；剥削应至少包括利用他人卖淫进行剥削或其他形式的性剥削、强迫劳动或服务、奴役或类似奴役的做法、劳役或切除器官。该定义实际上规定了“人口贩运”的三个构成要件：行为要件、手段要件和目的要件。行为要件是指招募、运送、移交、窝藏或接收行为。手段要件是指使用了以下任一方式：暴力威胁或使用暴力手段、其他形式的胁迫、诱拐、欺诈、欺骗、滥用权力或滥用脆弱境况、通过授受酬金或利益取得对另一人有控制权的某人的同意。值得注意的是，为剥削目的而招募、运送、移交、窝藏或接收儿童，即使不涉及上述任何手段，也应视为“人口贩运”。目的要件是指为了达到剥削目的。《议定书》列举了剥削的形式：利用他人卖淫进行剥削或其他形式的性剥削、强迫劳动或服务、奴役或类似奴役的做法、劳役或切除器官。在列举剥削的形式时，使用了“至少包括”，既授权缔约国将出于列举目的以外的目的而进行的人口贩运行为定为刑事犯罪，又使《议定书》具有较大的适用性，可以适用未来可能出现的剥削形式。① 虽然起草《议定书》的初衷是应对妇女、儿童的贩运问题，但是《议定书》的适用范围最终扩大到所有人员，包括成年男子，当然应该特别注意对妇女、儿童被害人的保护，以使规则更具一般性。② 而且《议定书》第 3 条明确儿童应为 18 岁以下者。显然，与以往有关人口贩运的国际法律文件相比，《议定书》关于“人口贩运”的定义更为全面、综合，这在《议定书》的序言中也得到了证实。但是，《议定书》并没有对相关概念进行明确界定，没有对该定义的适用方法进行明确规定，导致了在“人口贩运”的含义及其适用方面出现了较大的争议。为了促进

① See United Nations Office on Drugs and Crime, *Travaux Preparatoires of the Negotiations for the Elaboration of the United Nations Convention against Transnational Organized Crime and the Protocols Thereto* (2006) (Travaux Preparatoires for the UN Organized Crime Convention and Protocols), p. 343, fn. 22.

② Ibid., p. 339 and p. 322, fn. 7.

《议定书》的有效实施，有必要对“人口贩运”这一关键概念的含义及其适用进行深入探讨和界定。

第一节 行为要件

作为人口贩运的行为要件，招募、运送、移交、窝藏或接收行为的含义似乎浅显易懂，不需要深入探究。这也许是《议定书》并未对它们进行界定的原因之一。其实，正是这些看似浅显易懂的行为使人们对“人口贩运”的适用范围有了不尽相同的理解。有观点认为，这些要件行为描述了一个流动的过程，人口贩运必然涉及人口迁徙，涉及以《议定书》规定的手段进行的非自愿迁徙，因而将不涉及人口迁徙的纯粹剥削行为排除在了“人口贩运”的适用范围之外。[①] 而且这种观点非常流行，如卡麦龙认为，人口贩运涉及人的身体移动（physical movement），贩运者不仅控制着被贩运者的身体移动，而且还控制着对他们的劳动剥削。[②] 这种观点反映在立法和执法实践中，便是在迁徙过程中自由但到达目的地后被迫从事强制劳动或者卖淫的人员无法获得贩运被害者的身份，因而借助移民偷运者顺利到达目的地国之后陷入被迫卖淫或强制劳动境地的所谓“非法移民”无法获得贩运被害者的身份。[③] 这种认为人口贩运涉及非自愿的人口跨境流动因而影响人身安全和国家安全的观点，也许就是将《议定书》作为《公约》的补充议定书从而

① See James C. Hathaway, The Human Rights Quagmire of “Human Trafficking”, *Virginia Journal of International Law*, Vol. 49(1), 2008, p. 9.

② See Sally Cameron, *Trafficking and Related Labor Exploitation in the ASEAN Region*, International Council on Social Welfare, November 2007, p. 21, at http://www. icsw. org/doc/Trafficking% 20Labour% 20Exploitation% 20in% 20ASEAN% 2007. pdf (last visited 1 July 2014).

③ See Venla Roth, *Defining Human Trafficking and Identifying Its Victims: A Study on the Impact and Future Challenges of International, European and Finnish Legal Responses to Prostitution - Related Trafficking in Human Beings*, p. 297.

将人口贩运纳入了跨国有组织犯罪范畴的主要原因。与这种观点相反，有观点认为人口贩运不必然涉及人口流动，纯粹的强制剥削行为可单独构成《议定书》意义上的人口贩运。① 因此，有必要对这一行为要件的含义及其在“人口贩运”构成中的地位和作用进行详细阐释。

一、行为要件的含义

不仅《议定书》未对“人口贩运”行为要件所含行为的含义进行界定，而且其他国际法律文件也很少这样做。目前见到的对这些行为的含义进行详细阐释的仅有联合国与欧洲理事会联合发布的关于器官贩运的研究报告。② 该报告虽然不具有法律性质，但是有助于准确地理解“人口贩运”行为要件的含义。根据该报告，招募、运送、移交、窝藏或接收这些行为在剥削实际发生之前已经开始，而且不仅仅涉及从一个地方到另一个地方的身体移动，这些行为本身可能是中性的，但是当以《议定书》规定的方式带着某种剥削目的进行的时候就具有了犯罪的特征。③ 因此，该报告似乎也支持人口贩运必定涉及人口流动、剥削行为要构成人口贩运需要有先前的以《议定书》规定的手段进行的导致或促使进入剥削的行为的观点。

根据该报告，“招募”应从广义上理解，是指任何导致另一人承诺或者参与以致遭受剥削的行为，行为方法并不固定，包括使用

① See Anne T. Gallagher, Human Rights and Human Trafficking: Quagmire or Firm Ground? A Response to James Hathaway, *Virginia Journal of International Law*, Vol. 49 (4), 2009, p. 814.

② See Council of Europe and United Nations, *Trafficking in Organs, Tissues and Cells and Trafficking in Human Beings for the Purpose of the Removal of Organs*, 2009, at http://www.coe.int/t/dghl/monitoring/trafficking/docs/news/organtrafficking_study.pdf (last visited 1 July 2014).

③ Ibid., p. 78.

现代信息技术；“运送”是指将一人从一个地方运输到另一地方的行为，包括跨境运送和境内运送，而且运输方式可包括任何交通工具；“移交”是指将一人从某人手中交予其他人的行为，移交的是对该人的控制权，移交的提出可以采取明示或者暗示的方式，而且移交是否获得接受不影响其构成行为要件；“窝藏”或“容留”是指在去目的地的途中或者在剥削行为发生地，以任何方式提供住宿；“接收”不仅指在剥削行为发生地接收被害人，也指在旅行途中与被害人见面并告诉被害人该去哪里或者做什么。[①] 可见，“窝藏”和“接收”既可以发生在迁徙目的地，也可以发生在迁徙的过程中，它们与“招募”、“运送”、“移交”一起描述了作为人口贩运构成要件的人口迁徙过程。[②] 这些行为本身是中性的，当带着剥削的目的以手段要件的方式实施这些行为时便构成了人口贩运犯罪。

二、行为要件间的关系

事实上，招募、运送、移交、窝藏、接收行为之间的关系一直存在较大争议。一种观点认为，从字面上理解，这些行为中的任何一种行为在具备其他构成要件（如手段要件、目的要件）的情况下均可构成人口贩运，而不管是否发生了以手段要件方式进行的人口迁徙行为，也不管人口迁徙行为是否跨越国界。[③] 因此，不仅招募者、经纪人、运送者可构成《议定书》意义上的人口贩运者，而且包括妓院、农场、轮船、工厂、家庭在内的剥削场所的所有

---

① Ibid.

② 值得注意的是，有观点认为“窝藏”与“接收”只是迁徙过程的结尾部分，发生在剥削行为发生地，与剥削行为紧密相连。类似观点，参见 Susan Kneebone & Julie Debeljak, *Transnational Crime and Human Rights: Responses to Human Trafficking in the Greater Mekong Subregion*, London and New York: Rougledge, 2012, p. 108; Anne T. Gallagher, *The International Law of Human Trafficking*, p. 30.

③ See Anne T. Gallagher, *The International Law of Human Trafficking*, p. 30.

者、管理者、控制者也可构成人口贩运者。而且，即使没有这些导致被害人进入被剥削境地的先前程序，纯粹的剥削行为也可构成人口贩运，例如，在工作环境和条件发生变化、由原来可接受的情况变成强制剥削的情况时，便可构成人口贩运。当然，此时可理解为构成了人口贩运行为要件中的“窝藏”行为。因此，这种观点的实质是认为在没有人口迁徙的情况下纯粹的剥削行为具备了行为要件中的“窝藏”，因而可构成《议定书》意义上的人口贩运。在此意义上，可以说《议定书》既适用“过程”行为（招募、运送等促使被害人进入被剥削境地的过程行为），又适用“后果”行为（剥削行为），因而具有广泛的适用范围。

与之相反的观点则认为，招募、运送、移交、窝藏、接收这些行为均是导致或促使被害人进入被剥削境地的行为，不同于作为最终目的的剥削行为，因此没有这些先前过程行为的纯粹的剥削行为不在《议定书》的适用范围内。[①] 而且既然手段要件也是构成人口贩运的必备要件，因而以手段要件以外的方式进行的导致被害人进入剥削境地的招募、运送、移交、窝藏、接收行为也不构成《议定书》意义上的人口贩运。[②] 该观点还认为，不具有《公约》所规定“跨国性质”的招募、运送、移交、窝藏、接收行为也不构成《议定书》意义上的人口贩运，《议定书》只适用于跨国人口贩运，不适用于国内人口贩运。[③] 因此，这类观点认为，只有具有“跨国性质”而且采用了手段要件规定的方式进行的招募、运送、移交、窝藏、接收行为才可能构成人口贩运，而缺乏促使被害人进入被剥削境地行为的强迫劳动或强迫卖淫，采用了手段要件以外方式实施的招募、运送、移交、窝藏、接收行为，以及在一国境内实施的招

① See James C. Hathaway, The Human Rights Quagmire of “Human Trafficking”, p. 10.

② Ibid., pp. 10 – 11.

③ Ibid., p. 11. 关于犯罪的跨国性，参见 United Nations Convention against Transnational Organized Crime, Article 3(2).

募、运送、移交、窝藏、接收行为，均不构成《议定书》意义上的人口贩运，所以《议定书》具有十分狭隘的适用范围。

上述两种针锋相对的观点各有利弊，并没有全面、准确地反映《议定书》的立法原意。首先，招募、运送、移交、窝藏、接收行为不要求必须具有跨国性且涉及有组织犯罪集团，它既可以跨域国界，又可以发生在一国之内。关于《议定书》是否只适用于跨国人口贩运或者国际人口贩运这个问题，其实在《议定书》起草和谈判的过程中便存在较大争议。正是因为国际社会认识到了跨国有组织犯罪集团在国际人口贩运中发挥的日益重要的作用以及加强国际合作以有效应对国际人口贩运的需要，国际社会才决定起草一个作为《公约》补充议定书的专门打击国际人口贩运的国际法律文书。[①] 而且在起草、谈判《议定书》的过程中始终未放弃使用“国际人口贩运”字眼，之所以最终在《议定书》的文本中停止使用“国际人口贩运”字眼，最重要的原因是为了使《议定书》与《公约》的内容保持一致。[②]《议定书》第4条明确规定，除非另有规定，《议定书》仅适用于具有跨国性且涉及有组织犯罪集团的人口

① See Draft Protocol to Combat International Trafficking in Women and Children Supplementary to the United Nations Convention on Transnational Organized Crime, UN Doc, A/AC. 254/4/Add. 3, November 25, 1998, p. 1.

② See Travaux Preparatoires for the UN Organized Crime Convention and Protocols, p. 357, para. 6.

贩运——国际人口贩运的预防、起诉及其被害人的保护。[1]《议定书》第1条第3款同时规定根据本议定书确立的犯罪应视为根据《公约》确立的犯罪。而根据《公约》第34条，缔约国均应在本国法律中将根据《公约》确立的犯罪进行规定，而不论其是否具有跨国性或者是否涉及有组织犯罪集团。因此，根据上述规定，缔约国有义务将人口贩运犯罪在国内法中予以规定，而不论其是否具有跨国性或者是否涉及有组织犯罪集团。可见，“人口贩运”的定义和《议定书》的适用范围——仅适用具有跨国性且涉及有组织犯罪集团的人口贩运的预防、起诉及其被害人的保护——之间并不具有必然的完全对应关系。同样，《公约》的适用范围——仅适用于具有跨国性且涉及有组织犯罪集团的犯罪的预防、调查和起诉，并不影响“洗钱”、“腐败”、“妨害司法”等定义适用于不具跨国性或涉及有组织犯罪集团的国内犯罪。[2] 因此，“人口贩运”行为要件中的招募、运送、移交、窝藏、接收这些行为并不要求必须具有跨国性或者涉及有组织犯罪集团。而认为“人口贩运”的行为要件必须同时具有跨国性或者涉及有组织犯罪集团的观点，实际上混淆了

---

① See UN Trafficking Protocol, Article 4.《议定书》并未出现“国际人口贩运”或者“跨国人口贩运”的字眼，确切地表达，《议定书》应适用于具有跨国性且涉及有组织犯罪集团的人口贩运。根据《议定书》第1条，《议定书》是《公约》的补充，应连同《公约》一并解释，而且除非《议定书》另有规定，《公约》的规定应经适当变通后适用于《议定书》。所以，《公约》关于跨国有组织犯罪的定义适用于《议定书》。根据《公约》第2条（a）规定：“有组织犯罪集团”系指由三人或多人组成的、在一定时期内存在的、为了实施一项或多项严重犯罪或根据本公约确立的犯罪以直接或间接获得金钱或其他物质利益而一致行动的有组织结构的集团”，而根据《公约》第3条第2款对跨国犯罪的解释，犯罪虽在一国实施，但当涉及在一个以上国家从事犯罪活动的有组织犯罪集团，或者当对另一个产生实质影响时，则属于跨国犯罪。所以，作为非法律术语的“国际人口贩运”与“国内人口贩运”其实很容易混淆。为了与国内人口贩运相区分，也为了表述方便，本文把具有跨国有组织犯罪性质的人口贩运统称为“国际人口贩运”。

② 关于《公约》的适用范围，参见 United Nations Convention against Transnational Organized Crime, Article 3.

“人口贩运”的适用范围与《议定书》的适用范围之间的差异。

其次，行为要件中的任何一种行为在具备其他构成要件（如手段要件、目的要件）的情况下均可构成人口贩运。正如上文所述，行为要件中最具争议的是“窝藏”和“接收”行为。究竟这两种行为在作为行为要件构成人口贩运时是否需要之前存在人口迁移行为，确实值得深究。这就需要首先了解这两种行为的含义。正如上文联合国与欧洲理事会联合发布的器官贩运研究报告所解释的那样，“窝藏”和“接收”本身既可以发生在去目的地的途中，也可以发生在剥削行为发生地。[①] 如果这两种行为发生在迁徙的过程中，自然是人口迁徙过程的一部分，只要同时具备其他构成要件，当然构成人口贩运；如果这两种行为发生在剥削行为发生地，就与剥削行为紧密相连、乃至融合，此时是否需要先前存在符合手段要件的人口迁徙行为方能构成人口贩运，确实争议较大。我们分国际人口贩运与国内人口贩运两种情况分别探讨。

对于国际人口贩运来说，行为要件必须具有跨国性且涉及有组织犯罪集团。根据《公约》第 3 条，以下四种情形可以构成国际人口贩运犯罪：一是有组织犯罪集团在一个以上国家实施人口贩运行为；二是有组织犯罪集团虽在一国实施人口贩运行为，但其准备、筹划、指挥或控制的实质性部分发生在另一国；三是人口贩运行为在一国实施，但涉及在一个以上国家从事犯罪活动的有组织犯罪集团；四是有组织犯罪集团在一国实施人口贩运活动，但对另一国有实质影响。虽然这四种情形均可构成国际人口贩运，但是第一种情形最常见。在此情形下，作为人口贩运行为要件的招募、运送、移交、窝藏、接收行为需要发生在一个以上国家，而且招募或运送行为通常是人口贩运链条上的必要环节，并且还需要以手段要件的方式带着剥削的目的予以实施。这也许就是人们通常认为的国

① See Council of Europe and United Nations, *Trafficking in Organs, Tissues and Cells and Trafficking in Human Beings for the Purpose of the Removal of Organs*, p. 78.

际人口贩运的情形。

事实上，这种认为国际人口贩运就是以强迫或欺诈的方式使被害人从一国进入另一国以达到对其实施剥削的目的的观点十分流行。芬兰的法学理论及实务部门认为，只有由于受到欺骗不了解潜在工作的性质或者受到暴力强制而进入芬兰从事卖淫的外国妇女才可被确定为以性剥削为目的的人口贩运的被害人，而自愿到芬兰从事卖淫的“自愿移民性工作者”(voluntary migrant sex worker)，即使遭到了性交易媒合者的强制性或压迫性对待，也不能被认定为人口贩运被害人。[①] 这种区分“无辜”被害人与“有过错”被害人的观点，是对《议定书》“人口贩运”概念的片面解释，它过于强调了行为要件中“招募”和“运送”行为在确定国际人口贩运犯罪中的作用，而忽视了在跨国迁徙后出现的剥削后果的作用。[②] 再如，加拿大在其《移民与难民保护法案》中专门对国际人口贩运进行了规定，规定故意以诱拐、欺骗、欺诈、使用武力或以武力相威胁或胁迫的方式组织（招募或运送且在进入加拿大后予以接收或窝藏）一人以上进入加拿大，便构成人口贩运犯罪。[③] 该规定不仅将招募或运送行为与接收或窝藏行为放在同样不可或缺的位置，强调这前后两个阶段的行为均须以强制或欺骗的方式实施，而且根

---

① See Venla Roth, *Defining Human Trafficking and Identifying Its Victims: A Study on the Impact and Future Challenges of International, European and Finnish Legal Responses to Prostitution – Related Trafficking in Human Beings*, pp. 277 and 282.

② Ibid., pp. 282 – 283.

③ 参见 Immigration and Refugee Protection Act (Canada), S. C. 2001, C. 27, Article 118, at http://laws – lois. justice. gc. ca /PDF/I – 2. 5. pdf (last visited 1 July 2014). 事实上，《加拿大刑法典》也对“人口贩运”进行了界定，该定义没有区分国际人口贩运与国内人口贩运，强调以危害被害人或其所认识之人的安全这种强迫方式使被害人从事劳动或服务对于确立人口贩运的重要意义，也没有明确国际人口贩运究竟适用该法典还是适用《移民与难民保护法案》。关于《加拿大刑法典》对“人口贩运”的界定，参见 Criminal Code (Canada), R. S. C., 1985, c. C – 46, Articles 279. 01(1), 279. 011(1), 279. 02, 279. 03, and 279. 04.

本不要求具有剥削的目的。显然，根据该规定，在通过强制或欺骗的方式招募或运送外国人进入加拿大过程中被发现的不构成人口贩运；通过移民偷运的方式组织外国人进入加拿大后对其实施强制剥削的也不构成人口贩运。美国《贩运与暴力被害人保护法案》实施细则规定，为了卖淫而通过移民偷运（自愿）的方式进入美国的外国人即使在美国遭遇到了构成人口贩运的行为，也无法获得人口贩运被害人的身份；而为了工作通过移民偷运的方式自愿进入美国后被强迫从事强制性劳役（involuntary servitude）、债役、奴役的外国人，则可以申请获得贩运被害人的身份。[①] 可见，美国通常也将以强制或欺骗的方式实施的招募或运送行为作为构成人口贩运的行为要件之一，[②] 而外国人怀着工作的目的自愿来到美国后最终陷入了强迫劳动、奴役境地从而构成人口贩运则只是例外情形。

这些将以强迫或欺诈的方式使被害人从一国进入另一国以达到对其实施剥削的目的视作国际人口贩运典型特征的观点与做法，在一定意义上符合《公约》对"跨国性"的要求，将国际人口贩运与移民偷运进行了明确区分，但是并没有全面反映既适用国际人口贩运又适用国内人口贩运的"人口贩运"定义的要求，也没有正确地界定人口贩运与移民偷运的联系与区别。事实上，通过移民偷运的方式或其他自愿方式进入目的地国后遭遇强迫劳动或强迫卖淫的案例十分常见，而且这些案例大都可纳入《议定书》"人口贩运"的范畴。这些案例即使不纳入"跨国性"的人口贩运的范畴，也应纳入国内人口贩运的范畴。当然，从预防和惩治人口贩运来说，没有必要区分国际人口贩运与国内人口贩运，所有的人口贩运均应予以预防和打击。但关键问题是，《议定书》仅适用于具有跨

① See Protection and Assistance for Victims of Trafficking, 28 C. F. R. Part 1100 (2005).

② See Victims of Trafficking and Violence Protection Act of 2000, PUBLIC LAW 106 - 386 - OCT. 28, 2000 114 STAT. 1467, Sec. 103(8).

国性且涉及有组织犯罪集团的人口贩运。因而，《议定书》关于贩运被害人的保护与帮助、人口贩运的预防和起诉等国家义务的规定应适用于国际人口贩运的情形。于是，确定人口贩运的国际性与国内性便成为确定缔约国是否承担国际义务的关键。尤其是关于贩运被害人的保护与帮助的规定，不仅对于贩运被害人意义重大，而且是缔约国的重大关切事项。国内贩运被害人和非法移民均无法享有《议定书》规定的国际人口贩运被害人应享有的权利，如在目的地国暂时居留或者永久居留的权利、获得适当保护与帮助的权利、受到安全遣返的权利等。而这些保护和帮助贩运被害人的义务又会增加缔约国的立法成本，使缔约国消耗大量的物力、财力和人力，而且还可能会激励非法移民，进而可能会引发更多的人口贩运。[①] 这就是缔约国在实施《议定书》"人口贩运"的定义时慎重界定行为要件的构成要求、区分国际人口贩运与国内人口贩运、人口贩运与移民偷运的关系的重要原因。

国内人口贩运的行为要件是不同于国际人口贩运的。对于国内人口贩运来说，作为行为要件的招募、运送、移交、窝藏、接收行为均不能具有跨国性。根据《公约》第3条第2款关于"跨国性"的界定进行反推，可知国内人口贩运行为要件行为只能发生在一国之内且其准备、筹划、指挥或控制的实质性部分不能发生在另一国，也不能涉及在一个以上国家从事犯罪活动的有组织犯罪集团，更不能对另一国有实质影响。在此需要探讨一下通过移民偷运的方式到达目的地国后沦落到强迫劳动、强迫卖淫、奴役、债役等境地的外国人的身份。正如前文所述，流行的观点和做法是将其认定为非法移民，而不是人口贩运被害人，原因之一是运送行为是自愿的，不符合人口贩运手段要件的要求，至于其他原因，我们将在下文详细分析。其实，根据《议定书》关于"人口贩运"的定义，窝藏或接收行为在符合人口贩运手段要件和目的要件的情况下是可

① See Seo - Young Chou et al. , Compliance with the Anti - Trafficking Protocol , p. 250.

以构成人口贩运的。所以，窝藏、接收非法移民并强迫其从事劳动、卖淫等行为的，完全可以构成人口贩运。虽然这些窝藏、接收及剥削行为均发生在目的地国一国之内，但是被害人为外国人，因此可以理解为这些行为已对被害人的国籍国或经常居住地国产生了实质影响，更何况这些行为的主体还可能是先前偷运该外国人的移民偷运集团。当然，准备、筹划、指挥或控制窝藏、接收或强制剥削行为的实质性部分还可能会发生在另一国。因此，此时如果要将通过移民偷运的方式到达目的地国后沦落到强迫劳动、强迫卖淫、奴役、债役等境地的外国人认定为人口贩运被害人，只能认定为国际人口贩运的被害人，而不是国内人口贩运的被害人。这也是国际人口贩运与移民偷运在实务中经常难以区分的重要原因。

三、行为要件的国内实施

（一）加拿大的实施

加拿大于2000年12月14日签署了《公约》与《议定书》，并于2002年5月13日予以批准。加拿大反人口贩运犯罪的法律主要涉及《加拿大移民与难民保护法案》（以下简称《法案》）、《加拿大刑法典》、《关于向人口贩运被害人签发临时居留许可的部长指令》[1]（以下简称《部长指令》）与《关于向人口贩运被害人签发临时居留许可的指引》[2]（以下简称《指引》）。《法案》于2001年11月生效，此时加拿大尚未批准《议定书》，而且《议定书》也尚未正式生效。《法案》第118条和第120条对人口贩运犯罪作出了规定：以诱拐、欺骗、欺诈、使用暴力或以使用暴力相威胁或

① See Citizenship and Immigration, IP 1 *Temporary Resident Permits*, Appendix G., The Ministerial Instructions regarding the Issuance of Temporary Resident Permits to Victims of Human trafficking (The Ministerial Instructions), June 12, 2007.

② See Citizenship and Immigration, IP 1 *Temporary Resident Permits*, 16. Procedure: Victims of Human Trafficking, The Guidelines regarding the Issuance of Temporary Resident Permits to Victims of Human trafficking (The Guidelines), June 19, 2007.

胁迫的方式故意组织（招募或运送一人或多人进入加拿大并在到达加拿大后予以接收或窝藏的行为）一人或多人进入加拿大，构成犯罪并处以100万加元以下的罚款或最高可判终身监禁或两者并罚。《法案》界定的人口贩运犯罪的行为要件是“组织”，而“组织”是指招募或运送人员进入加拿大并在到达加拿大后予以接收或窝藏的行为。显然，《法案》界定的人口贩运犯罪的行为要件要求在实施招募或运送行为的同时实施接收或窝藏行为，而且要求招募或运送行为发生在加拿大境外，而接收或窝藏行为发生在加拿大境内。正如上文所述，此种界定人口贩运的方式将强制跨国运送与强制窝藏或接收并举，打上了深深的移民管理的烙印，更多地将人口贩运看作一种影响移民管理秩序和国家安全的行为，而不是一种严重侵犯人权的行为。《法案》将以违背被害人的真实意愿的方式招募或运送被害人进入加拿大与在加拿大境内以违背被害人真实意愿的方式接收或窝藏被害人并列作为人口贩运的行为要件，明确地将以非法移民或以移民偷运的方法进入加拿大后陷入强迫卖淫、强迫劳动等强制剥削状态的情形排除在了人口贩运的范畴之外，显然不符合《议定书》的要求。而且《法案》仅仅把贩运人口进入加拿大的行为规定为犯罪，并未将从加拿大贩运人口到外国的行为规定为犯罪，这显然也与《议定书》的要求不相符。《法案》的另一缺陷是未将“移交”纳入“组织”的范畴，范围显然小于《议定书》所界定的“人口贩运”的行为要件的范围。总之，作为移民管理法律的《加拿大移民与难民保护法案》对“人口贩运”的界定明显具有维护加拿大边境管理秩序和国家安全的特点，这种同时强调强制贩运与强制窝藏或接收的界定方法在国际上比较流行，但与《议定书》的要求不符。《法案》之所以这样规定，一方面因为此时《议定书》尚未正式生效，未对加拿大产生法律拘束力，另一方面因为《法案》是一部关于移民加拿大和给予难民保护的法律，维护移民管理秩序和国家安全无疑是移民管理法律的主要目标。

值得注意的是，《加拿大刑法典》也对人口贩运犯罪进行了规定。《加拿大刑法典》于1985年生效，起初并未对人口贩运犯罪进行规定，后于2005年为了实施《议定书》也为了对人口贩运犯罪进行综合应对而首次对贩运人口犯罪进行了规定。[①] 规定的行为要件包括“招募”、“运送”、“转移”、“接收”、“容纳”、“隐匿”或“窝藏”被害人的行为或者对被害人的流动“实施控制、指挥或影响”的行为。显然，该法典规定的行为要件的范围要广于《议定书》的规定。该法典与《加拿大移民与难民保护法案》在人口贩运行为要件的规定上是不同的，前者规定的行为要件包括“招募”、“运送”、“转移”、“接收”、“容纳”、“隐匿”或“窝藏”被害人的行为或者对被害人的流动“实施控制、指挥或影响”的行为，包括的范围较广而且这些行为之间是选择关系，而后者规定的行为要件仅包括“招募”或“运送”人员入加拿大境内的行为以及入境后“接收”或“窝藏”的行为。《加拿大刑法典》还将明知经济利益或其他物质利益来源于人口贩运活动仍予以接收的行为规定为犯罪，并规定了10年以下有期徒刑的刑罚。[②]

尽管《法案》与《加拿大刑法典》均对人口贩运犯罪作出了规定，但并没有说明这两种规定的适用方法。由于这两部法律均为经过国会批准的法律，尽管刑法典的规定晚于法案的规定，但是法案规定了一种被跨境贩运到加拿大的特殊情形，所以很难根据法律层级理论以及后法优于前法、特殊法优于一般法的一般效力规则来解释两者的适用。因而，只能从其规范对象上来解释其适用。国内人口贩运案件适用于《加拿大刑法典》是毋庸置疑的，问题是国际人口贩运案件究竟适用于《法案》还是《加拿大刑法典》。《法

① Laura Barnett, *Bill C－49: An Act to Amend the Criminal Code (Trafficking in Persons)*, July 7, 2005, at http://www.parl.gc.ca/About/Parliament/LegislativeSummaries/bills_ls.asp? ls = C49&Parl = 38&Ses = 1 (last visited 1 July 2014).

② See Criminal Code (Canada), R. S. C., 1985, c. C－46, Article 279.02.

案》规定的人口贩运犯罪实质上适用于将加拿大作为贩运的目的地国或过境国而且入境违背被害人真实意愿的情形。而将加拿大作为贩运原住地国的跨国人口贩运案件显然不适用于该法案，而只能适用于刑法典。① 根据《跨国有组织犯罪公约》对“跨国犯罪”的解释，当人口贩运犯罪在加拿大实施，而其准备、筹划、指挥或控制的实质性部分发生在另一国，或者涉及在一个以上国家从事犯罪活动的有组织犯罪集团，或者对另一国有重大影响时，应适用《加拿大刑法典》。值得注意的是，以非法移民或移民偷运方式进入加拿大之后陷入强制剥削状态的情形显然不适用于法案，若构成人口贩运犯罪，则只能适用刑法典。总之，《加拿大刑法典》的适用范围广于《法案》，它既适用于国内人口贩运，又适用于各种跨国人口贩运，而后者仅适用于以加拿大为目的地国或中转国的典型跨国人口贩运。因此，以加拿大为目的地国或中转国而且涉及以欺骗或胁迫的方式实施招募或运送行为并以相同方式在加拿大实施窝藏或接收行为的典型跨国人口贩运适用于《法案》，而其他类型的人口贩运适用于《加拿大刑法典》。

(二) 美国的实施

美国于2000年12月13日签署了《议定书》，并于2005年11月3日予以批准，但是早在2000年10月28日便由国会通过了《贩运与暴力被害人保护法案》。因此，《贩运与暴力被害人保护法案》早于《议定书》的诞生和生效。事实上，《议定书》的起草和通过是在美国的主导下进行的，是美国为了使国际社会一道帮助美国解决人口贩运这一严重困扰美国的通常涉及跨国有组织犯罪和非法移民的问题而极力倡导的，是美国试图在人口贩运这一涉及人权

① 已有案件显示，存在将加拿大妇女贩运到美国并迫使其成为性工作者的实际案例。参见 Royal Canadian Mounted Police, *Human Trafficking in Canada*, ISBN: 978－1－100－16958－3, Cat. No.: PS64－78/2010E－PDF, March 2010, p. 27.

与执法的问题上起到引领作用的表现之一。[①] 尽管美国没有说明这一涉及美国重大国家利益的意图，但是通过美国当时所处的国际国内环境以及美国在《议定书》起草过程中的表现能够推断出美国这一未说出的重大关切。《贩运与暴力被害人保护法案》首次对人口贩运犯罪进行规定，将人口贩运犯罪分为两大类：与债役、奴役、强迫性劳役、强迫劳动有关的人口贩运犯罪与儿童性贩运或以暴力、欺骗或胁迫方式实施的性贩运犯罪，即与强迫劳动或服务有关的人口贩运犯罪和性贩运犯罪。这两种人口贩运犯罪的界定方式是相同的，只要求具备行为要件和目的要件，而不要求手段要件，但目的要件含有手段的成分（儿童性贩运罪除外）。在行为要件方面，这两种人口贩运犯罪均涵盖了招募、运送、提供、获得或窝藏的行为，而性贩运犯罪的行为要件还包括"引诱"或"维持"(maintain) 以及从合伙从事这些行为要件中获取经济利益或者任何有价值的物品的行为。[②] 这样，性贩运罪不仅惩处招募、运输、提供、获得、窝藏、引诱或维持被害人的行为，还惩处从参与从事这些行为的冒险活动中获取经济利益或任何有价值的物品的行为。这种惩处从性贩运犯罪中获得物质利益的规定，有利于惩处一切与性贩运者合伙或合作并从中取得物质利益的行为，从而有效地惩处性贩运活动。值得注意的是，尽管法案未将从参与与强迫劳动或服务有关的人口贩运犯罪中获得物质利益的行为规定为犯罪，但是将从参与强迫劳动中获取物质利益的行为规定为犯罪，将其作为强迫劳动犯罪的一种形式。总之，《贩运与暴力被害人保护法案》在界定人口贩运犯罪时区分与强迫劳动或服务有关的人口贩运犯罪和性贩运犯罪，尽管这两种贩运犯罪的行为要件均包括"招募"、"运

---

① Depart of Justice (U. S.), *Attorney General's Annual Report to Congress and Assessment of U. S. Government Activities to Combat Trafficking in Persons, Fiscal Year* 2011, January 2013, p. 2, at http://www.justice.gov/ag/annualreports/agreporthumantrafficking2011.pdf (last visited 1 July 2014).

② U. S. Code, 18 USC § 1591(a)(2).

送”、“提供”、“获得”或“窝藏”的行为，但性贩运犯罪的行为要件还包括“引诱”或“维持”以及从合伙从事这些行为要件中获取经济利益或者任何有价值的物品的行为。这些规定与《议定书》界定的人口贩运的行为要件相符。

法案之所以将人口贩运犯罪区分为两类，是因为这两类贩运犯罪具有不同的社会危害性。一般而言，性贩运犯罪的社会危害性更大，不仅侵犯被害人的人身自由和人格尊严，而且侵犯被害人的性自由，破坏社会的道德风尚。之所以将从参与性贩运中获取物质利益的行为规定为犯罪，是因为法案并没有规定单独的强迫卖淫罪，而是将强迫卖淫作为性贩运犯罪的加重情节。而法案不仅规定了与强迫劳动或服务有关的贩运犯罪，还规定了单独的强迫劳动罪，并将从参与强迫劳动中获取物质利益的行为作为强迫劳动犯罪行为的一种形式，因而法案并未将从参与与强迫劳动或服务有关的贩运犯罪中获取物质利益的行为规定为犯罪。

（三）泰国的实施

泰国于2000年12月13日和18日分别签署了《联合国打击跨国有组织犯罪公约》和《议定书》，并于2013年10月17日批准了这两个公约。为了有效地打击人口贩运活动，泰国于2008年1月30日通过了《反人口贩运法案》，取代了1997年通过的《预防和打击贩运妇女、儿童措施法案》。[①]《反人口贩运法案》第6条在《预防和打击贩运妇女、儿童措施法案》第5条界定的“贩运妇女儿童罪”的行为要件——“买”、“卖”、“贩卖”、“带来”、“送走”、“接收”、“拘禁或限制人身自由”——的基础上，增加了“窝藏”。这里的

---

① 参见 Anti – Trafficking in Persons Act B. E 2551（2008）（Thailand），30 January 2008，[Pravit Roykaew，Office of the Attorney General trans]，at http：//www. unhcr. org/refworld/docid/4a546ab42. html（last visited 1 July 2014）；Measures in Prevention and Suppression of Trafficking in Women and Children Act B. E. 2540，14 November 1997，[Wanchai Roujanavong，Office of the Attorney General Trans]，at http：//www. hsph. harvard. edu/population/trafficking/thailand. trafficking. 97. doc（last visited 1 July 2014）.

“带来”或“送走”相当于《议定书》中界定的“运送”。因此，与《议定书》相比，尽管《反人口贩运法案》界定的行为要件没有将“招募”包括在内，但是将“买”、“卖”、“贩卖”或“拘禁或限制人身自由”涵盖在内。因此，整体而言，《反人口贩运法案》界定的行为要件的范围要大于《议定书》。

(四)中国的实施

我国于2003年9月23日批准了《联合国打击跨国有组织犯罪公约》，并于2010年2月8日批准了《议定书》。我国在批准时对《议定书》第15条第2款作出了保留，并声明在中央人民政府另行通知前，《议定书》不适用于香港特别行政区。《议定书》第15条第2款涉及强制国际仲裁或国际法院管辖，规定当缔约国间在解释或适用《议定书》方面的争端无法在合理时间内通过协商解决时，应按其中一方的请求交付仲裁，而如果在请求仲裁之日起6个月后无法就仲裁的安排达成协议，则其中一方可请求将争端提交国际法院。事实上，目前批准《议定书》的155个缔约国中有27个国家对该条款提出了保留，当然在保留的程度上存在差异。大多数提出保留的国家对该款进行了完全保留，认为要将争端提交仲裁或国际法院须以争端当事方的共同同意为前提；部分缔约方对国际法院的强制管辖提出了保留，但承认强制提交仲裁，如萨尔瓦多、埃塞俄比亚、欧盟、立陶宛、马来西亚、缅甸、南非、突尼斯；印度尼西亚则拒绝通过仲裁的方式解决争端，但同意在争端当事方共同同意的情况下将争端提交国际法院；阿拉伯联合酋长国则不承认强制提交仲裁，但承认国际法院强制管辖。① 上述保留，除欧盟是因为属于国际组织而不能作为国际法院管辖争端的当事方外，其余均是因为缔约国在对国家主权的考虑以及对争端解决方式的信赖程度上有所差异。中国对

① 关于有关《议定书》的保留和声明，参见 Declarations and Reservations on the UN Trafficking Protocol, at http://treaties. un. org/Pages/ViewDetails. aspx? src = TREATY&mtdsg_no = XVIII - 12 - a&chapter = 18&lang = en#EndDec (last visited 1 July 2014)。

《议定书》作出的此种保留，符合我国对国际仲裁和国际法院的一贯态度，有利于在不损害国家主权的情况下灵活处理与《议定书》的解释或适用有关的争端。

我国之所以声明《议定书》不适用于香港特别行政区，是因为根据《中华人民共和国香港特别行政区基本法》第153条第1款，中华人民共和国缔结的国际协议，中央人民政府可根据香港特别行政区的情况和需要，在征询特区政府的意见后，决定是否适用于香港特别行政区。我国最后决定《议定书》不适用于香港，说明香港特别行政区政府不愿意受《议定书》拘束，原因可能是多方面的，但重要原因之一应该是香港的相关法律与《议定书》还存在差距。① 还可能因为《议定书》规定的保护和帮助贩运被害人的义务可能会刺激更多的非法移民，使得香港本已十分繁重的移民管理任务更加艰巨。② 当然，上述声明并不排除《议定书》在未来可能适用于香港，只要中央人民政府作出适用的声明。③ 值得注意的是，我国在批准《联合国打击跨国有组织犯罪公约》时并未作出类似声明，这表明《公约》是适用于香港和澳门特别行政区的。因此，尽管

---

① 有关香港关于人口贩运的法律，见（香港）《侵害人身罪条例》第42条（意图贩卖而将他人强行带走或拘禁罪）、第43条（拐带14岁以下儿童罪）、第44条（为有值代价而非法转移对他人的管有、管养或控制罪），《香港人权法案条例》第4条（禁止奴役或劳役），《刑事罪行条例》第119条（威胁他人从事非法性行为罪）、第120条（欺骗他人从事非法性行为罪）、第126条（拐带16岁以下女童罪）、第127条（拐带18岁以下女童使与人性交罪）、第129条（贩运他人卖淫罪）、第130条（控制他人而目的使他与人非法性交或卖淫罪）、第134条（拘禁他人以使其与他人性交或拘禁他人于卖淫场所罪）、第135条（唆使或鼓励16岁以下儿童卖淫罪）。值得注意的是，《刑事罪行条例》第129条规定的“贩运他人卖淫罪”，仅仅要求有为了使他人从事卖淫活动而参与将该人带出或带入的行为，不要求必须使用《议定书》规定的手段要件，也不管被害人是否同意被带出或带入或者是否同意卖淫。

② 关于香港对非法移民的管理，参见 Maggy Lee, Policing Chinese Migrant Sex Workers in Hong Kong, *International Migration*, Vol. 46(3), 2008, pp. 104 - 105.

③ 柳华文著：《〈联合国禁止贩运人口议定书〉研究：以人权法为视角》，社会科学文献出版社2011年版，第186页。

《议定书》不适用于香港，但是由于《公约》适用于香港，所以当人口贩运构成跨国有组织犯罪时，对人口贩运的预防和打击要符合《公约》的要求。

在我国，人口贩运及相关犯罪主要由《中华人民共和国刑法》及相关的刑法修正案、单行刑法和司法解释组成，涉及强迫劳动，协助强迫劳动，雇用童工从事危重劳动，构成故意伤害或故意杀人的强迫器官切除，强迫卖淫，引诱幼女卖淫，组织卖淫，协助组织卖淫，拐卖妇女、儿童，收买被拐卖的妇女、儿童，聚众阻碍解救被收买的妇女、儿童，拐骗儿童，组织残疾人、儿童乞讨，组织儿童进行违反治安管理活动，组织他人偷越国（边）境，运送他人偷越国（边）境，骗取出境证件，提供伪造、变造的出入境证件，出售出入境证件等犯罪。其中强迫劳动罪、协助强迫劳动罪和协助组织卖淫罪是在中国批准了《议定书》之后通过《刑法修正案（八）》增加或修改的。与人口贩运犯罪最直接相关的是拐卖、收买妇女儿童罪，协助强迫劳动罪和协助组织卖淫罪。《刑法修正案（八）》界定的“协助强迫劳动罪”的行为要件涵盖“招募”、“运送”和“其他协助他人强迫劳动行为”。[①] 有学者认为，“其他协助强迫他人劳动行为”是指除招募、运送人员外，为强迫劳动的单位或个人转移、窝藏或接收人员等行为。[②] 显然，这种认为协助强迫劳动行为是指招募、运送、移交、窝藏或接收人员等行为的观点，与《议定书》界定的“人口贩运”的行为要件是

---

① 需要指出的是，关于《刑法修正案（八）》增加的作为《刑法》第244条第2款关于协助强迫劳动的规定是否构成独立的“协助强迫劳动罪”无论在法学界，还是在实务界，均存在较大争议。笔者认为，该条款不仅确立了独立的罪名，而且有必要对其内容进行完善，将该条确立的罪名定为“与强迫劳动有关的人口贩运罪”，而不是“协助强迫劳动罪”。关于争议的内容以及笔者的观点，参见第三章进行有效刑事司法应对义务在我国的实施部分。为了行文的需要，此处暂时使用“协助强迫劳动罪”。

② 黄太云：《〈刑法修正案（八）〉解读（三）》，载《人民检察》2011年第8期，第50页。

相符的。

《刑法修正案（八）》在1997年刑法的基础上完善了关于协助组织卖淫罪的规定，将协助组织卖淫的行为加以扩展，使其涵盖“招募”、“运送”和“其他协助组织他人卖淫行为”，以履行《议定书》规定的上述义务。① 而1992年，《最高人民法院、最高人民检察院关于执行〈全国人民代表大会常务委员会关于严禁卖淫嫖娼的决定〉的若干问题的解答》第3条认为，“协助组织他人卖淫罪，是指在组织他人卖淫的共同犯罪中起帮助作用的行为，如充当保镖、打手、管账人等”。显然，充当保镖、打手、管账人的行为可以被“其他协助组织他人卖淫行为”所涵盖。与《议定书》相比，尽管《刑法修正案（八）》没有明确将“移交”、“接收”或“窝藏”的行为予以列举，但是“其他协助组织他人卖淫行为”是可以涵盖这些行为的。而且“窝藏”行为在一定程度上也可以被“容留卖淫罪”或“组织卖淫罪”中的“容留”所涵盖。因此，《刑法修正案（八）》所界定的“协助组织卖淫罪”的行为要件不仅与《议定书》的要求相一致，而且还涵盖了充当保镖、打手、管账人等从参与组织卖淫的行为中获取物质利益的行为。这与美国《贩运与暴力被害人保护法案》所界定的性贩运罪的行为要件是相同的。《最高人民法院、最高人民检察院关于执行〈全国人民代表大会常务委员会关于严禁卖淫嫖娼的决定〉的若干问题的解答(1992)》认为，组织卖淫罪是指以招募、雇用、强迫、引诱、容留等手段，控制多人从事卖淫的行为，因而包括强迫、引诱或容留多人从事卖淫的行为。而强迫、引诱、容留3人以下卖淫的，构成强迫、引诱、容留卖淫罪。因此，尽管《刑法修正案（八）》没有将“引诱”、“容留”在“协助组织卖淫罪”行为要件之中予以明确列出，但是这些行为会被以其他罪名处罚，而且处罚轻重接近。

---

① 黄太云：《〈刑法修正案（八）〉解读（三）》，载《人民检察》2011年第8期，第51页。

这与美国《贩运与暴力被害人保护法案》明确将“引诱”、“维持”列入性贩运罪的行为要件之中的做法具有异曲同工之妙。

《刑法》第240条所界定的“拐卖妇女、儿童罪”的行为要件为“拐骗”、“绑架”、“收买”、“贩卖”、“接送”或“中转”。其中，“拐骗”和“绑架”均可看作“招募”的不同形式，旨在获取被拐卖者，“接送”类似于《议定书》界定的“运送”，“贩卖”和“中转”是《议定书》界定的“移交”的重要形式，“收买”是《议定书》界定的“接收”的一种方式。《刑法》第241条所界定的“收买被拐卖的妇女、儿童罪”的行为要件“收买”既是《议定书》界定的“接收”的一种方式，也通常伴随着“窝藏”行为，这种“窝藏”可能发生在非法收养人或非法娶妻者的家中，也可能发生在强迫劳动或强迫卖淫所发生的场所，如黑砖窑、黑煤窑、地下色情场所等。因此，《议定书》所界定的“招募”、“运送”、“移交”、“接收”或“窝藏”分散在了我国刑法所界定的“拐卖妇女儿童罪”、“收买被拐卖的妇女儿童罪”、“强迫劳动罪”、“协助强迫劳动罪”、“强迫卖淫罪”、“协助组织卖淫罪”等犯罪的行为要件中。

（五）综合分析比较

行为要件是《议定书》界定的“人口贩运”的核心要件之一，界定行为要件的方式直接影响法律规定的人口贩运犯罪的形式。加拿大《移民与难民保护法案》将人口贩运的行为要件界定为“组织”，即“招募”或“运送”加上到达目的地后的“接收”或“窝藏”行为，体现了以打击跨国犯罪、加强移民管理为中心的特点。该法案于2001年11月生效，此时加拿大尚未批准《议定书》，而且《议定书》也尚未正式生效。因此，该法案反映了国际社会对人口贩运的传统认识（非自愿的跨境流动与强迫剥削相结合），而与《议定书》界定的“人口贩运”的行为要件不相符，就不足为怪了。《加拿大刑法典》规定的人口贩运的行为要件包括“招募”、“运送”、“转移”、“接收”、“容纳”、“隐匿”或“窝藏”被害人的行为或者对被害人的流动“实施控制、指挥或影响”

的行为，其范围广于《议定书》界定的“人口贩运”的行为要件。《加拿大刑法典》还将明知经济利益或其他物质利益来源于人口贩运活动仍予以接收的行为规定为犯罪，并规定了10年以下有期徒刑的刑罚。[①] 事实上，《加拿大刑法典》于2005年首次规定人口贩运犯罪的主要目的之一就是实施《议定书》，而且在规定时借鉴了美国的《贩运与暴力被害人保护法案》。但是，和美国不同的是，《加拿大刑法典》并没有明确将强迫劳动规定为独立的犯罪，而是将从人口贩运活动中获取物质利益的行为规定为独立的犯罪，将贩运未成年人行为规定为单独的犯罪。因此，《加拿大刑法典》规定的贩运人口罪和贩运未成年人罪涵盖了强迫劳动行为、强迫卖淫行为和强迫切除器官行为，尽管强迫卖淫行为可能还会构成其他罪名，如淫媒罪或依靠未成年人的卖淫收入生活罪。《加拿大刑法典》界定的贩运人口罪和贩运未成年人罪的广泛涵盖性，表现在行为要件上就是在《议定书》界定的人口贩运的行为要件的基础上增加了“容纳”、“隐匿”和对被害人的流动“实施控制、指挥或影响”的行为。特别是其中的“容纳”是经常伴随强迫卖淫或强迫劳动行为发生的行为。《加拿大刑法典》于2010年首次将贩运未成年人罪规定为单独的罪名，并规定了最低刑期，体现出了对儿童被害人的特殊保护，但是这种保护与《议定书》的要求相比是不充分的。根据该刑法典对贩运未成年人罪的规定，仅有为了以“身体方面的威胁”实施的强迫劳动或服务以及以欺诈、使用暴力或暴力威胁或其他形式的胁迫实施的器官或组织切除而对未成年人实施上述行为要件的行为，构成贩运未成年人罪。显然，利用未成年人的卖淫进行剥削的行为或者以利用未成年人的卖淫进行剥削为目的而实施行为要件的行为，是不构成该罪的。但是根据《议定书》，利用未成年人的卖淫进行剥削的行为是构成人口贩运犯罪的，不管是否对未成年人实施了人口贩运手段要件的行为，也不管

① See Criminal Code (Canada), R. S. C., 1985, c. C-46, Article 279.02.

未成年人是否同意。因此，与《议定书》相比，《加拿大刑法典》界定人口贩运犯罪的方式既有相一致的方面，如将人口贩运犯罪作为一种涵盖性极强的犯罪，涵盖了强迫劳动、强迫卖淫、强迫切除器官等犯罪行为，而且在行为要件的界定上体现了对这种涵盖性的配合，又有不一致的地方，如对贩运未成年人犯罪的规定涵盖范围较小，未将利用未成年人卖淫进行剥削或为了利用未成年人卖淫进行剥削而从事行为要件的行为涵盖在内。尽管《加拿大刑法典》借鉴了美国的立法规定，将强迫劳动或服务或强迫切除器官作为人口贩运犯罪的目的要件，而对行为要件未限定实施方式，并且将故意从人口贩运中获取物质利益的行为规定为犯罪，这在较大程度上拓展了《议定书》的适用范围，但是与美国《贩运与暴力被害人保护法案》不同的是，未将利用未成年人的卖淫进行剥削纳入目的要件的范围，而且将故意从人口贩运中获取物质利益的行为规定为单独的犯罪，施以较轻的处罚，并没有将这类行为纳入与强迫劳动有关的人口贩运或性贩运的范畴，施以严厉的处罚，更未将因疏忽大意的过失而从人口贩运中获取物质利益的行为规定为犯罪。

《加拿大刑法典》关于人口贩运犯罪的规定体现了对《议定书》的实施和对美国法律的借鉴，但是又有自己独特的方面，例如，未将利用未成年人卖淫进行剥削或为了利用未成年人卖淫进行剥削而从事人口贩运行为要件的行为涵盖在贩运未成年人犯罪的范畴。之所以出现这种现象，是因为以私人剥削为特征的人口贩运犯罪作为一种较新的犯罪在21世纪初期逐渐为加拿大所认识，出于应对人口贩运犯罪和履行国际义务的需要，《加拿大刑法典》于2005年及时地借鉴了邻邦美国的做法对贩运人口罪进行了规定，但是并未对贩运未成年人罪进行规定，更未将利用未成年人卖淫进行剥削及其相关行为纳入贩运人口犯罪的范畴。这一方面是因为加拿大此时并未意识到贩运未成年人的特殊性和严重性，另一方面是因为《加拿大刑法典》已经规定了依靠未成年人的卖淫收入生活罪，还将帮助、唆使、建议或强迫未成年人卖淫作为该罪的加重情节。但是，依靠未成年人的卖淫收入生活罪的最低刑期仅为两年有期徒刑，而贩运人口罪尚未规定最低刑期。因此，利用未成年人的卖淫进行剥削的行为根据该刑法典并不构成贩运人口罪，只能依据利用未成年人的卖淫收入生活罪来追究刑事责任，可能仅仅判处两年有期徒刑。而强迫未成年人卖淫的行为若依据贩运人口罪追究刑事责任可能会非常轻，若依据利用未成年人的卖淫收入生活罪追究刑事责任，则需要判处5年以上14年以下有期徒刑。这两种罪在处罚强迫未成年人卖淫方面的矛盾显然不利于保护儿童被害人的合法权利，更别提对儿童被害人进行特殊保护了。正是因为认识到这一矛盾的存在以及贩运未成年人的特殊危害性，《加拿大刑法典》才于2010年通过修正案专门规定了贩运未成年人罪，并规定了5年的最低刑期。[①] 但是，仍未将依靠未成年人的卖淫收入生活或利用未成年人卖淫进行剥削的行为纳入贩运未成年人罪的范畴。总之，加拿大关于人口贩运犯罪行为要件的规定体现了对《议定书》的实施和对美国的借鉴，有与之相一致的方面，但是加拿大法律的发展有其自身的逻辑，受其关于人口贩运犯罪的认识以及现有法律体系的制约。

与加拿大的做法不同，美国《贩运与暴力被害人保护法案》将儿童性贩运或以暴力、欺骗或胁迫方式实施的性贩运规定为一种独立的罪名，将从上述性贩运中获取物质利益的行为也纳入该犯罪的范畴，同时在对强迫劳动罪、债役罪、诱使进入奴役状态罪、通过贩卖使从事强迫性劳役罪进行单独规定的同时，也将与债役、奴役、强迫性劳役、强迫劳动有关的人口贩运犯罪规定为单独的罪名。显然根据该规定，利用未成年人卖淫进行剥削或者为了利用未成年人进行剥削而从事人口贩运行为要件的行为构成儿童性贩运罪，这一点与《加拿大刑法典》的规定不同；而剥削未成年人劳动的行为或为剥削未成年人的劳动而实施人口贩运行为要件的行为未必构成强迫劳动罪或与强迫劳动有关的人口贩运罪，仅有强迫未成年人劳动

① Criminal Code (Canada), Article 279.011(1).

的行为或为强迫未成年人劳动而实施人口贩运行为要件的行为才构成强迫劳动罪或与强迫劳动有关的人口贩运罪，这一点与加拿大的做法相同。正因为如此，美国《贩运与暴力被害人保护法案》将“引诱”或“维持”纳入了与儿童性贩运或以暴力、欺骗或胁迫方式实施的性贩运罪行为要件的范围内，而在与强迫劳动或服务有关的人口贩运罪的行为要件中并不包括这些行为。因此，在美国，雇用童工的行为并不构成犯罪，只有强迫童工从事劳动的行为才构成犯罪。美国的这种规定是与《议定书》的要求相一致的。美国之所以在将强迫劳动、强迫性劳役、债役、奴役规定为单独犯罪的基础上，将人口贩运犯罪分为两大类，并将强迫卖淫纳入了性贩运的范畴，是因为《贩运与暴力被害人保护法案》之前的法律已经将强迫性劳役、债役和奴役单独规定为犯罪，为了法律上的衔接，《贩运与暴力被害人保护法案》将强迫劳动规定为单独的犯罪，将参与从事强迫劳动的行为中获取物质利益纳入了强迫劳动罪的范畴，并将与债役、奴役、强迫性劳役或强迫劳动有关的贩运行为规定为犯罪。同时，为了使这些罪名相互衔接，《贩运与暴力被害人保护法案》将这些犯罪规定了相同的刑罚和加重情节。与加拿大的做法不同，《贩运与暴力被害人保护法案》将性贩运规定为单独的罪名，规定了10年最低刑期，并将强迫方式的实现作为儿童性贩运的加重情节，既涵盖了儿童性贩运，又涵盖了强迫性贩运。显然，法案将性贩运犯罪规定为一种单独的人口贩运犯罪，并规定了较长的最低刑期，是因为美国认为性贩运是一种比与强迫劳动或服务有关的人口贩运更为严重的犯罪。事实上，性贩运不仅侵犯被害人的人身安全、尊严和自由，还侵犯被害人的性自由权，破坏良好的社会道德风气。法案的上述规定与《曼恩法案》所规定的胁迫他人从事性活动罪和运输未成年人从事性活动罪相比，惩罚更加严厉，体现了美国在打击性贩运方面的迫切性。美国这种分散式立法虽然在形式上与《议定书》的要求不一致，但是实质上将《议定书》所要求的所有犯罪行为均规定为犯罪，而且规定了相互协调配合的刑罚，并在人口贩运行为要件的规定上予以协调，有利于有效地预防和打击人口贩运犯罪及相关犯罪行为，因而与《议定书》的要求相一致。难怪《议定书》被认为是美国将其国内的反人口贩运策略上升为全球反人口贩运策略的一种工具。[①] 但是，美国未区分被害人的年龄对强迫未成年人劳动或与强迫未成年人劳动有关的人口贩运规定更为严厉的惩罚，以体现对未成年人的特殊保护，这一点与加拿大和泰国的做法不一致，也是美国法律的明显缺陷之处。

与加拿大的做法相近，泰国2008年的《反人口贩运法案》将人口贩运犯罪界定为一种涵盖性极强的犯罪，涵盖了强迫卖淫、利用未成年人卖淫进行剥削、强迫劳动或服务、强迫切除器官、强迫制作或传播色情资料、利用未成年人制作或传播色情资料、强迫乞讨等犯罪，并且广泛地界定了人口贩运的行为要件。泰国这种界定人口贩运犯罪的方式与《议定书》的要求最为接近，在形式上也极为相似。不仅如此，泰国界定的人口贩运犯罪的行为要件的范围远远超出了《议定书》的要求，将“买”、“卖”、“贩卖”、“拘禁或限制人身自由”也涵盖在内。这一方面与其涵盖的广泛的犯罪类型相协调，如拘禁或限制人身自由是强迫劳动或服务、强迫卖淫犯罪经常使用的手段，有利于有效地实施《议定书》，另一方面与泰国1997年《预防和打击贩运妇女、儿童措施法案》第5条界定的“贩运妇女儿童罪”的行为要件也是一脉相承的。与美国关于性贩运罪的处罚规定相似，泰国《反人口贩运法案》区分被害人的年龄对人口贩运犯罪分别处以不同的刑罚。这种规定人口贩运刑罚的方式与泰国1996年《预防和制止卖淫法案》第9条规定的“招募、诱惑、接送、接收他人从事卖淫罪”的处罚方式相一致。总之，泰国为了有效实施《议定书》，也为了有效地打击和预防强迫劳动或服务、强迫乞讨、强迫切除器官等法律尚未规定的犯罪，

① Depart of Justice (U. S.), *Attorney General's Annual Report to Congress and Assessment of U. S. Government Activities to Combat Trafficking in Persons*, *Fiscal Year* 2011, p. 2.

采用了涵盖性极强的界定人口贩运犯罪的方式。在界定人口贩运犯罪的行为要件及其处罚时，既考虑《议定书》的要求，又尽量与泰国其他相关法律相衔接和协调，同时考虑国内应对人口贩运犯罪的实际需要。因而，既符合《议定书》的要求，又具有自身的特色。但是，泰国并未将从人口贩运犯罪中获取物质利益的行为或从参与从事人口贩运犯罪的行为获取物质利益的行为规定为犯罪并纳入人口贩运犯罪行为要件的范畴，这是泰国与加拿大和美国的最大不同之处，也是泰国的立法缺陷之处。

与美国的分散式立法相似，我国在界定人口贩运犯罪时使用了拐卖妇女儿童罪，收买被拐卖妇女儿童罪，强迫劳动罪，协助强迫劳动罪，雇用童工从事危重劳动罪，强迫卖淫罪，协助组织卖淫罪，引诱幼女卖淫罪，拐骗儿童罪，组织残疾人、未成年人乞讨罪，组织未成年人进行违反治安管理活动罪等较为分散的罪名。因此，人口贩运犯罪行为要件分散在了这些犯罪的行为要件之中。这些犯罪的行为要件足以涵盖《议定书》界定的“人口贩运”的行为要件。与加拿大、美国将从人口贩运或强迫劳动或强迫卖淫中获取物质利益的行为规定为犯罪的做法相近，我国将从强迫劳动或强迫卖淫中获取物质利益的行为涵盖在协助强迫劳动或协助组织卖淫罪的行为要件之中。与加拿大、泰国区分被害人的年龄对强迫儿童劳动或贩运儿童的行为规定更为严厉的惩罚的做法不同，我国关于强迫劳动罪与协助强迫劳动罪的规定并没有明确将被害人是儿童作为实施更严厉处罚的加重情节。与加拿大、泰国将强迫劳动、强迫卖淫、人口贩运犯罪规定相同的处罚的做法不同，我国对强迫劳动和强迫卖淫分别规定了不同的刑罚，不仅对强迫劳动罪规定的3年最高刑期远低于加拿大规定的14年、泰国的10年以及美国的20年，而且也没有规定被害人为儿童时的最低刑，而加拿大对此规定了最低5年的有期徒刑，泰国则规定了最低6年的有期徒刑。事实上，《刑法修正案（八）》在1997年刑法规定的强迫职工劳动罪的基础上修改为强迫劳动罪，并增加了可处以3年以上10年以下有期徒刑并处罚金的严重情节，但并没有修改“3 年以下有期徒刑或者拘役并处罚金”的基本刑。即使明确将被害人为儿童作为严重情节之一，严重情节的最低刑期也仅仅为3 年。显然，这样轻的刑罚不足以有效地惩罚和威慑强迫劳动罪及协助强迫劳动罪，不利于对儿童进行特殊保护，也与加拿大、泰国等国的做法不一致。更重要的是，这种刑罚与拐卖妇女、儿童罪的刑罚不协调，无法与其他相关犯罪一起形成一个相互配合、相互协调的有效反拐法律体系。尽管我国界定人口贩运犯罪的这种分散方式与《议定书》的集中界定方式不一致，也与加拿大、泰国的集中界定方式不一致，但是只要我国界定的这些罪名相互配合、相互协调，就完全可以形成一个有效的反拐体系。每一国家法律的发展演化均有其自身逻辑规律，加拿大、美国和泰国的反人口贩运法律的发展均受到自身原有法律制度的制约或影响。我国反拐法律的发展同样也受到原有法律制度的影响，我国目前分散式的立法体系是在原来分散的罪名基础上形成和发展的。因此，为了有效实施《议定书》的义务，可以不采用集中的立法方式，但是必须对目前分散的罪名体系进行完善、修改，使之互相协调、配合。

第二节　手段要件

手段要件是行为要件和目的要件之间的连接点。[①]《议定书》第3 条对“人口贩运”的手段要件进行了详细列举：以暴力相威胁或使用暴力或其他形式的胁迫、诱拐、欺诈、欺骗、滥用权力或滥用脆弱境况、通过授受酬金或利益取得对另一人有控制权的某人的同意。值得注意的是，这些手段要件仅适用于成年人贩运，儿童贩运仅要求行为要件与目的要件。尽管这些手段大多不难理解，但

① See Susan Kneebone & Julie Debeljak, *Transnational Crime and Human Rights: Responses to Human Trafficking in the Greater Mekong Subregion*, p. 109.

是其中很多在含义上有交叉重复的情况，而且有些手段，如“滥用权力或滥用脆弱地位”，其含义争议很大。因此，为了准确理解这些手段的含义，促进《议定书》的统一、有效实施，有必要对这些手段的含义和适用进行厘清。

一、手段要件的含义

（一）“胁迫”的含义

“胁迫”是理解人口贩运、从法律上和概念上区分人口贩运与相关现象如移民偷运的关键。[①] 关于“胁迫”的含义和范围争议较大。一种观点认为“胁迫”是一种涵盖性术语，既包括使用物理力量实现的控制，又包括通过心理操纵实现的控制，因此，涵盖“使用暴力”、“以暴力相威胁”、“诱拐”、“欺诈”、“诈骗”、严重的“滥用权力或滥用脆弱地位”等。[②] 另一种观点认为“胁迫”既包括身体上的强制或威胁，又包括心理上的强制或威胁，但是仅涵盖“欺诈”和“诈骗”以外的手段。[③] 后一种观点在联合国发布的多部文件中得到了证实。如联合国毒品与犯罪问题办公室在编制的《打击人口贩运示范法》中，对“胁迫”进行了界定，并列举了若干情形，认为“胁迫”既指使用暴力或者以暴力相威胁，又指使用某种非暴力的或者心理上的强制或威胁，包括但不限于：

---

① See Anne T. Gallagher, *The International Law of Human Trafficking*, p. 31.

② See European Parliament Resolution on trafficking in human beings, Resolution A4 – 0326/95 of 18 January 1996, OJC 032, Feb. 5, 1996. 在此决议中，欧洲议会将“诈骗”与“其他形式的胁迫”并列归为一类，显然是把“诈骗”归为“胁迫”的一种形式。另外，See EU Ministerial Conference, Hague Ministerial Declaration on European Guidelines for Effective Measures to Prevent and Combat Trafficking in Women for the Purpose of Sexual Exploitation, April. 26, 1997. 在此宣言中，欧盟部长会议将“暴力”、“威胁”、“欺骗”、“滥用权力”等均纳入了“胁迫”的范畴。

③ See Bethany Hastie, *By Any Means Necessary: Toward a Comprehensive Definition of Coercion to Address Forced Labor in Human Trafficking Legislation*, Thesis for a Master's Degree in Law, McGill University, 2011, p. 25.

(1) 以伤害或者进行人身限制相威胁；(2) 任何旨在使一人相信不实施某一行为就会招致严重伤害或者人身限制的计谋或计划；(3) 与一人法律身份相关的滥用或威胁；(4) 心理压力。[①] 显然，该文件认为"胁迫"的最大特点是强制或威胁，包括身体上的、法律上的和心理上的强制或威胁，但不包括"欺诈"与"诈骗"。再如，联合国和欧洲理事会在其联合发布的器官贩运研究报告中，认为《议定书》将"其他形式的胁迫"与"以暴力相威胁"、"使用暴力"归为一类，说明心理压力和身体伤害一样可以限制人的自由意志，包括对被害人家庭的威胁、其他形式的经济压力，等等。[②] 安妮·加拉格尔将《议定书》"人口贩运"的手段要件分为两类：直接手段与间接手段，依据是是否使用"胁迫"。[③]直接手段是指那些积极强迫被害人屈从剥削的手段，而间接手段是指那些旨在误导或欺骗被害人服从剥削的手段，包括"欺骗"与"欺诈"，而手段要件中"欺骗"与"欺诈"之外的手段均属直接手段。显然这种分类与认为"胁迫"包括身体上的和心理上的强制或威胁的观点是一致的。

事实上，在《议定书》起草谈判的过程中，有几个代表团首次提出要将"胁迫"纳入手段要件的范畴，认为"胁迫"的含义比"使用暴力"或者"以暴力相威胁"要广泛。[④] 但是，有代表团认为"胁迫"在实践中很难证明。[⑤] 尽管如此，"胁迫"一直出现在后来的各种草案中，与其他各种手段并列，而且紧挨着"滥

---

① See United Nations Office on Drug and Crime, *Model Law against Trafficking in Persons*, ISBN 978 - 92 - 1 - 133674 - 0, Vienna, 2009, p. 11.

② See Council of Europe and United Nations, *Trafficking in Organs, Tissues and Cells and Trafficking in Human Beings for the Purpose of the Removal of Organs*, p. 78.

③ See Anne T. Gallagher, *The International Law of Human Trafficking*, p. 31.

④ See Travaux Preparatoires for the UN Organized Crime Convention and Protocols, p. 340, fn. 8.

⑤ Ibid., p. 352, fn. 4.

用权力”或者“滥用脆弱地位”，直到最终的定稿以“其他形式的胁迫”取代“胁迫”并将其直接放在“暴力”之后。这一方面说明，“胁迫”的范围广于“以暴力相威胁”和“使用暴力”，可能还涵盖其他手段，而且其涵盖的手段绝对不止手段要件中列出的这些手段。比如，以破坏被害人的名誉相威胁迫使被害人就范，就属于“胁迫”的范畴，而且不同于《议定书》所列的其他手段。当然这种手段要达到一定严重程度，或者与其他手段结合起来达到一定严重程度，方能成为手段要件。《议定书》将“欺骗”与“欺诈”之外的手段均纳入“胁迫”的范畴，同时对这些手段进行列举，一方面可以明确手段要件的范围，另一方面可以加深对“胁迫”所包含的“非身体上的强制或威胁”的认识。① 这样，《议定书》就以“其他形式的胁迫”涵盖了所有的“非身体上的强制或威胁”。笔者认为，尽管手段要件中各种手段的含义可能有交叉甚至重复，但是这些手段均是人口贩运活动中经常运用的方式，在它们的含义存在争议或者无法明确界定的情况下，将其全部罗列，不加详细解释，不失为最佳选择。这样，一方面既能涵盖所有的手段，防止遗漏人口贩运犯罪；另一方面又保持了一定的法律灵活性，便于缔约国根据各自的法律传统和制度灵活加以选择、解释和适用。这也是在《议定书》缔结谈判过程中存在争议无法达成一致意见时，减少分歧、达成妥协、确保更多国家参加的有效手段。

需要说明的是，在这些“胁迫”手段中，“诱拐”作为一种兼

---

① See Bethany Hastie, *By Any Means Necessary: Toward a Comprehensive Definition of Coercion to Address Forced Labor in Human Trafficking Legislation*, pp. 26 – 27.

具暴力性与欺骗性的手段，[①] 与“使用暴力”一起，成为人口贩运传统观念中经常和“招募”与“运送”行为结合的人口贩运手段。正如上文所述，以强迫或欺骗的方式招募或运送被害人从一国进入另一国从事剥削活动是流行观念中国际人口贩运的典型特征。

（二）“欺诈”与“欺骗”的含义

作为“人口贩运”间接手段的“欺诈”(fraud)与“欺骗”(deception)在《议定书》中并列存在，显然是因为它们具有不同的含义和作用。一般认为，这两种手段通常和承诺的工作或服务的性质或被害人从事该工作或服务的条件有关。[②]《打击人口贩运示范法》第12条仅对“欺骗”进行了界定，采用了两种方法：一种是将“欺骗”界定为任何意在欺骗一人的行为；另一种是将“欺骗”界定为任何以言语或行为方式实施的关于事实或法律的欺骗，涉及所提供工作或服务的性质、工作的条件、允许自由离开居住地方的程度或者与剥削有关的其他状况。但是，在评论中，该示范法指出，“欺骗”或“欺诈”涉及贩运被害人即将从事的工作或服务的性质或条件，或者两者均涉及，并没有将“欺骗”和“欺诈”严格区分开来。不容置疑，无论是隐瞒工作或服务的性质，还是隐瞒其实际条件，只要通过这种手段最终使被害人陷入了剥削境地，均可构成人口贩运犯罪。但在刑事司法实践中，如果人口贩运立法同时使用了“欺骗”与“欺诈”，就有必要查明其使用的究竟是哪

---

① 《议定书》最初草案中使用“绑架”（kidnapping）一词，在后来的谈判中一致同意使用“诱拐”（abduction）取代“绑架”，《议定书》谈判准备工作文件中对此予以记载，但没有说明这样做的原因。根据《布莱克法律词典》的解释，尽管这两个词均有使用暴力或欺骗将某人抓住并带走的意思，但是“绑架”通常是为了索取赎金，而“诱拐”的目的通常是为了结婚、卖淫等。显然，“诱拐”更加适合人口贩运情景，这也许是《议定书》最终采用“诱拐”一词的主要原因。关于以“诱拐”取代“绑架”的记载，参见 Travaux Preparatoires for the UN Organized Crime Convention and Protocols, p. 355, fn. 15. 关于这两个词的字典解释，参见 Bryan A. Garner, *Black's Law Dictionary*, Ninth Edition, St. Paul: West, 2009, pp. 4 and 948.

② Ibid.

一种手段，并收集相应证据。因此，有必要对这两种手段进行区分。事实上，在《议定书》起草谈判过程中，“欺骗”与“欺诈”自始至终都并列于各种草案的“人口贩运”手段要件之中，说明了二者作为两种不同的手段已获得了国际共识。二者均有歪曲事实或隐瞒重要事实的意思，但“欺诈”则往往涉及经济方面，承诺支付一定的工资或收入，但不兑现或者只兑现一部分，而“欺骗”往往涉及信息方面，通过歪曲事实、隐瞒相关信息，使被害人在误解或无知的情况下作出决定。① 可见，在人口贩运的情况下，“欺诈”往往涉及贩运被害人即将从事的工作或服务的收入，而“欺骗”往往涉及这些工作或服务的性质、工作环境等方面。

（三）“滥用权力或滥用脆弱地位”的含义

“滥用权力”是“人口贩运”行为要件中的一种重要手段。《议定书》并没有对该词作出解释。在《议定书》起草谈判的过程中，最初并没有使用“滥用权力”（abuse of power），而使用的是“滥用权威”（abuse of authority）。其实，在《议定书》之前有许多相关的国际法律文件书在界定人口贩运的含义时使用过“滥用权威”。② 在《议定书》起草谈判的过程中，尽管“权威”的含义在当时存在很大争议，但是被一致认为应该包括在某些法系中男性家庭成员拥有的对女性家庭成员的控制权以及父母对子女的权力。③

“脆弱性”是理解人口贩运的关键：滥用脆弱地位是绝大多数人

① See Council of Europe and United Nations, *Trafficking in Organs, Tissues and Cells and Trafficking in Human Beings for the Purpose of the Removal of Organs*, p. 78.

② 例如，International Convention for the Suppression of the White Slave Traffic, 3 LNTS 278, Article 2. 该公约于1910年5月4日缔结，并于1912年8月8日生效。再如，EU Ministerial Conference, Hague Ministerial Declaration on European Guidelines for Effective Measures to Prevent and Combat Trafficking in Women for the Purpose of Sexual Exploitation, April 26, 1997.

③ See Travaux Preparatoires for the UN Organized Crime Convention and Protocols, p. 343, fn. 20.

口贩运案例的固有特征。[①] 作为手段要件之一的“滥用脆弱地位”(abuse of a position of vulnerability)，虽然在《议定书》通过之前就曾经出现在其他相关法律文件中，[②] 但是首次在《议定书》谈判准备的工作文件中得到了解释：“滥用脆弱地位”是指“所涉当事人没有任何真正的并且可接受的选择而只能屈从所涉滥用的任何状况”。[③] 从谈判准备工作文件来看，“滥用脆弱地位”只是在起草谈判接近尾声时才加上去的。这样做的主要原因有两个：一是通过在手段要件中加入“滥用脆弱地位”可以将剥削可能用到的无数个更加隐蔽的胁迫手段涵盖在内；二是加入“滥用脆弱地位”这种方式，是对关于“人口贩运”的定义是否应涵盖未受胁迫的成年移民卖淫的争论的一种妥协，这是因为一方面可以将“滥用脆弱地位”作为扩展人口贩运所含剥削范围的一种途径，另一方面又因为其含义十分模糊，足以防止在卖淫这个极具争议的问题上形成固定的观点。[④] 可见，“滥用脆弱地位”是“胁迫”的一种重要方式，扩展了“胁迫”的范围，深化了“胁迫”的含义。同时，这个含义极其模糊的概念平衡了关于卖淫特别是非胁迫的成年移民卖

---

① See United Nations Office on Drug and Crime, *Issue Paper*: *Abuse of a Position of Vulnerability and Other "Means" within the Definition of Trafficking in Persons*, Vienna, 2012, p. 7.

② 在《议定书》通过之前在界定“人口贩运”的定义时就使用了“滥用脆弱地位”的法律文件不多，如 European Parliament Resolution on trafficking in human beings, Resolution A4 –0326/95 of 18 January 1996, OJC 032, Feb. 5, 1996; Council of Europe, Committee of Ministers, Recommendation No. R (2000) 11 of the Committee of Ministers to member states on action against trafficking in human beings for the purpose of sexual exploitation, May 19, 2000.

③ See Travaux Preparatoires for the UN Organized Crime Convention and Protocols, Interpretative Notes, p. 347. 在《议定书》通过之前，有文件在界定人口贩运的含义时使用了与《议定书》谈判准备工作文件的解释相同的措辞和意义，但没有明确界定此种情况就是“滥用脆弱地位”。关于该文件的措辞，参见 Joint Action of 24 February 1997 concerning action to combat trafficking in human beings and sexual exploitation of children (97/154/JHA), OJL 063, Mar. 4, 1994.

④ See United Nations Office on Drug and Crime, *Issue Paper*: *Abuse of a Position of Vulnerability and Other "Means" within the Definition of Trafficking in Persons*, p. 22.

淫是否构成人口贩运的争议。这种立法手段在促进谈判合作、快速达成协议的同时，也带来了严重的实施和适用问题。“滥用脆弱地位”含义的模糊已成为影响其在缔约国国内有效实施的重要障碍。

值得注意的是，国际社会已经在努力厘清“滥用脆弱地位”的含义。《欧洲理事会反人口贩运行动公约》采纳了《议定书》关于“人口贩运”的定义，同时在其解释性报告中对“滥用脆弱地位”进行了解释。[①] 该解释采用了与《议定书》谈判准备工作文件相同的解释，同时指出“脆弱性”是指任何迫使一人接受被剥削的困难状况，可以是身体方面的、心理方面的、情感方面的、与家庭有关的、社会方面的或者经济方面的，比如，这种脆弱状况可能涉及被害人行政地位（administrative status）的非安全性或者非法性、经济依赖或者脆弱的健康状况。[②] 欧洲议会与欧洲理事会于2011年签署的反人口贩运指引则采用了与《议定书》谈判准备工作文件基本相同的解释，唯一的区别是指引使用了“任何真正的或可接受的选择”，而不是“任何真正的且可接受的选择”。[③] 而且指引指出，当犯罪的对象是特别脆弱的被害人时，应该加重处罚，而特别脆弱的人至少包括儿童，而且评估脆弱性的时候应考虑到性别、怀孕、健康状况、残疾等方面。[④]

《打击人口贩运示范法》采用两种方法对“滥用脆弱地位”进行了界定，供缔约国选择：第一种方法和《议定书》谈判准备工作文件中的解释相同；第二种方法采用了列举式定义法，认为

---

① See Council of Europe Convention on Action against Trafficking in Human Beings and its Explanatory Report, Council of Europe Treaty Series – No. 197, May 6, 2005, pp. 8 – 9, Article 4 and p. 38, para. 83

② Ibid., p. 38, para. 83.

③ 参见 DIRECTIVE 2011/36/EU OF THE EUROPEAN PARLIAMENT AND OF THE COUNCIL of 5 April 2011 on preventing and combating trafficking in human beings and protecting its victims, and replacing Council Framework Decision 2002/629/JHA, Article 2(2).

④ Ibid., p. 3, para. 12.

“滥用脆弱地位”是指利用一人由于下列任一事由而出现的脆弱地位：（1）非法入境或者在没有适当证件的情况下入境；（2）怀孕或者任何身体或精神疾病或者残疾，包括对任何药物使用的上瘾；（3）由于未成年、疾病、体弱、身体或精神残疾而出现的判断能力下降；（4）向对一人拥有控制权的那些人承诺或者给出金钱或者其他好处；（5）从社会生存的角度上看处于危险境地；（6）其他有关因素。[①] 值得注意的是，列出的这些事由与示范法建议的“胁迫”定义所包含的情形部分重合，如非法移民的身份与心理压力均可成为两种手段的工具。

国际劳工组织在界定“滥用脆弱地位”方面也做了大量努力。比较有代表性的是2011年发布的《评估成人及儿童强迫劳动的调查指引》，该指引对“滥用脆弱状况”进行了解释。[②] 尽管该指引仅仅是为国家开展有关强迫劳动的调查和统计提供指导，但是由于强迫劳动与人口贩运的关系，特别是指引对“滥用脆弱状况”的阐释，所以了解该指引的相关解释有助于加深了解“滥用脆弱状况”在以强迫劳动为目的的人口贩运中的运用情况。根据该指引，滥用脆弱状况，包括威胁向官方举报，是雇主故意利用工人的脆弱状况迫使其工作的一种“胁迫”方式，除包括通常用于非法移徙工人身上的举报威胁外，还包括利用有智力障碍的工人的有限认知能力以及当女职工不听从雇主的要求时以解雇或者强迫卖淫相威胁等。[③] 指引还指出，由于缺乏其他就业机会而被迫待在一份工作上本身并不构成强迫劳动，但是如果能证明雇主故意利用这一事实向该工人强加更加极端的工作条件，就可构成强迫劳动。[④] 可见，指引对“滥用脆弱地位”的解释不同于《议定书》谈判准备工作文

---

① 参见 *Model Law against Trafficking in Persons*, pp. 9 – 10.

② See International Labor Organization, *Hard to See, Harder to Count: Survey Guidelines to Estimate Forced Labor of Adults and Children*, Geneva, 2011.

③ Ibid., p. 16.

④ Ibid.

件的解释，将重点放在了人口贩运者（强迫劳动雇主）及其对被害人脆弱状况的故意利用上，而不是仅仅放在被害人的脆弱地位上。但是，该指引并不是为了明确构成刑法上的强迫劳动犯罪所需要的“滥用脆弱地位”这一手段要件，只是为研究调查提供指导，更何况强迫劳动与以强迫劳动为目的的人口贩运是不同的。

《议定书》谈判准备工作文件对“滥用脆弱地位”的解释以及《打击人口贩运示范法》的第一种定义法，均存在很多问题。从这些解释来看，要证明贩运人采用了“滥用脆弱地位”的手段实施了“招募”、“运送”、“移交”、“接收”或者“窝藏”被害人的行为，就必须对被害人的心理状态进行仔细考察，必须证明潜在被害人“没有任何真正的并且可接受的选择而只能屈从所涉滥用”。而对于究竟什么是“真正的并且可接受的选择”，判断这些选择的时候应该根据被害人的主观认识还是根据客观情况，谈判准备工作文件及示范法均没有作出解释。而且即使对什么是“真正的并且可接受的选择”作出了解释和指导，在刑事司法实践中要查明处于脆弱地位而且遭受到严重剥削的被害人的心理状态也不是一件容易的事情。[①] 更重要的是，根据这些关于“滥用脆弱地位”的解释，似乎只要证明了被害人处于脆弱地位，而不管贩运人是否实际上滥用了或者试图滥用被害人的这种脆弱地位，均可构成人口贩运犯罪所需要的“滥用脆弱地位”这一手段要件。这种实际上仅仅涉及“脆弱地位”而不涉及“滥用”的解释，可能会使仅仅存在被害人处于脆弱地位（不管是客观上存在的缺乏选择还是被害人自认为的缺乏选择）的事实，足以使不了解这种脆弱性或者即使了解了但并没有对其予以滥用或者企图滥用的人成为人口贩运罪犯。显

① 可能会有人建议采用普通法中的“正常人”概念来解决查明处于脆弱地位又遭受严重剥削的被害人的心理状态这个证据法问题，探究一个“正常人”在处于被害人所处的境况时是否会认为“没有任何真正的并且可接受的选择而只能屈从所涉滥用”。但是，即使采用了此种方法查明了被害人的心理状况，也不足以证明贩运人认识到了被害人的脆弱地位而且实施了或者试图实施滥用。

然，将这种关于“滥用脆弱地位”的解释作为判断人口贩运手段要件的标准，既不符合刑事法律所要求的明确、清晰，也不符合刑事法律关于犯罪主体主观恶性的通常要求。因此，《打击人口贩运示范法》在关于“滥用脆弱地位”定义的评论中，建议缔约国在界定“滥用脆弱地位”的定义时，将重点放在贩运人及其利用被害人脆弱地位的动机上，不需要调查被害人的心理状态，只需要证明贩运人意识到了被害人的脆弱地位并且故意予以利用。①

总之，为了将大量比较隐蔽的“胁迫”手段纳入“人口贩运”的手段要件，也为了平衡关于《议定书》是否应该涵盖卖淫问题、应该如何对待卖淫问题的各种争议，《议定书》将“滥用脆弱地位”纳入了“人口贩运”的手段要件，但是并未对其进行明确解释。目前有关“滥用脆弱地位”的各种解释，虽然有利于了解被害人陷入脆弱地位的原因，有利于识别被害人并对被害人予以帮助和保护，还有利于人口贩运的预防，但是不适合作为确立贩运人使用了“滥用脆弱地位”的手段进行意在剥削的招募、运送、移交、接收或窝藏行为的证据，不适合作为确立贩运人刑事责任的依据。因此，有必要完善这些不适合刑事司法实践的解释，在解释“滥用脆弱地位”的含义时，将重点放在贩运人及其对被害人脆弱地位的故意滥用上，提高证明存在“滥用脆弱地位”的门槛，在利于获得证据的同时，保障贩运人受到公正审判，同时又不扩大“人口贩运”的适用范围。

（四）“通过授受酬金或利益取得对另一人有控制权的某人的同意”的含义

《议定书》同样未对“通过授受酬金或利益取得对另一人有控制权的某人的同意”的含义进行解释。尽管此种手段自《议定书》起草谈判之始便存在于各种草案之中，但是对于是否应该将此种手段纳入“人口贩运”的手段要件之中并非没有争议。在《议定书》

① See *Model Law against Trafficking in Persons*, p. 10.

起草谈判的过程中，许多代表团指出“通过授受酬金或利益取得对另一人有控制权的某人的同意”已经被其他手段要件所涵盖，比如“暴力”、“欺诈”、“欺骗”、“胁迫”等，因此似乎没有必要再将其明确列入手段要件之中。①《议定书》起草谈判准备工作文件并没有对该手段进行解释，也没有说明最终将其列入手段要件之中的原因。该手段的真实意义似乎就是买卖人口，将其纳入手段要件之中的主要考虑是尽可能将用于运送人口并使其进入剥削状态的各种手段涵盖在内。② 当然，究竟此手段所涉及“控制权”属于事实上的控制还是法律上的控制，争议很大。③ 事实上，没有必要区分此处的“控制权”究竟是法律上的还是事实上的，只要通过此种手段实现了对被害人的控制权的转移，使被害人进入了剥削状态，即可构成人口贩运。值得注意的是，《打击人口贩运示范法》将“向对一人拥有控制权的那些人承诺或者给出金钱或者其他好处”作为使被害人进入脆弱地位的原因之一，说明此种手段可以作为判断被害人是否处于脆弱地位的指标之一。④ 需要说明的是，正如前文所述，此种手段同属于“胁迫”的范畴。

二、手段要件与“同意”的关系

《议定书》第3条在界定“人口贩运”的概念时，同时作出说明：在使用了手段要件中的任何手段时，人口贩运被害人对于剥削

---

① See Travaux Preparatoires for the UN Organized Crime Convention and Protocols, p. 343, fn. 21.

② See United Nations Office on Drug and Crime, *Issue Paper: Abuse of a Position of Vulnerability and Other "Means" within the Definition of Trafficking in Persons*, p. 79.

③ 例如，有观点认为此处的“控制”应该属于“事实上的控制”而非“法律上的控制”，参见 David McClean, *Transnational Organized Crime: A Commentary on the UN Convention and its Protocols*, p. 325. 还有观点似乎更赞成“法律上的控制”，如父母对孩子的控制权便属于此类控制，参见 Anne T. Gallagher, *The International Law of Human Trafficking*, p. 33.

④ See *Model Law against Trafficking in Persons*, pp. 9–10.

行为的同意就无关紧要了。该款规定进一步表明只要具备了行为要件、手段要件和目的要件，便可构成人口贩运犯罪，而与贩运被害人是否同意了作为目的要件的剥削行为无关。在贩运被害人是儿童的情况下，只要具备了行为要件与目的要件便可构成人口贩运，更是不管贩运被害人是否同意预谋的剥削行为。值得注意的是，是否应在“人口贩运”的定义中提到“贩运被害人的同意”以及如果提的话该如何措辞，是《议定书》缔结谈判的过程中争议较大的一个问题。大多数代表团认为，贩运被害人的同意事实上与被害人是否遭受到了人口贩运无关；然而很多代表团认为，手段要件中的很多手段本质上是排除被害人的同意的，如使用暴力或以暴力相威胁、欺诈等，因此，如果在“人口贩运”的定义中提到“被害人的同意”，似乎暗含着在某些情况下被害人是可以同意贩运人使用暴力或以暴力相威胁的。[①] 不管怎样，《议定书》最终以专门条款对“被害人的同意”问题进行了规定，其目的旨在表明“一旦确定使用了欺诈、暴力或其他禁止手段，同意就变得无关紧要，不能作为辩护的理由”。[②] 正如上文所述，手段要件中除“欺诈”与“欺骗”之外均属于“胁迫”的范畴。事实上，不管是“欺诈”、“欺骗”，还是“胁迫”，均属于违背被害人意志的手段，但是“被害人的同意”在这些手段中的地位和作用是不相同的。在这些手段要件中，“以暴力相威胁”、“使用暴力”、“诱拐”、“欺诈”、“欺骗”可以明显排除贩运被害人的同意，被害人的同意要么是不可能的，要么失去效力。而在“滥用脆弱地位”的情况下，被害人的同意似乎是该手段的明显特征。因此，在此情况下，分析“被害人的同意”在脆弱地位形成过程中的作用、“被害人的同意”

---

① See Travaux Preparatoires for the UN Organized Crime Convention and Protocol, p. 344, fn. 26.

② See United Nations Office on Drugs and Crime, *Legislative Guides for the Implementation of the United Nations Convention against Transnational Organized Crime and the Protocols thereto*, New York, 2004, p. 270, para. 37.

能否失去效力，是确定是否构成“滥用脆弱地位”进而构成人口贩运的关键。

为了正确地适用《议定书》关于“被害人的同意”的规定，防止出现误解，《议定书》起草谈判准备工作文件进行了专门解释。根据该解释，不应将《议定书》第3条第2款解释为限制了被告获得充分辩护及无罪推定的权利，也不应将其解释为规定了被害人的举证责任，因为在任何刑事案件中，根据国内法，往往由国家或公诉机关负举证责任。[①] 可见，《议定书》关于“被害人的同意”的规定并不影响人口贩运人和被害人的相关诉讼权利。

三、手段要件的国内实施

正如上文所述，为了尽可能将用于招募、运送、移交、接收或窝藏贩运被害人的各种手段涵盖在内，也为了尽可能避免缔约国在某些问题上的争议，《议定书》在明知的情况下对人口贩运的手段要件进行了详细列举，但同时未对某些核心概念作出明确解释，出现了手段要件之间交叉、重复的现象。《议定书》关于“人口贩运”手段要件的这种规定，直接影响了这些手段要件在缔约国的采纳情况。

（一）加拿大的实施

加拿大《移民与难民保护法案》第118条将跨国人口贩运的手段要件限定为“诱拐”、“欺诈”、“欺骗”、“使用暴力或者以暴力相威胁”与“胁迫”，并没有明确提到“滥用权力或滥用脆弱地位”与“通过授受酬金或利益取得对另一人有控制权的某人的同意”。由于该法案并未对“胁迫”的含义进行界定，所以很难断定未提到的这两种手段是否属于“胁迫”的范畴，但是根据我们对《议定书》的解读，包括“非身体上的强制或威胁”的“胁迫”

① See Travaux Preparatoires for the UN Organized Crime Convention and Protocols, p. 348.

应该包括上述未提到的这两种手段。

《加拿大刑法典》在关于人口贩运的规定中，仅仅规定了行为要件与目的要件，并没有明确规定手段要件，但是通过对目的要件的分析可以推断出其包含的手段要件成分。① 这种界定人口贩运的方式与美国的界定方式相同，是加拿大借鉴美国做法的一个明显特征。该法典第 279. 04 条将作为目的要件的剥削分为两类：第一类是器官切除，其所要求使用的手段有“欺诈”、“使用暴力或以暴力相威胁”或者“其他形式的胁迫”，这些手段未明确将《议定书》界定的“滥用权力或滥用脆弱地位”或“通过授受酬金或利益取得对另一人有控制权的某人的同意”涵盖在内；另一类目的是提供或者承诺提供劳动或服务，要求使用的手段为“通过实施在任何情况下可以合理地预期或导致另一人相信如果他们不提供或承诺提供该劳动或服务就会威胁到他们自身的安全或者他们所认识的人的安全的行为”。而且，被害人的同意不影响人口贩运犯罪的构成。此处的“安全”仅指“人身安全”，不包括心理上的安全和

① See Criminal Code, Articles 279.01(1), 279.011(1), 279.02, 279.03, and 279.04.

经济上的安全。① 显然，第二类目的所要求使用的手段为“威胁人身安全的手段”。由于威胁人身安全的手段很多，不限于“以暴力相威胁”，所以“威胁人身安全的手段”的范围要大于“以暴力相威胁”。但该手段显然无法涵盖“诱拐”、“欺骗”、“欺诈”、“滥用权力或滥用脆弱状况”以及其他“非身体上的强制或威胁”，因而涵盖的范围十分狭窄。这就使得通常不以“威胁人身安全的手段”实施的强迫劳动客观上被排除在了《加拿大刑法典》规定的人口贩运犯罪范畴之外。另外，该手段定义中的“合理预期”究竟是指一个“正常人”的合理预期还是被害人的合理预期并不清

---

① 加拿大立法机构、执法机构和司法机构将《加拿大刑法典》在人口贩运犯罪规定中所使用的“安全”解释为人身安全。例如，加拿大司法部高级顾问卡罗·莫兰西（Carole Morency）在参加加拿大国会组织的旨在通过在《加拿大刑法典》中增加“贩运人口犯罪”规定的 C－49 议案的会议上指出，人口贩运犯罪的被害人主要担心他们自身及家人的生命或身体受到伤害。参见 Parliament of Canada, *Proceedings of the Standing Senate Committee on Legal and Constitutional Affairs*, Issue 25 – Evidence, 23 November 2005 (Carole Morency), at http://www.parl.gc.ca/Content/SEN/Committee/381/lega/25evb – e.htm?Language = E&Parl = 38&Ses = 1&comm_id = 11 (last visited 1 July 2014)。再如，加拿大皇家骑警在处理 Elmvale 11 案件中认为，案件所涉 11 名菲律宾人虽然在加拿大无偿劳动而且旅行证件被拿走，但是他们并没有担心生命或身体受到威胁，因而不符合《加拿大刑法典》279. 04 条界定的作为人口贩运犯罪目的要件的“剥削”，所以没有以涉嫌人口贩运犯罪追究当事人安塔祖·拉赫曼（Imtazur Rahman）的刑事责任。参见 Parliament of Canada, *Proceedings of the Standing Senate Committee on Social Affairs, Science and Technology*, Issue 7 – Evidence, 26 May 2010 (Joy Smith), at http://www.parl.gc.ca/Content/SEN/Committee/403/soci/07eva – e.htm? Language = E&Parl = 40&Ses = 3&comm_id = 47 (last visited 1 July 2014). 关于 Elmvale11 案件的详情，参见 Dale Brazao, For Sale: Workers, IRE Journal, Vol. 31(6), 2008, pp. 12 – 13。另外，在首起以人口贩运犯罪定罪的 *R. v. Imani Nakpangi* 案中，法院以该案所涉两名未成年被害人中的 V. S. 虽然在罪犯 Nakpangi 的心理操纵和脆弱地位滥用下从事卖淫活动，但是 V. S. 并没有担心自己的身体受到伤害，因而不构成人口贩运犯罪，最终以利用未成年人卖淫收入生活罪判决。参见 *R. v. Imani Nakpangi* (24 June 2008), Brampton AG 0087 (Ont. Ct. J.), Atwood J; 另见 United Nations Office on Drug and Crimes, Nakpangi, UNODC No.: CAN004, Human Trafficking Case Law Database, at http://www.unodc.org/cld/case – law/can/2008 /nakpangi.html (last visited 1 July 2014).

楚。结果使得作为人口贩运目的要件的强迫劳动或服务的手段范围既远远小于《议定书》界定的人口贩运手段要件中的“使用暴力”、“以暴力相威胁”和“其他形式的胁迫”，又小于《打击人口贩运示范法》以及美国《贩运与暴力被害人保护法案》所界定的强迫劳动的手段范围。

加拿大借鉴美国的做法，仅仅规定人口贩运的行为要件和目的要件并将手段要件隐含在目的要件之中，存在很大问题。首先，《议定书》界定的“人口贩运”的目的要件本身已包括“强迫劳动或服务”、“奴役或类似奴役的做法”、“劳役”、“利用他人卖淫进行剥削或其他形式的性剥削”或“切除器官”。作为目的要件的“强迫劳动或服务”、“奴役或类似奴役的做法”与“劳役”本身已具有强迫的性质，而且此处强迫的外延远大于《加拿大刑法典》所使用的“威胁人身安全的手段”。更何况，《加拿大刑法典》所使用的“劳动”或“服务”是否能涵盖《议定书》所使用的“强迫劳动或服务”、“奴役或类似奴役的做法”、“劳役”、“利用他人卖淫进行剥削或其他形式的性剥削”尚不清楚。即使前者能涵盖后者，也可以说《加拿大刑法典》界定的目的要件的范围远小于《议定书》界定的目的要件的范围。如果《加拿大刑法典》所使用的“劳动”或“服务”涵盖《议定书》所使用的“强迫劳动或服务”、“奴役或类似奴役的做法”、“劳役”时，那么《加拿大刑法典》实质上并不要求具备手段要件，因而扩大了人口贩运的适用范围。其次，作为人口贩运目的要件的强迫切除器官或组织的手段仅限于“欺诈”、“使用暴力或以暴力相威胁”或“其他形式的胁迫”，未明确将《议定书》界定的“滥用权力或滥用脆弱地位”或“通过授受酬金或利益取得对另一人有控制权的某人的同意”涵盖在内。这种过窄的手段范围与《移民与难民保护法案》界定的人口贩运手段要件的范围相同。再次，当《加拿大刑法典》界定的作为人口贩运目的要件的“服务”包括“利用他人卖淫进行剥削或其他形式的性剥削”时，作为《加拿大刑法典》界定的人口贩运目的要件的强迫卖淫或强迫切除器官或组织，实质上暗含了人口贩运的手段要件成分，这种将手段要件隐含在目的要件之中的界定方法存在难以证明未来行为的欺骗性或强迫性的问题。在操作层面，要证明当前发生的“招募”、“运送”、“转移”、“接收”、“容纳”、“隐匿”或“窝藏”被害人的行为或者对被害人的流动“实施控制、指挥或影响”的行为具有将来从事强迫劳动或服务或强迫切除器官的最终目的并非易事。特别是这些当前的行为本身不具有欺骗或胁迫性质时，更难证明将来行为的欺骗性或胁迫性。而证明当前的行为具有欺骗或胁迫性质相对于证明这些行为所具有的目的的欺骗性或胁迫性，应该容易得多。根据刑法典的规定，并不要求这些当前行为具有欺骗性或胁迫性。因此，虽然通过先证明这些当前行为的欺骗性或胁迫性能够更易证明未来目的行为的欺骗性或胁迫性，但是这种做法客观上给行为要件添上了欺骗性或胁迫性的手段要件，不符合刑法典的规定。所以，从证据层面看，在目的行为尚未发生时，要证明这些未来目的行为的欺骗性或胁迫性，实在难以操作，难以成功。当然，如果目的要件最终得到了实施，那么证明这些目的要件行为的欺骗性或胁迫性就要容易得多。这就使得大量仅有行为要件的行为而未真正实施目的要件行为的人口贩运案件因为难以得到证明而被排除在了人口贩运犯罪的范围之外。

（二）美国的实施

美国《贩运与暴力被害人保护法案》规定，“严重形式的人口贩运”包括两种，分别为与债役、奴役、非自愿劳役或强迫劳动有关的人口贩运和性贩运。这两种人口贩运犯罪的界定方式是不同的，前者只要求具备行为要件和目的要件，而不要求手段要件，但目的要件含有手段的成分，后者则区分被害人是否为18岁以下儿童分别规定不同的手段要件。与强迫劳动、服务有关的人口贩运罪是指为了从“债役罪”、“诱使进入奴役状态罪”、“通过贩卖使从事强迫性劳役罪”或“强迫劳动罪”的实施中获取劳动或服务而故意以任何方式对任何人实施的招募、运输、提供、获得或窝藏的行为。[①] 尽管该罪没有要求手段要件，但是目的要件含有手段的成分，这些手段成分与“债役罪”、“诱使进入奴役状态罪”、“通过贩卖使从事强迫性劳役罪”或“强迫劳动罪”的实施方式有关。法案规定，采取以下一种或几种方式提供或获得他人劳动或服务的行为构成强迫劳动罪：对该人或另一人使用暴力、以使用暴力相威胁、限制人身自由或以限制人身自由相威胁；对该人或另一人实施严重损害或以实施严重损害相威胁；滥用法律或法律程序，或以滥用法律或法律程序相威胁；任何旨在使该人相信若不从事此种劳动或服务其自身或另一人将会受到严重损害或人身限制的计划或方案。[②] 该法案第103条第2款还将“胁迫”明确界定为：以严重损害或者进行人身限制相威胁；任何旨在使一人相信不实施某一行为将会使任何人受到严重损害或者使任何人的人身受到限制的计划、方案；滥用法律程序或者以滥用法律程序相威胁。值得注意的是，法案虽然对“胁迫”的含义进行了界定，但是未对其中一些关键词语进行解释，如“严重损害”。美国法学界倾向于认为“严重损害”的范围广泛，既指身体方面的，又指非身体方面的，因而“胁迫”不仅包括身体上的暴力与法律上的强制，还包括形式上更加微妙的胁迫。[③] 因此，《2008年威廉·威尔伯福斯人口贩运被害人保护再授权法案》对此处的“严重损害”进行了解释，认为“严重损害”指身体上或非身体上的损害，包括心理上、经济上或名誉上的损害，其严重程度足以使具有相同背景和处境的理智之人为了避免遭受此损害而不得不从事或继续从事劳动或服务。[④] 其中的“滥用或

① U. S. Congress, U. S. Code, 18 USC § 1590(a) – Trafficking with respect to peonage, slavery, involuntary servitude, or forced labor.

② U. S. Code, 18 USC § 1589(a).

③ See Jennifer M. Chacon, Misery and Myopia: Understanding the Failures of U. S. Efforts to Stop Human Trafficking, *Fordham L. Rev.*, Vol. 74, 2005 – 2006, pp. 2978 – 2979.

④ U. S. Congress, U. S. Code, 18 USC § 1591(e)(4) – Sex trafficking of children or by force, fraud, or coercion.

以滥用法律或法律程序相威胁”是指为了向他人施加压力迫使其采取某种行为或不从事某种行为，而以任何方式或为了任何与法律的制定目标相悖的目的，使用此种行政、民事或刑事法律或法律程序，或以使用此种法律或法律程序相威胁。[①] 由此可见，“胁迫”的范围极广，涵盖了所有足以使人屈从压力、接受要求的身体方面、心理方面、经济方面、名誉方面和法律方面的威胁。通过分析该定义以及法案所界定的“胁迫”、“严重损害”的含义，上述规定的方式应该包括“使用暴力”、“以使用暴力相威胁”、“限制人身自由”、“实施严重损害”和“胁迫”，这些方式与《议定书》界定的“人口贩运”的手段要件基本上相符。尽管如此，美国关于与强迫劳动或服务有关的人口贩运罪的规定不要求明确的手段要件，允许以任何方式实施行为要件的行为，实际上扩大了《议定书》界定的人口贩运的范围，有利于有效打击和预防与强迫劳动或服务有关的人口贩运行为。

性贩运罪则区分被害人是否为18岁以下儿童，对手段要件有不同的要求：当被害人为成年人时，要求罪犯在以目的要件所包含的手段成分从事行为要件的行为时，知道或由于粗心大意而未注意到将会运用暴力、以使用暴力相威胁、欺诈或胁迫的手段使被害人从事商业性行为；当被害人为18岁以下儿童时，仅要求罪犯在从事行为要件的行为时，知道或由于粗心大意而未注意到将会使18岁以下的被害人从事商业性行为。可见，该罪在被害人为18岁以下未成年人时不要求手段成分，否则，需要“暴力”、“以使用暴力相威胁”、“欺诈”或“胁迫”等手段要件。正如上文所述，此处的“胁迫”包括三种情形：以造成严重损害或实施人身限制相威胁；任何旨在使人相信若不从事某一行为将会受到严重损害或人身限制的计划或方案；滥用或以滥用法律或法律程序相威胁。[②] 因

① U. S. Code, 18 USC § 1591(e)(1).

② U. S. Code, 18 USC § 1591(e)(2).

此，被害人为成年人的“性贩运罪”所要求的“暴力”、“以使用暴力相威胁”、“欺诈”或“胁迫”这些要件手段，其范围与《议定书》规定的手段要件的范围基本上一致。而被害人为18岁以下儿童的“性贩运罪”不要求具备手段要件的做法，也与《议定书》的要求相一致。

值得注意的是，该法案未明确提及“被害人的同意”问题。但是，法案实际上以“被害人的同意”为标准区分了“性贩运”与属于“严重形式的人口贩运”的“性贩运”，前者不要求必须具备“暴力”、“欺诈”或“胁迫”这些手段要件，后者要求必须是以“暴力”、“欺诈”或“胁迫”方式实施的（儿童性贩运除外）。可见，根据该法，不管是否具备“暴力”、“欺诈”或“胁迫”等手段要件，也不管被害人是否同意商业性行为，只要具备行为要件（招募、容留、运送、提供或获取）和目的要件（商业性行为），即可构成“性贩运”。法案关于“性贩运”的这一规定，与《议定书》将“滥用脆弱地位”作为以利用他人卖淫进行剥削为目的的性贩运犯罪的手段要件之一的做法相符，有利于起诉和惩治性贩运者。但是根据法案第107条，仅有“严重形式的人口贩运”的被害人有权获得法案规定的帮助。而且根据《贩运与暴力被害人保护法案》实施细则，如果强制劳动的被害人是怀着工作的目的通过移民偷运方式或者非法移民的方式进入美国的，不影响其获得“严重形式的人口贩运”被害人的身份；如果“性贩运”的被害人是怀着卖淫的目的通过移民偷运或者非法移民的方式进入美国的，便无法获得“严重形式的人口贩运”被害人的身份。[①] 可见，被害人的最初同意影响“性贩运”被害人身份的获得，这一点严于《议定书》中关于“被害人的同意”的规定。更糟糕的是，在司法实践中，被害人如果在运送或者雇用的过程中表示了同意，之后遭遇到构成人口贩运的剥削时，往往得不到法案规定的帮助，并不区

① See Protection and Assistance for Victims of Trafficking, 28 C. F. R. 1100 (2005).

分是性贩运还是强迫劳动贩运。[①]

（三）泰国的实施

《反人口贩运法案》第6条第1款规定了“人口贩运”的手段要件包括“以暴力相威胁或使用暴力”、“诱拐”、“欺诈”、“欺骗”、“滥用权力”、“通过授受酬金或利益取得对另一人有控制权的某人的同意以允许对其控制下的该人实施剥削”。但根据法案第6条第2款，当被害人为18岁以下的儿童时，不要求具备这些手段要件。而且被害人对剥削的同意不影响人口贩运犯罪的构成。值得注意的是，该法案未将“其他形式的胁迫”及“滥用脆弱地位”列为人口贩运的手段要件。因此，该法案规定的“人口贩运”手段要件的范围小于《议定书》的范围。法案之所以没有将“滥用脆弱地位”包括在手段要件之中，除因为其和“滥用权力”有交叉的情形之外，还因为“滥用脆弱地位”的含义不明而且难以证明。值得注意的是，法案第4条在界定“强迫劳动或服务”时，将其手段要件界定为“通过恐吓、使用暴力或其他任何使该人处于无法反抗的状态的手段，使人担心其本人或另一人的生命、身体、自由、名誉或财产遭受损害”，这些手段包括身体上、心理上、经济上、名誉上和法律上的胁迫，而这些胁迫又足以使被害人处于无法反抗的状态。显然，法案对“强迫劳动或服务”界定的范围较广，也与美国《2008年威廉·威尔伯福斯人口贩运被害人保护重新授权法案》对作为人口贩运犯罪手段要件之一的“胁迫”的解释相一致。

（四）中国的实施

在我国，人口贩运的手段要件体现在拐卖妇女儿童罪、收买被拐卖的妇女儿童罪、强迫劳动罪、协助强迫劳动罪、强迫卖淫罪、协助组织卖淫罪、引诱幼女卖淫罪、拐骗儿童罪、组织残疾人和儿

① See Jennifer M. Chacon, Misery and Myopia: Understanding the Failures of U. S. Efforts to Stop Human Trafficking, p. 3022.

童乞讨罪、组织未成年人进行违反治安管理活动罪等犯罪的手段要件中。首先，作为拐卖妇女儿童罪的行为要件的“拐骗”、“绑架”、“收买”、“贩卖”行为中包含有“使用暴力”、“胁迫”、“诱拐”、“买卖”等手段要件成分，并没有明确将“滥用权力或滥用脆弱地位”作为手段要件之一，尽管拐卖妇女儿童罪往往涉及对被拐卖妇女儿童脆弱地位的滥用。收买被拐卖的妇女儿童罪的手段要件为购买。值得注意的是，尽管泰国明确将“通过授受酬金或利益取得对另一人有控制权的某人的同意以允许对其控制下的该人实施剥削”作为人口贩运的手段要件之一，而且明确将“买”、“卖”和“贩卖”作为人口贩运行为要件的一部分，但是此处买卖人口的目的是“实施剥削”。而我国拐卖妇女儿童罪和收买被拐卖的妇女儿童罪所包含的买卖人口的目的不限于“剥削”，还可能包括非法收养、非法结婚等。尽管加拿大、美国的法律均未明确将“买卖”作为人口贩运的手段要件，但是并不排斥采用买卖人口的方式转移对被害人的控制权。这是因为《加拿大刑法典》和美国《贩运与暴力被害人保护法案》均未限定实施人口贩运要件行为的方式，作为人口贩运行为要件的“转移”、“接收”、“提供”或“获得”可以任何方式进行，包括通过买卖人口。因此，在加拿大、美国和泰国，为了强迫剥削目的而买卖人口或为了剥削目的而买卖人口均构成人口贩运犯罪。我国之所以将拐卖妇女儿童罪和收买被拐卖的妇女儿童罪分别规定，主要是考虑到这两种犯罪的不同社会危害性和主观恶性，特别是当收买被拐卖妇女儿童的目的是非法收养或非法婚姻时，收买行为的社会危害性和主观恶性显然小于以非法牟利为目的的拐卖行为。但是，我国规定的收买被拐卖妇女儿童罪的处罚与拐卖妇女儿童罪的处罚相比过于轻缓，无法有效地遏制和预防人口贩运犯罪，因而有必要加重对收买行为的处罚并改变不追究收买人刑事责任的做法，将收买被拐卖的妇女儿童罪的法定刑修改为“处5年以下有期徒刑、拘役或管制”。

为了有效实施《议定书》，《刑法修正案（八）》首次规定了强迫劳动罪和协助强迫劳动罪。强迫劳动罪的手段要件为“暴力”、“威胁”或“限制人身自由的方法”，但是《刑法修正案(八)》未对此处的“威胁”进行界定，1997 年刑法也未对“威胁”的含义作出界定。[①] 尽管可以将“威胁”界定为犯罪分子对劳动者施以恫吓，进行精神强制，使其不敢反抗、逃跑，[②] 但是恫吓与威胁实质上是同义词或近义词，显然这种界定“威胁”的方法并没有厘清“威胁”的真实内涵。事实上，作为强迫劳动手段的“暴力”或“限制人身自由”较容易理解与把握，而“威胁”则相对难以界定，严重影响了强迫劳动犯罪的界定。因此，有必要通过司法解释或修正案对此处的“威胁”进行明确界定。在这方面可以借鉴美国《贩运及暴力被害人保护法案》和泰国《反人口贩运法案》界定“强迫劳动”的方法。根据《贩运及暴力被害人保护法案》，实施强迫劳动的方式包括暴力、限制人身自由、实施严重损害、滥用法律或法律程序，或以使用上述方式相威胁。而此处的“严重损害”是指任何身体上或非身体上的损害，包括心理上、经济上或名誉上的损害，其严重程度足以使具有相同背景和处境的理智之人为了避免遭受此种损害而不得不从事或继续从事所要求的劳动或服务。[③] 泰国《反人口贩运法案》第 4 条在界定“强迫劳动或服务”时，将其手段要件界定为“通过恐吓、使用暴力或其他任何使该人处于无法反抗的状态的手段，使人担心其本人或另一人的生命、身体、自由、名誉或财产遭受损害”，这些手段包括身体上、心理上、经济上、名誉上和法律上的胁迫，而这些胁迫又足以使被害人处于无法反抗的状态。因此，可以将我国刑法中作为强迫劳动手段的“威胁”界定为“以使用暴力、限制人身自由、实施

---

① 关于我国刑法中的“威胁”应具有的含义，参见朱宏伟：《论刑法中的威胁行为》，载《中国刑事法杂志》2005 年第 5 期，第 34 页。

② 黄太云：《〈刑法修正案（八）〉解读（三）》，载《人民检察》2011 年第 8 期，第 50 页。

③ U. S. Code, 18 USC § 1591(e)(4).

严重损害或滥用法律或法律程序相威胁”，其中的“严重损害”是指任何身体上或非身体上的损害，包括心理上、经济上或名誉上的损害，严重程度足以使具有相同背景和处境的理智之人为了避免遭受此种损害而不得不从事或继续从事所要求的劳动或服务。

《刑法修正案（八）》在界定协助强迫劳动罪时，仅仅要求明知他人实施强迫劳动而为其招募、运送人员或有其他协助强迫他人劳动的行为，并不要求任何手段要件。这种仅仅要求目的要件和行为要件而不要求手段要件的界定方法，与美国《贩运与暴力被害人保护法案》和《加拿大刑法典》界定人口贩运犯罪的方法相同。这种界定方法实质上扩大了人口贩运的适用范围。当然，在《刑法修正案（八）》的该条规定是否确立了协助强迫劳动罪这一问题上仍存在较大争议。协助强迫劳动的行为不限于招募、运送、移交、接收、窝藏等典型的人口贩运行为，还包括充当打手、保镖、管账人等从参与强迫劳动中获取物质利益的行为。这种扩大人口贩运犯罪适用范围的做法并不违反《议定书》的要求，是因为《议定书》的界定仅仅规定了缔约国应予规定的人口贩运犯罪的最低标准，并不排除缔约国将更多的行为纳入人口贩运犯罪的范畴。为了与《议定书》的定义要求相一致，借鉴美国的做法，有必要依据《刑法》第244条第2款确立独立的罪名，并将其命名为“与强迫劳动有关的人口贩运罪”，并且将为了自己实施强迫劳动而招募、运送、移交、接收或窝藏人员的行为纳入该罪的范畴。这是因为，与强迫劳动有关的人口贩运罪不同于强迫劳动罪，而且前者不仅包括为了他人实施强迫劳动而招募、运送、移交、接收或窝藏人员的行为，还包括为了自己实施强迫劳动因而招募、运送、移交、接收或窝藏人员的行为。至于其他原因，将在第三章“进行有效刑事司法应对义务的实施”部分详细阐述。

我国《刑法》第358条界定的强迫卖淫罪的手段要件为“强迫”，但是并未对此作出解释。因而，有必要结合《议定书》的要求，并借鉴美国和泰国的做法，对强迫的含义进行界定。美国

《贩运与暴力被害人保护法案》将强迫卖淫界定为采用暴力、欺诈或胁迫的方法使他人从事商业性性行为，当被害人为18岁以下儿童时，无论采用何种方式使被害人从事商业性性行为，均构成强迫卖淫。此处的“胁迫”包括以暴力相威胁、以限制人身自由相威胁、以实施严重损害相威胁和以滥用法律或法律程序相威胁。美国的这种界定方法较为全面、合理，符合《议定书》的要求。泰国《反人口贩运法案》则将使用暴力或以暴力相威胁、诱拐、欺诈、欺骗、滥用权力和买卖作为强迫卖淫的手段要件，而且当被害人为18岁以下儿童时不要求上述手段要件。泰国这种界定方法既考虑到泰国国情，又较为全面，也符合《议定书》的要求。《加拿大刑法典》则要求强迫卖淫的手段为“威胁人身安全的手段”，显然远小于《议定书》要求的范围，而且当被害人为儿童时，仍然要求具备该手段要件。加拿大这种界定方法显然大大缩小了《议定书》所要求的手段要件范围。因此，借鉴美国、泰国的做法，可以将强迫卖淫罪中的“强迫卖淫”界定为“通过使用暴力、限制人身自由、实施严重损害、欺骗，或以使用暴力、限制人身自由、实施严重损害或滥用法律或法律程序相威胁，使他人从事商业性性行为的行为”，以及采用任何方式使14岁以下儿童从事商业性性行为的行为。所以，有必要修改我国《刑法》第359条关于引诱幼女卖淫罪的规定，规定“引诱不满14周岁的儿童卖淫的，依照第358条规定处罚”。如果引诱不满14周岁的幼女卖淫，则可以强迫卖淫罪惩处；如果引诱3名以上不满14周岁的幼女卖淫，则构成组织卖淫罪的加重情节——“组织他人卖淫，情节严重的”，按加重刑处罚，可以处10年以上有期徒刑或无期徒刑，并处罚金或没收财产。这样，既与《议定书》将利用未成年人卖淫界定为人口贩运的要求相一致，又与美国、泰国将引诱未成年人卖淫等同于强迫卖淫的做法相类似，还与我国刑法中关于组织卖淫罪的规定相协调，有利于严厉惩处利用未成年人卖淫的行为，更好地保护未成年人的特殊权益。

《刑法修正案（八）》充实了协助组织卖淫罪行为要件的内容，明确了“招募”或“运送”在行为要件中的地位，但没有对实施行为要件的手段作出任何规定，因而该犯罪的手段要件为任何方式。我国这种仅仅规定了目的要件和行为要件而没有界定手段要件的立法方式与美国、加拿大的立法方式相似。尽管如此，美国《贩运与暴力被害人保护法案》却在与强迫卖淫有关的人口贩运罪的处罚中根据实施行为要件的方式是否以暴力、欺骗或胁迫的方式规定了不同的处罚。因此，该法案界定的与强迫卖淫有关的人口贩运罪不仅涵盖了《议定书》界定的以强迫卖淫为目的的人口贩运犯罪，还涵盖了仅以利用未成年人卖淫剥削为目的而行为要件的实施手段不涉及手段要件的人口贩运犯罪，而且对于前者施加了15年以上有期徒刑并处罚金，而对于后者区分14岁以下的儿童和14岁以上18岁以下的儿童分别处以15年以上有期徒刑并处罚金和10年以上有期徒刑并处罚金。《加拿大刑法典》虽然仅仅对人口贩运的目的要件和行为要件进行了要求，而且目的要件中含有手段要件的成分，但是在对人口贩运的处罚中将实施绑架、性侵犯作为加重处罚的情节，因而实质上也区分了为了强迫卖淫而以威胁人身安全的手段实施行为要件的人口贩运与为了强迫卖淫而未以威胁人身安全的手段实施行为要件的人口贩运。借鉴美国和加拿大的上述做法，特别是美国的做法，建议对《刑法》第358条第3款进行修改，进一步明确情节严重的情形，将以暴力、胁迫或欺骗的方式实施行为要件的行为以及为了使14岁以下儿童卖淫而实施要件行为列为情节严重的情形，同时增加情节特别严重的情形下的处罚，以与组织卖淫罪和强迫卖淫罪的刑罚相协调，因而修改为：“为了组织卖淫或协助他人组织卖淫而招募、运送、移交、接收、窝藏人员或者有其他协助组织他人卖淫行为的，处5年以下有期徒刑，并处罚金；有下列情形之一的，处5年以上10年以下有期徒刑，并处罚金：

（一）为了强迫卖淫或协助他人强迫卖淫而采取暴力、限制人身自由、实施严重损害、欺骗，或以使用暴力、限制人身自由、实施严重损害或滥用法律或法律程序相威胁的方式实施上述行为的；

（二）为了引诱14岁以下儿童卖淫或协助他人引诱14岁以下儿童卖淫而实施上述行为的；

（三）有其他严重情节的。

有前款所列情形之一，情节特别严重的，处10年以上有期徒刑或者无期徒刑，并处罚金或者没收财产。”

《刑法》第262条规定的拐骗儿童罪的手段要件为“拐骗”，“拐骗”接近于《议定书》所使用的“诱拐”，兼有欺骗性和暴力性的特点。学界对“拐骗”的含义有不同的理解，比如，有学者认为，应通过扩张解释将拐骗儿童罪中“拐骗”理解为利用欺骗、利诱或其他手段致使不满14周岁的未成年人脱离家庭或监护人的非暴力行为，因此包括为收养而偷盗婴幼儿的行为；[①] 还有学者认为，“拐骗”是指以欺骗、利诱等非暴力方式将儿童拐走，不包括抢劫、抢夺等暴力强制的方式，但应通过扩张解释和“举轻以明重”的原则将抢劫儿童的行为涵盖在内；[②] 还有学者认为，“偷盗”与“拐骗”是两个完全不同的概念范畴，具有不同的主观恶性和社会危害性程度，因而应在刑法中增设“偷盗婴幼儿罪”。[③] 总之，学界倾向于认为拐骗儿童罪中的“拐骗”仅仅指欺骗、利诱等非暴力方式，但通过刑法解释原则可以涵盖“偷盗”、“抢劫”、“抢夺”等暴力方式。事实上，拐骗儿童罪中的“拐骗”本身就是一种兼具欺骗性和暴力性的手段，既涵盖欺骗、欺诈、利诱等非暴力方式，又涵盖抢劫、抢夺、绑架、偷盗等暴力方式。这是因为，第一，作为《议定书》界定的人口贩运手段要件之一的“诱拐”本

---

① 姜伟、陈正云：《罪刑法定与刑法解释——兼析为收养而偷盗婴儿的行为应否定罪》，载《人民检察》2001年第1期。

② 刘德法、孔德琴：《抢劫儿童应以拐骗儿童定罪》，载《人民法院报》2004年5月31日。

③ 富强等：《刑法应增设偷盗婴幼儿罪》，载《人民检察》2005年第7期，第56页。

身就是一种兼具欺骗性和暴力性的手段,[①] 我国刑法使用的“拐骗”与“诱拐”含义相近。第二，拐卖妇女儿童罪中的“拐卖”是指以出卖为目的而拐骗、绑架、收买、贩卖、运输或中转妇女儿童的行为，因此，“拐卖”可以理解为拐骗并出卖或诱拐并出卖的行为，不仅涵盖欺骗、欺诈等非暴力手段，还涵盖绑架、抢劫、抢夺等暴力手段。与之相似，拐骗儿童罪中的“拐骗”不仅涵盖欺骗、利诱等非暴力手段，还应涵盖绑架、抢劫、抢夺、偷盗等暴力方式，当然其目的应是收养、奴役等，而不是出卖或勒索财物。第三，只有当拐骗儿童罪中的“拐骗”既涵盖欺骗性手段又涵盖暴力手段时，才可能与拐卖儿童罪、强迫劳动罪、协助强迫劳动罪、强迫卖淫罪、协助组织卖淫罪等罪名相协调，形成一个严密的反儿童贩运法律体系。拐卖儿童罪与拐骗儿童罪均涵盖了拐骗儿童行为，包括欺骗性和暴力性的行为，均使作为被害人的儿童脱离了家庭或监护人的监护，均侵犯了被害人的人身自由和本来的生活场所安全,[②] 它们之间的最大区别在于拐卖儿童罪以出卖为目的，而拐骗儿童罪的犯罪目的为出卖或勒索财物以外的任何目的。既然以出卖为目的拐骗儿童构成拐卖儿童罪，以勒索财物为目的拐骗儿童构成绑架罪，那么以强迫劳动为目的时构成与强迫劳动有关的人口贩运罪，以强迫卖淫或引诱卖淫为目的时构成与强迫卖淫有关的人口贩运罪，以强迫乞讨为目的时构成组织儿童乞讨罪，以组织进行违

① 《议定书》最初草案中使用“绑架”（kidnapping）一词，在后来的谈判中一致同意使用“诱拐”（abduction）取代“绑架”，《议定书》谈判准备工作文件中对此予以记载，但没有说明这样做的原因。根据《布莱克法律词典》的解释，尽管这两个词均有使用暴力或欺骗将某人抓住并带走的意思，但是“绑架”通常是为了索取赎金，而“诱拐”的目的通常是为了结婚、卖淫等。显然，“诱拐”更加适合人口贩运情景，这也许是《议定书》最终采用“诱拐”一词的主要原因。关于，以“诱拐”取代“绑架”的记载，参见 Travaux Preparatoires for the UN Organized Crime Convention and Protocols, p. 355, fn. 15. 关于这两个词的字典解释，参见 Bryan A. Garner, *Black's Law Dictionary*, pp. 4 and 948.

② 杨金彪：《拐卖妇女儿童罪的几个问题》，载《现代法学》2004 年第 5 期，第 79 页。

反治安管理活动为目的时构成组织未成年人进行违反治安管理活动罪，以收养为目的时则构成拐骗儿童罪。而且以收养为目的而进行的拐骗儿童行为的主观恶性和社会危害性程度与以收养为目的而进行的收买被拐卖的儿童的行为接近。因此，建议将《刑法》第262条的规定修改为“拐骗不满14周岁的未成年人，脱离家庭或监护人的，处5年以下有期徒刑或者拘役；情节严重的，处5年以上10年以下有期徒刑，并处罚金；情节特别严重的，处10年以上有期徒刑或者无期徒刑，并处罚金或没收财产”。

（五）综合分析比较

《加拿大刑法典》在界定人口贩运犯罪时仅仅规定了行为要件和目的要件，并没有明确提及手段要件，但是目的要件中含有手段要件的成分。这种做法和美国《贩运与暴力被害人保护法案》界定与强迫劳动或服务有关的人口贩运罪的方法相近，这也是加拿大在当初立法时借鉴美国立法的结果。但是，这两国在人口贩运犯罪方面的立法差异也是明显的。第一，在被害人为儿童时是否要求具备手段要件这个问题上，存在较大差异。加拿大区分了贩运人口罪与贩运儿童罪，但是这种区分仅在法定刑期的长短上，并不涉及行为要件、目的要件甚或手段要件，因而加拿大立法并不符合《议定书》在被害人为儿童时不要求具备手段要件的要求，实质上大大地限制了人口贩运犯罪的外延。由于美国对与强迫劳动或服务有关的人口贩运犯罪并不要求具备手段要件，所以当被害人为儿童时自然不要求具备手段要件。美国关于性贩运的规定实质上区分了以利用儿童卖淫进行剥削为目的的儿童性贩运和与强迫卖淫有关的人口贩运犯罪，而前者并不要求具备手段要件。因此，美国的做法与《议定书》在被害人为儿童时不要求具备手段要件的要求相一致。第二，在手段要件的范围上存在较大差异。加拿大区分以强迫劳动或服务为目的的人口贩运与以强迫切除器官或组织为目的的人口贩运，前者暗含的手段要件为“威胁人身安全的手段”，范围相当狭窄，后者隐含的手段要件为“欺骗”、“使用暴力或以使用暴力相威胁”或“其他形式的威胁”，未将《议定书》使用的“滥用权力或滥用脆弱地位”或“通过授受酬金或利益取得对另一人有控制权的某人的同意”涵盖在内。因此，加拿大立法所要求的人口贩运的手段要件的范围十分狭窄，这在一定程度上和《议定书》对人口贩运手段要件的含义界定不明有很大关系，也和加拿大对人口贩运这种新型犯罪的认识有关。加拿大仅仅将其认为主观恶性和社会危害性较大、易于把握和证明的手段要件进行了规定。美国除对与强迫卖淫有关的人口贩运罪规定了手段要件外（使用暴力或以使用暴力相威胁、欺骗或胁迫），与强迫劳动或服务有关的人口贩运犯罪和以利用儿童卖淫进行剥削为目的的性贩运均未明确要求手段要件，而且美国立法对于“强迫劳动”和“胁迫”的界定有助于全面、准确地理解《议定书》所使用的“胁迫”的含义。事实上，尽管美国立法并未对与强迫劳动或服务有关的人口贩运犯罪的手段要件作出要求，但是人口贩运者在以强迫劳动或服务为目的进行人口贩运时要么对被害人实施了暴力或胁迫，要么对被害人进行了思想上的欺骗，因为如果被害人在贩运的过程中知道人口贩运者的真实目的，是不可能心甘情愿接受人口贩运者实施的贩运行为的。而《议定书》界定的人口贩运手段要件有一个共同特点便是人口贩运行为违背了被害人的真实意愿（被害人为儿童时并不具有表达真实意愿的能力），要么被害人受到了欺骗或欺诈、不了解人口贩运者的真实意图，要么被害人在知道人口贩运者的真实意图时受到了人口贩运者的强制。因此，美国这种将手段要件隐含在目的要件之中的做法，从表面上看似乎扩大了人口贩运的外延，实质上却将《议定书》界定的手段要件涵盖在内，具有异曲同工之效。当然，这种将手段要件隐含在目的要件之中的做法，强调了对人口贩运者真实犯罪目的的把握和证明，而证明未来行为的强迫性或欺骗性并不是一件容易的事。

与加拿大、美国这种将手段要件隐含在目的要件之中的立法方法不同，泰国则模仿《议定书》的界定方式对人口贩运犯罪的手段要件进行了明确界定，几乎涵盖了《议定书》列出的手段要件，但未涵盖“其他形式的胁迫”以及“滥用脆弱地位”。2008 年通过的《反人口贩运法案》依照《议定书》的界定方式对人口贩运进行了界定。泰国之所以参考《议定书》对人口贩运的界定方式，在更大程度上是为了应对美国发布的年度人口贩运报告，为了表明泰国在努力预防和应对严重的人口贩运问题以达到美国根据其《贩运与暴力被害人保护法案》确定的反人口贩运最低标准，以持续获得美国提供的与贸易无关的非人道主义的援助。

与加拿大、美国的立法方法相近，我国关于协助强迫劳动罪与协助组织卖淫罪的规定仅仅规定了人口贩运犯罪的行为要件和目的要件，没有明确规定手段要件，但作为目的要件的强迫劳动或强迫卖淫隐含有“暴力”、“威胁”或“限制人身自由”等手段要件成分。但与加拿大、美国的做法不同的是，我国的这些规定没有明确对以这些手段要件成分实施的协助行为规定更加严厉的处罚，也没有对被害人为儿童时的协助行为规定更加严厉的处罚。例如，加拿大、美国均将绑架行为作为对与强迫劳动或服务有关的人口贩运行为处以更加严厉处罚的加重情节，美国更是将“使用暴力或以使用暴力相威胁”、“欺骗”或“胁迫”作为追究与强迫卖淫有关的人口贩运犯罪的必备手段要件。再如，加拿大对被害人为儿童的人口贩运犯罪规定了更加严厉的处罚，规定了最低刑期。泰国则区分被害人的年龄对人口贩运犯罪规定了不同的惩罚。因此，借鉴加拿大、美国、泰国的立法方法以及美国界定“胁迫”的方法，有必要明确将“采取暴力、限制人身自由、实施严重损害，或以使用暴力、限制人身自由、实施严重损害或滥用法律或法律程序相威胁的方式实施招募、运送、移交、接收、窝藏人员或有其他协助强迫劳动的行为”以及“被害人为 14 岁以下儿童”作为与强迫劳动有关的人口贩运罪的加重情节，并且将“采取暴力、限制人身自由、实施严重损害、欺骗，或以使用暴力、限制人身自由、实施严重损害或滥用法律或法律程序相威胁的方式实施招募、运送、移交、接收、窝藏人员或有其他协助强迫卖淫的行为”以及“为了引诱 14 岁以下儿童卖淫或协助他人引诱14岁以下儿童卖淫的”作为与强迫卖淫罪有关的人口贩运罪的严重情节，并且将“强迫14岁以下儿童卖淫”作为与强迫卖淫有关的人口贩运罪的特别严重情节。

我国关于拐卖妇女儿童罪的规定没有明确规定手段要件，但是作为行为要件的“拐骗”、“绑架”、“收买”、“贩卖”含有手段要件的成分，如欺骗、利诱、绑架、买卖等，这与《议定书》界定的“欺骗”、“诱拐”、“买卖”、“暴力”等手段接近。当被害人为14岁以下儿童时，实施拐卖行为的手段可以为抢劫、抢夺、偷盗、买卖等。因此，事实上，我国并没有明确拐卖妇女儿童罪的手段要件，可以涵盖一切能够达到出卖妇女儿童目的的手段，并且把“使用暴力、胁迫或麻醉方法绑架妇女儿童”以及“偷盗婴幼儿”作为拐卖妇女儿童罪的加重情节。我国这种界定拐卖妇女儿童罪的方法既不同于加拿大、美国的做法，也不同于《议定书》和泰国的做法。但是，只要该规定与刑法其他相关规定紧密配合，完全可以形成一个有效的反拐法律体系。

第三节　目的要件

目的要件是“人口贩运”犯罪构成不可缺少的主观方面。根据《议定书》，只有为了剥削目的采用手段要件的方法实施了行为要件的行为才能构成“人口贩运”。当然，当被害人为18岁以下的儿童时不要求具备手段要件。目的要件被认为是“人口贩运”定义的要领，是“人口贩运”区别于“移民偷运”的关键。[①] 作为目的要件的“剥削”不要求实际上实现，只要在采用手段要件的方式实施行为要件的行为时怀着“剥削”的目的即可。甚至有观点认为，《议定书》规定的“人口贩运”并不包括“剥削”，仅仅涉及

① See Susan Kneebone & Julie Debeljak, *Transnational Crime and Human Rights: Responses to Human Trafficking in the Greater Mekong Subregion*, p. 115.

促使或导致剥削的行为。[1] 因此，即使没有出现“剥削”的结果也可能构成人口贩运。《议定书》第3条对作为“人口贩运”目的要件的“剥削”进行了规定，规定剥削应至少包括利用他人卖淫进行剥削或其他形式的性剥削、强迫劳动或服务、奴役或类似奴役的做法、劳役或切除器官。但是《议定书》并没有对列举的这些剥削形式进行明确界定，导致在实施《议定书》的实践中出现随意扩大或缩小“人口贩运”范围的问题。因此，有必要根据相关国际公约准确地界定“剥削”目的所含关键概念的含义。

一、目的要件的含义

（一）“利用他人卖淫进行剥削或其他形式的性剥削”的含义

该剥削形式主要涉及组织卖淫是否构成人口贩运以及性剥削的范围究竟有多大两个问题。如何界定以性剥削为目的的人口贩运与卖淫的关系是《议定书》起草谈判过程中一个极具争议的问题。[2] 在《议定书》起草谈判的过程中，围绕卖淫的性质，国家形成了两派针锋相对的观点：一种观点认为卖淫本质上是暴力的、剥削性的，是一种性剥削，是对人权的践踏，是被害人在脆弱状态下作出的无可奈何的决定，因而应将一切卖淫归入人口贩运，要消除卖淫和整个性产业；另一种观点则认为卖淫是一种职业，是性自主权的一种表现，是自愿选择的结果，因而应该区分强迫卖淫与自愿卖淫以及儿童卖淫与成人卖淫，只有儿童卖淫及强迫的成人卖淫才构成人口贩运。[3] 比如，在“人口贩运”定义中是否使用“性剥削”这个问题上，以美国为代表的代表团建议使用“性剥削”，涵盖“卖淫”、“性奴役”等，而以荷兰为代表的代表团则提出保留，主

---

① See James C. Hathaway, The Human Rights Quagmire of “Human Trafficking”, p. 9.

② Venla Roth, Defining Human Trafficking and Identifying Its Victims: A Study on the Impact and Future Challenges of International, European and Finnish Legal Responses to Prostitution – Related Trafficking in Human Beings, p. 19.

③ Ibid., pp. 20 – 29.

张以“奴役”取代“性剥削”，认为奴役系指一人遭受属于所有权的任一或所有权力控制的状况，包括“强迫卖淫”、“劳役”以及“类似奴役的做法”。① 显然，前者认为“卖淫”属于“性剥削”，所以构成人口贩运，而后者则认为“卖淫”中仅有“强迫卖淫”才属于“奴役”，构成人口贩运。尽管如此，两派均赞成儿童卖淫构成人口贩运。

最终，《议定书》使用了“利用他人卖淫进行剥削”而不是“卖淫”，以区分通过自身卖淫获利的人与利用他人卖淫牟利的人。根据《打击人口贩运示范法》第13条，“利用他人卖淫进行剥削”是指“从他人的卖淫中非法获取经济利益或者其他物质利益”。而判断是否属于“非法”的标准是缔约国关于卖淫的国内法。② 为了平衡上述观点之间的关系，最终在目的要件中并未出现“强迫卖淫”的字眼，规定当被害人为成人时，必须同时具备手段要件方可构成人口贩运。而手段要件，不管是“胁迫”还是“欺诈”，均含有违背被害人意志的意思。这样一来，《议定书》规定只有采用手段要件的方式利用他人卖淫进行剥削方可构成人口贩运，似乎支持了主张仅有“强迫卖淫”方构成人口贩运的观点。但又由于手段要件中包含了一个含义不明而且难以把握的“滥用脆弱地位”，一切卖淫似乎均可以理解为贩运人采用了“滥用脆弱地位”的方式利用他人卖淫进行剥削，所以《议定书》似乎也支持将“卖淫”纳入人口贩运的范畴。因此，可以说《议定书》是两种观点的一种折中，以利于尽可能多的国家批准或加入《议定书》。正如《议定书》起草谈判准备工作文件所解释的那样，《议定书》所针对的是人口贩运背景下的“利用他人卖淫进行剥削”或“其他形式的

① See Travaux Preparatoires for the UN Organized Crime Convention and Protocols, pp. 339 – 340, fn. 2 – 3.

② See Analysis of Key Concepts of the Trafficking in Persons Protocol: Background Paper prepared by the Secretariat, UN Doc, CTOC/COP/WG. 4/2010/2, December 9, 2009, p. 4, para. 11.

性剥削”。《议定书》并没有对之进行解释，因此并不影响缔约国在各自国内法中选择如何处理卖淫问题。① 显然，根据《议定书》，强迫卖淫构成以性剥削为目的的人口贩运，但是《议定书》并没有对强迫卖淫与自愿卖淫的界限进行明确界定，特别是“滥用脆弱地位”是模糊两者界限的主要因素。

---

① Ibid. ,Interpretative Notes,p. 347. 事实上，由于对卖淫的性质有不同的认识，各国在处理卖淫问题的法律策略上也不尽相同，总体上可以分为五大类型。第一种策略是禁止，通过严格的立法和行政法规，惩罚与卖淫有关的一切行为或者任何人，包括卖淫、嫖娼和招募卖淫，旨在最终消除卖淫。采取此种法律框架的主要有美国大部分州及中东国家。第二种策略为监管，也有称合法化，认为卖淫是一种“必要的罪恶”，因此予以容忍，但是为了维护社会公共秩序，保护公共健康，则通过强制登记、强制体检、禁止在许可区域或地方之外从事卖淫、对所涉妇女的国籍和居留身份进行监管等控制措施对其进行监管。这种策略在20世纪之前的西欧非常流行，今天在许多国家仍旧存在，如奥地利、希腊。第三种策略是合法化，认为卖淫是一种工作或职业，致力于为职业卖淫女提供更好的工作条件，减少对社会的危害，比如，通过性传播疾病的危险，对卖淫女的暴力行为。合法化将重点放在了卖淫背景下的胁迫和暴力行为，而不是卖淫本身，旨在利用劳动法解决性工作者的工作条件和权利问题。因此，此种策略将卖淫、嫖娼、第三方对卖淫的剥削，如充当淫媒、开办妓院等合法化。目前，只有德国、荷兰、新西兰、澳大利亚的维多利亚州和新南威尔士州采用了此种法律框架。第四种策略为废除，致力于彻底废除卖淫，因此禁止第三方（如政府、淫媒、妓院老板等）利用他人卖淫获利，将充当淫媒与开办妓院规定为犯罪。但认为卖淫女是被害人，所以认为其是无罪的。欧洲大多数国家及加拿大采用此种法律框架。第五种策略是新废止主义，认为卖淫者是无罪的，但是嫖娼者及任何第三方都是有罪的，旨在减少对性的需求。目前，采用此种策略的国家有挪威、瑞典、芬兰部分地区、英国部分地区，这些国家经常有采用禁止策略或监管策略的倾向。总之，这些策略的差异主要体现在对待卖淫、嫖娼、第三方的不同态度上。“禁止”对三个方面持否定态度；“监管”与“合法化”虽然均对三个方面持肯定态度，但出发点和目的不同，前者旨在维护社会公共秩序，保护公共健康，后者旨在维护卖淫女的权利；“废除”对待旨在牟利的第三方持否定态度，但对卖淫、嫖娼持容忍态度；“新废除主义”对待嫖娼和旨在牟利的第三方持否定态度，对卖淫持容忍态度。这些关于卖淫的不同的法律策略直接影响了这些国家对待人口贩运问题的策略。关于这些不同的法律策略及其对应对人口贩运问题的策略的影响，参见 Venla Roth, Defining Human Trafficking and Identifying Its Victims：A Study on the Impact and Future Challenges of International,European and Finnish Legal Responses to Prostitution – Related Trafficking in Human Beings,pp. 29 – 39.

“其他形式的性剥削”究竟是什么含义？有哪些形式？《议定书》并没有对其进行界定。根据《议定书》起草谈判准备工作文件，初稿中的“性剥削”除了包括“卖淫”，还包括“性奴役”、“参与制作色情材料”，甚至有代表团建议应该将“恋童癖”包括在“性剥削”之中，应该考虑当时正在起草的《关于儿童买卖、儿童卖淫和儿童色情的儿童权利公约任择议定书》的内容。[①] 还有一些代表团建议应明确提到“利润”，将其作为以性剥削为目的的人口贩运的必备要素，但是大多数代表团并不赞成这样做。[②]《议定书》最终并没有提出“利润”是性剥削的必要要素，因此，完全有理由认为“性奴役”、“恋童癖”等不具有获取利润目的的行为可以构成“性剥削”。事实上，这一推断在《打击人口贩运示范法》第20条中得到了证实，示范法对“性剥削”进行了界定，认为“性剥削意味着通过使他人从事卖淫、性奴役或其他形式的性服务，包括色情行为或者制作色情材料，而获取经济利益或者其他利益的行为”。可见，“性剥削”不限于为了获取经济利益或其他物质利益而对他人的性利用。因此，作为目的要件的“剥削”的含义，应该不以获取经济利益或其他物质利益为要素。

（二）“强迫劳动或服务”的含义

《议定书》并未对“强迫劳动或服务”的含义进行界定。在《议定书》起草谈判的过程中，最初的草稿对“强迫劳动”的含义进行了界定：“强迫劳动系指以暴力相威胁或使用暴力或胁迫的方

① 参见 Travaux Preparatoires for the UN Organized Crime Convention and Protocols, p. 340, fn. 5.《关于儿童买卖、儿童卖淫和儿童色情的儿童权利公约任择议定书》于2000年5月25日获得通过，2002年1月18日生效，截至2014年7月1日，已有167个缔约国，中国于2002年12月3日批准了该议定书。关于议定书内容，参见 *Optional Protocol to the Convention on the Rights of the Child on the sale of children, child prostitution, and child pornography*, 2171 UNTS 227.

② See Travaux Preparatoires for the UN Organized Crime Convention and Protocols, p. 340.

式，强迫任何人从事并非本人在自由和知情同意的情况下主动从事的所有工作或服务”，而且借鉴了《公民权利和政治权利国际公约》第 8 条和《1930 年强迫劳动公约》第 2 条关于强迫或强制劳动例外情形的规定，对“强迫劳动”的例外情形进行列举。[①] 对于在界定“强迫劳动”的含义时是否应列举出“例外情形”这个问题，曾经在起草谈判的过程中引起很大争议。比如，有多个代表团建议应将“强迫劳动”的例外情形交由缔约国国内法规定，还有代表团认为以强迫劳动为目的的人口贩运涉及有组织犯罪集团的活动，而“强迫劳动”的例外情形主要涉及特殊情况下的国家行为，因此没有必要对例外情形予以规定。[②]《议定书》最终既未对“强迫劳动或服务”的含义进行界定，也未对其例外情形进行列举。《议定书》起草谈判准备工作文件并没有对此进行解释，其主要原因在于关于“强迫劳动或服务”的含义及其例外情形的争议较大。不管是《议定书》草案最初对“强迫劳动”的界定，还是对例外情形的列举，均借鉴了《公民权利和政治权利国际公约》及《1930 年强迫劳动公约》的内容，但是并非所有的谈判国都已经加入或批准了上述公约。因此，在“强迫劳动或服务”的含义及其

① 参见 Travaux Preparatoires for the UN Organized Crime Convention and Protocols, p. 340, fn. 9.《公民权利和政治权利国际公约》于 1966 年 12 月 16 日通过，并于 1976 年 3 月 23 日生效，截至 2014 年 7 月 1 日，已有 168 个缔约国，中国于 1998 年 10 月 5 日签署了该公约，但尚未予以批准，该公约目前适用于我国香港和澳门特别行政区。关于该公约的内容，参见 International Covenant on Civil and Political Rights, 999 UNTS 171.《1930 年强迫劳动公约》于 1930 年 6 月 28 日通过，并于 1932 年 5 月 1 日生效，截至 2014 年 7 月 1 日，已有 177 个国家批准了该公约，中国尚未批准该公约。关于该公约的内容，参见 Forced Labor Convention, 1930 (No. 29), 39 UNTS 55. 值得注意的是，《1957 年废除强迫劳动公约》继承了《1930 年强迫劳动公约》关于“强迫劳动”的定义。该公约于 1957 年 6 月 25 日通过，并于 1959 年 1 月 17 日生效，截至 2014 年 7 月 1 日，已有 174 个国家批准了该公约，中国尚未批准该公约。关于该公约的内容，参见 Abolition of Forced Labor Convention, 1957 (No. 105), 320 UNTS 291.

② Travaux Preparatoires for the UN Organized Crime Convention and Protocols, p. 340, fn. 9.

例外情形上必定存在很多争议。为了使《议定书》得以顺利缔结并有尽可能多的缔约国，《议定书》最终只是笼统地使用“强迫劳动或服务”，而把其含义的界定交由缔约国国内法规定，这绝对是明智之举。而且，由于《议定书》仅适用于对既具有跨国性又涉及有组织犯罪集团的人口贩运案件的调查、起诉和预防，而强迫劳动的例外情形主要涉及特殊情况下的国家行为，所以也确实没有必要对强迫劳动的例外情形进行列举。尽管如此，为了形成关于人口贩运背景下强迫劳动的共识，促进《议定书》在缔约国的统一有效实施，有必要借鉴相关国际公约对“强迫劳动或服务”的含义予以明确界定。

事实上，“强迫劳动或服务”的含义已经成为影响“人口贩运”的含义进而影响强迫劳动与人口贩运关系的重要因素。《打击人口贩运示范法》第14条借鉴《1930年强迫劳动公约》第2条的规定，对“强迫劳动或服务”进行了界定：“强迫劳动或服务系指以任何惩罚相威胁迫使任何人从事的非自愿的工作或服务”。而且根据该定义，确定是否存在强迫劳动关系的关键是看被害人与雇用者之间的关系，而不是看所从事活动的类型，不是看所从事活动根据国内法是否合法，不是看其是否属于经济活动。因此，根据该示范法第15条，不管是强迫的工厂劳动，还是强迫卖淫或者其他强迫的性剥削（即使根据国内法卖淫是违法的），或者是强迫乞讨，均构成强迫劳动。显然，按照这种观点，强迫卖淫或强迫性剥削均构成强迫劳动，这与上文提到的认为卖淫是一种工作或职业因而要区分自愿卖淫与强迫卖淫并将强迫卖淫归入人口贩运的观点是一致的。值得注意的是，尽管《议定书》在“人口贩运”的目的要件中将“强迫劳动或服务”与“利用他人卖淫进行剥削或其他形式的性剥削”相并列，但并不影响将“强迫”的卖淫或性剥削纳入“强迫劳动或服务”的范畴。示范法第16条关于“强迫劳动或服务”定义中的“任何惩罚”有多种形式，如对被害人或其亲属使用暴力或人身限制或者以使用暴力或人身限制相威胁，当被害人的工作身份或居留身份属于非法时以向警方或移民当局告密相威胁，没收旅行或身份证件或者以没收旅行或身份证件相威胁，与债务有关的经济惩罚，不支付工资，如果工人拒绝超时间工作就会减少工资并以解雇相威胁。因此，“任何惩罚”可能涉及身体方面、经济方面、心理方面，“以任何惩罚相威胁”接近于“人口贩运”手段要件中的“胁迫”。

强迫劳动与人口贩运的关系存在较大争议。正如上文所述，关于人口贩运的流行观点便是人口贩运是由使用胁迫或欺诈方式实施的招募或运送行为加上剥削目的构成。因此，人口贩运的要义是胁迫加上剥削目的，而强迫劳动的要义是事实上的剥削。[①] 所以，按照这种观点，只有最终实现了强迫劳动目的的人口贩运方可构成强迫劳动。而在没有使用胁迫或欺诈方式实施招募或运送行为的情况下实施的强迫劳动仅构成强迫劳动，不构成人口贩运，比如通过移民偷运或非法移民的方式进入一国后陷入强迫劳动状态的，不构成人口贩运，但构成强迫劳动。根据这种关于人口贩运的观点，强迫劳动与人口贩运关系是两个不同的概念，但是其范围有交叉。另一种观点认为，人口贩运就是强迫劳动。[②] 还有观点认为，强迫劳动包含人口贩运，比人口贩运的范围要大。[③] 这些观点均是不全面的。根据上文对“人口贩运”行为要件的分析，只要为了剥削目的以手段要件的方式实施了行为要件中的任一行为，包括“窝藏”或“接收”行为，就均可构成人口贩运。因此，为了强迫劳动以手段要件的方式实施的“窝藏”或“接收”行为是可以构成人口贩运的。从这个意义上来讲，强迫劳动构成人口贩运。但是，由于

① See Susan Kneebone & Julie Debeljak, *Transnational Crime and Human Rights: Responses to Human Trafficking in the Greater Mekong Subregion*, p. 123.

② See Sally Cameron, *Trafficking and Related Labor Exploitation in the ASEAN Region*, p. 21.

③ See Analysis of Key Concepts of the Trafficking in Persons Protocol: Background Paper prepared by the Secretariat, p. 4, para. 13.

人口贩运不以剥削目的的实现为必要条件，所以以强迫劳动为目的、以手段要件的方式实施的“窝藏”或“接收”行为，在没有实现强迫劳动目的的情况下仍可构成人口贩运，但不构成强迫劳动。所以，从这个意义上来讲，人口贩运未必构成强迫劳动。更何况，人口贩运的目的要件不限于强迫劳动或服务，还包括利用他人卖淫剥削或其他形式的性剥削、奴役及类似奴役的做法、劳役、切除器官等。总之，根据《议定书》关于“人口贩运”的规定，强迫劳动是构成人口贩运的，但是人口贩运却未必就构成强迫劳动。从这样的意义上讲，人口贩运包括强迫劳动，而且范围广于强迫劳动。

（三）“奴役或类似奴役的做法”和“劳役”的含义

《议定书》并未对“奴役或类似奴役的做法”及“劳役”作出界定。在《议定书》起草谈判的过程中，最初草稿并未提到“奴役或类似奴役的做法”和“劳役”。但是有代表团主张用“奴役”取代“性剥削”，认为奴役系指一人遭受属于所有权的任一或所有权力控制的状况，包括“强迫卖淫”、“劳役”以及“类似奴役的做法”。[①] 后来，草案借鉴《1956年废止奴隶制、奴隶贩卖及类似奴隶制之制度与习俗补充公约》的规定，将“奴役”列入了“人口贩运”的目的要件，并对其作出了界定，认为奴役系指一人遭受属于所有权的任一或所有权力控制的状况。[②] 在《议定书》起草谈判的过程中，大多数代表团主张应将“劳役”列入“人口贩

① See Travaux Preparatoires for the UN Organized Crime Convention and Protocols, p. 339, fn. 2.

② 参见 Travaux Preparatoires for the UN Organized Crime Convention and Protocols, p. 342, fn. 15.《1956年废止奴隶制、奴隶贩卖及类似奴隶制之制度与习俗补充公约》于1956年9月7日通过，并于1957年4月30日生效，截至2014年7月20日，已有123个国家批准了该公约，中国尚未加入或批准。关于公约内容，参见 Supplementary Convention on the Abolition of Slavery, the Slave Trade, and Institutions and Practices Similar to Slavery, 266 UNTS 3.

运”的目的要件，但是也有代表团提出反对意见，认为“劳役”的含义不明确，而且在语义上与“奴役或类似奴役的做法”有交叉，因此不主张将其列入。[①]《议定书》最终将“劳役”与“奴役或类似奴役的做法”并列为“人口贩运”的目的要件，但未对它们的含义进行界定。这使得人口贩运与奴役的关系变得模糊不清，引起了许多争议。有观点认为，人口贩运与强迫劳动、强迫卖淫、性奴役、强迫婚姻等构成了现代形式的奴役或类似奴役的做法。[②]现代形式的奴役不同于传统上的奴役，其差异之处在于对于现代形式的奴役来说，法律上的所有权已经不太重要，剥削者与被剥削者之间的关系是短期的，而且进行奴役的主要原因不再是种族歧视，而是为了获取经济利益。[③] 还有观点认为，将人口贩运贴上现代形式的奴役这种标签反映了人们并不乐于接受“人口贩运”的定义，而且忽视了人口贩运的其他方面，如债役。[④] 因此，有必要厘清“奴役或类似奴役的做法”或“劳役”的含义及其与人口贩运的关系。

《打击人口贩运示范法》第 20 条借鉴了《1926 年废止奴隶制、奴隶贩卖及类似奴隶制的制度与习俗公约》(简称《禁奴公约》)的规定，[⑤] 采用两种方法对“奴役”进行了界定：一种将“奴役”界定为对一人行使附属于所有权的一切或所有权力的地位或状况，这种定义与《禁奴公约》关于“奴隶制”的定义相同；另一种将

---

① See Travaux Preparatoires for the UN Organized Crime Convention and Protocols, p. 344, fn. 29.

② See Silvia Scarpa, *Trafficking in Human Beings: Modern Slavery*, p. 4.

③ See Tom Obokata, *Trafficking of Human Beings from a Human Rights Perspective: Toward a Holistic Approach*, p. 18.

④ See Susan Kneebone & Julie Debeljak, *Transnational Crime and Human Rights: Responses to Human Trafficking in the Greater Mekong Subregion*, p. 119.

⑤ 参见 Slavery, Servitude, Forced Labor and Similar Institutions and Practices Convention, 60 LNTS 253, Article 1 (1). 该公约于 1926 年 9 月 25 日签署，并于 1927 年 3 月 9 日生效。

"奴役"界定为一人遭遇像财物一样的对待和控制的地位或状况。显然，第二种界定方法解决了第一种界定方法仅仅适用于一人对另一人具有所有权的问题。事实上，现代形式的"奴役"不同于传统上的"奴役"的一个重要方面就是剥削者对被剥削者在法律上的所有权已经不重要或者不存在了，他们之间更多的是短期的经济剥削关系。因此，现代意义上"奴役"的范围要大于传统上的"奴役"。《打击人口贩运示范法》第 18 条还借鉴了《1956 年废止奴隶制、奴隶贩卖及类似奴隶制之制度与习俗补充公约》关于"类似奴隶制的做法"涵盖范围的规定，没有明确"类似奴隶制的做法"的定义，只是规定"类似奴役的做法"应包括债役、农奴制、奴役婚姻以及对儿童和青少年的剥削。该条还提供了一个可供选择的定义，认为"类似奴役的做法"系指基于实际依赖或胁迫关系，对他人进行经济剥削并严重、广泛地剥夺基本公民权利，包括债役、农奴制、强迫或奴役婚姻以及对儿童和青少年的剥削。示范法还借鉴《1956 年废止奴隶制、奴隶贩卖及类似奴隶制之制度与习俗补充公约》对债役①、农奴制②、强迫或奴役婚姻③进行了

---

① 根据《打击人口贩运示范法》，"债役"系指因债务人将其本人或受其控制者的个人劳务充作债务之担保，劳务之合理估定价值不作为清偿债务计算，或劳务期限未作限定和订明，由此引起的地位或状况。See Model Law against Trafficking in Persons, p. 13.

② 根据《打击人口贩运示范法》，"农奴制"系指土地承租人受法律、习惯或契约之制约须在他人所有之土地居住及劳动，并向该他人提供有偿或无偿之若干固定服务，而不能自由变更其身份之状况。See Model Law against Trafficking in Persons, p. 19.

③ 根据《打击人口贩运示范法》，"强迫或奴役婚姻"系指有以下情况的任何制度或习俗：（一）一名女子或儿童之父母、监护人、家属或任何他人或团体受金钱或实物之报酬，将其许配或出嫁，而女子或儿童本人无权拒绝；或（二）女子之丈夫、其夫之家属或部族，有权取得代价或在其他情形下将女子转让他人；或（三）女子于丈夫亡故后可为他人所继承。值得注意的是，该定义仅指针对妇女的强迫或奴役婚姻的习俗。《示范法》建议立法者考虑对定义作出增订，以纳入妇女（女孩）和男子（男孩）均可为强迫或奴役婚姻对象的习俗。这可能涵盖以婚姻为目的的贩运，或某些"邮购新娘"形式的习俗。See Model Law against Trafficking in Persons, pp. 17 – 18.

界定。可见，通过将“奴役或类似奴役的做法”纳入“剥削”的范围，将众多常见的程度严重的剥削纳入了人口贩运的范畴。

值得注意的是，根据《议定书》谈判准备工作文件，仅有构成对儿童和青少年的剥削的非法收养才属于“类似奴役的做法”，才能构成人口贩运，非法收养未必构成人口贩运的目的要件。[①] 目的要件中仅列出了一部分剥削形式，这些剥削形式是缔约国在国内法中必须予以规定的。当非法收养构成“类似奴役的做法”时，自然可以构成目的要件。当非法收养构不成“类似奴役的做法”时，以非法收养为目的而实施的买卖、偷盗、诱拐儿童行为便严重侵犯儿童的人身权益和社会秩序。此时，非法收养即使不以经济剥削或性剥削为目的，也是把儿童当作一种满足自身感情需要的工具。正如前文所述，目的要件中的“剥削”不以获取经济或其他物质利益为要素，对儿童的感情利用也应视为对儿童的一种剥削。尽管以满足感情需要为目的的非法收养与以强迫劳动、性剥削或切除器官为目的的非法收养相比，危害性稍小，但是，在将儿童当作一种商品（买卖）或者非法剥夺监护人对儿童的监护权、破坏儿童的合法权益方面，都是相同的。因此，笔者建议将非法收养纳入“剥削”的范围，而不管非法收养的目的是否是剥削。

正如上文所述，尽管“劳役”缺乏清晰的概念，而且含义可能与“奴役或类似奴役的做法”重复，但《议定书》最终还是明确将“劳役”列入了“人口贩运”的目的要件之中。不管怎样，

---

① See Travaux Preparatoires for the UN Organized Crime Convention and Protocols, Interpretative Notes, p. 347; See Silvia Scarpa, *Trafficking in Human Beings: Modern Slavery*, p. 33. 根据这些观点，只有以剥削为目的的非法收养方能构成“人口贩运”的目的要件，如以强迫乞讨、强迫偷窃、强迫婚姻、强迫劳动等剥削为目的的非法收养，而不以剥削为目的的非法收养不构成“人口贩运”的目的要件。当然，也有不同观点认为，不应仅从字面意义上理解《议定书》起草谈判准备工作文件解释性说明中的解释，以非法收养为目的的买卖、偷盗、诱拐儿童行为应构成人口贩运。See Anne T. Gallagher, *The International Law of Human Trafficking*, pp. 41 – 42.

“劳役”都是一种剥削，而且是一种程度通常比“奴役”稍轻的剥削。[①] 更何况《议定书》只是列举了作为“人口贩运”目的要件的剥削的一部分形式，并没有列出所有的剥削形式。所以，“劳役”属于“剥削”的范畴是不容置疑的。问题是，如果要将《议定书》在缔约国国内予以实施，在国内刑法中明确将“劳役”与“奴役或类似奴役的做法”并列列出，就有必要厘清它们之间的关系。《世界人权宣言》与《公民权利和政治权利国际公约》均提到了“劳役”，但是均未对其进行解释。[②] 《打击人口贩运示范法》第20条基于对《世界人权宣言》与《公民权利和政治权利国际公约》的解释，将“劳役”界定为相关人既无法摆脱又无法改变的劳动状况和（或）劳动或提供服务的义务。显然，这种解释与“强迫劳动或服务”接近，但是又与“类似奴役的做法”关系密切，并未清楚地界定“劳役”与“奴役或类似奴役的做法”或“强迫劳动或服务”之间的联系与区别。由于至今尚无有关“劳役”的明确概念，《打击人口贩运示范法》给出的定义也是模棱两可，所以该概念在不同国家具有不尽相同的应用。因此，“劳役”一词只能由缔约国根据其法系特点和国情在国内法中予以界定。

二、目的要件的国内实施

（一）加拿大的实施

加拿大《移民与难民保护法案》第118条和《加拿大刑法典》对“人口贩运”目的要件的要求是不同的，前者不要求具备目的

---

① See Anne T. Gallagher, *The International Law of Human Trafficking*, p. 37.

② 诺瓦克在对《公民权利和政治权利国际公约》的评注中引用了《〈公民权利和政治权利国际公约〉准备工作文件》来支持他的观点，认为“劳役”包括涉及经济剥削的“类似奴役的做法”，比如债役，奴役婚姻，各种形式的妇女、儿童贩运。参见Manfred Nowak, *U. N. Covenant on Civil and Political Rights: ICCPR Commentary*, Second Edition, Arlington: N. P. Engel, 2005, pp. 199 – 201. 显然，诺瓦克认为“劳役”与“类似奴役的做法”接近。

要件，只要以诱拐、欺诈、欺骗、使用暴力或以暴力相威胁或胁迫的方式招募或运送一人以上进入加拿大并在其入境后予以接收或窝藏，便可构成人口贩运。后者则要求以剥削或促进剥削为目的，而且分两种情况对“剥削”进行了界定：一种是指以危及人身安全相威胁的方式迫使实施的强迫劳动或服务，另一种是指以欺诈、使用暴力或以使用暴力相威胁或其他形式的胁迫的方式引起的器官或组织切除。[①] 可见，《加拿大刑法典》在“人口贩运”的目的要件中使用了非常狭隘的强迫劳动或服务，仅限于以危及人身安全相威胁的方式迫使实施的劳动或服务。而《打击人口贩运示范法》界定的强迫劳动或服务，包括以任何惩罚相威胁迫使实施的劳动或服务，而且“任何惩罚”包括身体上、经济上或心理上的。另外，《加拿大刑法典》也没有对“劳动或服务”的含义进行界定，难以确定其是否涵盖了“性剥削”、“奴役或类似奴役的做法”或“劳役”。

（二）美国的实施

美国《贩运与暴力被害人保护法案》根据严重形式的人口贩运的目的，将人口贩运分为两种：一种以商业性行为为目的，另一种以非自愿的劳动或服务为目的，包括非自愿的劳役、债役和奴役、强迫劳动。根据该法案第 103 条第 3 款，“商业性行为”是指任何可以因之获得或接收任何有价值的东西的性行为。根据美国有关司法判例，此处的“商业性行为”包括卖淫和色情表演，而且在确立性贩运时没有必要证明“商业性行为”是使用胁迫或威胁的“主要目的”。[②] 可见，此处的“商业性行为”以获取经济或其他物质利益为要素，范围显然窄于《议定书》中的“性剥削”。这

① See Criminal Code (Canada), R. S. C., 1985, c. C－46, Articles 279.01(1), 279.011(1), and 279.04.

② See Mohamed Y. Mattar, Interpreting Judicial Interpretations of the Criminal Statutes of the Trafficking Victims Protection Act: Ten Years Later, *Journal of Gender, Social Policy & the Law*, Vol. 19(4), 2011, pp. 1262－1266.

是因为，后者还包括不以经济或其他物质利益为目的的“性剥削”，如性奴役、恋童癖等。根据该法案，“强迫劳动”是指以“胁迫”的方式故意提供或获取他人的劳动或服务。① 正如上文所述，由于此处的“胁迫”具有广泛的含义，既包括身体上的胁迫，也包括非身体上的胁迫。因此，法案对“强迫劳动”的界定基本上与《打击人口贩运示范法》的界定一致。法案还对“债役”②与“非自愿的劳役”③ 进行了界定。总之，美国《贩运与暴力被害人保护法案》将“严重形式的人口贩运”分成了“儿童性贩运”，“以暴力、欺诈或胁迫为手段的性贩运”以及“与债役、奴役、非自愿的劳役或强迫劳动有关的贩运”。“儿童性贩运”与“以暴力、欺诈或胁迫为手段的性贩运”的区别在于前者的被害人为18岁以下的儿童，不要求使用“暴力、欺诈或胁迫”的手段。这种分类符合《议定书》的精神，但是“性剥削”的范围过窄，仅限于以获取经济或其他物质利益为目的的性剥削。“强迫劳动”与“与债役、奴役、非自愿的劳役或强迫劳动有关的贩运”的区别在于，

---

① See Victims of Trafficking and Violence Protection Act of 2000, PUBLIC LAW 106 - 386—OCT. 28, 2000 114 STAT. 1486 - 7, § 1589. 此处的“劳动或服务”应从其通常意义上来理解，不仅仅指为了商业目的的劳动或服务。“劳动”通常指作出体力上或者脑力上的努力，特别是当这种努力是令人疲劳的、艰难的或者强制的时候；“服务”是指不生产有形产品的有用劳动。See Mohamed Y. Mattar, Interpreting Judicial Interpretations of the Criminal Statutes of the Trafficking Victims Protection Act: Ten Years Later, pp. 1267 - 1268; United States v. Marcus, 487 F. Supp. 2d 300 (E. D. N. Y. 2007).

② 根据《贩运与暴力被害人保护法案》，“债役”系指因债务人将其本人或受其控制者的个人劳务充作债务之担保，劳务之合理估定价值不作为清偿债务计算，或劳务期限未作限定和订明，由此引起的地位或状况。参见 Victims of Trafficking and Violence Protection Act of 2000, Sec. 103(4). 该定义与《打击人口贩运示范法》的定义相同。See Model Law against Trafficking in Persons, p. 13.

③ 根据《贩运与暴力被害人保护法案》，“非自愿的劳役”是指通过以下方式引起的奴役状况：(1) 任何旨在使一人相信不实施某一行为将会使任何人受到严重损害或者使任何人的人身受到限制的计划、方案；或 (2) 滥用法律程序或者以滥用法律程序相威胁。See Victims of Trafficking and Violence Protection Act of 2000, Sec. 103(5).

前者的行为要件仅为“提供”或“获取”，且手段要件为“胁迫”，而后者的行为要件则为“招募”、“窝藏”、“运送”、“提供”或“获取”，不要求手段要件。“强迫劳动”、“奴役”、“非自愿的劳役”、“债役”等目的要件的界定基本上与作为《议定书》“人口贩运”目的要件的“强迫劳动或服务”、“奴役或类似奴役的做法”、“劳役”的含义相同。但是，《贩运与暴力被害人保护法案》未将器官切除列为目的要件的形式之一。

（三）泰国的实施

泰国的《反人口贩运法案》第4条把“剥削”作为“人口贩运”的目的要件，规定“剥削”是从以下活动中获取利益：“卖淫”、“制作或散发淫秽物品”、“其他形式的性剥削”、“奴役”、“使他人乞讨”、“强迫劳动或服务”、“为了交易目的强迫摘取器官”或“任何其他导致强行勒索的类似做法”。而且对“强迫劳动或服务”进行了明确界定：“强迫劳动或服务”是指通过恐吓、使用暴力或任何其他能使人陷入一种无法反抗的状态的方式，使一人害怕其本人或其他人的生命、人身、自由、名誉或财产遭受伤害，从而迫使该人工作或提供服务的行为。[①] 可见，此处“强迫劳动或服务”的手段涉及身体上的、经济上的以及精神上的胁迫，与《打击人口贩运示范法》关于“强迫劳动或服务”的手段的规定（“以任何惩罚相威胁”）是一致的。该法案将“性剥削”分为“卖淫”、“制作或散发淫秽物品”、“其他形式的性剥削”，也是与《议定书》及《打击人口贩运示范法》的精神相一致的。值得注意的是，与《议定书》相比，法案没有将“其他类似奴役的做法”与“劳役”列入“人口贩运”的目的要件，而是增加了“使他人乞讨”与“任何导致强行勒索的其他类似做法”。事实上，“使他人乞讨”是一种剥削，可归入“类似奴役的做法”的范畴。根据《泰国刑法典》，“勒索”是指通过使用暴力或者以对一人或第三人

① Ibid.

的生命、人身、自由、名誉或财产实施暴力相威胁迫使该人给出或同意给出具有财产性质的利益的行为。[①] 可见，“勒索”的特点是使用暴力或以危及被害人或第三人的生命、人身、自由、名誉或财产相威胁，类似于《议定书》中的“胁迫”。因此，“任何导致强行勒索的其他类似做法”可以理解为任何类似于通过胁迫使他人给出或同意给出财产性利益的行为，与“类似奴役的做法”中具有物质利益目的的做法相近，也与“劳役”相接近。可见，泰国的《反人口贩运法案》与《议定书》关于“人口贩运”目的要件的规定基本一致，同时又结合泰国的国情，将某些突出的剥削形式，如“制作或散发淫秽物品”、“使他人乞讨”，纳入了“剥削”的范围。同时使用了具有兜底条款性质的“任何其他导致强行勒索的类似做法”，使该法案关于“剥削”的范围基本上与《议定书》的规定相一致。但是，由于“任何其他导致强行勒索的类似做法”以获取财产性利益为目的要素，所以其范围小于《议定书》中的“类似奴役的做法”。

（四）中国的实施

我国分散的反拐法律体系涉及作为《议定书》所界定的人口贩运犯罪目的要件的“利用他人卖淫进行剥削”（组织卖淫）、“强迫劳动”、“切除器官”，还涵盖了《议定书》没有明确列出的“进行违反治安管理活动”和“组织乞讨”，甚至包括不属于“剥削”性质的“非法收养”和“非法婚姻”。[②] 但是，我国并未明确将《议定书》列出的“奴役或类似奴役的做法”和“劳役”作为人口贩运犯罪的目的。这和《议定书》未将这些概念进行明确界定而这些概念的含义又存在较大争议有关。值得注意的是，拐卖妇

① See Criminal Code (Thailand), B. E. 2499 (1956), As Amended until the Criminal Code (No. 17), B. E. 2547 (2003), Section 337, at http://www. thailaws. com/law/t_laws/tlaw50001. pdf (last visited 1 July 2014).

② 《打击人口贩运示范法》将强迫婚姻或奴役婚姻归入“类似奴役的做法”的范畴。See *Model Law against Trafficking in Persons*, p. 18.

女儿童罪的目的要件为“出卖”。拐骗儿童罪没有明确的目的要件，但根据有关司法解释可以推断出该罪的目的要件为“出卖”和“勒索财物”之外的任何目的。协助强迫劳动罪的目的要件为“协助他人强迫劳动”，协助组织卖淫罪的目的要件为“协助他人组织卖淫”，这两种犯罪均未将自己强迫他人劳动或组织他人卖淫作为犯罪的目的，与《议定书》的要求不一致。

（五）综合分析比较

《议定书》界定的人口贩运目的要件在缔约国国内有着不尽相同的实施。首先，目的要件的范围大小不同。四个国家，除了美国，均未将《议定书》要求的“奴役或类似奴役的做法”和“劳役”列入人口贩运目的要件的范围。具体而言，加拿大的《移民与难民保护法案》对人口贩运犯罪没有要求目的要件。《加拿大刑法典》则将强迫劳动或服务以及以欺骗、暴力、以暴力相威胁或其他形式的胁迫实施的器官或组织切除作为人口贩运罪的目的要件，但是这种强迫劳动或服务仅限于以威胁人身安全的手段实施的强迫劳动或服务，远小于《打击人口贩运示范法》界定的强迫劳动或服务的范围。《加拿大刑法典》未明确强迫劳动或服务的类型，似乎与《打击人口贩运示范法》的界定方式相同，涵盖了以威胁人身安全的手段实施的强迫劳动、强迫卖淫等，但是没有将利用儿童卖淫进行剥削纳入人口贩运犯罪的范畴，这与《议定书》的要求不符。尽管美国将奴役、债役、非自愿劳役、强迫劳动、强迫卖淫、利用儿童卖淫进行剥削纳入人口贩运目的要件的范畴，但是未将切除器官纳入目的要件的范畴。泰国界定的人口贩运犯罪目的要件的范围较广，不但涵盖了《议定书》明确列出的“利用他人卖淫进行剥削”、“其他形式的性剥削”、“强迫劳动或服务”、“强迫切除器官”，还涵盖了《议定书》未明确列出的“制作、散发色情材料”、“组织乞讨”等。中国的反拐法律制度不仅涵盖了《议定书》列出的“利用他人卖淫进行剥削”（组织卖淫）、“强迫劳动”，还涵盖了“组织乞讨”、“组织进行违反治安管理活动”，甚至包括“非法收养”、“非法婚姻”。尽管我国涵盖的目的要件范围较广，但是对某些关键术语的界定不明确、不合理，比如将引诱儿童卖淫罪、拐骗儿童罪、组织儿童乞讨罪的对象仅限于14岁以下的未成年人。再如，未对强迫劳动、强迫乞讨涉及的“胁迫”进行明确界定。而且，我国相关罪名之间缺乏良好的协调与配合，因此有必要将强迫劳动罪，收买被拐卖的妇女儿童罪，组织残疾人、儿童乞讨罪，组织未成年人进行违反治安管理活动罪的普通法定刑统一定为“5年以下有期徒刑或者拘役，并处罚金”，并将“情节严重”时的刑罚统一定为“5年以上10年以下有期徒刑，并处罚金”。

其次，对人口贩卖目的要件的界定方式不同。加拿大和美国在人口贩运目的要件中包含着手段要件的成分，泰国则严格依据《议定书》的要求将目的要件和手段要件分别规定，中国界定“协助强迫劳动罪”和“协助组织卖淫罪”的方式也类似于加拿大和美国界定人口贩运的方式，不要求手段要件或者将手段要件隐含在目的要件之中。我国界定“拐卖妇女儿童罪”和“拐骗儿童罪”目的要件的方式十分独特，前者以“出卖”为目的，后者的目的是“出卖”和“勒索财物”以外的任何目的。而将被拐卖的妇女卖给他人迫使其卖淫的，构成拐卖妇女罪的加重情节，但是将被拐卖的儿童卖给他人组织卖淫的或者将被拐卖的妇女儿童卖给他人迫使其劳动的，根据现行刑法，并不构成拐卖妇女儿童罪的加重情节。由于强迫劳动罪是由2011年《刑法修正案（八）》新设立的，而现行刑法已于1997年生效，所以有必要协调现行刑法规定的拐卖妇女儿童罪与《刑法修正案（八）》新设立的强迫劳动罪的关系，将“强迫被拐卖的妇女、儿童劳动或者将被拐卖的妇女、儿童卖给他人迫使其劳动的”作为《刑法》第240条第1款第（九）项。由于引诱儿童卖淫本质上相当于强迫卖淫，因此还有必要将“引诱被拐卖儿童卖淫或者将被拐卖的儿童卖给他人引诱其卖淫的”作为《刑法》第240条第1款第（十）项。还有必要协调拐卖儿童罪与《刑法修正案（六）》新设立的组织未成年人乞讨罪及《刑法修正案（七）》新设立的组织未成年人进行违反治安管理活动罪的关系，将“以暴力、胁迫手段组织被拐卖的儿童乞讨或者将被拐卖的儿童卖给他人迫使其乞讨的”作为《刑法》第240条第1款第（十一）项，同时将“组织被拐卖的儿童进行违反治安管理活动或者将被拐卖的儿童卖给他人使其进行违反治安管理活动的”作为《刑法》第240条第1款第（十二）项。另外，还有必要协调拐骗儿童罪与强迫劳动罪、强迫卖淫罪、引诱儿童卖淫罪、组织儿童乞讨罪、组织未成年人进行违反治安管理活动罪的关系，通过刑法修正案的方式修正《刑法》第262条关于拐骗儿童罪的规定，将现行规定修改为“拐骗不满14周岁的未成年人，脱离家庭或监护人的，处5年以下有期徒刑或者拘役；情节严重的，处5年以上10年以下有期徒刑，并处罚金；情节特别严重的，处10年以上有期徒刑或者无期徒刑，并处罚金或没收财产”。同时，有必要通过司法解释明确以强迫劳动、引诱卖淫、强迫乞讨、组织进行违反治安管理活动等犯罪为目的的，属于“情节严重”的情形，并明确“为了强迫卖淫而拐骗14周岁以下儿童的”构成“情节特别严重”的情形。

综上，国际社会通过《议定书》形成了第一个普遍接受的“人口贩运”定义。“人口贩运”的定义直接影响到对人口贩运者的起诉与惩罚以及对人口贩运被害人的保护与帮助，也影响到国际社会有关人口贩运资料和数据的收集与整理。再加上“人口贩运”与跨国有组织犯罪、非法移民、卖淫、劳动剥削等问题密切相关，不同国家在这些问题上具有不尽相同的政治考量，使得“人口贩运”定义诞生的过程变得异常曲折和错综复杂。国际法遵守理论告诉我们，具有明晰而又确定的规则既是促进国际法遵守管理的一个重要工具，又是提高国际法规则的合法性与法律约束力的重要手段。因此，制定明晰而又确定的国际法规则是促进国际法有效实施的重要前提。遗憾的是，基于上述错综复杂的原因，虽然国际社会在“人口贩运”的定义上达成了共识，但是这种共识是以“人口贩运”定义用语的含混不确定为代价的。在存在意见分歧、争议较大的情况下，使用含混不确定的语言的确是减少分歧、扩大共识的一种有效策略，但是含混不确定的语言直接影响“人口贩运”定义在缔约国国内的统一有效实施。正是因为认识到《议定书》“人口贩运”定义的模糊不确定已严重影响到了《议定书》在缔约国的实施，国际社会才通过各种努力来厘清“人口贩运”的含义。本文也是试图厘清“人口贩运”含义以促进《议定书》的有效实施的一种尝试。

本文在回顾《议定书》起草谈判过程中“人口贩运”定义的变迁以及国际社会厘清“人口贩运”定义的努力的基础上，结合有关国际公约，从行为要件、手段要件和目的要件三个方面，对“人口贩运”定义所涉及核心概念的含义进行了探讨，以期准确地把握《议定书》“人口贩运”定义的含义和特点。在此基础上，考察了加拿大、美国、泰国和中国对“人口贩运”定义的规定，以了解“人口贩运”定义所含的行为要件、手段要件和目的要件在这些国家的具体实施情况，了解《议定书》“人口贩运”定义的特点对缔约国实施的影响。通过分析，发现《议定书》对“人口贩运”定义所涉核心概念，特别是争议较大的核心概念，未予以明确界定，使用了含混不确定的词语。这样，一方面有利于减少分歧、扩大共识，有利于缔约国根据国内法予以实施；另一方面由于缔约国采用了不尽相同的定义，影响了《议定书》“人口贩运”定义的统一有效实施。当然，除《议定书》“人口贩运”定义的含混不确定影响缔约国的有效实施外，各缔约国对国家利益的考虑也是影响“人口贩运”定义有效实施的重要因素。各国在人口贩运与移民偷运的划分、卖淫与人口贩运的区分、强迫劳动与劳资纠纷区分方面的政策法律差异，反映了缔约国在这些问题上的政治考量和国家利益考虑。

尽管“人口贩运”与“移民偷运”在法律上很容易区分，但在司法实践中有一种将人口贩运认定为移民偷运的倾向。从“人口贩运”的定义来看，只要以剥削为目的采用手段要件规定的方法实施了“招募”、“运送”、“移交”、“接收”、“窝藏”中的任一行为，均能构成人口贩运。但是在司法实践中，往往要求同时实施了“招募”或“运送”与“接收”或“窝藏”行为，方能构成人口贩运，即人口贩运由采用欺诈或胁迫实施的招募或运送行为与采用欺诈或胁迫方式实施的接收或窝藏行为构成。其结果是大量通过非法移民或移民偷运方式进入目的地国后陷入严重剥削境况的人，本来依照“人口贩运”的定义属于人口贩运的被害人，却被当作非法移民予以遣返或惩罚。出现这种问题的原因是多方面的，如受传统的无辜被害人受欺诈或胁迫进入另一国陷入剥削困境的人口贩运观念的影响，或者受非法移民陷入剥削困境属于自作自受因而不属于人口贩运被害人的观念的影响，人口贩运不容易查证，保护和帮助人口贩运被害人的成本较高，认为将通过非法移民或移民偷运的方式进入目的地国后陷入严重剥削境况的人认定为人口贩运的被害人可能会刺激更多的非法移民等。但是，《议定书》在这个问题上未能予以明确界定，却是重要原因。

还有一个重要原因，是《议定书》仅适用于具有跨国性且涉及有组织犯罪集团的国际人口贩运。尽管缔约国有义务将人口贩运作为一种犯罪在国内法中予以规定，不管人口贩运行为是否具有跨国性且涉及有组织犯罪集团，但是《议定书》作为《联合国打击跨国有组织犯罪公约》的补充议定书仅适用于具有跨国性且涉及有组织犯罪集团的人口贩运是在《议定书》中明确规定的。尽管根据《公约》“跨国性”有多种情况，但是作为行为要件的招募、运送、移交、接收或窝藏行为发生在一个以上国家内是通常情形。而发生在来源国和中转国境内通常为招募或运送行为，发生在目的地国境内的通常为接收或窝藏行为。因此，根据这种“跨国性”的要求，只有为了剥削目的采用了手段要件中的方式，同时实施了招募或运送与接收或窝藏行为时，才构成具有跨国有组织犯罪性质的人口贩运。当然，这种观念是错误的，因为“跨国性”有多种情形，除了犯罪在一个以上的国家实施，还包括犯罪虽在一国实施，但涉及在一个以上国家从事犯罪活动的有组织犯罪集团，或者犯罪虽在一国实施但对另一国有重大影响等。因此，《议定书》仅适用于跨国有组织犯罪，是将仅具有剥削结果而没有以胁迫或欺诈方式在另一国实施招募或运送行为的情况排除在人口贩运范围之外的一个重要原因。而这一原因很少被提及。因此，要正确区分“人口贩运”与“移民偷运”，除了要转变错误观念，树立以被害人的人权为中心的观念，还有必要正确地理解跨国有组织犯罪框架下人口贩运的真正含义。

“人口贩运”的手段要件包括多种手段，尽管《议定书》并未对这些手段进行界定，但是通常认为这些手段要件整体上可划分为两类——“胁迫”与“欺诈”。“胁迫”应从广义上理解，包括“使用暴力或以暴力相威胁”、“诱拐”、“滥用权力或滥用脆弱地位”、“通过授受酬金或利益取得对另一人有控制权的某人的同意”等。在这些手段要件中，最难以把握的是“滥用脆弱地位”。把“滥用脆弱地位”作为“人口贩运”的手段要件之一，是《议定书》起草者为了避免在利用他人卖淫是否构成人口贩运问题上的争议而采用的立法手段。《议定书》起草谈判准备文件对“滥用脆弱地位”的解释存在很多问题，使得“滥用脆弱地位”难以在刑事司法实践中有效适用。因此，建议重新解释“滥用脆弱地位”的含义，在解释“滥用脆弱地位”的含义时，应将重点放在贩运人及其对被害人脆弱地位的故意滥用上，提高证明存在“滥用脆弱地位”的门槛，以方便获得证据，保障贩运人受到公正审判，同时又不任意扩大“人口贩运”的适用范围。

“人口贩运”的构成不以“人口贩运”目的要件的实现为前提。关于强迫劳动或服务、强迫卖淫、奴役或类似奴役的做法、劳役等是否构成人口贩运的争议，实际上就是以手段要件的方式实施了目的要件的行为是否构成人口贩运的问题。根据“人口贩运”的定义，这种情况实际上同时暗含着行为要件中的“窝藏”或“接收”成分，所以应该可以构成人口贩运。问题是仅有以手段要件方式在目的地国实施的“窝藏”或“接收”行为以及与之相伴随的剥削行为，而没有以手段要件在另一国实施的招募或运送行为，似乎不能构成具有跨国有组织犯罪性质的人口贩运。正如前文所述，人口贩运的跨国性有多种情形，即使仅有以手段要件的方式在一国实施的剥削行为，如果被害人是外国人，不管其移民身份是否合法，都应该构成“跨国性”所要求的“对另一国产生重大影响”，因而构成具有跨国有组织犯罪性质的人口贩运。

总之，《议定书》是首个对人口贩运进行全面综合界定的国际法律文件，但是由于谈判过程中缔约国在人口贩运问题上的意见分歧，特别是在卖淫问题上的政策差异以及人口贩运与移民偷运区分上的认识差异，所以作为妥协产物的《议定书》未对“滥用权力或滥用脆弱地位”、“性剥削”、“强迫劳动或服务”等关键术语进行准确的界定。这一方面有利于使更多的国家批准或加入《议定书》、促进《议定书》在缔约国的国内实施，另一方面也成为统一有效实施《议定书》“人口贩运”定义的障碍，使《议定书》“人口贩运”的定义在缔约国有不尽相同的实施。通过系统深入考察《议定书》“人口贩运”定义在加拿大、美国、泰国和中国的实施，发现这些国家在界定人口贩运的定义时确实有不尽相同的做法，如加拿大、泰国采用了统一综合界定人口贩运的方法，而美国、中国则采用了分散式立法，加拿大、美国采用了寓人口贩运手段要件于目的要件之中的做法，泰国则采用了几乎与《议定书》完全相同的三要件界定方法，而中国分散的立法则兼采了这两种界定方法。这些国家在界定人口贩运方面的不同做法，既受《议定书》在界定人口贩运定义方面的特点影响，又受缔约国原有法律制度和文化传统的限制，反映了缔约国在人口贩运问题上不尽相同的国家利益考虑。因此，采用与《议定书》不尽相同的人口贩运界定方法是缔约国实施《议定书》的必然路径。以遵守《议定书》和有效解决人口贩运问题为标准对上述四个国家的实施情况进行系统深入的考察，并提出完善我国人口贩运界定方法及反拐法律制度的建议，也是研究《议定书》有效实施的必然结果。

第二章　保护和帮助被害人义务的实施

为了有效地预防和打击人口贩运，在原住地国、过境国和目的地国采取综合的国际性措施，包括预防人口贩运、惩治贩运者及保护贩运被害人，《议定书》规定了三个方面的国家义务：将人口贩运规定为刑事犯罪，对人口贩运被害人进行保护，以及预防人口贩运的发生。虽然从形式上看，这三个方面的义务是并列的，是同等重要的，在《议定书》宗旨中也得到了体现，[①] 但是，事实上，这三个方面的义务在缔约国的议程中占据着不同的地位。作为《联合国打击跨国有组织犯罪公约》的一个补充议定书，《议定书》本质上是刑事性法律，仅适用于具有跨国有组织犯罪性质的人口贩运犯罪。因此，《议定书》不可避免地要将侧重点放在人口贩运犯罪的预防和打击方面，而不是被害人的保护方面。《议定书》关于保护贩运被害人的许多规定都打上了服务人口贩运调查和起诉的烙印，而且多数规定用语模糊灵活，给缔约国留下了极大的自由决定的空间。《议定书》这种以人口贩运犯罪的起诉和打击为中心而不

① 《议定书》第 2 条并列列出了三大宗旨，其中前两项宗旨分别是：（1）预防和打击贩运人口，特别是贩运妇女和儿童；（2）在充分尊重人权的情况下保护和帮助贩运被害人。See UN Trafficking Protocol, Article 2(a)(b).

是以人权保护为中心的特点遭到了众多学者的抨击。[①] 不管怎样，《议定书》是迄今为止以最综合和全面的方式应对人口贩运的普遍性国际公约。当务之急是促进缔约国对《议定书》的遵守，更加有效地实施其规定的国家义务，以有效解决人口贩运问题，实现保护人权和维护国家安全之间的平衡。本文以国际法遵守理论为视角，以有效促进《议定书》的实施、有效解决人口贩运问题、促进和保护人权为宗旨，对《议定书》下的国家义务进行厘清，并结合《议定书》在加拿大、美国、泰国的实施情况及相关国际公约的规定，提出完善《议定书》并促进《议定书》在我国实施的建议。

第一节　法定义务

一、帮助和保护被害人的义务

（一）义务的内容

《议定书》第2部分“人口贩运被害人的保护”以3条14款的规定对被害人的帮助和保护进行了专门规定。其中，第6条“人口贩运被害人的帮助和保护”包括了6款，但中间有3款使用了“在适当的情况下根据本国法律尽量保护”、“应考虑采取措施”、“应努力保护”等留下较大自由裁量空间的非强制性词语，分别规定缔约国要保护被害人的隐私和身份，特别是要通过与贩运有关的法律程序予以保密，要采取措施为被害人的身心康复和重返

① See James C. Hathaway, The Human Rights Quagmire of "Human Trafficking", pp. 4 – 6; Anne T. Gallagher, *The International Law of Human Trafficking*, p. 370; Jennifer M. Chacon, Tensions and Trade – offs: Protecting Trafficking Victims in the Era of Immigration Enforcement, *University of Pennsylvania Law Review*, Vol. 158, 2011, p. 1619; Susan Kneebone & Julie Debeljak, *Transnational Crime and Human Rights: Responses to Trafficking in the Greater Mekong Subregion*, p. 215.

社会提供条件，要保护在其境内的被害人的人身安全。值得注意的是，采取措施为被害人的身心康复和重返社会提供条件的义务不仅适用于接收国，还适用于被害人的原住国，当然条件是被害人在其境内。[①] 第6条其他3款虽然具有较强的约束力，但是几乎均以服务人口贩运的调查和起诉为明显目的。比如，第6条第2款要求缔约国为被害人提供有关法院和行政程序的信息，并在起诉人口贩运者的刑事程序中为其提供法律援助。第6条第6款则要求缔约国国内法作出规定，对被害人所受损害进行赔偿，从而进一步鼓励被害人在人口贩运的起诉中进行合作。[②] 第6条第4款则要求缔约国在保护和帮助被害人的过程中考虑被害人的年龄、性别和特殊需要，特别是儿童的特殊需要。该款规定是与综合应对人口贩运所需要的性别敏感方法与以儿童权利为中心的方法相一致的。[③] 但是，总体而言，第6条体现了《议定书》整体上属于刑事法律框架的特点，有关被害人隐私和身份保护、身心康复、人身安全的这些保护性规定极其灵活，缺乏强制的法律拘束力，允许缔约国根据国内情况自由实施，而且这些规定的主要目的是为了服务人口贩运的调查和起诉，而不是以切实保护被害人的人权为中心的。

《议定书》第6条的内容大多是弹性的，允许自由裁量，除了因为这些条款的真实目的是为了服务对贩运人的调查和起诉，还因为缔约国担心具有强约束力的规定会使缔约国背上沉重的负担，会迫使缔约国制定或修改相关国内法律，并投入大量的资源予以实施，还因为缔约国担心对被害人的保护和帮助可能会鼓励更多的非

① See United Nations Office on Drugs and Crime, Travaux Preparatoires for the UN Organized Crime Convention and Protocols, p. 373, Interpretative Note.

② See UN Trafficking Protocol, Article 6(6); Kalen Fredette, Revisiting the UN Protocol on Human Trafficking: Striking Balances for More Effective Legislation, p. 130.

③ 关于综合应对人口贩运所需要的指导性原则，参见 UNODC, *International Framework for Action to Implement the Trafficking in Persons Protocol*, Vienna, 2009, pp. 8 - 9.

法移民。[①]《议定书》对被害人的保护和帮助作出规定，而且赋予某些条款较强的拘束力，主要是考虑到被害人的合作特别是愿意充当起诉人口贩运人的证人，是成功识别和起诉贩运人的关键。[②] 事实上，无论是要求保护参与起诉贩运人的刑事司法程序的被害人的隐私和身份，对被害人的人身安全进行保护，防止贩运人报复被害人，抑或是要求向被害人提供信息并为其参与起诉贩运人的刑事程序提供法律援助，方便被害人选择并参与起诉贩运人的刑事程序，还是对被害人所受损失的赔偿进行规定，激发被害人参与起诉贩运人的刑事程序，均有利于减少或消除被害人参与起诉贩运人的顾虑，增强被害人对执法机构和司法机构的信任，有利于调查和起诉人口贩运案件程序的顺利进行。

值得注意的是，《公约》第 24 条、第 25 条分别对“证人保护”和“被害人的帮助和保护”进行了规定。由于《议定书》是《公约》的补充议定书，而且《议定书》应连同《公约》一并予以解释，《公约》的规定经过适当变通后适用于《议定书》，所以有必要对《公约》的相关规定进行考察。《公约》第 25 条对被害人在遭受报复威胁或恐吓情形的帮助和保护、被害人赔偿或补偿的获得以及刑事程序中被害人的意见和关切的表达与考虑等方面进行了规定。尽管该条内容在《议定书》第 6 条中也得到了体现，而且该条也适用了“在力所能及的范围内”、“适当的”等具有弹性的字眼，但是该条的目的主要在对被害人的人身保护上，[③] 而不在

---

① See Seo - Young Chou et al. , Compliance with the Anti - Trafficking Protocol, p. 250.

② See Kalen Fredette, Revisiting the UN Protocol on Human Trafficking: Striking Balances for More Effective Legislation, p. 130; Anne Gallagher, Human Rights and the New UN Protocols on Trafficking and Migrant Smuggling: A Preliminary Analysis, *Human Rights Quarterly*, Vol. 23 (4), 2001, p. 991; Conny Rijken, A Human Rights Based Approach to Trafficking in Human Beings, *Security and Human Rights*, Vol. 3, 2009, p. 217.

③ See Travaux Preparatoires for the UN Organized Crime Convention and Protocols, p. 224, Interpretative Note.

国际法所规定的被害人的其他权利上，而且该条整体上具有更强的强制力，更强调对刑事程序的服务作用。尽管《议定书》关于被害人的帮助和保护的规定约束力弱于《公约》第25条，但是根据《公约》的条款经适当变通后适用于《议定书》的原则，《议定书》的条款优先适用。《公约》第24条就刑事诉讼中保护证人免遭报复或恐吓的措施进行了较为详尽的规定，包括在必要且可行的情况下转移证人，在适当的情况下不披露或者限制披露有关证人的身份下落，允许使用影像连接之类的通信技术或其他适当的方式提供证言等。尽管该条也使用了“在力所能及的范围内”、“适当的”等允许自由裁量的字眼，但是该条整体上具有较强的法律约束力。此条关于“证人保护”的规定其实是对《议定书》第2部分“人口贩运被害人的保护”的补充，这是因为《议定书》第2部分尽管在很大程度上是为被害人参与调查和起诉贩运人的刑事程序服务，在一定程度上也是为了保护证人，但是主要适用于人口贩运被害人的保护，而作为证人的人口贩运被害人的保护则主要适用《公约》第24条。正如《公约》第24条第4款所规定，本条规定也应适用于作为证人的被害人。可见，《议定书》第2部分与《公约》第24条尽管主要目的均是为了保证刑事诉讼的顺利进行，但是前者适用于在各个阶段贩运被害人的保护，不管被害人是否充当了证人，而后者仅适用于作为证人的贩运被害人的保护以及贩运被害人之外的第三方证人的保护。

(二) 义务的国内实施

1. 加拿大的实施

首先是被害人的隐私和身份保护。《加拿大刑法典》第486条授权人口贩运案件的检察官有权向法官申请禁止公众或公众中某些成员在刑事程序中或部分程序中出庭，而且法官可以在自认为必要时主动作出此种禁止命令。第486.1条则对人口贩运被害人证人在年龄小于18岁或身体上或精神上有残疾时，或者在法官认为全面、坦诚的作证需要扶助人出庭协助时，获得扶助人出庭扶助进行了专门规定。而且在第486.2条中专门规定，在人口贩运案件的调查和审理的过程中，当被害人或证人为18岁以下未成年人或者由于身体或精神残疾无法出庭作证而证人或检察官提出申请并且法官认为采取这种方式不影响正当司法时，或者当任何刑事程序的证人或检察官提出申请而法官认为采取这种方式对于获取全面、坦诚的证人证言十分必要时，可以允许被害人或证人在法庭外或在屏风后或以其他证人看不到被告的方式作证。值得注意的是，无论是允许扶助人出庭对证人进行扶助，还是允许被害人或证人在法庭外或在屏风后或以其他使证人不与被告面对面的方式作证，均需要证人或检察官的申请并且需要获得法官的同意。第486.2（4）条还规定在涉及犯罪集团、恐怖主义犯罪、恐吓犯罪等犯罪的刑事程序中，当法官认为必要时，为了保证证人的安全，可作出命令允许证人在法庭外作证；或者当法官认为必要时，为了使证人提供全面、坦诚的证言，可作出命令允许证人在法庭外或在屏风后或以其他使证人不与被告面对面的方式作证。这种允许法官主动作出命令的规定也有利于保护涉及犯罪集团的人口贩运犯罪的被害人证人的隐私和身份，防止被害人遭到人口贩运者的威胁或报复。第486.3（1）条则要求在18岁以下儿童证人或检察官提出申请时，法官应任命律师代替被告对儿童证人进行交叉讯问，除非法官认为正当司法需要被告本人询问儿童证人。第486.3（2）条则要求在刑事程序的证人或检察官申请而法官认为为了获得全面而坦诚的证言不应该由被告本人对证人进行交叉询问时，应由法官任命的律师代替被告对证人进行交叉询问。第486.4条对与人口贩运有关的刑事程序中控告人和证人的身份信息保护进行了专门规定，规定了法官有义务尽早告知被害人以及未成年证人有权向法官申请命令禁止在任何文件中向社会公开或以其他任何方式广播、传播能够确定控告人或证人身份的信息，而且当被害人、未成年证人或检察官提出此种申请时，法官应当作出此种禁止命令。这种关于强制作出禁止命令的规定，有利于有效地保护人口贩运被害人的身份信息，防止遭到人口贩运者的威胁或报复。第486.5（1）条进一步规定，当法官认为必要时为了正当司法的需要，可以在没有此种申请时直接作出此种禁止命令。因此，根据这些规定，当涉及犯罪集团的人口犯罪的被害人申请禁止公开或传播其身份信息时，法官应作出此种禁止命令。第714.1条、第714.2条、第714.3条和第714.4条允许法官通过视频或语音连接技术获取证据，也有利于保护人口贩运被害人的隐私和身份，打消被害人参与起诉人口贩运者的刑事程序的顾虑。总之，《加拿大刑法典》在2005年修正时修正或增加的上述规定，有利于保护人口贩运被害人或有组织犯罪的被害人证人的隐私和身份，有利于鼓励被害人参与起诉人口贩运者或有组织犯罪集团的刑事程序。这些以服务调查、起诉人口贩运者的刑事程序为宗旨的规定，仅仅保护参与刑事程序的人口贩运被害人，与《议定书》的要求不一致。

其次是被害人或证人的人身保护。加拿大早在1996年便通过了《证人保护计划法案》，向提供了情报或证据或同意提供情报或证据，或参与了对犯罪的讯问、调查或起诉或同意参与此种刑事程序并因此人身安全受到威胁而请求保护的人以及与其有关系的其他人提供证人保护，涵盖重新安置、提供住处、改变身份、提供咨询或经济帮助等保护性措施。根据该法案第3条，在加拿大皇家骑警或与加拿大总警监达成协议或安排的加拿大执法机构或与加拿大公安部部长达成协议或安排的外国政府执法机构或国际刑事法院或法庭的执法活动中提供帮助的人，可获得证人保护。这种联邦证人保护计划最初是为了保护涉及有组织犯罪的刑事程序的证人，保护其免遭恐吓、暴力或报复，但是重点一直是向作为职业罪犯的证人提供保护。① 因此，作为有组织犯罪的人口贩运犯罪的被害人，通常能获得此种保护，当然前提条件是被害人愿意与执法机构合作调查、起诉人口贩运者。

加拿大《证人保护计划法案》这种以服务调查、起诉犯罪嫌疑人的刑事程序为目的的特点已引起加拿大立法层和司法层的注意和忧虑，如众议院公共安全与国家安全常委会建议对法案进行修正，在司法部专设负责管理联邦证人保护计划的独立办公室，独立于专司调查和起诉的加拿大皇家骑警，由前者负责决定接纳证人和签订保护协议，而由后者负责评估威胁、确定需要的安全水平并实施保护措施，从而确保证人保护不以证人与执法机关合作为条件。② 再如，印度航空公司第182次航班爆炸案调查质询委员会发现刑事调查的管理部门与证人保护计划的管理均缺乏自主性，无法使证人相信负责实施证人保护计划的部门的主要使命是保护他们而不是完成调查。③《证人保护计划法案》以服务调查、起诉严重犯罪为目的的特点，在一定程度上有利于保护愿意与调查、起诉机关合作的人口贩运被害人。除了联邦证人保护计划，加拿大的某些省、市也建立了官方证人保护计划，如安大略省、魁北克省、蒙特利尔市、阿尔伯塔省、马尼托巴省、萨斯喀彻温省均建立了证人保护计划，但是只有阿尔伯塔省、马尼托巴省、萨斯喀彻温省的证人

---

① Lyne Casavant & Christine Morris, *Legislative Sumarry of Bill C – 51: An Act to Amend the Witness Protection Program Act and to Make a Consequential Amendment to Another Act*, Publication No. 41 – 1 – C51 – E, February 4, 2013, p. 1; Commission of Inquiry into the Investigation of the Bombing of Air India Flight 182, Air India Flight 182: A Canadian Tragedy, Final Report, Volume Three, *The Relationship Between Intelligence and Evidence and the Challenges of Terrorism Prosecutions*, June 2010, Cat. No.: CP32 – 89/2 – 2010E, p. 223.

② House of Commons (Canada), Standing Committee on Public Safety and National Security, *Review of the Witness Protection Program*, 2nd Session, 30th Parliament, March 2008, p. 24.

③ Commission of Inquiry into the Investigation of the Bombing of Air India Flight 182, Air India Flight 182: A Canadian Tragedy, Final Report, Volume Three, *The Relationship between Intelligence and Evidence and the Challenges of Terrorism Prosecutions*, p. 232.

保护计划是由法律规定的。事实上，自2011年4月1日至2012年3月31日，加拿大皇家骑警对108起涉及加入联邦证人保护计划的案件进行了评估，而前一年评估的案件数为106起；在此期间有18人拒绝加入联邦证人保护计划，而前一年度有28人拒绝加入联邦证人保护计划；在此期间，皇家骑警最终接受30人加入联邦证人保护计划，而前一年度皇家骑警最终接受的数量约为20人。[①]可见，每年通过加拿大联邦证人保护计划获得证人保护的证人数量都非常有限，可以想象，能够通过该计划获得证人保护的人口贩运被害人数量更是十分有限。

最后是被害人的帮助。尽管加拿大是《联合国打击跨国有组织犯罪公约》及《议定书》的缔约国，但是《移民与难民保护法案》并没有专门对人口贩运被害人的保护进行规定。人口贩运被害人可根据该法案申请难民保护，以人道主义或照顾性原因申请永久居民签证，或者申请遣返前风险评估保护，[②]而且有的被害人确实通过这种方式获得了保护。但是，是否给予难民保护主要考虑被害人在原住国的未来风险，而不是被害人已经遭受的人口贩运经历，而且给予难民保护的条件非常严格，合理评估被害人遣返后可能面临的风险并不容易。所以纯粹这种方式的保护是无法为人口贩运被害人提供充分保护的。

《指引》对人口贩运被害人可以获得的保护和帮助作出了进一步规定。根据指引，一般情况下，如果人口贩运被害人回原住国将会处于不安全状态或者将很难重新开始生活，那么有权官员可以自由裁量签发临时居留许可，而且允许临时居留的时间可以一直到被害人成为永久居民。[③]而且，通过免费申请取得临时居留许可的被

① Lyne Casavant & Christine Morris, *Legislative Sumarry of Bill C – 51: An Act to Amend the Witness Protection Program Act and to Make a Consequential Amendment to Another Act*, p. 3.

② See Immigration and Refugee Protection Act (Canada), Article 25, 95 – 98, pp. 112 – 114.

③ See Citizenship and Immigration, The Guidelines, p. 27, para. 16.3.

害人可申请通过《联邦临时医疗保险计划》获得医疗和社会咨询援助，但是有权获得这些援助的仅限于不具有偿付医疗保健服务能力而且没有参加私人或公共医疗保健计划的被害人，而且这些援助仅限于180天的反思期内。① 当然，取得临时居留许可的人口贩运被害人还可免费申请工作许可。② 取得临时居留许可的人口贩运被害人除了可以获得联邦医疗和社会咨询的援助，还可以获得为犯罪被害人提供的一般性服务，如获得庇护所、法律援助等。但是这些服务主要由省级政府负责提供，服务的范围和质量存在较大差异，而且缺乏专门为贩运被害人提供的庇护所，女性被害人主要安排在暴力受害者庇护所，而男性被害人则主要安置在无家可归人员庇护所。加拿大也没有明确的法律或措施为人口贩运被害人获得赔偿提供可能性。

2. 美国的实施

首先是被害人的隐私和身份保护。根据《2000年人口贩运和暴力被害人保护法案》第103条第8款，有权获得法定保护和帮助的仅为严重形式人口贩运的被害人，而严重形式的人口贩运仅指以暴力、胁迫或欺骗的方式实施的性贩运或者被害人年龄在18岁以下的性贩运，或者为使他人遭受非自愿劳役、债役、奴役而以暴力、胁迫或欺骗的方式实施的招募、运送、提供、获取或窝藏的行为。而且这些被害人要么年龄在18岁以下，要么已经获得了卫生与公共服务部部长签发的证书。而根据法案第107条，卫生与公共服务部部长向人口贩运被害人签发证书的条件是：（1）年龄在18岁以上的严重形式人口贩运的被害人愿意以一切合理的方式协助调查和起诉严重形式的人口贩运（除非被害人证明自己由于身体上或心理上的创伤无法协助调查和起诉，可以不要求合作参与调查和起诉）；（2）该被害人已经以被遣返回国将会遭受涉及不同寻常且

---

① Ibid., p. 28, para. 16. 5.

② Ibid., p. 29, para. 16. 6

严重的伤害的极端困难为理由，善意申请人口贩运被害人非移民签证，或者司法部总检察长为了起诉人口贩运者已担保被害人可以继续留在美国。可见，在美国，严重形式人口贩运的被害人获得法定保护和帮助的前提是愿意协助调查、起诉人口贩运人，除非被害人是不满 18 岁的未成年人或者被害人由于身体上或心理上的创伤无法协助调查和起诉活动。而成年被害人还须获得卫生与公共服务部部长签发的资格证书方可获得政府提供的被害人福利与援助。《2000 年人口贩运和暴力被害人保护法案》规定，当处于联邦看管之下的严重形式人口贩运被害人的安全处于危险状态或有再次遭受贩运者俘获、进一步受到伤害的危险时，应确保被害人及其家庭成员的名字和身份信息不向公众泄露。① 因此，并非所有处于联邦看管之下的人口贩运被害人可以获得名字和身份信息方面的保护，仅有人身安全危险的被看管被害人才可获得此方面的保护。

其次是被害人的人身保护。根据《2000 年人口贩运和暴力被害人保护法案》，当处于联邦看管之下的严重形式人口贩运被害人的安全受到威胁或有再次遭受贩运者俘获、进一步受到伤害的危险时，应向其提供保护，包括采取措施保护被害人及其家庭成员免遭贩运者及其同伙的恐吓、报复威胁和报复。② 该法案还强调，在调查和起诉人口贩运嫌疑人期间，联邦执法官员应尽量作出适当努力保护被害人的安全，包括采取措施保护被害人及其家庭成员免遭贩运者及其同伙的恐吓、报复威胁和报复。③ 因此，法案明确了联邦执法官员保护具有人身安全危险的被看管被害人以及处于调查、起诉期间的贩运被害人的人身安全的义务。

最后是被害人的帮助。根据《2000 年人口贩运和暴力被害人保护法案》，处于联邦看管之下的严重形式人口贩运被害人应获得

---

① U. S. Congress, U. S. Code, 22 USC § 7105(c)(1)(C)(II).

② U. S. Congress, U. S. Code, 22 USC § 7105(c)(1)(C)(I).

③ 22 USC § 7105(c)(3)(A)(ii).

必要的医疗保健或其他帮助。[1] 严重形式人口贩运的被害人应该获得有关权利方面的信息及翻译服务，获得有关由联邦政府资助或管理的向严重形式人口贩运的被害人提供服务的反人口贩运项目的信息。在美国，已获得继续居留签证或人口贩运被害人非移民签证（T－1 Visa）或者已善意申请人口贩运被害人非移民签证（T－1 Visa）的严重形式人口贩运的被害人，在取得卫生与公共服务部签发的证明信后，即可获得与难民相同的联邦公共福利与服务，如居所、医疗保健、咨询服务及其他援助、工作许可。[2] 而且儿童被害人有权获得可以延期的90天临时帮助与长期帮助。[3] 严重形式人口贩运的被害人还有权针对人口贩运者或从人口贩运中获取物质利益者提起民事诉讼，要求获得赔偿，但是这种民事诉讼只有在调查、起诉人口贩运者的刑事程序结束后才能进行。[4] 这些保护和帮助是以服务调查、起诉人口贩运的刑事程序为目的，而不是真正以被害人的人权为中心，并不能有效地保护被害人的人权。例如，在美国，缺乏适合人口贩运被害人的专门的安全居住场所，全美仅有一个专门为外籍人口贩运被害人提供的避难所，因而大多数被害人只能居住在条件较差、无法满足贩运被害人安全需要的暴力受害者或无家可归人员避难所。[5]

人口贩运被害人除可以获得《2000年人口贩运和暴力被害人保护法案》、《2003年人口贩运被害人保护重新授权法案》等专门涉及人口贩运被害人保护的法律提供的保护外，人口贩运被害人还

---

① U. S. Congress, U. S. Code, 22 USC § 7105(c)(1)(B).

② 关于人口贩运被害人的保护和帮助，参见 Victims of Trafficking and Violence Protection Act of 2000, Sec. 107(c), Sec. 107(e)(4)(i).

③ William Wilberforce Trafficking Victims Protection Reauthorization Act of 2008, H. R. 7311, Sec. 212(a)(2)(F).

④ Trafficking Victims Protection Reauthorization Act of 2003, PUBLIC LAW 108 - 193—DEC. 19, 2003, Sec. 4(a) (4).

⑤ See David Okech et al., Human Trafficking: Improving Victim Identification and Service Provision, *International Social Work*, Vol. 55(4), 2012, p. 496.

可以获得美国其他法律所规定的犯罪被害人可以享有的帮助和保护。例如，可以获得免遭犯罪嫌疑人及其同伙或受其指使的人恐吓或伤害的合理保护，获得紧急医疗或社会服务，获得有关权利方面的信息等，[①] 甚至可以获得美国提供的证人安全项目保护。当然，美国证人安全项目仅仅适用于涉及有组织犯罪或其他严重犯罪的刑事程序，只有当司法部总检察长认为可能要发生针对证人、潜在证人或其近亲属或其他与其亲近的人的暴力犯罪时，方可采取保护这些人员免遭人身伤害、确保其健康、安全以及心理上的舒适与社会适应的措施，包括重新安置、改变身份、提供住处、提供资金帮助等。[②] 有关机构还有义务不披露参加证人安全项目的人员的身份或位置信息，除非这些人员因为可判一年以上有期徒刑的犯罪或暴力犯罪已受到调查、逮捕或起诉。值得注意的是，《贩运与暴力被害人保护法案》规定，性贩运犯罪、与强迫劳动或服务有关的人口贩运犯罪以及相关的犯罪构成证人保护所要求的有组织犯罪或其他形式的严重犯罪。[③] 可见，《2000 年人口贩运和暴力被害人保护法案》等专门性法律在美国关于犯罪被害人保护的规定的基础上，对人口贩运被害人的保护和帮助进行了专门规定，这些规定连同证人保护的规定均以被害人参与调查、起诉犯罪的刑事程序为前提。

3. 泰国的实施

首先，在被害人的隐私、身份保护方面，泰国的《反人口贩运法案》并未对人口贩运被害人的隐私和身份保护进行专门规定。

① 24 USC § 10607 – SERVICES TO VICTIMS, (c)(2).

② 24 USC § 3521 – WITNESS RELOCATION AND PROTECTION, (a)(1) and (b)(1).

③ Ibid., 18 USC § 1594(f).

而且泰国也没有法律要求对犯罪被害人的身份和住址进行保密。[①]当然，如果人口贩运被害人同意参与调查、起诉和审理人口贩运案件的刑事程序而成为证人，就可能会获得《证人保护法案》所规定的证人身份和隐私保护。根据《证人保护法案》第 8 条、第 9 条和第 10 条，当犯罪涉及引诱他人卖淫或者具有有组织犯罪的性质时，安全受到威胁的被害人证人可以获得司法部证人保护局提供的特殊保护措施，包括重新安排住处、改变姓名、居所或其他身份信息，而有关官员有义务遵守法定的保密义务。值得注意的是，此处的“安全”是指证人在生命、身体、健康、自由、名誉或财产方面的安全或者指证人在成为证人之前或之时的任何合法权利方面的安全。根据泰国《刑事诉讼法》第 177 条，法院为了公共秩序、公共道德和国家安全可以主动或者应诉讼当事人的请求，决定不公开审理。因此，性贩运的被害人可以据此以保护隐私和身份为理由申请不公开审理。

其次，在被害人的人身保护方面，《反人口贩运法案》第 36 条明确规定，有权官员有义务在诉讼前、诉讼期间以及诉讼后保护处于其看护之下的被害人及其家庭成员的安全，还有义务向作证的被害人提供《证人保护法案》规定的证人保护措施，包括安排必要期限的保镖服务、安排新的住处、改变名字或身份等。而且，如果人口贩运被害人必须返回其原住国或者其家庭成员居住在另一国，那么有权官员应通过该国的使领馆与该国的政府机构或私营机构协调，以使被害人及其家属获得持续保护。值得注意的是，《反人口贩运法案》规定的被害人人身保护并不以被害人愿意配合调查、起诉人口贩运案件为前提，但是仅有处于有权官员照看之下的

① Chatchon Akapin & Uthaiwan Jaemsuthee, *Thailand and the Protection of Victims, Particularly Women and Children against Domestic Violence, Sexual Offences and Human trafficking*, p. 8, at http://www. aseanlawass ociation. org/9GAdocs/w5_Thailand. pdf (last visited 1 July 2014).

被害人才能获得此种人身保护。

最后，在被害人的帮助方面，《反人口贩运法案》第4章“人口贩运被贩运者的帮助与安全保护”第33条明确规定，泰国社会发展与人类安全部应考虑在食宿、医疗、身心康复、教育、培训、法律援助、赔偿、返回原住国等方面向被害人提供适当的帮助。而且在提供帮助的时候应考虑人的尊严，在性别、年龄、国籍、种族、文化方面的差异以及被贩运人的意见。这些规定体现了保护被贩运人人权的理念。法案还规定应告知被害人其在获取帮助之前、之中或之后获得保护的权利，包括获取有关每一阶段所提供帮助的时间表的权利。另外，法案第35条还规定了公共检察官有义务代表被贩运人在提起起诉贩运者的刑事诉讼的同时，或者在一审审理的过程中，提出赔偿被贩运人的损害的诉求，而法律执行局局长有义务执行包含赔偿判决在内的刑事判决。这种刑事附带民事诉讼的方式以及公共检察官的免费代理和法律执行局的免费执行，均有利于被贩运人获得赔偿。这些规定与《议定书》的要求相一致，并没有以被害人愿意协助调查、起诉贩运人作为提供安全保护的条件。尽管如此，在实践中，如果外国人通过了泰国移民管理部门的初步识别程序被识别为人口贩运被害人，那么将会被移交警方以起诉人口贩运者。① 外籍被害人若不愿意协助调查、起诉贩运人，通常会遭到强制遣返，许多被害人被遣返后都遭受了再次贩运的厄运。②

4．中国的实施

首先是被害人的隐私和身份保护。我国并没有专门保护人口贩运被害人的法律，因此，未对贩运被害人的隐私和身份保护进行专

① Thailand's Annual Report on Efforts and Progress on the Implementation of the Anti－Human Trafficking Action Plan in 2012 for the U. S. Department of State's preparation of Trafficking in Persons Report of 2013, p. 11, at http://www. nocht. m－society. go. th/album/download/08d77f3a6409a6d7dfa696b6fd16d331. pdf (last visited 1 July 2014).

② See U. S. A. Department of State, Trafficking in Persons Report 2012, p. 341.

门规定。经过2012年第二次修正的《刑事诉讼法》增加的第62条，在一定程度上可以作为保护人口贩运被害人的隐私与身份的根据。根据该条，对于危害国家安全犯罪、黑社会性质组织犯罪等案件，证人、被害人因在诉讼中作证，本人或者其近亲属的人身安全面临危险的，人民法院、人民检察院和公安机关应当：（一）不公开真实姓名、住址和工作单位等个人信息；（二）采取不暴露外貌、真实声音等出庭作证措施。但是，这些规定仅适用于与危害国家安全犯罪、恐怖活动犯罪、黑社会性质组织犯罪、毒品犯罪等案件有关的刑事诉讼程序。因此，如果人口贩运特别是跨国人口贩运犯罪是由黑社会性质的组织实施的，而此种案件的被害人又愿意作为证人参与诉讼程序，那么在其本人或其近亲属有人身安全危险时就可以获得此种保护。值得注意的是，《公约》与《议定书》所使用的“有组织犯罪集团”不同于《刑法修正案（八）》中对“黑社会性质的组织”的界定。根据《刑法修正案（八）》，“黑社会性质的组织”须“以暴力、威胁或者其他手段，有组织地多次进行违法犯罪活动，为非作恶，欺压、残害群众”，而且需要能够“称霸一方，在一定区域或行业内，形成非法控制或重大影响，严重破坏经济、社会生活秩序”。显然，黑社会性质的组织要求较高，是有组织犯罪集团的高级形式，是一种典型的或成熟的有组织犯罪集团。[①] 因此，现实经常发生的往往构不成黑社会性质的组织犯罪的人口贩运犯罪的被害人证人就可能无法享有《刑事诉讼法》规定的上述证人保护。当然，《刑事诉讼法》在此只是列举了一部分社会危害性较大的犯罪，使用了“等案件”的字样，至于人口贩运案件是否应纳入其范围，有待于进一步作出司法解释。因而，

---

① 参见赵秉志、张伟柯：《中国惩治有组织犯罪的立法演进及其前瞻——兼及与〈联合国打击跨国有组织犯罪公约〉的协调》，载《学海》2012年第1期，第188页；张远煌、林德核：《试析有组织犯罪的演变特征及存在形态》，载《法学杂志》2012年第3期，第11页；康树华主编：《当代有组织犯罪与防治对策》，中国方正出版社1997年，第14～15页。

有必要通过司法解释明确严重犯罪案件均可适用于《刑事诉讼法》规定的证人保护，而所谓严重犯罪可借鉴《联合国打击跨国有组织犯罪公约》，界定为最高刑可判10年以上有期徒刑的犯罪，那么作为严重犯罪的人口贩运犯罪，自然可以适用于上述证人保护规定。

值得注意的是，仅在证人或其近亲属有人身安全危险时可以适用上述证人保护规定，被害人因为作证而有其他安全危险时，如有财产、名誉方面的安全危险时，被害人不可以向刑事司法机关申请证人保护，刑事司法机关也无义务予以这方面的保护。而且仅有作证的被害人才可能获得证人保护，不愿意作证的被害人无法获得隐私和身份保护，也无法获得人身安全保护。当然，根据《刑事诉讼法》第109条第3款，如果人口贩运被害人向公安司法机关报案或控告而又不愿意公开自己的姓名和报案、控告行为的，公安司法机关应当为其保守秘密。但是，前提仍是人口贩运被害人愿意报案或控告人口贩运者。否则，被害人是无法获得这种保守秘密保护的。这与《议定书》的要求不一致。事实上，人口贩运案件的被害人往往是比较脆弱的弱势群体，特别是跨国人口贩运案件的被害人，身处异国，往往存在较大语言文化障碍，更容易遭到人口贩运者的报复或恐吓，因此更需要隐私和身份保护以及人身保护。事实上，担心因为与刑事司法机关合作调查、起诉贩运者而遭到人口贩运者的报复或恐吓，已经成为阻碍跨国人口贩运的被害人愿意协助调查和起诉贩运者的重要因素。因此，有必要制定专门的人口贩运被害人保护法律，明确规定在处于执法机关看管之下的外籍人口贩运被害人安全处于危险状态或有再次遭受贩运者俘获、进一步受到伤害的危险时，执法机关有义务确保不公开被害人及其家庭成员的名字和身份信息。

其次是被害人的人身保护。我国并没有专门保护人口贩运被害人的法律，因此，未对贩运被害人的人身保护进行专门规定。经过2012年第二次修正的《刑事诉讼法》第61条，对证人及其近亲属的安全保护进行了笼统规定，仅仅规定人民法院、人民检察院和公安机关应当保障证人及其近亲属的安全，但是没有详细规定申请一般证人保护的条件、程序以及应采取的具体保护措施。该条还对威胁、侮辱、殴打或打击报复证人及其近亲属的行为规定了处罚。《刑事诉讼法》的这些规定与《刑法》第307条关于妨害作证罪的规定、第308条关于打击报复证人罪的规定以及《治安管理处罚法》第20条第3项关于对报案人、控告人、举报人、证人打击报复的规定相互协调配合，有利于对证人进行事后保护，使已发生的威胁、侮辱、殴打或打击报复证人的行为受到惩罚，但无法使证人获得预防性保护，无法预防上述侵害证人的行为的发生。① 而且《刑事诉讼法》上述规定保护的对象为证人及其近亲属，而刑法上述规定保护的对象为证人，并未将威胁、侮辱、殴打或打击报复证人的近亲属行为处以与威胁、侮辱、殴打或打击报复证人行为相同的处罚。《刑事诉讼法》和《刑法》在保护对象上的不协调，必然影响证人保护的力度和效果。同样，《刑事诉讼法》第109条第3款也仅仅笼统地规定公安机关、人民检察院或人民法院应当保障报案人、控告人及其近亲属的安全，既没有明确承担安全保护义务的主体，也没有明确报案人、控告人申请安全保护的条件、程序以及可以获得的安全保护的内容。因而，这些保护证人、报案人、控告人安全的规定过于笼统，而且强调事后保护，缺乏预防性保护规定，不利于有效地保护作为证人、报案人或控告人的被害人的人身安全。

《刑法》第62条关于特殊案件的特殊证人保护规定也涉及作证被害人在人身安全面临危险时的保护措施，除了要求不公开被害

---

① 吴丹红：《证人保护制度探析》，载《华东政法学院学报》2003年第3期，第80页；毛立华：《证人作证：保护比补偿更重要》，载《中国刑事法杂志》2005年第1期，第84页；孙南申、彭岳：《证人保护制度构建之法律思考》，载《复旦大学学报(社会科学版)》2008年第1期，第64～65页。

人个人信息和采取隐蔽性出庭作证措施，还规定禁止特定的人员接触证人、被害人及其近亲属，对人身和住宅采取专门性保护措施以及其他必要的保护措施。该条第 2 款还规定，证人、被害人认为因在诉讼中作证，本人或其近亲属的人身安全面临危险的，可以向人民法院、人民检察院、公安机关请求予以保护。该条第 2 款的规定虽然没有限定案件的类型，但是通过结合该条第 1 款的规定可以推断第 2 款也适用于恐怖活动犯罪、黑社会性质的组织犯罪等特殊案件。因此，人口贩运案件的被害人若要获得此种人身安全保护，首先需要案件涉及黑社会性质的组织，其次需要被害人愿意作证，还要求被害人或其近亲属面临人身安全危险。

最后是被害人的帮助。《妇女权益保障法》（2005年修订）第 39 条第 2 款要求各级人民政府、公安、民政、劳动和社会保障、卫生等部门按照其职责及时采取措施解救被拐卖、绑架的妇女，做好善后工作，妇女联合会协助和配合做好相关工作，并且禁止歧视被拐卖、绑架的妇女。但是该条并没有明确相关部门解救和帮助被贩卖妇女的具体职责，也没有明确“善后工作”的含义或要求，没有明确应该向被害人提供的保护和帮助。尽管相关部门在现实运行中均有一定的职责，但是拐卖被害人的保护和帮助需要多个部门的密切协调与配合，需要制度化的规范的协作流程。值得注意的是，《中国反对拐卖人口行动计划（2013—2020 年）》（以下简称《行动计划》）明确提出要“进一步加强地区、部门和机构间救助被拐卖受害人的协助配合”，“规范被拐卖受害人救助、安置、康复和回归社会工作程序”，并将这些任务进行了具体分工。因此，随着地区、部门和机构间救助和保护被拐卖被害人协作机制的逐步规范化，我国救助贩运被害人的水平将会大大提高。此外，《行动计划》还要求完善政府多部门合作、社会各界支持的被拐卖受害人救助、安置和康复工作机制，充分利用现有社会救助和社会福利设施提供救助和中转康复服务，引入专业社会工作服务，指定定点医疗机构为被害人提供基本医疗服务和生理心理康复服务，为符合条件的被害人提供法律援助。还要求加强社会关怀，帮助被害人顺利回归社会，确保被解救的适龄儿童入学、回归学校，为16岁以上被害人提供适当的就业服务，保障愿意返回原住地的被害人顺利回归家庭和社区，切实帮助解决回归社会的被害人的就业、生活和维权等问题。《行动计划》的这些规定，涉及被拐卖被害人的救助、中转安置、康复、法律援助、教育、就业、培训等方面，规定得较为全面。但是，显然这些规定主要适用于国内拐卖被害人的救助与帮助。值得注意的是，该《行动计划》还要求完善跨国拐卖外籍被害人的救助工作机制，做好中转康复工作，并安全遣返。显然，《行动计划》在对外籍被害人的救助方面，强调做好救助、中转康复和安全遣返，不涉及安置、法律援助、教育、就业、培训等方面。《行动计划》在外籍被害人帮助方面的这些规定与《议定书》的要求不一致。

对人口贩运被害人进行法律援助是成功起诉人口贩运者、使被害人获得赔偿的重要手段。根据2003年7月21日发布的《法律援助条例》第11条第2项，人口贩运被害人及其法定代理人或近亲属，自案件移送审查起诉之日起，因经济困难没有委托诉讼代理人的，可以向法律援助机构申请援助。人口贩运的被害人往往经济困难，因此可以依此申请法律援助，但是只能自案件移送审查起诉之日起。而且，如上文所述，《行动计划》仅规定国内人口贩运的被害人有资格获得法律援助，外籍被害人无法获得法律援助。不了解自己的法定权利和刑事诉讼程序，往往是外籍贩运被害人不愿意与刑事司法机关合作的重要原因。因此，有必要自识别出被害人之日起为被害人提供法律援助，使其在了解相关情况的基础上决定是否愿意与刑事司法机关合作。显然，《法律援助条例》规定的法律援助在这一阶段是不适用的，除非被害人以请求支付劳动报酬为理由提起民事诉讼。因此，刑事司法机关有义务向这一阶段的人口贩运被害人提供法律咨询方面的帮助，或者将法定法律援助的提供前置，使人口贩运被害人在被识别为被害人之后迅速获得法律援助。同时有必要降低法律援助“经济困难”的标准，使更多的被害人获得法律援助。值得注意的是，2009 年由财政部、司法部发布的《中央专项彩票公益金法律援助项目实施与管理暂行办法》（财行［2009］554 号）规定的中央彩票公益金法律援助项目，在一定程度上可以使更多的被害人获得法律援助。根据该暂行办法，作为被拐卖犯罪被害人的妇女儿童在经济状况高于当地法律援助经济困难标准但低于当地职工最低工资标准的，可以自刑事案件移送审查起诉之日起获得法律援助。显然，该暂行办法也没有解决调查阶段贩运被害人的法律援助问题。但是，该办法无疑有助于向贩运被害人提供保护和法律援助。截至 2011 年 2 月 25 日，能办理中央彩票公益金法律援助项目的法律单位已覆盖全国，该项目 2010 年在全国共援助办理案件 27417 件，其中未成年人案件占 9.9%，类型分为抚养、监护纠纷，也有儿童被拐维权法律援助。①

在对被害人的赔偿方面，尽管《刑事诉讼法》第 99 条和第 100 条关于附带民事诉讼的规定有利于人口贩运被害人就其由于人口贩运所遭受的物质损失获得赔偿，授权人口贩运被害人就去所遭受物质损失在刑事诉讼过程中提起附带民事诉讼，这在一定程度上与《议定书》要求缔约国确保其本国法律制度包括能使被害人所遭受的损害获得赔偿的措施的义务相一致。但是，这种赔偿的实现以贩运被害人参与起诉的人口贩运者的刑事诉讼为前提。正如前文所述，并非所有的外籍被害人都愿意与刑事司法机关合作。因此，根据该项规定，如果被害人不愿或者不敢参与刑事诉讼程序，或者虽然作为证人参与了刑事诉讼程序，但没有提起附带民事诉讼，那么将无法获得赔偿。而《刑法》第 36 条要求在对犯罪分子依法给予刑事处罚的同时，根据情况判处赔偿被害人因犯罪行为而受到的经济损失。该条似乎向法院施加了在刑事被害人由于犯罪行为受到损失时判处犯罪分子赔偿经济损失的义务，而不管被害人是否提起

---

① 联合国反对拐卖人口机构间项目：《被拐儿童家庭可获“彩金法援”》，载《反拐通讯》2011 年第 1 期，第 4 页。

了附带民事诉讼。而且，即使被害人在起诉人口贩运者的刑事诉讼中提起了附带民事诉讼，也只能就其所遭受的物质损失获得赔偿，但无法就其所遭受的精神损失获得赔偿，而人口贩运案件往往会给被害人造成严重的精神损失。[①] 这与《议定书》的要求不一致。另外，即使人口贩运的被害人提起了附带民事诉讼，被害人也往往因为贩运者经济困难等原因而无法获得赔偿或无法获得有效赔偿，或者因为被害人为了获得经济赔偿而与贩运者私了、放弃对贩运者的追诉而影响了刑事诉讼程序的顺利进行，[②] 或者由于公安机关和检察机关将侦破案件和提起公诉作为主要职责而对附带民事诉讼案件的调解往往持消极态度，因而难以起到程序分流的作用，不利于被害人赔偿请求的快速实现。[③] 因此，确保人口贩运的被害人，特别是跨国人口贩运的外籍被害人获得必要的赔偿，是我国反人口贩运法律面临的一个重要挑战。

在被害人的救助方面，值得注意的是，中央政法委、最高人民法院、最高人民检察院、公安部、民政部、司法部、财政部、人力资源和社会保障部于2009年联合发表了《关于开展刑事被害人救助工作的若干意见》（法发［2009］10号），对开展刑事被害人救助工作的总体要求、基本原则、救助对象范围及标准、救助资金保障与管理、救助的审批与发放等基本问题作了原则规定，并要求各地据此制定具体实施细则。截至2012年9月25日，已有20个省、自治区、市和130余个地、市出台了具体实施的专门文件，形成了

① 2000年《最高人民法院关于刑事附带民事诉讼范围问题的规定》第1条规定进一步界定了《刑事诉讼法》第99条规定的附带民事诉讼的适用范围，规定仅有因人身权利受到犯罪侵犯而遭受物质损失或者财物被犯罪分子毁坏而遭受物质损失的，可以提起附带民事诉讼，对于被害人因犯罪行为遭受精神损失而提起附带民事诉讼的，人民法院不予受理。

② 刘国福：《中国反贩运人口法律的理性回顾与思考：以国际法为视角》，载《甘肃政法学院学报》2010年第5期，第81页。

③ 甄贞、申飞飞：《附带民事诉讼的困境与出路——以刑事和解为视角》，载《法学杂志》2011年第10期，第103页。

一定的工作机制，宁夏回族自治区、江苏省无锡市还出台了刑事被害人救助地方性法规；据统计，2009 年至 2011 年，全国法院向刑事被害人发放的救助金额逐年递增，已累计发放救助金 2. 3377 亿余元，12978 名刑事被害人获得救助。[①] 但是这种救助的对象主要为生活困难而又无法通过诉讼获得赔偿的严重暴力犯罪的被害人或其近亲属，被害人或者遭受了严重伤残，或者已经死亡，因此只有被以绑架等暴力手段贩运而且遭受了严重伤残或已死亡并且生活困难的被害人或其近亲属方可获得此种赔偿，大多不具有严重暴力性的贩运犯罪的被害人无法获得此种赔偿，而且救助数额往往比较小，不足以使贩运被害人获得充分赔偿。因此，设立专门的人口贩运被害人救助基金，由没收的与人口贩运犯罪有关的资产和罚金作为基金的来源之一，不失为使贩运被害人获得有效赔偿的行之有效的手段。值得注意的是，中国社会福利教育基金会宝贝回家慈善基金于 2010 年 6 月成立，主要用于被拐儿童的救助，对举报人贩子或提供被拐儿童线索、帮助被拐儿童回家的有功人员的奖励，寻家儿童及寻子家庭的特殊困难补助。无疑，该基金的成立在一定程度上有助于被拐儿童的救助、识别、康复与重返社会。但是，该基金的资金来源显然不是没收的与人口贩运犯罪有关的资产和罚金，也无法使儿童被害人获得充分赔偿。

提高救助和保护人口贩运被害人的能力是救助和保护被害人的重要组成部分。民政部——UNIAP“保护拐卖受害人”合作项目从 2011 年 4 月开始，旨在改善救助站拐卖被害人的服务与管理，提高员工保护被害人的能力与水平，并在全国建立了三个试点机构——贵阳市救助站、昆明市救助管理站和广东省少年儿童救助保护中心。民政部还编制了《救助站服务拐卖受害者工作指南》，并

① 孙军工：《关于人民法院开展刑事被害人救助工作有关情况的新闻发表稿》，载最高人民法院网站：http://www. court. gov. cn/xwzx/xwfbh/twzb/201209/P020120925439314008251. doc，2012 年 9 月 25 日，访问时间：2014 年 6 月 16 日。

在完善后在全国救助系统推广，作为拐卖受害者保护的参考指南。为了提高救助和保护被拐卖被害人的能力和水平，地方救助机构也开展了一系列培训。例如，新疆、广西救助站救助拐卖受害者能力建设培训班于2012年6月11日至15日开班。再如，2011年10月，英国救助儿童会云南反拐项目与云南省救助管理总站正式就共同实施对被拐卖被害人的综合帮助与康复服务项目签署了为期3年（2011年1月至2013年12月）的合作备忘录，旨在通过云南项目点的实践工作，探索出一套为拐卖妇女儿童和其他弱势儿童提供综合性帮助和康复服务的模式，促进救助机制的完善，并提高相关工作人员救助被拐卖妇女儿童、流浪未成年人的知识和技能。通过对救助站工作人员进行培训，无疑会提高救助和保护贩运被害人的能力和水平，使我国救助和保护贩运被害人的水平更加符合《议定书》的要求。

5. 综合分析比较

（1）关于被害人的隐私和身份保护

加拿大是通过《加拿大刑法典》予以规定的，而《证人保护计划法案》在一定程度上起到了补充作用。美国通过《贩运及暴力被害人保护法案》予以规定，而且证人安全项目法律起了补充作用。泰国虽然有专门的《反人口贩运法案》，但没有对此作出规定，《证人保护法案》在一定程度上发挥了这方面的作用。我国通过《刑事诉讼法》对此予以规定，与加拿大的做法类似，这是因为《加拿大刑法典》自身包含了刑事程序的内容。总之，人口贩运被害人的隐私和身份保护主要涉及刑事程序，不管是由刑事诉讼法规定，还是由专门的人口贩运被害人保护法律或证人保护法规定，均符合《议定书》容许缔约国根据国内法予以规定的规定。

在具体内容上，我国《刑事诉讼法》关于不公开真实姓名、住址和工作单位等个人信息以及采用不暴露外貌、真实声音等出庭作证措施的规定，仅适用于黑社会性质组织犯罪、危害国家安全犯罪、恐怖活动犯罪、毒品犯罪等案件的证人、被害人、鉴定人及其近亲属，而且只有在其因为作证而遭受人身安全危险时才可享有这种保护。而关于为报案人、控告人及其近亲属保守秘密的规定，仅限于不公开其姓名以及报案、控告的行为。所有这些规定并没有明确表明适用于人口贩运案件。而在保护性出庭措施方面，加拿大关于特殊证人保护的规定虽然也适用于涉及犯罪集团的犯罪、恐怖活动犯罪、恐吓犯罪等案件，但是其规定的保护性作证措施不仅限于在屏风后作证或其他允许证人看不到被告的方式，还包括庭外作证。我国关于特殊证人保护的规定并不包括庭外作证，不包括通过视频连接或音频连接这种庭外作证的方式，这在很大程度上是为了平衡证人保护与被告诉讼权利保护之间的关系。《加拿大刑法典》除了对特殊证人保护进行规定，还规定了适合一切刑事程序的证人保护以及包括人口贩运在内的性侵案件的儿童证人及身体或精神残疾证人的保护，这些保护的范围较广，可以涵盖一切刑事程序的证人。当然，加拿大规定的这些类型的证人保护程序的启动情况不同：特殊证人保护程序可由法官主动作出，当法官认为对于取证或保护证人安全必要时便可主动启动；适合一切刑事程序的证人保护程序须由证人或检察官申请且法官同意（只有认为对于取证是必要时）；性侵案件儿童证人及身体或精神残疾证人保护程序的启动也须证人或检察官申请且法官同意（原则上会同意，除非认为会影响正当司法）。加拿大在证人身份信息的保护方面也值得我国借鉴。《加拿大刑法典》在规定适用一切刑事程序的被害人及证人的身份信息保护措施外，还专门规定了适用于包括人口贩运在内的性侵案件被害人及儿童证人的身份信息保护措施，但其启动程序不同，前者需要被害人、证人或检察官申请且法官同意（认为对于正当司法是必要的），后者仅需要被害人、儿童证人或检察官提出申请即可（只要提出申请即应批准，而且法官有义务在刑事程序中尽早告知被害人及儿童证人这种权利）。《加拿大刑法典》规定的独特的保护性质证方式也值得我国借鉴。《加拿大刑法典》不仅规定了适合一切刑事程序证人的保护性质证方式（由法官指派的律师代替被告与证人质证)，还规定了适合儿童证人的保护性质证方式。尽管这两种程序均需要证人或检察官提出申请，但是前者只有在法官认为对于获取全面而坦诚的证言有必要时才启动，后者原则上只要申请即可启动，除非法官认为正当司法需要被告亲自与证人对质。总之，加拿大无论在保护性出庭程序的规定方面，还是在身份信息保护的规定方面，均具有广泛的适用范围，可适用一切刑事程序，同时又体现了对特定类型案件证人及被害人的特殊的程序性保护。因此，人口贩运被害人可以依据《加拿大刑法典》获得比较全面的隐私和身份保护，但是前提是同意作证或参与诉讼程序。而我国在身份信息保护和保护性出庭措施方面的规定仅适用于特定类型的案件，人口贩运被害人即使愿意作证或参与诉讼程序，也未必能获得这些保护。而且保护性出庭措施范围狭窄，未将庭外作证涵盖在内，不允许通过视频连接或音频连接的方式在庭外作证。

与中国、加拿大的做法不同，美国通过专门的《贩运与暴力被害人保护法案》对贩运被害人的名字和身份信息保护进行了专门规定，规定只要被害人处于联邦看管之下且有安全危险或再次遭受贩运者俘获的危险，联邦政府就有责任予以保护。这种保护的获得并没有明确以被害人参与刑事程序作证为前提，有利于保护处于联邦看管之下的人口贩运被害人的名字和身份信息。与加拿大的《证人保护计划法案》相似，美国关于证人安全项目方面的法律尽管主要适用于污点证人的保护，但是也在一定程度上有利于保护作为有组织犯罪的人口贩运犯罪的被害人的身份和隐私，当然前提是被害人愿意作证或参与作证。

泰国并没有明确规定对人口贩运被害人的隐私和身份进行保护的法律，包括《反人口贩运法案》也没有对此作出规定。尽管《证人保护法案》所规定的特殊证人保护有着非常广泛的适用范围，包括有组织犯罪、涉及引诱他人卖淫的性犯罪、与国家安全有关的犯罪、毒品犯罪、洗钱、腐败以及其他可判 10 年以上有期徒刑的严重犯罪等重罪，但是并非所有的人口贩运犯罪都属于有组织犯罪，而引诱他人卖淫也未必构成人口贩运犯罪。再加上只有当上述犯罪的被害人愿意作证或参与作证而安全受到威胁时方可获得此种特殊保护，因此人口贩运被害人在隐私与身份保护方面缺乏必要的保障。这种情况与中国相似，虽然我国并没有专门的证人保护法，但是《刑事诉讼法》规定的特殊证人保护在一定程度上起到了证人保护法的作用。我国特殊证人保护的规定，在确保人口贩运被害人隐私和身份保护方面存在的缺陷与泰国的《证人保护法案》相似。

总之，为了明确对人口贩运被害人的隐私和身份进行保护，可以借鉴美国的做法，在专门的贩运被害人保护法律中明确规定国家有义务确保处于官方看管之下的人口贩运被害人的隐私和身份。至于愿意作证或参与作证的人口贩运被害人的隐私和身份保护，则可以借鉴加拿大的做法，明确禁止向社会公开作证的人口贩运被害人的身份信息，并明确法院有义务尽早告知被害人申请不公开身份信息的权利，并在被害人提出申请时予以批准或同意。为了体现对儿童被害人或残疾被害人的保护，应允许被害人证人采用隐蔽性出庭方式，而且只要被害人证人或检察官提出此种申请，原则上应予以准许。当然，还有必要完善我国关于特殊证人保护的规定，明确特殊证人保护适用的范围，原则上可以适用于最高刑可判 10 年以上有期徒刑的严重犯罪。不仅在证人有人身安全危险时提供特殊证人保护，而且在证人在遭受财产、名誉等方面的严重伤害危险时，也应提供特殊证人保护。而且有必要扩大“不公开真实姓名、住址和工作单位等个人信息”以及“采取不暴露外貌、真实声音等出庭作证措施”的适用范围，可以适用于所有刑事诉讼，当然前提是证人或检察官提出了申请而法院又认为采取这些隐私和身份保护措施对于获取全面而坦诚的证人证言是必需的。

令人欣慰的是，于 2013 年 10 月 23 日生效的《最高人民法院、最高人民检察院、公安部、司法部关于依法惩治性侵害未成年人犯罪的意见》（以下简称《意见》）第5条、第13条和第18条对性侵害未成年人犯罪案件办理过程中未成年被害人的隐私和身份保护进行了规定。比如，《意见》第5条要求诉讼参与人对于涉及未成年被害人的身份信息及可能推断出其身份信息的资料及性侵害的细节等内容予以保密，并在对外公开的诉讼文书中不披露此种信息和资料。第13条要求办案人员上门调查取证时避免驾驶警车、穿着警服或者采取其他可能暴露被害人身份、影响被害人名誉、隐私的方式。第18条则要求人民法院在未成年被害人出庭时根据案件情况采取不暴露外貌、真实声音等保护措施，并在有条件时、在采取保护措施的前提下，采取视频等方式播放未成年人的陈述、证言。这些规定无疑有助于保护性侵害未成年人犯罪案件调查、起诉和审理过程中的未成年被害人的隐私和身份，也与《公约》和《议定书》的要求相一致。但是，这些保护性规定仅适用于针对未成年人实施的组织卖淫罪，强迫卖淫罪，引诱、容留、介绍卖淫罪，引诱幼女卖淫罪等属于性侵犯罪的拐卖犯罪，并不适用于不涉及性侵犯罪的拐卖妇女儿童罪，收买被拐卖的妇女儿童罪，强迫劳动罪，协助强迫劳动（罪），拐骗儿童罪，组织残疾人、儿童乞讨罪，组织未成年人进行违反治安管理活动罪等拐卖犯罪。尽管《意见》对性侵犯罪未成年被害人的隐私和身份保护进行规定的主要目的是为了防止和减轻性侵犯罪对未成年被害人名誉和身心的伤害，但是可以借鉴这些保护性规定来保护拐卖犯罪未成年被害人，防止其因隐私和身份泄露而遭受人贩子的恐吓和打击报复。由于《刑事诉讼法》第62条仅适用于作证被害人的保护，因此，为了与《公约》和《议定书》的要求相一致，也为了对拐卖犯罪儿童被害人特别是跨国拐卖犯罪儿童被害人进行必要、有效的保护，保证调查、起诉和审理拐卖犯罪刑事程序的顺利进行，有必要通过司法解释明确《刑事诉讼法》第62条的适用范围，将拐卖犯罪涵盖在内；同时，还有必要制定专门的拐卖犯罪被害人保护法律，借鉴上述《意见》关于未成年人保护的规定，明确办案人员、诉讼参与人等在涉及未成年被害人的拐卖犯罪案件的调查、起诉和审理中保护被害人隐私和身份的义务。

(2) 关于被害人的人身保护

《加拿大刑法典》中关于人口贩运被害人隐私和身份保护的规定、关于刑事诉讼证人隐私和身份保护的规定以及《证人保护计划法案》关于特殊证人保护的规定，在一定程度上也有利于对被害人及其关系人的人身进行保护。与加拿大的做法不同，美国通过专门的《贩运及暴力被害人保护法案》对处于联邦看管之下的人口贩运被害人以及参与调查或起诉人口贩运者的刑事程序的人口贩运被害人的保护进行了专门规定，规定联邦政府有义务保护这些被害人及其家庭成员免遭恐吓、报复威胁和报复。美国其他法律也对犯罪被害人有权免遭恐吓或伤害进行了规定。美国关于证人安全项目的法律也规定，联邦政府有义务保护证人或潜在证人及其亲近的人免遭人身伤害。值得注意的是，《贩运与暴力被害人保护法案》还规定，性贩运犯罪、与强迫劳动或服务有关的人口贩运犯罪及相关犯罪构成证人保护所要求的有组织犯罪或其他形式的严重犯罪。与美国的做法相近，泰国通过专门的《反人口贩运法案》对诉讼前、诉讼中和诉讼后处于政府看管之下的被害人及其家庭成员的安全保护进行了规定。与美国做法不同的是，泰国规定的安全保护适用范围较广，不仅仅限于人身方面的保护，还包括财产、名誉等方面的保护。与加拿大、美国关于特殊证人保护的规定相近，泰国也规定了特殊证人保护，在一定程度上也有利于对人口贩运被害人的人身进行保护，但是这些国家中仅有美国明确将人口贩运犯罪及相关犯罪纳入特殊证人保护项目的范围。与加拿大、美国和泰国的做法不同，中国没有对人口贩运被害人的人身保护进行专门规定，《刑事诉讼法》关于证人及其近亲属保护的规定比较笼统，而且侧重于事后惩罚。《刑事诉讼法》第62条关于特殊证人保护的规定，在一定程度上克服了事后惩罚的缺陷，但是仅限于对特殊证人及其近亲属进行人身方面的保护。该规定没有明确将人口贩运犯罪纳入该条的适用范围，也没有将特殊证人近亲属之外的关系人纳入保护范围，也不提供人身以外方面的保护，如财产、名誉方面的保护。《刑事诉讼法》第109条关于报案人、控告人及其近亲属安全保障的规定也非常笼统，无法为刑事案件的报案人、控告人及其近亲属提供必要的保护。因此，为了对人口贩运被害人的人身进行保护，使其顺利重返社会，或为了打消因作证而遭受恐吓或报复打击的顾虑，有必要完善我国相关法律的规定。笔者建议制定专门的反人口贩运法，规定当处于其看管之下的人口贩运被害人或（同意）参与人口贩运案件的调查或起诉的被害人有人身安全危险时，公安司法机关有义务保护其本人及其亲近的人免遭恐吓和报复，禁止特定人员接触证人、被害人及其亲近的人，对人身和住宅采取专门性保护措施，必要时为其重新安排住处，甚至改变身份等。而且，有必要明确当外籍被害人必须返回原住国或其亲近的人居住在另一国时，有义务协调另一国确保被害人及其亲近的人获得持续保护。

（3）关于被害人的帮助

人口贩运被害人在目的地国获得帮助和服务的种类与被害人在该国取得的法律地位紧密相连。在加拿大，人口贩运被害人如果符合难民保护的条件或者以人道主义或照顾性原因申请到了永久居民签证，就会获得难民或永久居民可以享有的帮助和保护。但是能够享有这种帮助和保护的人口贩运被害人并不多。大多数人口贩运被害人可以取得临时居留许可，因而可以获得联邦医疗、社会咨询援助，或者获得适合犯罪被害人的一般性服务，如获得庇护所、法律援助。在人口贩运被害人的赔偿方面，加拿大并没有明确的法律为贩运被害人获得赔偿提供可能性。与加拿大的做法不同，美国未向人口贩运被害人提供临时居留许可，被害人可以获得继续居留签证或人口贩运被害人非移民签证。如果被害人已获得上述签证或已善意申请了人口贩运被害人非移民签证，并获得了卫生与公共服务部签发的证明信，就可以获得与难民相同的联邦公共福利与服务，如住所、医疗保健、咨询服务、其他援助及工作许可。如果贩运被害人获得了永久居民签证，就可以获得永久居民享有的帮助与服务。当然，尚未获得上述签证但处于联邦看管之下的人口贩运被害人，可以获得必要的医疗保健或其他帮助，也可获得有关其权利方面的信息与翻译服务。加拿大并未对此作出规定。而且美国考虑到了儿童被害人的特殊需要，向人口贩运的儿童被害人提供可延期的90天临时帮助及长期帮助。在贩运被害人的赔偿方面，美国规定了在刑事程序结束后通过民事诉讼获得赔偿的方式。这显然不利于使被害人获得赔偿，这是因为人口贩运被害人在美国获得的继续居留签证在调查、起诉人口贩运的刑事程序结束后就到期了，除非被害人获得了居留期限较长的人口贩运被害人非移民签证或永久居留签证。因此，不愿意与执法机关合作调查、起诉人口贩运者的被害人以及获取了居留期限较短的继续居留签证的被害人是无法通过民事诉讼获得赔偿的。

与加拿大、美国通过专门的法律对人口贩运被害人的帮助进行规定的做法相同，泰国在《反人口贩运法案》中规定，社会发展与人类安全部应考虑向人口贩运被害人提供食宿、医疗、身心康复、教育、培训、法律援助、赔偿、返回原住国方面的适当帮助。这些帮助的范围较广，而且未明确以被害人愿意合作调查起诉人口贩运案件为条件，但是用语灵活、缺乏强制性，容许较大的自由裁量权。与美国仅允许被害人在调查起诉人口贩运者的刑事程序结束后提起民事赔偿诉讼的做法不同，泰国规定仅可以提起刑事附带民事诉讼，而且规定公共检察官有义务在被害人提出赔偿请求时代表被害人提出损失赔偿请求。不仅如此，泰国还规定法律执行局局长有义务执行包含赔偿判决在内的刑事判决。泰国这种刑事附带民事诉讼不同于我国《刑事诉讼法》规定的刑事附带民事诉讼，这是因为，在泰国由公共检察官代表被害人提出损害赔偿请求。与中国和美国的做法相比，泰国的做法显然更有利于保护人口贩运被害人，打消被害人惧怕贩运者报复的顾虑，使被害人获得必要赔偿。值得注意的是，泰国和美国的法律均未将提起民事赔偿诉讼的范围限定于物质损失，这与我国《刑事诉讼法》的规定不同。

我国《妇女权益保障法》仅笼统地要求做好被解救的被拐妇女的善后工作，并没有详细具体地规定被拐妇女有权获得的帮助和保护。尽管《中国反对拐卖人口行动计划（2013—2020年）》规定应向被拐卖被害人提供救助、中转安置、康复、法律援助、教育、培训、就业等方面的帮助，这些帮助可谓全面具体，符合《议定书》的要求，但是这些帮助仅适用于国内人口拐卖的被害人，而对于外籍被害人，行动计划仅要求向其提供救助、中转康复和遣返方面的帮助，并未将安置、法律援助、教育、培训、就业方面的帮助涵盖在内。这种内外有别的帮助不符合《议定书》的要求。因此，有必要通过专门的反人口贩运法对贩运被害人的帮助进行专门规定。在规定外籍被害人的帮助时，应结合其在我国的居留身份对帮助的种类进行规定。对于处于政府看管之下即将被遣返的人口贩运被害人，应向其提供必要的医疗保健，向其提供有关其权利方面的信息及翻译服务。对于需要其协助调查、起诉人口贩运者的贩运被害人，可以结合刑事程序所需要的时间向其签发适当期限的签证，在签证有效期间向其提供食宿、医疗保健、咨询服务、教育、培训、就业等方面的帮助。另外，鉴于贩运被害人通常不方便或不愿意直接向贩运者提出赔偿请求，有必要在制定的反人口贩运法中明确在贩运被害人希望获得损失赔偿而又不愿意直接向贩运者提出赔偿请求时，检察机关有义务代其通过刑事附带民事诉讼向贩运者提出赔偿请求。而且有必要修改《刑事诉讼法》第99条的规定，将附带民事诉讼中的赔偿请求扩大到被害人的所有损失，包括精神损失。或者在制定的专门反人口贩运法中规定法院在审理人口贩运案件特别是跨国人口贩运案件的过程中应同时判处贩运者赔偿被害人所遭受的一切损失，包括精神损失，除非被害人声明放弃损失赔偿。而且有必要对没收的与人口贩运案件有关的资产及罚金的合理使用作出规定，设立专门的人口贩运被害人基金，将这些资产和罚金作为被害人基金的资金来源之一。

二、允许被害人停留的义务

(一) 义务内容

《议定书》第7条同样采用了富有弹性的语言对被害人在接收国的地位进行了规定。根据第7条，各缔约国应考虑采取立法或其他适当措施，允许人口贩运活动被害人在适当情况下在其境内临时或永久居留，而且在实施这些规定时应适当考虑人道主义和照顾性因素。显然，该条向缔约国施加的义务也是非常弱的。这是因为，一方面国家希望通过在适当的情况下允许被害人在其境内临时或永久居留，不以被害人的非法移民身份为理由将其立刻遣返，打消被害人的遣返顾虑，增强其合作提供证人证言的意愿；另一方面，通常是发达国家的接收国担心强拘束力的规定，会严重束缚国家的行为，会使该规定客观上成为非法移民的工具，导致更多的人口贩运。[①] 而通常是发展中国家的被害人原住国则希望接收国能够为人口贩运被害人提供尽可能多的保护和适当的法律地位。这样，作为妥协产物的《议定书》就不可避免地要使用“考虑采取”、“在适当的情况下”等灵活模糊、缺乏强制力的字眼。值得注意的是，结合第8条的规定，该条中的“永久居留”是指长期居留，但未必就是无限期居留。[②]

尽管《议定书》未对第7条中的“人道主义和照顾性因素”进行解释，但根据公约及议定书起草谈判准备工作文件，“照顾性因素”应该是指个人情况，如家庭情况、年龄、普通法婚姻关系以及其他应该以个人为基础逐案考虑的因素，而“人道主义因素”

---

① See Travaux Preparatoires for the UN Organized Crime Convention and Protocols, p. 380, fn. 13; Kalen Fredette, Revisiting the UN Protocol on Human Trafficking: Striking Balances for More Effective Legislation, p. 131.

② See Travaux Preparatoires for the UN Organized Crime Convention and Protocols, p. 388, Interpretative Notes, para. 1.

是指国际人权法所确立的适用于所有人的权利。[①]《议定书》之所以要求缔约国在考虑是允许人口贩运被害人在其境内临时或永久居留还是将其遣返回其国籍国或享有永久居留权的国家时适当考虑人道主义和照顾性因素，是因为相关国际人权法对外国人的遣返作出了人道主义规定，而考虑照顾性因素有利于“保护人口贩运被害人免遭贩运者再次伤害”。[②] 比如，《关于难民地位的公约》规定了难民“不推回原则”：任何缔约国不得以任何方式将难民驱逐或送回（推回）其生命或自由由于他的种族、宗教、国籍、参加某一社会团体或具有某种政治见解而受威胁的国家领土边界。[③] 所以，如果人口贩运被害人符合《关于难民地位的公约》定义的难民，而《议定书》缔约国又同时是该公约的缔约国，那么缔约国在决定是否遣返被害人时就应该对该原则予以考虑。正如《议定书》第14条所规定，《议定书》的规定不影响国家和个人根据国际法，包括国际人道主义法和国际人权法，特别是在适当的情况下根据1951年《关于难民地位的公约》和1967年《关于难民地位的议定书》及其所含的“不推回”原则而享有的权利和承担的义务与责任。再如，《禁止酷刑和其他残忍、不人道或有辱人格的待遇或处罚公约》第3条规定，如有充分理由相信任何人在另一国家将有遭受酷刑的威胁，任何缔约国不得将该人驱逐、送回（推回）或

① See Travaux Preparatoires for the UN Organized Crime Convention and Protocols, p. 380, fn. 11 and 14.

② See Travaux Preparatoires for the UN Organized Crime Convention and Protocols, p. 380, fn. 13; Anne Gallagher, Human Rights and the New UN Protocols on Trafficking and Migrant Smuggling: A Preliminary Analysis, p. 992.

③ See The Convention Relating to the Status of Refugees, 1899 UNTS 137, Article 33 (1).《关于难民地位的公约》于1950年12月14日由联合国大会通过，并于1954年4月22日生效，截至2014年7月1日，已有145个缔约国，中国于1982年9月24日批准了该公约。

引渡到该国。[1] 因此，如果有充分理由相信贩运被害人在被遣返后将会遭受酷刑的威胁，而《议定书》缔约国又同时是该公约的缔约国，那么缔约国应考虑停止遣返或者准许在其境内临时或永久居留。

(二) 义务的国内实施

1. 加拿大的实施

正如上文所述，尽管加拿大是《联合国打击跨国有组织犯罪公约》及《议定书》的缔约国，但是《移民与难民保护法案》并没有专门对人口贩运被害人的保护进行规定。人口贩运被害人可根据该法案申请难民保护，以人道主义或照顾性原因申请永久居民签证，或者提出遣返前风险评估保护申请，[2] 有些被害人通过这种方式确实获得了保护。但是，是否给予难民保护主要考虑被害人在原住国的未来风险，而不是被害人已经遭受的人口贩运经历，而且给予难民保护的条件非常严格。合理评估被害人遣返后可能面临的风险也不容易，所以纯粹从这种方式保护无法使人口贩运被害人获得充分保护。

《部长指令》对跨国人口贩运被害人在加拿大的地位进行了规定，将被害人的识别分为两个阶段，分别规定不同期限的临时居留许可：当有权官员初步评估认为某人可能是人口贩运被害人时，可以为了多种目的，包括为被害人提供一个反思期，使被害人获得身心康复，使被害人摆脱贩运人的影响，或方便被害人参与调查、起诉人口贩运的活动等，而给予被害人期限为180天的短期临时居留

---

① See Convention against Torture and Other Cruel, Inhuman or Degrading Treatment or Punishment, 1465 UNTS 85, Article 3(1).《禁止酷刑和其他残忍、不人道或有辱人格的待遇或处罚公约》于1984年12月10日由联合国大会通过，并于1987年6月26日生效，截至2014年7月1日，已有155个缔约国，中国于1988年10月4日批准了该公约。

② See Immigration and Refugee Protection Act (Canada), Articles 25, 95 - 98, 112 - 114.

许可；[①] 当有权官员经过对事实的全面核实后，有合理理由相信该人为人口贩运被害人时，可以签发长期临时居留许可或者再次签发短期临时居留许可。[②] 有权官员在决定是否向人口贩运被害人签发长期临时居留许可时，应该考虑被害人返回国籍国或经常居住地国并重新生活的安全性与可行性、被害人帮助有权机关调查起诉人口贩运的必要性与意愿及其他因素。[③] 作为部门规章性质的《部长指令》为被害人提供了获得恢复反思期和长期临时居留许可的可能性，而且恢复反思期的许可不以被害人合作调查、起诉人口贩运者为条件，并且居留许可的签发在初期评估阶段即可进行，要考虑被害人返回的安全性与可行性，这些方面均与以被害人的人权为中心的方法相一致，与《议定书》的规定相一致，甚至高于《议定书》规定的标准。但是，《部长指令》并不禁止将被害人的合作作为签发临时居留许可的条件，而且没有对必须签发临时居留许可的情形作出清晰详细的规定，也未对被害人的转介机制进行规定。该指令并未确立有权官员识别人口贩运被害人的义务，而且允许有权官员在决定某人是否是人口贩运被害人方面具有较大的自由裁量空间。事实上，加拿大在向人口贩运被害人签发临时居留许可时越来越多地以存在刑事调查或刑事诉讼为前提，以服务调查、起诉人口贩运的刑事程序为目的。[④]

《指引》对人口贩运被害人可以获得的保护和帮助作出了进一步规定。根据《指引》第27条，一般情况下，如果人口贩运被害人回原住国将会变得不安全或者将很难重新开始生活，那么有权官员可以自由裁量签发临时居留许可，而且允许临时居留的时间可以

---

① See The Ministerial Instructions, Articles 1(1) and 1(2).

② Ibid., Article 2.

③ Ibid.

④ See Bethany Hastie, *The Protection of Internationally Trafficked Persons in Canada: Critical Gaps in Immigration Policy*, December 7, 2012, at http://oppenheimer.mcgill.ca/The-Protection-of-Internationally (last visited 1 July 2014).

一直到被害人成为永久居民。根据该《指引》第28条，通过免费申请取得临时居留许可的被害人可申请通过《联邦临时医疗保险计划》获得医疗和社会咨询援助，但是有权获得这些援助的是仅限于不具有偿付医疗保健服务能力、没有参加私人或公共医疗保健计划的被害人，而且这些援助仅限于180天的反思期内。当然，根据该《指引》第29条，取得临时居留许可的人口贩运被害人还可免费申请工作许可。尽管《指引》规定，负责向人口贩运被害人签发临时居留许可的官员，在识别被害人时，有义务与加拿大皇家骑警、加拿大边境服务局、非政府组织等机构或组织协商决定，但却将最终的决定权赋予了公民与移民管理部门，而且没有详细地规定什么样的人口贩运被害人适合获得临时居留许可，被害人什么时候能够获得临时居留许可和保护以及能够获得什么样的保护和帮助。因此，公民与移民管理部门在临时居留许可的签发上具有相当大的自由裁量权。再加上临时居留许可的签发对被害人施加了较重的举证责任，而且需要相关执法机关参与，使得大量人口贩运被害人不愿意申请这种居留许可。[①] 自加拿大公民和移民部于2006年5月开始向人口贩运被害人签发临时居留许可至2011年12月末，共向73名外国公民签发了178个临时居留许可，其中包括向同一被害人续签的临时居留许可。[②] 在2011年，共向48名外国被害人签发了53个临时居留许可，其中48个居留许可属于续签。[③] 这说明在2011年仅有5个临时居留许可是首次签发的短期临时居留许可，仅新识别出5名潜在人口贩运被害人。人口贩运被害人不愿意申请居留许可应该是识别出的被害人数量较少的原因之一。总之，加拿大关于帮助和保护人口贩运被害人的规定基本上与《议定书》的

---

① See Canadian Council for Refugees, *Protecting Trafficked Persons in Canada*, at http://ccrweb.ca/en/t rafficking (last visited 1 July 2014).

② See Government of Canada, *National Action Plan to Combat Human Trafficking*, p. 14.

③ See U. S. A. Department of State, *Trafficking in Persons Report* 2012, p. 111.

要求相一致，如为被害人签发临时居留许可，为其提供医疗保险、咨询援助等服务，为被害人提供获得难民保护、获得基于人道主义和照顾性因素考虑的永久居民签证、申请遣返前风险评估、申请保护等机会，均体现出以被害人人权为中心的理念。

2. 美国的实施

在美国，严重形式人口贩运的外籍被害人可以获得四种签证或居留许可。第一种是授权被害人在美国居留 4 年的人口贩运被害人非移民签证（T－1 Visa）。外籍人口贩运被害人要获得此种签证需证明符合以下严格的条件：一是需为严重形式人口贩卖的被害人；二是需本人在美国或入境口岸；三是被害人愿意以一切合理的方式协助调查和起诉严重形式的人口贩运，或者被害人由于身体上或心灵上的创伤无法予以协助，[①] 或者被害人为 18 岁以下的儿童；四是如被遣返将可能会遭受涉及不同寻常且严重的伤害的极端困难。[②] 可见，获得人口贩运被害人非移民签证的前提也是被害人愿意协助调查和起诉人口贩运人，而且被害人如被遣返将可能会遭受涉及不同寻常且严重的伤害的极端困难。被害人要获得此种签证，既要有敢于协助调查、起诉人口贩运人的勇气，又要证明自己是严重形式人口贩运的被害人，还要证明被遣返后有遭受极端困难的可能性。但是，并没有法律法规对这种“极端困难”进行清晰界定。因此，这种人口贩运被害人非移民签证的要求较高，而且有权机关具有很大的自由裁量权，并且处理的过程漫长，不适合应对紧急情况。[③]

---

① William Wilberforce Trafficking Victims Protection Reauthorization Act of 2008, Sec. 212(a)(1).

② Immigration and Nationality Act (US), Section 101(a)(15)(T)(i)(2002); Alien Victims of Severe Forms of Trafficking in Persons, 8 C. F. R. § 214.11(b)(2009).

③ Alese C. Wooditch & M. A. Dupont－Morales, Trafficking Jam: A Policy Review of the United States' Trafficking Victims Protection Act of 2000, *Trends Organized Crimes*, Vol. 12, 2009, p. 235.

人口贩运被害人可能获得的第二种居留许可是永久居留许可。总检察长在经过评估认为严重形式人口贩运的被害人，同时符合以下条件时，可以授予被害人永久居留身份：被害人获得人口贩运被害人非移民签证以来在美国连续居住3年以上；期间一直有良好的道德品质；期间遵守一切协助调查起诉严重形式人口贩运行为的合理要求或者此时将被害人遣返将会使其遭受涉及不同寻常严重损害的极端困难。① 可见，这种居留许可也是以服务人口贩运的调查和起诉为中心的，而且给了有权机关较大的自由裁量权。

第三种居留许可是继续居留许可。当联邦执法官员经过评估认为某人是严重形式人口贩运的被害人，同时也是起诉人口贩运者所需要的潜在证人时，可以允许被害人继续留在美国。② 这种居留仅有执法机构可以向有权机关申请，被害人自己无权申请。而且被害人仅有权在调查起诉人口贩运者的刑事程序结束之前居留。

第四种居留签证是身体或精神虐待被害人非移民签证（U Visa）。人口贩运外籍被害人要想获得此种居留签证，须证明：（1）由于是包括人口贩运在内的特定犯罪活动的被害人而遭受严重的身体或精神虐待（需要有关机构的证明）；（2）被害人（或16岁以下未成年人的父母、监护人或朋友）掌握有关上述犯罪活动的信息；（3）被害人曾经、正在或者可能会协助执法机构调查和起诉上述犯罪活动；（4）上述犯罪活动违反了美国法律或者发生在美国境内。③ 这种签证允许被害人在美国居留4年。

3. 泰国的实施

《反人口贩运法案》第37条规定，有权官员可以为了起诉贩运人，或者为了向被害人提供医疗、康复服务，或为了使被害人获

---

① Victims of Trafficking and Violence Protection Act of 2000, Sec. 107(f)(I)(1).

② Ibid., Sec. 107(c)((3).

③ Ibid., Sec. 1513(c); Immigration and Nationality Act (US), Section101(a)(15)(U)(2002).

得赔偿，而协助被害人获得临时居留许可和临时工作许可，而且应考虑人道主义原因。该规定未将被害人愿意协助调查、起诉贩运人作为签发临时居留许可和临时工作许可的条件，也是与《议定书》相一致的。但是，该规定未明确被害人获得临时工作许可的条件。2011 年，仅有大约 30 名劳动贩运被害人获得了这种临时工作许可，而工作许可的有效期为 6 个月，可根据刑事诉讼的进程延期。[①] 法案第 38 条和第 39 条还规定，有权官员有义务在遣返被害人时，与相关国家合作核实被害人的国籍、居所，并在考虑被害人的意愿、安全与福利的情况下，毫无迟延地使被害人返回泰国。

4. 中国的实施

已于 2013 年 7 月 1 日生效的《中华人民共和国出入境管理法》并未对人口贩运被害人的地位进行规定。值得注意的是，该法第 46 条首次对申请难民地位的外国人在难民地位甄别期间的停留问题进行了明确规定。因此，如果跨国人口贩运的外籍被害人符合难民条件并进行了申请，便可依法在中国境内停留。问题是尽管我国批准了 1951 年《关于难民地位的公约》和 1967 年《关于难民地位的议定书》，但是并没有通过国内法对难民申请的条件和程序进行明确规定。联合国难民署驻华代表处在通常情况下可以接触在北京的寻求庇护者并进行难民地位甄选，被确定为难民的非印支难民被准许暂时留在中国，但没有工作的权利，其食宿和医疗保险费用由联合国难民署帮助解决。[②] 而且能够通过联合国难民署驻华代表处获得难民地位的寻求庇护者的数量实在有限。截至 2012 年 9 月，在我国大陆地区仅有 131 名难民和 154 名寻求庇护者被联合国难民署甄选和帮助。[③] 而且申请难民的条件通常与种族、宗教、国籍、

---

① See U. S. A. Department of State, Trafficking in Persons Report 2012, p. 341.

② See UNHCR, UNHCR Regional Representation in China, at http://www. unhcr. org. hk/unhcr/en/about _us/China_Office. html (last visited 1 July 2014).

③ See UNHCR Regional Representation for China and Mongolia, *China Fact Sheet*, September 2012, at http://www. unhcr. org/5000187d9. html (last visited 1 July 2014).

属于某一社会团体或具有某种政治见解的原因有关，而普通的贩运被害人往往不涉及这些原因。因此，无法通过难民申请使人口贩运的被害人获得必要的居留和其他保护。因此，可以考虑修改《出入境管理法》或者通过制定《出入境管理法实施细则》或专门的反人口贩运法，对跨国人口贩运被害人的停留和居留进行规定。

5. 综合分析比较

为了保护跨国人口贩运的被害人，加拿大通过了具有部门规章性质的《关于向人口贩运被害人签发临时居留许可的部长指令》，授权有权官员向被初步识别为人口贩运被害人的外籍被害人签发期限为180天的短期临时居留许可，并在有权官员经过对事实的全面核实后有合理理由相信该人为人口贩运被害人时，可以签发长期临时居留许可或者再次签发短期临时居留许可。[①] 而且根据该指引，通过免费申请取得临时居留许可的被害人可申请通过《联邦临时医疗保险计划》获得医疗和社会咨询援助，还可以获得为犯罪被害人提供的一般性服务，如获得庇护所、法律援助等。美国《移民与国籍法》对授权人口贩运被害人在美国居留4年的人口贩运被害人非移民签证（T-1 Visa）及身体或精神虐待被害人非移民签证（U Visa）进行了专门规定，《贩运与暴力被害人保护法案》则对人口贩运被害人可获得的永久居留许可及继续居留许可进行了规定。泰国《反人口贩运法案》第37条规定，有权官员可以为了起诉贩运人，或者为了向被害人提供医疗、康复服务，或为了使被害人获得赔偿，而协助被害人获得临时居留许可和临时工作许可，而且应考虑人道主义原因。值得注意的是，上述规定跨国贩运被害人在接收国的地位的方法可分为两类，一是通过综合的反人口贩运法律予以规定，如美国、泰国；二是通过专门的部门规章予以规定，如加拿大。从允许贩运被害人停留或居留的条件来看，美国将被害人愿意协助起诉人口贩运者作为前提条件，与《议定书》的

① See Citizenship and Immigration, The Ministerial Instructions, Articles 1(1) and 1(2).

要求不相符，而加拿大和泰国没有做此要求，符合《议定书》的要求，有利于保护人口贩运被害人的人权。

结合我国目前的法治实际和需求，笔者倾向于借鉴美国和泰国的做法，建议在修正现有刑法、规定与强迫劳动有关的人口贩运罪、与强迫卖淫或儿童卖淫有关的人口贩运罪并完善拐卖妇女儿童罪和收买被拐卖的妇女儿童罪的基础上，制定专门的保护和帮助被害人的法律，对人口贩运外籍被害人在我国的停留和居留作出规定。为了在成本负担和人权保护之间找到平衡点，在具体内容上，可以规定当有权机构初步评估认为某人可能是人口贩运被害人时，可以为了多种目的，包括为被害人提供一个反思期，使被害人获得身心康复，使被害人摆脱贩运人的影响，或方便被害人参与调查、起诉人口贩运的活动等，而给予被害人期限为30天至180天的短期临时居留许可。当有权机构经过对事实的全面核实后有合理理由相信该人为人口贩运被害人时，可以再次签发短期临时居留许可。而对于获得居留许可的外籍贩运被害人或被有权机关识别为被害人的贩运被害人，有权享用现有社会救助和社会福利设施提供的救助和中转康复服务，有权获得指定定点医疗机构为被害人提供的基本医疗服务和生理心理康复服务，有权依法获得法律援助机构提供的法律援助。这样，临时居留许可的签发不以贩运被害人同意协助调查起诉人口贩运者为前提，同时又给执法机关较大的自由裁量权，可以决定是否给予被害人临时居留许可，既有利于保护贩运被害人，也有利于执法机关灵活执法。

三、安全遣返被害人的义务

（一）义务的内容

《议定书》第8条“人口贩运被害人的遣返”与第7条关系密切，缔约国在最终决定不允许被害人在其境内临时或永久居留之后，便面临着遣返被害人的问题。在这个问题上，《议定书》既没有采纳联合国人权事务高级专员的“安全且尽可能自愿地送回必须是任何保护贩运被害人的可靠策略的核心”的建议[①]，也没有接受其“将个人识别为贩运被害人应该足以确保不立即实施违背被害人意愿的遣返且立即适用《议定书》规定的广泛的保护和帮助措施”的建议。[②]《议定书》第 8 条第 1 款首先规定了人口贩运被害人的国籍国或者在被害人进入接收国领土时拥有永久居住权的缔约国，在适当顾及被害人安全的情况下，及时方便和接收被害人的返回的义务，但是没有明确被害人遣返的成本承担问题。根据公约及议定书起草谈判准备工作文件，被害人遣返的成本似乎应由有关缔约国协商分担，相关缔约国还可以通过订立条约解决遣返的成本分担问题。[③] 该条第 3 款和第 4 款规定，为了方便被害人的遣返，缔约国间应进行合作核实被害人的国籍或永久居留权问题并为缺乏适当证件的被害人签发必要的旅行证件或其他许可文件。在遣返被害人之前，缔约国有义务对被害人的国籍或永久居留权问题进行适当核实。[④]《议定书》规定了贩运被害人的国籍国或永久居住地国接收被害人、核实被害人的国籍或居住地以及为其办理返回所需旅行证书的义务，是与国际人权法上的回归自由相一致的。[⑤] 根据第 6 款，本条关于人口贩运被害人的遣返的规定，既不影响任何可适用的涉及人口贩运被害人的遣返的双边或多边协定或安排，也不影

---

① See Travaux Preparatoires for the UN Organized Crime Convention and Protocols, p. 385, Notes by the Secretariat, para. 2.

② Ibid., p. 379, Notes by the Secretariat, para. 2.

③ See Travaux Preparatoires for the UN Organized Crime Convention and Protocols, p. 386, fn. 16.

④ See Travaux Preparatoires for the UN Organized Crime Convention and Protocols, p. 388, Interpretative Notes, para. 3(c).

⑤ See International Covenant on Civil and Political Rights, 999 UNTS 171, Article 12(4); Universal Declaration of Human Rights, Article 13(2); Protocol No. 4 to the Convention of 4 November 1950 for the Protection of Human Rights and Fundamental Freedoms, 1496 UNTS 263, Article 3(2); African Charter on Human and People's Rights, 1520 UNTS 217, Article 12(2).

响根据有关移民送回的国际习惯法承担的任何其他国家义务。①

尽管《议定书》第 8 条第 2 款专门对人口贩运被害人的送回进行了规定，要求接收国在遣返被害人时适当顾及被害人的安全以及任何相关法律程序的进展状况，而且遣返最好自愿，但是公约及议定书起草谈判准备工作文件的解释——“‘遣返最好自愿’应该理解为未对遣返被害人的缔约国施加任何义务”②——使得该款关于“遣返最好自愿”的规定没有任何意义。该条虽然两次提到了遣返被害人时要顾及被害人的安全，但均使用了含义极其模糊、允许较大自由裁量权的“适当顾及”。之所以规定遣返被害人要适当顾及被害人的安全且遣返最好自愿，是因为强制遣返被害人回国籍国或者第三国可能会出现以下后果：被害人可能会因偷越边境、从事卖淫等原因被国籍国惩罚，也可能会在国籍国因为坏名声而不被家人和社会所接受，或者在国籍国遭受贩运人的恐吓或暴力，特别是在被害人曾与刑事司法机构合作调查和起诉贩运人或者未能还清贩运人的债务时，更是如此。但是模糊、允许较大自由裁量权的语言未能使缔约国承担任何有拘束力的义务。可见，《议定书》关于遣返人口贩运被害人的规定主要是为了保证快速、方便地遣返被害人，保证遣返被害人不影响调查、起诉贩运人的刑事程序的正常进行，而适当顾及被害人的安全且遣返最好自愿的呼吁性要求，由于缺乏拘束力而无法在现实中得到实现，因而出现的不考虑被害人安全的强制遣返可能会使被害人重新陷入人口贩运的怪圈。

（二）义务的国内实施

1. 加拿大的实施

《关于向人口贩运被害人签发临时居留许可的部长指令》第 2

① See Travaux Preparatoires for the UN Organized Crime Convention and Protocols, p. 389, Interpretative Notes, para. 6(f).

② 参见 Travaux Preparatoires for the UN Organized Crime Convention and Protocols, p. 389, Interpretative Notes, para. 2(b).

条规定，当有权官员经过对事实的全面核实后有合理理由相信该人为人口贩运被害人时，可以签发长期临时居留许可或者再次签发短期临时居留许可。而且有权官员在决定是否向人口贩运被害人签发长期临时居留许可时，应该考虑被害人返回国籍国或经常居住地国并重新生活的安全性与可行性、被害人帮助有权机关调查起诉人口贩运的必要性与意愿及其他因素。根据《关于向人口贩运被害人签发临时居留许可的指引》第 27 条，一般情况下，如果人口贩运被害人回原住国将会不安全或者将很难重新开始生活，那么有权官员可以自由裁量签发临时居留许可，而且允许临时居留的时间可以一直到被害人成为永久居民。因此，遣返后会处于不安全状态或很难重新开始生活的人口贩运被害人是有希望在加拿大获得临时居留许可的，甚至有希望成为加拿大永久居民。但是，究竟被害人能否因为上述原因获得临时居留许可或永久居民身份取决于有权官员的自由裁量。不管怎样，加拿大的这些规定与《议定书》关于安全遣返被害人的义务相一致。

而且，如果人口贩运被害人符合《移民与难民保护法案》规定的难民保护条件（遣返后可能遭受政治迫害或遭受酷刑、残忍与不同寻常的待遇或惩罚或生命危险），或者符合申请遣返前风险评估保护的条件（在移民与难民局作出的关于难民申请的最终决定结束 1 年后，或在前次作出关于遣返前风险评估保护的最终决定结束 1 年后，对于特定的指定原籍国上述期限为 3 年），或者符合以人道主义和照顾性原因申请永久居民身份的条件，则可据此避免被遣返回原住国。值得注意的是，人口贩运被害人通常通过移民偷运或非法移民的方式进入加拿大，因此被害人可以据此申请难民保护或遣返前风险评估保护，但不可以立即以人道主义和照顾性原因申请永久居民身份。这是因为，非法移民在加拿大被确定为“指定外国人”，被确定为“指定外国人”的人口贩运被害人仅可以在成为“指定外国人”5 年后，或者自移民与难民局作出否定的决定 5 年后，或者在作出关于遣返前风险评估保护的否定决定 5 年后，方可以人道主义和照顾性原因申请永久居民身份。所以，在加拿大，如果贩运被害人属于非法移民，希望避免被遣返从而避免在原住国遇到安全危险，则可首先向移民与难民局难民保护处提出难民保护申请，在申请被拒后可向难民上诉处申请复议，在复议申请被拒后还可向联邦法院申请审查，在审查申请被拒后如果符合遣返前风险评估保护申请条件，还可申请遣返前风险评估保护。

2. 美国的实施

在是否遣返人口贩运被害人这个问题上，美国适当地考虑到了被害人的安全。美国在决定是否签发允许被害人在美国居留 4 年的人口贩运被害人非移民签证（T－1 Visa）时，将被害人若被遣返是否可能遭受涉及不同寻常且严重伤害的极端困难作为必须考虑的因素之一。在决定是否向人口贩运被害人签发永久居留许可时，也将被害人若被遣返是否可能遭受涉及不同寻常且严重的伤害的极端困难作为考虑的因素之一。但是，这种对被害人被遣返后可能遭受的极端困难的考虑在更大程度上是以服务调查和起诉人口贩运者的刑事程序为目的，以被害人愿意协助调查和起诉人口贩运为前提。若贩运被害人不愿意协助调查和起诉人口贩运者，即使被遣返会遭受涉及不同寻常且严重的伤害的极端困难，也无法获得人口贩运被害人非移民签证，更无机会在获得被害人非移民签证的基础上获得永久居留许可。而且，并没有法律法规对这种“极端困难”进行清晰界定。因此，这种人口贩运被害人非移民签证的要求较高，而且有权机关具有很大自由裁量权，处理的过程漫长，不适合应对紧急情况。①

另外，《人口贩运与暴力被害人保护法案》第 107 条，要求美国国务卿和国际发展署署长，在与适当的非政府组织协商的情况下，在外国建立并执行帮助人口贩运被害人安全融入或重返适当的

① See Alese C. Wooditch & M. A. Dupont－Morales, Trafficking Jam: A Policy Review of the United States' Trafficking Victims Protection Act of 2000, p. 235.

社区或家庭并重新安顿下来的项目和举措，充分考虑贩运被害人的意愿、尊严和安全。还要支持建立和发展项目以资助被害人家庭寻找、接回和治疗被害人，帮助这些被害人融入适当的社区。该条还进一步要求国务卿和国际发展署署长采取一切适当措施，加强包括原住国在内的外国间的合作，并确保这种外国间的合作建立在地区基础上。显然，这种通过与外国政府、非政府组织及被害人家庭合作帮助外籍被害人安全返回原住国并融入适当社区或家庭的做法，无疑有助于防止贩运被害人再次受到伤害、再次陷入被贩运的境地，有利于防止出现更多通过人口贩运形式进入美国的非法移民。

3. 泰国的实施

泰国对安全遣返被害人的义务进行了详细规定。根据《反人口贩运法案》第33条，泰国社会发展与人类安全部应考虑为贩运被害人重返原住国提供适当帮助。第36条第3款则进一步要求当被害人必须返回原住国时，有权官员应与该原住国有关机构协调，以向被害人及其家属提供持续的安全保护。第38条则规定了有权官员有义务在考虑被害人的安全与福利的情况下，使在泰国境内的外籍被害人毫无迟延地返回原住国，除非被害人根据泰国的移民法律获得了永久居民身份或在特殊情况下获得了内政部部长的停留许可。第39条则用3款详细地规定了泰国有权官员有义务在考虑被害人的安全与福利的情况下，采取一切必要措施使在外国沦为人口贩运被害人且愿意返回泰国的泰国国民以及在离开泰国前在泰国拥有合法居住权、停留权或合法居所或住所且愿意返回泰国的外籍被害人毫无迟延地返回泰国。这显然比《议定书》要求将被害人遣返至被害人国籍国或在被害人进入接收国领土时拥有永久居住权的缔约国的规定更加宽松，更有利于保护被害人的合法权益。

4. 中国的实施

2013年7月1日生效的《中华人民共和国出入境管理法》第62条至第64条对遣送出境的情形、被决定遣送出境但不能立即执行的人员羁押问题以及遣送出境措施的救济进行了规定，但是并未要求安全遣送出境，更未提到人口贩运被害人的遣送问题。因而，如果人口贩运被害人通过移民偷运或非法移民的方式进入中国，将很可能会被依照上述规定遣送出境。值得注意的是，《中国反对拐卖人口行动计划（2013—2020年）》在“加强国际合作”部分提到要“加强与相关拐入国政府和国际组织合作，及时解救和接收被拐卖出国的中国籍受害人，并为其提供必要的服务”以及“加强与相关拐出国政府和国际组织合作，及时发现和解救被拐卖入中国的外籍受害人，完善对被跨国拐卖受害人救助工作机制，做好中转康复工作，并安全遣返”。因而，及时解救和接收中国籍被害人与及时发现、解救并安全遣返外籍被害人已成为中国政府的庄严承诺。该行动计划虽具有行政法规的性质，但是内容概括笼统，仅相当于一个国家的反拐行动纲领，不足以确保人口贩运被害人获得安全遣返。因而，有必要制定法律层级较高的专门的反人口贩运法律，对安全遣返人口贩运被害人的义务作出详细规定。

5. 综合分析比较

《议定书》确立的安全遣返被害人的义务旨在确保快速、方便地遣返被害人的同时防止被害人再次受到伤害、再次陷入人口贩运的怪圈。但是由于《议定书》使用了模糊、灵活的语言，使得该义务在缔约国的实施也变得各式各样。加拿大在向人口贩运被害人签发临时居留许可时将被害人被遣返后的安全和社会融入状况作为考虑的重要因素。美国也将被害人被遣返后可能遭受的极端困难作为签发人口贩运被害人非移民签证和永久居留许可时必须考虑的因素，还将与外国政府、非政府组织及被害人家庭合作帮助外籍被害人安全融入适当的社区或家庭作为美国的一项重要战略。泰国则根据《议定书》对外籍被害人的遣返及泰国籍被害人和在泰国拥有居住权或居所的外籍被害人的返回进行了详细规定。我国则在新制定的反拐行动计划中规定了及时解救和接收被拐卖出国的中国籍被害人的义务以及及时发现、解救和安全遣返外籍被害人的义务。因此，为了促进安全遣返被害人的义务在我国的实施，有必要在专门制定的反人口贩运法中，结合外籍被害人在我国的居留身份，对该义务作出具体规定。有必要考虑被害人被遣返后可能会遭遇的安全危险和生活困难、被害人在调查、起诉人口贩运中的作用与意愿等方面，允许向被害人签发短期临时居留许可。同时，还有必要明确有关机构有义务与外籍被害人的原住国有关机构协调，以便于向外籍被害人提供持续的安全保护。

第二节 国家责任原理与义务

正如上述所述，《议定书》对被害人的帮助和保护、被害人在接收国的地位以及被害人的遣返进行了规定，但是这些规定缺乏强制力，而且没有对被害人的一些重要权利进行规定，致使《议定书》的这些规定在很大程度上成为服务调查起诉贩运人的刑事程序的一种工具。由于缺乏对国家识别贩运被害人义务的规定，未规定不追究贩运被害人所犯的与被害人的地位有关的违法犯罪行为的责任，贩运被害人可能不但无法享有这些工具性强且拘束力弱的保护和帮助，而且会因为与被害人地位有关的违法犯罪行为而受到处罚。因此，为了平衡打击人口贩运犯罪与保护被害人的人权之间的关系，有效地解决人口贩运问题，促进《议定书》目标的实施，有必要借助国家责任原理和相关国际人权法的规定，对国家在保护和帮助贩运被害人的义务方面进行更加合理的界定。

一、国家责任原理

国家责任是国际法上的一个根本原理，是国际法的心脏与灵魂，产生源于国际法律体系的性质及国家主权和国家平等原则。[①]

---

① See Malcolm N. Shaw, *International Law*, Sixth Edition, New York: Cambridge University Press ,2008, p. 778; Anne T. Gallagher, *The International Law of Human Trafficking*, p. 275.

根据该原理，任何依据国际法归于一国并且构成对该国国际义务的违背的作为或不作为，均构成该国的国际不法行为，会引起继续履行、停止、保证不再重返、赔偿等法律后果。① 国家责任原理的作用不仅在于一国可以通过国际司法机构援引该原理来决定该国是否对另一国提出的国际索赔要求负责任，而且可以在国际司法机构以外的许多场合援引该原理，如在人权条约机构或政府间委员会等。② 甚至可以在国内法院援引国家责任提出索赔请求。③ 而且国家责任机制作为一种一般的非体制内的执行方式，是促进国际法遵守的各种遵守管理机制和体制内执行机制的补充，有利于促进国际法的遵守。④ 总之，各种机制和主体均可通过多种方式查明国家责任，以执行、鼓励和促进对国际法的遵守。就国际人口贩运领域而言，尽管缔约国不愿意承认自己在人口贩运方面负有国家责任，但是通过运用国际责任原理可以对这些国家的否认行为进行驳斥，可以准确地界定国家对于人口贩运被害人所应承担的国家义务。

根据国家责任原理，如果有国家机关或其工作人员，或者行使政府权力要素的个人或实体，或者受国家指挥或控制的人从事或参

① See International Law Commission, Draft Articles on Responsibility of States for Internationally Wrongful Acts, Report of the International Law Commission on the Work of Its Fifty-third Session, UNGAOR, 56th Sess., Supp. No. 10, at 43, UN Doc. A/56/10 (2001), Articles. 2 and 28-31.

② See Anne T. Gallagher, *The International Law of Human Trafficking*, p. 219.

③ See J. Crawford and S. Olleson, The Nature and Forms of International Responsibility, in Malcolm D. Evans (Eds). *International Law*, New York: Oxford University Press, 2006, p. 456.

④ See Christina J. Tams, Enforcement, in Geir Ulfstein et al. (Eds.), *Making Treaties Work: Human Rights, Environment and Arms Control*, New York: Cambridge University Press, 2007, p. 407. 在克里斯蒂娜·泰姆斯看来，国际法上的执行是指在出现不遵守国际法的现象之后所采取的促进对这些规则的遵守的措施，除了有传统的软执行与硬执行之分，还应分为体制内的执行与体制外的执行，前者是指条约机制自身包含的或者承认的执行，如以条约为基础的制裁，包括以条约为基础的军事制裁、经济制裁等，后者指没有被条约规定但被一般国际法承认的执行，如国际责任机制、施加政治压力、断绝外交关系、在国际会议上谴责不遵守国际法的行为。

与人口贩运，或者存在相关的腐败，那么国家就要承担相应的国家责任，因为这些参与或腐败行为可归于国家。问题是，大多数的人口贩运活动是由单个罪犯或者犯罪团伙甚至有组织犯罪集团组织的，国家是否要对这些犯罪嫌疑人组织的人口贩运活动负责任确实是一个值得探讨的问题。判断一国对于一项犯罪活动是否承担责任的关键是看国家是否存在违反了该国国际义务要求的国际不法行为，而判断国家是否具有某种国际义务的依据是相关国际法。① 那么，国家根据国际法特别是国际人权法对于人口贩运活动应该承担什么样的国际义务呢?

二、国际人权法下的相关义务

国际人权法普遍规定了缔约国具有尊重、保护、促进和实现人权的义务。② 例如，《公民权利和政治权利国际公约》第 2 条规定，每一缔约国有义务尊重并确保在其境内和受其管辖的所有人享有公约所承认的一切权利，不分种族、肤色、性别、语言、宗教、政治

① See International Law Commission, Draft Articles on Responsibility of States for Internationally Wrongful Acts, p. 43, Articles 2 – 3; Malcolm N. Shaw, *International Law*, Sixth Edition, New York: Cambridge University Press, p. 779; Anne T. Gallagher, *The International Law of Human Trafficking*, pp. 231 – 232.

② 参见 International Covenant on Civil and Political Rights, 999 UNTS 171, Article 2, 该公约于 1966 年 12 月 16 日通过，并于 1976 年 3 月 23 日生效，截至 2014 年 7 月 1 日，已有 177 个缔约国，中国于 1998 年 10 月 5 日签署了该公约，但是尚未予以批准。另参见 Convention for the Protection of Human Rights and Fundamental Freedoms, CETS No. 005, Article1, 该公约于 1950 年 11 月 4 日通过，并于 1953 年 9 月 3 日生效，截至 2014 年 7 月 1 日，缔约国为 47 个欧洲理事会成员国。还可参见 American Convention on Human Rights, OASTS No. 36, Article1, 该公约于 1969 年 11 月 22 日通过，并于 1978 年 7 月 18 日生效，截至 2014 年 7 月 1 日，有 25 个美洲国家批准了该公约，加拿大既未签署也未批准该公约，美国于 1977 年 6 月 1 日签署了该公约，但是尚未予以批准。还参见 African Charter on Human and Peoples Rights, CAB/LEG/67/3 rev. 5, 21 I. L. M. 58 (1982), Article1, 该宪章于 1981 年 6 月 27 日通过，并于 1986 年 10 月 21 日生效，截至 2014 年 7 月 1 日，有 53 个缔约国。

或其他观点、国籍或社会出身、财产、出生或其他身份等任何区别。该款不仅规定了缔约国保持克制、不侵犯公约承认的权利的消极义务（尊重）①，还规定了缔约国要采取积极措施保护个人免遭来自国家本身和来自私人或实体的侵犯的积极义务（保护）。因而，在缔约国容忍侵权发生或者未采取适当措施或者未尽职预防、惩罚、调查或纠正私人个人或实体行为所引起的损害，从而未能确保个人权利免遭侵权时，将构成国家对这些权利的侵犯②。联合国人权事务委员会的这一一般性评论，实质上一方面明确了缔约国根据《公民权利和政治权利国际公约》所应承担的采取尽职措施预防、调查、惩罚和纠正来自个人或实体的侵权行为对公约所承认权利的损害的国家义务，另一方面也确立了缔约国在未采取尽职措施应对来自个人或实体的侵权行为时的国家责任。

值得注意的是，该评论在判断缔约国是否应就私人侵权行为承担国家责任的标准是"尽职"。而且《公民权利和政治权利国际公约》所承认的权利主体为缔约国境内和受其管辖的所有人，包括虽不在缔约国境内但受其管辖或有效控制的任何人，而且不管其国籍如何，如寻求避难者、难民、迁徙工人等均可成为公约所承认权利的主体。③ 因此，根据该公约，在缔约国境内和受其管辖的一切人口贩运被害人均有权享有公约规定的一切权利。这一点对于确立缔约国对其境内或受其管辖的人口贩运被害人的义务具有重要意义。公约承认的权利还适用于受缔约国在境外实施

① See Human Rights Committee, General Comment No. 31[80]: The Nature of the General Legal Obligation Imposed on State Parties to the Covenant, CCPR/C/21/Rev. 1/Add. 13, 26 May 2004, para. 6.

② See Human Rights Committee, General Comment No. 31[80]: The Nature of the General Legal Obligation Imposed on State Parties to the Covenant, CCPR/C/21/Rev. 1/Add. 13, 26 May 2004, para. 8.

③ See Human Rights Committee, General Comment No. 31[80]: The Nature of the General Legal Obligation Imposed on State Parties to the Covenant, CCPR/C/21/Rev. 1/Add. 13, 26 May 2004, para. 10.

的管辖或有效控制的个人，而不管获得此种管辖或有效控制的方式如何，比如缔约国通过派遣维持国际和平或采取和平执行行动的国家特遣队形成的管辖或有效控制。① 因此，缔约国有义务保障受其派往国外的国际维和行动力量管辖或有效控制的个人享有公约承认的权利。所以，国际人权事务委员会的这一一般评论可以作为追究国际维和人员参与人口贩运案件中相关国家的责任的依据。②

《公民权利和政治权利国际公约》第 2 条还确立了缔约国在有重大理由相信将其境内或受其管辖的个人引渡、遣返、驱逐或以其他方式使其离开到另一国将会带来难以弥补的损害时不予以引渡、遣返、驱逐或以其他方式迫使离开的义务。③ 因此，根据人权事务委员会的这一评论，缔约国在引渡、遣返或驱逐在其境内或受其管辖的人口贩运被害人到另一国时，应考虑到公约规定的生命权、免于遭受酷刑或残忍的、非人道的或有辱人格的待遇或处罚的权利等权利。此外，《公民权利和政治权利国际公约》第 2 条还规定了缔约国有义务无条件地立刻制定必要的立法或其他措施，以保障公约

① See Human Rights Committee, General Comment No. 31 [80]: The Nature of the General Legal Obligation Imposed on State Parties to the Covenant, CCPR/C/21/Rev. 1/Add. 13, 26 May 2004, para. 6.

② 关于联合国维和行动对危机地区的人口贩运活动的影响及其对国际社会应对人口贩运努力的破坏，参见 Heather M. Smith, Sex Trafficking: Trends, Challenges, and the Limitations of International Law, *Human Rights Rev.*, Vol. 12, 2011, p. 282; Charles A. Smith & Brandon M. L. Cuesta, Human Trafficking in Conflict Zones: The Role of Peacekeepers in the Formation of Networks, *Human Rights Rev.*, Vol. 12, 2011, pp. 287 - 299; Charles A. Smith & Heather M. Smith, Human Trafficking: The Unintended Effects of United Nation Intervention, *International Political Science Review*, Vol. 32(2), 2010, pp. 125 - 145; Olivera Simic, Rethinking "Sexual Exploitation" in UN Peacekeeping Operations, *Women's Studies International Forum*, Vol. 32, 2009, pp. 288 - 295.

③ See Human Rights Committee, General Comment No. 31 [80]: The Nature of the General Legal Obligation Imposed on State Parties to the Covenant, para. 8.

承认的权利得以实现。[①] 该条还规定了缔约国采取措施保障公约承认的个人权利或自由受到侵犯时获得有效补救的义务。因此，缔约国有义务对侵犯个人权利或自由的行为进行及时调查，[②] 将犯罪者绳之以法，[③] 对被害人及时予以适当补偿，[④] 同时要预防侵权行为的再次发生。[⑤]

除第2条有助于确立国家对人口贩运被害人的义务和责任外，《公民权利和政治权利国际公约》第6条、第7条、第8条、第9条和第12条关于生命权、免于遭受酷刑或残忍的、非人道的或有辱人格的待遇或处罚的权利，免于遭受奴役、劳役或强迫或强制劳动的权利，享有人身自由和安全的权利，迁徙自由等权利和自由的规定与人口贩运被害人的权利保护关系特别密切。这是因为，一方面人口贩运活动经常威胁到被害人的生命权、人身自由与安全、迁徙自由等权利和自由，另一方面调查起诉人口贩运人和遣返人口贩运被害人的活动也经常涉及这些权利方面的考虑。对人权的侵犯既是人口贩运的原因，也是人口贩运的结果。[⑥] 特别是公约第8条关于禁止奴役、奴隶贸易、劳役或强迫或强制劳动的规定与国家对人口贩运被害人的义务关系直接相关。正如上文所述，尽管《议定书》对"人口贩运"进行了较为全面的界定，将奴

① See International Covenant on Civil and Political Rights, Article 2(2); Human Rights Committee, General Comment No. 31[80]: The Nature of the General Legal Obligation Imposed on State Parties to the Covenant, para. 14.

② See Human Rights Committee, General Comment No. 31[80]: The Nature of the General Legal Obligation Imposed on State Parties to the Covenant, para. 15.

③ See Human Rights Committee, General Comment No. 31[80]: The Nature of the General Legal Obligation Imposed on State Parties to the Covenant, para. 16 and 18.

④ See Human Rights Committee, General Comment No. 31[80]: The Nature of the General Legal Obligation Imposed on State Parties to the Covenant, para. 16 and 19.

⑤ See Human Rights Committee, General Comment No. 31[80]: The Nature of the General Legal Obligation Imposed on State Parties to the Covenant, para. 17.

⑥ Maggy Lee, *Trafficking and Global Crime Control*, p. 31.

役、劳役、强迫或强制劳动作为了“人口贩运”的目的要件之一，但是人口贩运与奴役、劳役或强迫劳动的关系一直饱受争议。根据《议定书》关于“人口贩运”的定义，人口贩运的外延应该广于奴役、劳役或强迫劳动，奴役、劳役或强迫劳动应该归入人口贩运的范畴。因此，从这个意义上来说，涉及奴役、劳役或强迫劳动的人口贩运活动，构成了对《公民权利和政治权利国际公约》第8条关于免于遭受奴役、劳役或强迫或强制劳动权利的规定的违反。因此，缔约国有义务采取尽职措施以预防、调查、惩罚和纠正人口贩运活动，而且要承担未采取尽职措施应对人口贩运活动时所引起的国家责任。

三、尽职标准与国际义务

“尽职”已经成为国际人权法上广泛接受的用于判断国家是否应该对私人个人或实体进行的人权侵犯行为负责任的标准。① 而评估一国是否对来自私人个人或实体的侵犯人权行为进行“尽职”预防、调查、惩罚和补救的依据是原始义务的内容及具体案件的事

① See *Velásquez Rodríguez Case*, Judgment of 29 July 1988, Inter – American Court of Human Rights (Ser. C) No. 4 [1988]; *Godínez Cruz Case*, Judgment of 20 January 1989, Inter – American Court on Human Rights (Ser. C) No. 5 (1989); *Osman v. The United Kingdom* (23452/84) [1998] ECHR 101 (28 October 1998); *Akko v. Turkey* (22947/93; 22948/93) [2000] ECHR 458 (10 October 2000); *Social and Economic Rights Action Center (SERAC) and the Center for Economic and Social Rights (CESR) v. Nigeria*, African Commission on Humanand Peoples' Rights, Comm. No. 155/96 [2002]; *Maria Gives Penha Maia Fernandes v. Brazil*, Inter – American Commission on Human Rights, Case 12.051, Report No. 54/01, OEA/Ser. L/V/II. 111 Doc. 20 rev [2000]; *M. C. v. Bulgaria* (39272/98) [2003] ECHR 651 (4 December 2003); UN Office of the High Commissioner for Human Rights, Recommended Principles and Guidelines of Human Rights and Human Trafficking Commentary, HR/PUB/10/2, New York and Geneva, 2010, p. 81; Anne T. Gallagher, *The International Law of Human Trafficking*, p. 244; Susan Kneebone & Julie Debeljak, *Transnational Crime and Human Rights: Responses to Human Trafficking in the Greater Mekong Subregion*, p. 223.

实与状况。[①] 就人口贩运案件而言，判断一国是否尽职对人口贩运活动进行了预防、调查、惩罚和补救，需要结合原始义务确定该国是否具有影响一个不同的更加积极的后果的能力。[②] 因此，一般情况下，如果能够确定一国有能力对人口贩运的后果产生影响、能够产生一个不同的更加积极的后果，那么就可以确定该国未能采取尽职措施，因而要承担相应的国际责任。

蓝特赛夫诉塞浦路斯与俄罗斯一案是国际司法机构运用国际人权法领域的国家责任原理，依据“尽职”标准追究国家在与国际人口贩运有关的侵犯人权行为中的国家责任的首起案例。[③] 在该案例中，欧洲人权法院在认定《议定书》第3条及《欧洲理事会反人口贩运行动公约》第4条界定的“人口贩运”归入《欧洲保护人权和基本自由公约》第4条所规定的“奴役”、“劳役”和“强

---

① See UN Office of the High Commissioner for Human Rights, Recommended Principles and Guidelines of Human Rights and Human Trafficking Commentary, p. 83; Anne T. Gallagher, *The International Law of Human Trafficking*, p. 274. 关于国家在国际法上尽职地预防人口贩运、调查和起诉人口贩运者、保护和帮助人口贩运被害人的责任，参见UN Office of the High Commissioner for Human Rights, Recommended Principles and Guidelines on Human Rights and Human Trafficking, Principle 2。

② See Anne T. Gallagher, *The International Law of Human Trafficking*, p. 274.

③ 参见The European Court of Human Rights, *Rantsev v. Cyprus and Russia*, Appl. no. 25965/04, Strasbourg, 7 January 2010。尽管欧洲人权法院曾在Siliadin v. France一案中结合人口贩运案例对《欧洲保护人权和基本自由公约》第4条关于“禁止奴役和强迫劳动”的含义进行了界定，明确了缔约国在该条下的国家义务，但是并未运用“尽职”原则对国家的相关义务进行界定，仅仅界定国家有义务通过刑事法律，将任何意在使他人处于奴役、劳役或强迫劳动状况的行为规定为刑事犯罪并予以有效起诉，显然该界定范围过于狭窄，不涉及保护和帮助被害人、采取其他措施预防人口贩运等义务。关于该案例，参见European Courts of Human Rights, *Case of Siliadin v. France*, Application No. 73316/01, Strasbourg, 26 July 2005。

迫或强制劳动”范畴的基础上，[①] 阐释了《欧洲保护人权和基本自由公约》第4条所包含的关于人口贩运的国家义务：制定立法或行政措施，对人口贩运的被害人或者潜在被害人的权利进行切实有效的保护，对人口贩运行为进行起诉和惩罚；采取充分措施对经常用作人口贩运幌子的商业企业进行监管；确保移民法律不鼓励、不方便或不容忍人口贩运；[②] 在适当情况下，采取积极行动措施保护人口贩运的被害人或潜在被害人；对执法和移民官员进行有关培训；对潜在的人口贩运案件进行独立、有效、及时的调查，而且为了保护合法权益，必要的时候要使被害人或其直系亲属参与这一过程；在跨国人口贩运案件的调查中进行有效合作。尤其值得一提的是，该案例的判决对作为判断国家是否采取了适当的积极行动措施，对人口贩运的被害人或潜在被害人进行了保护的“尽职”标准进行了界定：关键在于确定国家当局是否认识到或者应该认识到使其合理怀疑某一特定个人具有遭受《议定书》第3条意义上的贩运或剥削的真正的直接危险的状况。如果国家当局认识到了或者应该认识到这种状况，而又没有在其职权范围内采取适当的积极措施使该人摆脱这种危险，便违反了《欧洲保护人权和基本自由公约》第4条所包含的尽职保护人口贩运被害人的国家义务，便要承担相应的国家责任。而且在解释采取行动措施保护人口贩运被害人、预防和打击人口贩运的国家义务时，应考虑现代社会管理的难

---

① 欧洲人权法院认为，作为现代形式奴役的人口贩运，就其性质和目的而言，是以实施所有者的权力为基础的，严重威胁了被害人的人格尊严和基本自由，与《欧洲保护人权和基本自由公约》第4条的目的和宗旨不符，因而《议定书》第3条界定的“人口贩运”应该归入《欧洲保护人权和基本自由公约》第4条的范围。See *Rantsev v. Cyprus and Russia*, pp. 66 – 69, para. 272 – 282.

② 欧洲人权法院认为，作为现代形式奴役的人口贩运就其性质和目的而言是以实施所有者的权力为基础的，严重威胁了被害人的人格尊严和基本自由，与《欧洲保护人权和基本自由公约》第4条的目的和宗旨不符，因而《议定书》第3条界定的“人口贩运”应该归入《欧洲保护人权和基本自由公约》第4条的范围。See *Rantsev v. Cyprus and Russia*, pp. 66 – 69, para. 272 – 282.

度以及在优先事项和资源方面必须作出的行动选择，不能向当局施加不可能的或者不相称的负担。

欧洲人权法院裁定，塞浦路斯虽然于 2000 年制定了基本上符合《议定书》要求的禁止人口贩运和性剥削的法律，但是塞浦路斯的歌舞表演艺人签证政策和鼓励歌舞表演场所所有者与管理者追查失踪艺人或者对艺人的行为负责的措施是与打击人口贩运的政策背道而驰的，未能为案件中的被害人提供切实可行的有效保护，因而违反《欧洲保护人权和基本自由公约》第 4 条制定适当的立法和行政措施的积极义务。而且有充分的指标表明，塞浦路斯警方已经认识到了使其合理怀疑案件被害人有遭受贩运或剥削的真实而又直接的危险状况，因而塞浦路斯当局有义务毫无迟延地进行调查并且采用一切必要的行动措施对被害人进行保护。但是，塞浦路斯当局既没有及时展开调查、识别出被害人，更没有采取任何保护措施，反而将被害人交给了涉嫌贩运或剥削被害人的歌舞表演管理者看管。因此，在这方面也违反了《欧洲保护人权和基本自由公约》第 4 条采取保护性措施的积极义务。另外，塞浦路斯还违反了对已发生的人口贩运进行有效调查的程序性义务。法院还判决俄罗斯违反了《欧洲保护人权和基本自由公约》第 4 条所包含的对发生在俄罗斯境内的人口贩运招募行为进行有效调查的程序性义务。[①] 法院最后判决塞浦路斯和俄罗斯分别向被害人的父亲支付 4 万欧元和 2000 欧元的非金钱损失赔偿。

当然，欧洲人权法院将《议定书》第 3 条界定的“人口贩运”归于《欧洲保护人权和基本自由公约》第 4 条所规定的“奴役”、

① 欧洲人权法院认为，作为现代形式奴役的人口贩运就其性质和目的而言是以实施所有者的权力为基础的，严重威胁了被害人的人格尊严和基本自由，与《欧洲保护人权和基本自由公约》第 4 条的目的和宗旨不符，因而《议定书》第 3 条界定的“人口贩运”应该归入《欧洲保护人权和基本自由公约》第 4 条的范围。See *Rantsev v. Cyprus and Russia*, *p*. 76, *para*. 309.

“劳役”或“强迫或强制劳动”的范畴值得商榷，[1] 这与《议定书》未能清晰界定人口贩运的定义及相关概念的含义直接相关。但根据《议定书》对人口贩运的界定，将“奴役”、“劳役”、“强迫或强制劳动”归入人口贩运的范围应该是合理的。而且就蓝特塞夫一案而言，案件被害人可能在塞浦路斯遭受到以“滥用权力或滥用脆弱地位”为手段的性剥削，[2] 将这种性剥削归入“强迫或强制劳动”似乎也无不妥。因此，总体而言，欧洲人权法院以《欧洲保护人权和基本自由公约》第4条作为追究国家责任的依据还是比较合适的。除了将《欧洲保护人权和基本自由公约》作为保护人口贩运被害人的利器，该案例更为重要的意义还在于以尽职为标准对国家保护人口贩运被害人的义务和责任进行了详细阐述，有利于更好地审视《议定书》下国家保护人口贩运被害人的义务。值得注意的是，具有广泛缔约国（177个）的《公民权利和政治权利国际公约》第8条作出了与《欧洲保护人权和基本自由公约》第4条类似的规定，还确立了缔约国尽职预防、调查、起诉、纠正来自私人个人或实体的侵犯人权行为并对被害人进行保护的国家义务，而且确立了个人申诉程序的《公民权利和政治权利国际公约

---

① 例如，Vladislava Stoyanova 认为，欧洲人权法院在该案例中没有对“人口贩运”的法律要素进行分析便将其归于“奴役”、“劳役”、“强迫或强制劳动”的范畴是不合适的，混淆了两者之间的关系，参见 Vladislava Stoyanova, Dancing on the Borders of Article 4: Human Trafficking and the European Court of Human Rights in the Rantsev Case, *Netherlands Quarterly of Human Rights*, Vol. 130(2), 2012, pp. 63 - 194；持类似观点的还有 Jean Allain，参见 Jean Allain, Rantsev v. Cyprus and Russia: The European Court of Human Rights and Trafficking as Slavery, *Human Rights Law Review*, Vol. 10(3), 2010, pp. 546 - 557.

② See United Nations Office on Drugs and Crime, *Case of Rantsev v. Cyprus and Russia*, Appl. no. 25965/04, UNODC NO: CYP001, Human Trafficking Case Law Database, at http://www.unodc.org/cld/en/case-law/cyp/2010/case_of_rantsev_v._cyprus_and_russia_application_no._2596504.html (last visited 1July 2014).

任择议定书》已有115个缔约国。[①] 尽管与诸如欧洲人权法院的国际司法机构相比，联合国人权事务委员会主导的个人申诉程序相对较为低效、软弱而且国家间的指控程序又形同虚设，[②] 但是如若借鉴欧洲人权法院在蓝特塞夫案例中的法律理念，在一定程度上将《议定书》界定的“人口贩运”纳入《公民权利和政治权利国际公约》第8条界定的“奴役”、“劳役”或“强迫或强制劳动”的范畴，那么《公民权利和政治权利国际公约》将成为保护人口贩运被害人合法权益的又一利器，将会更加有效地促进《议定书》在缔约国的实施。

总之，国家责任是国际法上的一个根本原则，任何国家均要对可归于该国的国际不法行为承担责任。国际人权法普遍规定了缔约国具有尊重、保护、促进和实现人权的义务，规定了缔约国具有尽职地预防、调查、起诉、惩罚来自私人个人或实体的侵犯人权行为并对被害人予以保护和补救的义务。《公民权利和政治权利国际公约》便是典型。欧洲人权法院在蓝特塞夫诉塞浦路斯和俄罗斯一案中，将《议定书》界定的人口贩运纳入了《欧洲保护人权和基本自由公约》界定的“奴役”、“劳役”或“强迫或强制劳动”的范畴，并运用“尽职”的标准对有关国家在预防、调查、起诉、惩罚人口贩运并对被害人予以保护的义务及相关国家责任进行了开拓性探索。这种探索有利于重新审视《议定书》下的国家义务，有利于启发促进《议定书》有效实施的新思路。

---

① 参见 Optional Protocol to the International Covenant on Civil and Political Rights, 999 UNTS 171. 该任择议定书于1966年12月16日通过，并于1976年3月23日生效，截至2014年7月1日，已有35个签署国和115个缔约国。

② 参见朱晓青：《〈公民权利和政治权利国际公约〉的实施机制》，载《法学研究》2000年第2期，第105~106页。

第三节 义务的完善路径

尽管《议定书》第6条、第7条和第8条分别对被害人的保护、被害人在接收国的地位和对被害人的遣返进行了规定，但是这些规定大多语言含混且仅具劝导性，而且这些规定本质上以服务调查和起诉人口贩运者的刑事程序为目的，体现了《议定书》以国家安全为中心而不是以人的安全和权利为中心的刑事法律框架特点。为了使《议定书》与其他国际法特别是国际人权法的规定和精神保持一致，也为了有效地实施《议定书》，促进人口贩运问题的有效解决，本部分以国际人权法上的国家义务和责任原则为思维框架，对《议定书》关于被害人的保护和帮助的规定进行反思，提出以下完善建议：

一、及时识别被害人的义务

识别被害人是为被害人提供保护和帮助、有效调查和起诉人口贩运者的逻辑前提。缺乏快速而又准确的被害人识别机制将会使《议定书》规定的被害人权利成为“纯粹理论上的或者虚幻的”。① 然而，《议定书》并没有规定这一核心义务。在现实中许多人口贩运被害人未被主管部门识别出来或者被主管部门错误地识别为非法移民或被偷运的移民。根据联合国人口贩运问题特别报告员的调查显示，总体而言，包括国内人口贩运和跨国人口贩运在内的人口贩运案件中向有关当局报告的比例不到30%。② 造成人口贩运被害人识别率低的原因很多，比如，《议定书》对“人口贩运”的界定不

① Council of Europe, Explanatory Report on the Council of Europe Convention on Action against Trafficking in Human Beings, para. 131.

② See Joy Ngozi Ezeilo, Report of the Special Rapporteur on trafficking in persons, especially on women and children, on the Identification, protection of and assistance to victims of trafficking, UN Doc, A/64/290, August 12, 2009, p. 11, para. 36.

够清晰准确而且缺乏对识别被害人的国家义务的规定，而各国对“人口贩运”定义的界定也不尽相同，并且往往混淆人口贩运与移民偷运的关系；[①] 被害人由于多种因素，如担心自己的非法移民身份或者所犯的非法就业、卖淫等罪行被追究，对执法机构缺乏信任，惧怕人口贩运者的恐吓或报复，担心因被识别为被害人背上不好的名声，原住国较差的条件使得被害人接受在目的地国的这种状况等原因而不愿意向有关部门报案；被害人由于不懂目的地国的语言或者所遭受的身体上和心灵上的创伤而无法表达自己；被害人患上了斯德哥尔摩综合征，对人口贩运者产生了良好感情而对执法人员产生了不好的感觉；[②] 不易获取有关人口贩运特别是跨国人口贩运的证据；政府缺乏调查、识别人口贩运被害人的资源和政治

① 值得注意的是，《联合国打击跨国有组织犯罪公约关于打击陆、海、空偷运移民的补充议定书》（以下简称《联合国打击移民偷运议定书》）第 6 条第 3 款关于移民偷运和相关犯罪的加重情节的规定使得移民偷运与人口贩运之间的区别更加模糊，根据该款，在移民偷运者使移民蒙受非人道的或有辱人格的待遇时，包括为了剥削的目的而使其蒙受这种待遇时，应该构成了此种犯罪的加重情节。而根据《议定书》，只要为了剥削目的使用暴力、胁迫、欺诈等手段对移民进行招募、运送、转交、接收或者窝藏的行为便构成人口贩运。因此，在移民偷运的过程中为了剥削目的对移民实行非人道的或有辱人格的待遇，比如暴力、侮辱等，根据《议定书》是可以构成人口贩运的，但是根据《联合国打击移民偷运议定书》则构成移民偷运犯罪的加重情节。《联合国打击移民偷运议定书》于2000 年11 月15 日获得通过，2004 年1 月28 日生效，截至2014 年7 月1 日，已有138 个缔约国，中国尚未签署、批准该议定书。For text of the Protocol, see Protocol against the Smuggling of Migrants by Land, Sea and Air, supplementing the United Nations Convention against Transnational Organized Crime (United Nations Protocol against Migrant Smuggling), 2241 UNTS 507.

② 斯德哥尔摩综合征是指遭到劫持的人质对劫持者产生了认同和同情的一种现象，参见 Stockholm Syndrome, at http://www.medterms.com/script/main/Articleasp? articlekey = 24038 (last visited 1 July 2014). 关于人口贩运被害人患上了斯德哥尔摩综合征的现象，参见 United Nations High Commissioner for Refugees, *The Identification and Referral of Trafficked Persons to Procedures for Determining International Protection Needs*, PPLAS/2009/03, Geneva, October 2009, p. 10; The Royal Canadian Mounted Police (RCMP), *Project Seclusion: Human Trafficking in Canada*, PS64 - 78/2010E - PDF, March 2010, p. 39.

意愿。

但是从国家责任的角度而言，国家更多地把人口贩运看作一种影响国家安全和边境管理秩序的有组织犯罪，而不是一种严重侵犯通常处于脆弱地位的外国被害人人权的行为，更多地把人口贩运被害人推定为人口贩运者的共犯，把被害人看作保证调查、起诉人口贩运者的刑事程序顺利进行的必要证人。因此，将人口贩运被害人识别为非法移民或者被偷运的移民而不是需要投入大量资源予以保护的被害人。一方面不会客观上刺激更多的非法移民，有利于维护国家的边境管理秩序与安全；另一方面也不会使国家背上沉重的负担。这样，国家就失去了积极识别被害人、对被害人予以保护和帮助的政治意愿。这也是《议定书》在明知的情况下没有规定缔约国识别人口贩运被害人的义务而且以含混、劝导性的语言对被害人的保护和帮助予以规定的重要原因。

未能识别出人口贩运被害人或者将人口贩运被害人错误地识别为非法移民或者被偷运的移民，会带来严重的后果。非法移民或被偷运的移民与人口贩运被害人在地位和权利上是截然不同的。前者往往被认为是移民法律的违反者，甚至是犯罪嫌疑人，是各国移民法重点打击和防范的对象，通常会遭到羁押和驱逐出境，而后者是人口贩运犯罪的被害人，是应该给予保护和帮助的。《联合国打击移民偷运议定书》第16条第5款公开承认可以羁押非法移民或被偷运的移民，而且规定了偷运的移民主要享有生命权和免于遭受酷刑或其他残忍的、非人道的或有辱人格的待遇或惩罚的权利，[①] 而缔约国并不需要承担保护在其境内的被偷运移民的人身安全、为其提供获得赔偿的机会、允许其在适当的情况下临时或永久居留等义务。而且第18条第5款规定相关缔约国在遣返被偷运的移民时，应采取适当措施以有序方式进行并适当考虑移民的安全与尊严，而《议定书》第8条明确规定，缔约国在接收人口贩运被害人时，应

① United Nations Protocol against Migrant Smuggling, Article 9(1)(a), Article 16(1).

适当顾及其安全，而且接收国在遣返贩运被害人时，应适当顾及被害人的安全及相关法律程序的进展情况而且遣返最好自愿。即便是《联合国打击移民偷运议定书》规定的这些少量的权利，在现实中也很少能被偷运的移民享有。① 被偷运的移民在被遣返后，往往会被原住国或经常居住地国记录为非法移民，其再次出境的权利通常也会受到限制。

为了有效地调查和起诉人口贩运活动，也为了切实保护被害人根据国际法特别是国际人权法应该享有的权利，有必要对国家快速准确地识别被害人的义务进行规定。事实上，《欧洲理事会反人口贩运行动公约》便对人口贩运被害人的识别进行了专门规定，规定每一缔约国应确保在有权机关有合理理由相信某人是人口贩运被害人时不遣返被害人，直到识别被害人的程序结束，而且要确保这样的被害人立即获得其身心康复和社会重返所必需的帮助与安全以及不少于30天的恢复与思考期。② 该公约第10条前两款还规定，缔约国有义务为有权机关配备在识别和帮助被害人、预防和打击人口贩运方面训练有素而且能力强的人员，而且这些机关相互之间、与帮助机构之间以及缔约国之间要在识别被害人方面进行必要的合作。该条第3款和第4款专门对儿童被害人的识别进行了特殊规定，要求在被害人年龄不确定而又有理由相信被害人是儿童时，应推定其为儿童并在核实年龄之前提供特殊保护措施，并对已识别出的无人陪伴的儿童被害人的代表、身份和国籍确定及必要时儿童被害人家庭的寻找进行了规定。公约的这些规定坚持了“尽职”的被害人识别义务标准，而且没有将被害人的正式识别作为获得帮助

---

① See Anne T. Gallagher, *The International Law of Human Trafficking*, p. 279; T. A. Aleinikoff, International Legal Norms on Migration: Substance without Architecture, in R. Cholewinski et al. (Eds), *International Migration Law: Developing Paradigms and Key Challenges*, T. M. C, The Hague: Asser Press, 2007, p. 467.

② The Council of Europe, Council of Europe Convention on Action against Trafficking in Human Beings, CETS No. 197, Article 10(3) and 13.

和保护的条件，同时又特别考虑到了儿童的特殊需要和利益，符合以被害人为中心的人权保护理念。遗憾的是，未能对人口贩运与移民偷运的区别进行明确界定。

《欧洲议会和欧盟理事会关于预防、打击人口贩运与保护被害人的指引》（以下简称《2011 年欧盟反人口贩运指引》）也对人口贩运被害人的识别作出了类似规定，要求成员国采取必要措施确保一旦有权机关有合理理由相信某人遭遇到了人口贩运就应该及时给予保护和帮助，而且要采取必要措施建立旨在对被害人进行早期识别并为其提供保护和帮助的适当机制。[①] 该规定还适用于有权机关有合理理由相信其具有遭受人口贩运危险的潜在被害人。[②] 该规定中的“适当机制”包括能够确保反人口贩运机构、移民管理机构、庇护管理机构、保护和帮助组织等机构和组织之间进行有效合作的国家转介机制。[③] 这是因为难民为了到达目的地国，可能会成为人口贩运的被害人，当其求助与人口贩运网络有关系的移民偷运网络时，就会有遭遇人口贩运的危险。在性别和年龄方面脆弱的寻求避难者也可能会成为人口贩运被害人。因此，上述国家转介机制应确保当有合理理由相信寻求避难者是人口贩运的被害人或者有遭遇人口贩运的危险时，在处理其国际保护申请的同时，对其人口贩运被害人或者潜在被害人的身份进行及时识别并提供相应的保护和帮助。[④] 因此，当发现存在人口贩运的指标时，执法官员、劳动监察

① The European Parliament and the Council of EU, DIRECTIVE 2011/36/EU OF THE EUROPEAN PARLIAMENT AND OF THE COUNCIL of 5 April 2011 on preventing and combating trafficking in human beings and protecting its victims, and replacing Council Framework Decision 2002/629/JHA (EU Directive 2011 on Human Trafficking), Article 11(2) and 11(4).

② See OHCHR, UNHCR, UNICEF, UNODC, UN Women and ILO, *Joint UN Commentary on the EU Directive – A Human Rights – Base Approach*, November 2011, p. 46.

③ See OHCHR, UNHCR, UNICEF, UNODC, UN Women and ILO, *Joint UN Commentary on the EU Directive – A Human Rights – Base Approach*, November 2011, p. 46, pp. 51 – 52.

④ See OHCHR, UNHCR, UNICEF, UNODC, UN Women and ILO, *Joint UN Commentary on the EU Directive – A Human Rights – Base Approach*, November 2011, p. 46, p. 52.

人员或其他官员就可以有合理理由怀疑该人是人口贩运的被害人或者具有遭受人口贩运的危险，应及时给予保护和帮助。[①] 指引第13条第2款还对儿童被害人的识别作出了特殊规定，要求成员国确保在人口贩运被害人的年龄不确定而又有合理理由相信该被害人为儿童时，推定该被害人为儿童以使其立即取得帮助和保护。这些规定均体现了以被害人的人权为中心的理念，值得在制定和完善识别人口贩运被害人的规定时借鉴。

《打击人口贩运示范法》第18条对识别人口贩运被害人的程序进行了较为详细的规定。该示范法要求包括原住国在内的缔约国建立全国协调机构，由该机构确立识别人口贩运被害人的全国指引或程序，并向可能遇到人口贩运被害人的专业人员提供包括识别和转介被害人的程序手册在内的有关人口贩运的信息和资料，同时要求有权机关与有关国家和非国家被害人保护组织合作以适当识别被害人。而且该示范法第30条第1款规定，在完成被害人识别程序之前不得遣返被害人。关于被害人识别程序的启动，示范法第52条和第53条建议，缔约国可选择在编制的识别和转介被害人的手册中规定有权机关应在国家或地方官员识别出境内的贩运被害人（或者已经决定有合理理由相信某人是人口贩运被害人）后4日内对被害人的案子进行审查和评估并签发认证资格信或其他可使其获得法律规定的被害人权利、好处与服务的证件。示范法第30条第2款和第3款还对与被害人识别有关的恢复反思期的申请规定了两种方式：一种是有权机关基于上述全国指引或程序有合理理由相信某人是人口贩运被害人时，应在法定的时限内向有权移民机构为其书面申请不少于90日的恢复反思期，而且恢复反思期的许可不得

---

① 关于人口贩运的指标，参见 UNODC, *Anti – human trafficking manual for criminal justice practitioners*, Module 2: Indicators of trafficking in Persons, 2009, and ILO and European Commission, *Operational indicators of trafficking in human beings*, Results from a Delphi survey implemented by the ILO and the European Commission, *Revised version of September* 2009.

以可能被害人愿意与执法机关合作为条件；另一种是任何自然人在认为自己是人口贩运被害人时，均可向有权移民机构书面申请这种恢复反思期许可。根据该示范法第30条第3款，在有权移民机构最终决定是否给予恢复反思期许可之前，不得遣返被害人，被害人应享有本法规定的被害人的权利、服务、好处和保护。值得注意的是，示范法第22条建议缔约国自己决定被害人在有权移民机构最终决定是否给予恢复反思期许可之前这段时间是否有权享有法律规定的权利、服务、好处和保护这个问题。另外，示范法还对儿童被害人的识别作出了特殊规定，规定当被害人的年龄不确定而又有理由相信被害人是儿童时，应推定该被害人为儿童且在核实其年龄之前均应给予儿童被害人待遇。总之，《打击人口贩运示范法》对人口贩运被害人的及时而准确的识别作出了详细规定，体现了以被害人人权为中心的特点，同时还贯穿了儿童最佳利益的原则。

综上，及时而准确地识别人口贩运被害人是被害人获取法定的权利和保护的前提，也是有效地调查、起诉人口贩运者的关键。然而，《议定书》并未对这一义务作出规定。为了促进《议定书》的有效实施，平衡保护被害人人权与维护国家安全之间的关系，有必要借鉴《欧洲理事会打击人口贩运公约》、《2011年欧盟反人口贩运指引》、《打击人口贩运示范法》等国际公约或示范法的规定，明确缔约国有权机关有义务在有正当理由相信某人为人口贩运被害人时推定其为被害人，并及时给予适当期限的恢复反思期，使其获得法定的被害人权利、帮助与保护，从而在身心康复并获得相关信息的基础上，理性自主地决定是否与有关当局合作。当然，为了准确地识别被害人，有必要明确缔约国有义务对相关机关进行培训，提高识别被害人的能力，同时有义务在识别被害人的过程中与有关国家及非政府组织合作。欧洲人权贩运在蓝特塞夫诉塞浦路斯与俄罗斯一案中也明确了国家有义务对其有权机关进行培训，并在适当情况下采取积极行动措施识别并保护人口贩运被害人或潜在被害人，而塞浦路斯承担国家责任的一个重要原因便是违反这方面的义务。另外，在确定识别被害人的义务时，要坚持“最佳儿童利益”原则，规定在被害人的年龄不确定而又有理由相信其为儿童时，应推定其为儿童并在核实其身份之前使其获得儿童被害人的保护和帮助。

二、不羁押和起诉被害人的义务

人口贩运被害人经常会因为非法入境、非法就业或者从事卖淫活动等非法活动而遭到逮捕、羁押甚至起诉。[①] 这是因为，要么他们出入境所使用身份证件是伪造的或者已被人拿走，要么他们所从事的剥削性活动，如卖淫、乞讨，在目的地国可能是非法的。不仅目的地国可能会羁押、起诉人口贩运被害人，而且被害人的原住国有时也会在被害人被遣返后因为其非法离境而对其进行惩罚。当然，在很多情况下，人口贩运被害人还可能因为被错误地识别为非法移民而遭到羁押甚至起诉。正如上文所述，国家将人口贩运被害人识别为非法移民或者被偷运的移民的原因有很多，其中一个重要原因是对“人口贩运”的定义有不同的理解，许多国家将人口贩运理解为以胁迫或欺骗实施的招募或运送行为加上以胁迫或欺骗实施的剥削行为，因此将大量通过移民偷运或者自愿离开原住国进入目的地国后陷入强迫劳动或强迫卖淫境地的所谓的“不完美的被害人”排除在了人口贩运被害人的范围之外，相反往往将其纳入非法移民或被偷运移民的范畴，并予以羁押甚至起诉。从节省财政和人力资源并有效应对非法移民、避免鼓励非法移民的角度来看，国家更愿意将人口贩运被害人识别为非法移民。即使人口贩运被害人被识别为被害人，也可能会因为其不愿意或者没有能力在刑事调

---

① See Joy Ngozi Ezeilo, Report of the Special Rapporteur on trafficking in persons, especially on women and children, on the Identification, protection of and assistance to victims of trafficking, p. 7, para. 23; Anne T. Gallagher, *The International Law of Human Trafficking*, p. 274.

查中合作或者提供有价值信息而被送往移民羁押中心，之后被遣返。[1] 更何况人口贩运被害人在成为人口贩运被害人之前或者在成为人口贩运被害人的同时，有时会自愿地或者是在贩运者的暴力、胁迫或欺骗下从事一些与人口贩运无关的犯罪活动。因此，逮捕、羁押甚至起诉人口贩运被害人的现象并不少见。

毫无疑问，我们并不是主张免于追究人口贩运被害人的一切犯罪，我们只是主张应免于追究人口贩运被害人所犯的与其被害人身份有关的犯罪，如非法越境、卖淫、非法就业等。人口贩运被害人在人口贩运者使用暴力、胁迫、欺诈的情况下，违背自己意愿从事的非法越境、卖淫、非法就业等活动，根据一般的刑事司法原理，是应该予以从轻、减轻或者免于处罚的。[2] 与人口贩运被害人所受到的强制、胁迫相比，非法越境、卖淫、非法就业等非法行为给社会所带来的损害往往要小得多。因此，对人口贩运被害人所从事的与其被害人身份有关的违法犯罪活动应该免于追究。而且一旦追究被害人的这些违法犯罪活动，对被害人予以羁押甚至起诉，那么法律规定的被害人应享有的权利、帮助和保护将没有任何意义。并且还会使被害人进一步遭受伤害，由此形成的刑事犯罪记录将会使被害人更加难以重返和融入社会。这显然与以被害人人权保护为中心的理念相违背。更重要的是，如果对被害人的这些违法犯罪活动进行追究，被害人就会因为惧怕被羁押、起诉或驱逐出境而不敢向执法机关报案，更不愿配合调查、起诉人口贩运者，那么预防和打击人口贩运活动的目标就很难实现。

尽管如此，《议定书》并没有对不羁押和起诉人口贩运被害人的义务作出规定。事实上，在《议定书》起草谈判的过程中，曾

① See Anne T. Gallagher, *The International Law of Human Trafficking*, p. 288.

② 关于刑事责任的免责事由，参见 John M. Scheb & John M. Scheb II, *Criminal Law*, Sixth Edition, Belmont: Wadsworth Cengage Learning, 2012, pp. 410 – 411；不追究在强迫情况下所犯的罪行已成为广泛接受的原则，见 OHCHR, UNHCR, UNICEF, UNODC, UN Women and ILO, Joint UN Commentary on the EU Directive – A Human Rights – Based Approach, p. 36.

有代表团提出要将该义务在《议定书》中予以明确规定，但遭到了大多数国家的反对，因为他们不希望对他们打击非法移民的任何选择进行限制。① 可见，在是否规定不羁押和起诉人口贩运被害人这个问题上，缔约国的关键考虑是不希望本国的移民法和相关法律出现例外，而这个例外可能会刺激更多的非法移民，会限制缔约国在面对人口贩运被害人时的选择。缔约国希望利用反人口贩运这个框架来控制和打击非法移民活动。② 但是，根据《议定书》第14条，无论如何，缔约国采取的措施都不能影响缔约国和个人根据国际法包括国际人道主义法和国际人权法而享有的权利和承担的义务与责任。为了切实对人口贩运被害人进行保护和帮助，同时促进调查、起诉人口贩运刑事程序的顺利进行，有必要根据有关国际法对不羁押和起诉人口贩运被害人的义务进行厘清。

国际社会在不羁押和起诉人口贩运被害人方面已进行了大量努力。例如，《欧洲理事会反人口贩运行动公约》第26条对不惩罚人口贩运被害人进行了规定，要求缔约国根据各自法系的基本原则规定不惩罚人口贩运被害人因受强迫而从事的非法活动的可能性。该公约采用了胁迫标准（人口贩运被害人所从事的非法犯罪活动是在受胁迫的情况下作出的），而不是因果关系标准（被害人所从事违法犯罪活动直接与人口贩运有关），而且胁迫标准与人口贩运的手段要件有关，只要贩运被害人在贩运人使用暴力或以使用暴力相威胁、其他形式的胁迫、诱拐、滥用权力或滥用脆弱地位等胁迫手段情况下从事的非法活动，均可能免于追究。值得注意的是，因果关系标准要求不惩罚人口贩运被害人因为作为被害人的身份而在人口贩运过程中所做的非法活动，而胁迫标准要求不惩罚人口贩运被害人因受强迫而从事的非法活动，这些非法活动可能与人口贩运

① See Travaux Preparatoires for the UN Organized Crime Convention and Protocols, p. 368, Note.

② See Anne T. Gallagher, *The International Law of Human Trafficking*, p. 288.

活动无关。所以，胁迫标准在一定程度上更有利于保护人口贩运被害人。但是，该条要求，成员国根据自己法系的基本原则作出这种规定。因此，在成员国法系的基本原则不容许作出这种规定的情况下，成员国就可以不作出这种规定。而且该条只是要求缔约国规定免责的可能性，允许有权机构在具体人口贩运案件中决定是否不惩罚被害人的违法活动，因而人口贩运被害人不能将该规定作为获得免责的保证。另外，该条只是要求规定不惩罚的可能性，未涉及不起诉和不羁押问题。因而，该条款并不禁止缔约国羁押、起诉人口贩运被害人，而且允许缔约国在具体案件中决定是否不惩罚被害人。总之，公约该条款极具弹性，允许成员国自由裁量是否作出这种规定、是否免于具体人口贩运案件中的被害人，并且仅仅规定了不惩罚被害人的可能性，不涉及不羁押、不起诉被害人的问题。因此，对被害人提供的保护十分有限。值得注意的是，该行动公约的解释性报告对儿童被害人的羁押问题进行了说明，认为无论任何理由，将儿童被害人安置在羁押机构都不能被认为是合适的住房。①

《欧盟2011年打击人口贩运指引》第8条也以专门条款对人口贩运被害人的不起诉和不惩罚进行了规定，要求成员国根据自己法系的基本原则采取必要措施确保有权国家机关有权利不起诉或不惩罚由于遭遇人口贩运行为的直接后果而被迫从事犯罪行为的人口贩运被害人。但是，该条款只是要求成员国确保有权国家机关有权利不起诉或不惩罚人口贩运被害人。因此，即使成员国作出了这种规定，有关国家机关仍有权利在具体案件中决定是否起诉或惩罚人口贩运被害人，即可以决定既起诉又惩罚，又可以决定不起诉、不惩罚，或者虽起诉但不惩罚。是否起诉或惩罚人口贩运被害人完全由有关国家机关自由裁量。而且该条规定采用了因果关系标准和胁迫标准相结合的原则，只有同时符合这两个标准的人口贩运被害人

① See Council of Europe, Explanatory Report on the Council of Europe Convention on Action against Trafficking in Human Beings, Warsaw, May 6, 2005, para. 155.

才有可能获得不起诉或不惩罚。并且该条仅适用于人口贩运被害人所从事的犯罪行为，不包括违法行为。因此，该指引的规定不仅赋予了成员国有权国家机关相当大的自由裁量权，而且设置了较高的不起诉或不惩罚人口贩运被害人的门槛。该条并不禁止有权国家机关将被害人同意合作调查、起诉人口贩运者，而且被害人有这种合作能力作为不起诉或不惩罚被害人的条件，因而与以人口贩运被害人的人权为中心的方法相违背。但是与起诉、惩罚人口贩运被害人的做法相比，指引的该条规定无论如何都应该是一种进步。值得注意的是，该指引并未对人口贩运被害人的羁押问题进行规定，因而并不禁止成员国羁押人口贩运被害人。

联合国系统也在不羁押、不起诉人口贩运被害人方面作出了大量努力。《关于人权和人口贩运的原则与指引建议》对此作出了详细的规定，要求不能因为被贩运人直接由于被贩运的状况而实施的非法进入过境国和目的地国或在其境内非法居留的行为或者实施的非法行为而羁押、起诉被贩运人。① 该规定使用了因果关系标准，并列使用“羁押”与“起诉”，有利于保护人口贩运被害人的人权。根据《联合国打击跨国有组织犯罪公约》缔约方会议决议成立的人口贩运问题工作组在其建议中指出，缔约方应考虑“不惩罚或不起诉被贩运人直接因为被贩运的状况而实施的不法行为或者被贩运人在被强迫的情况下实施的不法行为”。② 该建议结合使用了“不起诉”与“不惩罚”，而且将因果关系标准与强迫标准结合在一起，有利于较大限度地保护人口贩运被害人的权利。但是，该建议未涉及人口贩运被害人的羁押问题。

《打击人口贩运示范法》第 20 条第 4 款在规定人口贩运被害

---

① See UN Office of the High Commissioner for Human Rights, Recommended Principles and Guidelines on Human Rights and Human Trafficking, Principle 7.

② See Conference of the Parties to the United Nations Convention against Transnational Organized Crime, Report on the meeting of the Working Group on Trafficking in Persons held in Vienna on 14 and 15 April 2009, UN Doc, CTOC/COP/WG. 4/2009/2, para. 12.

人应享有的基本福利和服务时规定，不应因为人口贩运被害人作为被害人的身份或者其移民身份而将被害人关押在任何羁押设施内，将被害人关押在监狱或其他羁押中心内绝非《议定书》第6条第3款规定的“适当的住房”。示范法第10条第1款还对不惩罚、不起诉人口贩运被害人或者不追究被害人的法律责任进行了专门规定，规定在被害人因为作为人口贩运被害人的直接后果而参与违法犯罪活动时，不应使其承担刑事或行政责任，或者不应使其受到惩罚，或者不应不适当地对其实施监禁、罚款或惩罚。可见，示范法采用因果关系的标准（被害人所从事违法犯罪活动直接与人口贩运有关），而没有采用胁迫的标准（被害人所从事的违法犯罪活动是在胁迫的情况下作出的），并且规定既不追究被害人的刑事责任，也不追究其行政责任。该条第2款特别强调不追究人口贩运被害人违反移民法的刑事责任或行政责任。为了与各国国内法可能规定的胁迫免责规定相协调，该条第3款还规定，本条规定不影响被害人依法享有的一般抗辩权。因此，国家既可依据本条关于人口贩运被害人免责的规定，又可依据国内法上规定的免责抗辩事由（包括胁迫）不追究人口贩运被害人由于人口贩运而从事的违法犯罪活动，有利于保护人口贩运被害人的合法权利。所有这些措施均有利于最大限度地保护人口贩运被害人的人权。但是，示范法该条第4款又规定了免责的例外情形，规定当人口贩运被害人所犯的罪行根据国内法极其严重时，不适用于本条免责条款。规定免责的例外情况是非常有必要的，因为以人权保护为中心的方法并不排斥在保护人口贩运被害人的人权与维护国家安全或社会公共秩序之间寻求一个平衡点，在保护人口贩运被害人使其免于承担相关责任所带来的好处远远小于这样做带来的不利后果时，确实有必要考虑放弃免责。

考虑到强迫或强制劳动的环境与形式发生了变化，以强迫或强制劳动为目的的人口贩运已成为强迫或强制劳动的新形式，亟须有效根除，国际劳工大会于2014年5月28日通过了《1930年强迫劳动公约议定书》（The Protocol to the Forced Labor Convention, 1930）。尽管该议定书尚未生效，而且其使用的“强迫或强制劳动”包括强迫性剥削、强迫劳动、奴役、类似奴役的做法、劳役、债役等形式，与《联合国反人口贩运议定书》中界定的“人口贩运”的范围未必完全一致，但是其中的相关规定仍值得借鉴。该议定书第4条第2款要求缔约国依照其法律制度的基本原则采取必要措施，以确保主管机关有权不起诉或惩罚强迫或强制劳动的被害人作为遭受强迫或强制劳动的直接后果而被迫从事的非法活动。该规定同样采用了因果关系标准和胁迫标准相结合的原则，只有同时符合这两个标准的强迫或强制劳动被害人才有可能获得不起诉或不惩罚。值得注意的是，被害人的相关违法犯罪行为均可享受不被起诉或惩罚的待遇。但是，该待遇的享有以符合该国法律制度基本原则为前提，而且主管机关有权决定是否给予此种待遇。无论如何，《1930年强迫劳动公约议定书》的此款规定有利于保护强迫或强制劳动的被害人，包括以强迫或强制劳动为目的的人口贩运的被害人。

值得注意的是，如果人口贩运被害人符合难民的条件，那么根据《1951年关于难民地位的公约》第31条第1款，缔约国不能因为该难民的非法入境或非法居留而对其实施处罚，条件是该难民必须无迟延地向该缔约国当局报告并提供其非法入境或居留的正当理由。此处的“处罚”不仅包含刑事处罚，还包括行政处罚，如行政拘留。① 因此，缔约国有义务不因难民的非法入境或居留而对其实施刑事处罚或行政处罚，包括不能认定这些行为为非法行为。

值得注意的是，上述具有法律拘束力的国际公约，包括《欧

---

① See OHCHR, UNHCR, UNICEF, UNODC, UN Women and ILO, *Joint UN Commentary on the EU Directive – A Human Rights – Based Approach*, p. 37; UNHCR, *Refugee Protection in International Law: UNHCR's Global Consultations on International Protection*, in E. Feller et al. (Eds), New York: Cambridge University Press, 2003, pp. 194 – 196.

洲理事会反人口贩运行动公约》和《欧盟2011年打击人口贩运指引》，均未明确提及人口贩运被害人的羁押问题，说明在该问题上仍存在较大争议，无法达成一致意见。事实上，对人口贩运被害人的羁押涉及国际人权法上的自由迁徙权、人身自由权与免遭任意羁押的权利以及禁止歧视原则等方面。因此，要在羁押人口贩运被害人这个问题上达成一致意见，必须正确厘清其与这些权利的关系。正如上文所述，缔约国羁押人口贩运被害人主要有两种原因：一种是由于人口贩运被害人从事了非法出入境、非法居留、没有旅行证件或者身份证件或者使用虚假的旅行证件或身份证件、非法就业、非法卖淫等与人口贩运直接有关的非法活动，另一种是以为被害人提供避难和帮助、保护其免遭进一步伤害或者确保其能在调查起诉人口贩运中合作为借口，将人口贩运被害人置于封闭的避难所、康复中心或者其他类似的福利设施内[①]。

羁押人口贩运被害人可能会影响被害人的迁徙自由。由于国际人权法规定迁徙自由仅适用于合法处于其境内的外国人，不包括非法入境或超过法律规定或许可证许可的居留期限的非法移民等外国人[②]，所以未规定不起诉人口贩运被害人所从事的作为人口贩运活动一部分的非法行为的缔约国有权羁押从事非法活动的贩运被害人。正如联合国人权事务委员会的一般性评论所指出的那样，《公民权利和政治权利国际公约》不承认外国人进入一国或者在该国居留的权利，原则上缔约国有权决定允许哪些人进入其境内。[③] 但是，一旦缔约国以立法或其他措施规定不起诉或不追究

---

① OHCHR, UNHCR, UNICEF, UNODC, UN Women and ILO, *Joint UN Commentary on the EU Directive – A Human Rights – Based Approach*, p. 38.

② See International Covenant on Civil and Political Rights, Article12(1), 12(2); Human Rights Committee, General Comment No. 15: The Positions of Aliens under the Covenant, April 11, 1986, para. 9.

③ Human Rights Committee, General Comment No. 15: The Positions of Aliens under the Covenant, para. 5.

从事作为人口贩运活动一部分非法行为的贩运被害人，该被害人就处于该缔约国便属于合法，此时缔约国若再以这些理由羁押贩运被害人，便违反了该国根据国际人权法所承担的义务。而且，此时除非符合国际承认的可以限制迁徙自由权利的原则，否则不得羁押贩运被害人。《公民权利和政治权利国际公约》规定，对迁徙自由权利的任何限制必须遵循三个原则：一是合法性原则，这种限制必须是法律规定的①；二是必要性原则，这种限制是保护国家安全、维护公共秩序、保护公共健康或道德或者保护他人的权利与自由所必需的②；三是相称性原则，这种限制性措施与该公约规定的其他权利相一致，适宜取得上述保护性目的，而且是取得上述保护性目的的诸多措施中损害最小的一种，并且还与所要保护的利益相称③。因此，在人口贩运被害人合法处于缔约国境内或者不需要承担从事与人口贩运有关的非法活动的责任时，若要限制人口贩运被害人的迁徙自由或者对其予以羁押，必须同时满足上述三个原则。如果为了保护被害人免遭报复和恐吓或者为了确保刑事程序所需要的证人而羁押人口贩运被害人，也必须满足这三个原则。

羁押人口贩运被害人可能会影响被害人的人身自由与安全权。《公民权利和政治权利国际公约》第 9 条第 1 款在规定人身自由与安全权时，特别规定了禁止任意逮捕或羁押。根据该公约，只有在符合以下三个方面的条件时方可采取逮捕、羁押等剥夺人身自由的措施：一是合法性，必须符合法律规定的剥夺人身自由的原因和程

① See International Covenant on Civil and Political Rights, Article 12 (3); Human Rights Committee, General Comment No. 27 (67): Freedom of Movement (Article12, CCPR/C/21/Rev. 1/Add. 9, November 2, 1999, para. 16.

② See International Covenant on Civil and Political Rights, Article 12 (3); Human Rights Committee, General Comment No. 27(67): Freedom of Movement, para. 14.

③ See International Covenant on Civil and Political Rights, Article 12 (3); Human Rights Committee, General Comment No. 27(67): Freedom of Movement, para. 14 – 18.

序；二是禁止任意逮捕或羁押，逮捕或羁押的实施是合理的、必要的而且与所追求的合法目标相称[1]；三是提供必要的法律保障措施，对逮捕或羁押行为进行监督和补救，允许被剥夺人身自由者诉诸法院对逮捕或羁押行为的合法性进行审查，释放遭受非法逮捕或羁押者并对其予以赔偿[2]。由于该条第2条第1款规定的人身自由与安全权适用于在缔约国境内和受其管辖的一切人，包括在其境内和受其管辖的人口贩运被害人。因此，缔约国逮捕或羁押人口贩运被害人除了要遵循合法性原则、必要性原则与相称性原则三个原则之外，还要为被害人提供必要的法律保障措施。

羁押人口贩运被害人可能会影响被害人根据国际人权法享有的免遭性别歧视的权利。例如，《公民权利和政治权利国际公约》在多个条款中对禁止歧视原则的内涵进行了阐释[3]，尤其是第3条专门对男女平等、禁止性别歧视的原则作出了规定。值得注意的是，联合国人权事务委员会在一般性评论中指出，《公民权利和政治权利国际公约》不承认外国人进入一国或者在该国居留的权利，原则上缔约国有权决定允许哪些人进入其境内，但是这种决定不得影响公约所规定的禁止歧视、禁止非人道的待遇等权利。[4]《议定书》第14条也明确规定，《议定书》的解释和适用不得与国际承认的非歧视原则相违背，特别是不得因某人是人口贩运的被害人而对其有任何歧视。但是，在现实中，以保护之名将人口贩运被害人置于

---

① See Van Alphen v. The Netherlands, UNHRC Comm. No. 305/1988, UN Doc. CCPR/C/39/D/305/1988, July 23, 1990, para. 5. 8; A. v. Australia, UNHRC Comm. No. 560/1993, UN Doc. CCPR/C/59/D/560/1993, April 3, 1997, para. 5. 8.

② See International Covenant on Civil and Political Rights, Articles 9(4) and 9(5).

③ 参见 International Covenant on Civil and Political Rights, Article 2(1), Article 3, Article 4(1), Article 24(1), Article 26, 分别涉及缔约国对在其境内和受其管辖的一切人的权利的尊重和保障，对男女权利的平等保护，对公约相关权利的克减，对儿童权利的平等保护及对一切人权利的平等有效保护。

④ Human Rights Committee, General Comment No. 15: The Positions of Aliens under the Covenant, April 11, 1986, para. 5.

封闭的避难所、康复中心或其他近乎羁押的福利设施内，通常是有性别区分的，被羁押的大多为妇女和女孩。这主要是因为，与男子、男孩相比，妇女、女孩更容易被正式识别为人口贩运被害人，因此更容易进入保护系统。而且妇女、女孩通常被认为更需要保护。而男性被害人通常被识别为非法移民并转至移民羁押中心，最终被遣返回国。即使被识别为人口贩运被害人，成年男子也往往被认为没必要给予庇护和保护。这种以性别为基础的羁押保护，给男性和女性被害人的权利带来了消极影响，致使成年男性被害人往往得不到法定的保护和帮助，而女性被害人虽然更容易被识别为被害人并获得保护和帮助，但是这种羁押式的保护可能会严重地影响女性被害人的迁徙自由、人身自由与安全权等方面的权利与自由。因此，为了平等地保护人口贩运被害人的权利，有必要在识别、保护被害人的过程中严格贯彻国际人权法规定的禁止歧视特别是性别歧视原则。

总之，为了切实保证人口贩运被害人享有法定的权利，促进调查、起诉人口贩运的刑事程序的顺利进行，有必要修改《议定书》的规定，对不羁押、不起诉人口贩运被害人的义务进行明确规定：要求缔约国考虑采取立法或其他措施确保不因人口贩运被害人所从事的作为人口贩运犯罪一部分的非法行为而羁押、起诉或处罚被害人。这些非法行为应该包括非法出境、入境、居留或就业，使用虚假的旅行证件或身份证件，没有身份证件，或从事非法卖淫、非法就业等非法活动。而且不能以被害人同意与有关当局合作或者以被害人有能力与当局合作作为不羁押、不起诉或不处罚人口贩运被害人的条件。还应要求缔约国采取措施确保不因非法入境或停留而对符合国际保护条件的贩运被害人进行刑事或行政处罚。应要求缔约国考虑采取立法或其他措施确保人口贩运的被害人或者潜在被害人不被羁押在封闭的避难所或其他福利设施内，除非符合国际承认的羁押原则：必要性（羁押被害人是保护国家安全、维护公共秩序、保护公共健康或道德、保护他人的权利与自由或者保护被害人的切身安全所必需的，而又没有其他合适的保护方法)、合法性（符合法律规定的条件和程序）和相称性原则（羁押与所保护的合法目标相称，羁押尽可能短的时间)。即使符合国际承认原则的羁押，也应确保提供必要的法律保障措施，如司法或行政监督（行政复议或司法审查)、过错补救等。如果人口贩运被害人为儿童，还应该贯彻“儿童最佳利益”的原则。

三、义务的国内实施

（一）加拿大的实施

加拿大缺乏可以使移民官员以外的其他部门官员主动识别和帮助人口贩运被害人的全国性程序，最终决定是否签发人口贩运被害人临时居留许可的部门仅仅为移民部门，而经常接触人口贩运被害人的服务提供机构、执法部门和移民部门之间又缺乏协调，对人口贩运被害人的标准有不同的理解。[①] 而且主要负责执行劳动标准的省级政府通常缺乏充足的资源与人力，以有效地监控外籍临时工人的劳动条件，对其中的潜在人口贩运被害人进行识别。由于没有确立及时准确地识别人口贩运被害人的全国性机制，赋予了有权机关在识别被害人方面较大的自由裁量权，往往将刑事程序的存在作为识别被害人的必要前提，所以大大地限制了人口贩运被害人的识别，使大量人口贩运被害人由于得不到身份识别甚至被错误识别为非法移民而享受不到法定的被害人权利。加拿大政府并不惩罚识别

① 造成相关机构对人口贩运被害人的标准有不同理解的原因很多，如《移民与难民保护法案》与《加拿大刑法典》对人口贩运的界定不同，前者仅对跨国人口贩运进行了界定，把以暴力、胁迫或欺诈的方式实施的招募或运送行为作为行为要件的必要组成部分，从而坚持了“无辜被害人”的标准，后者则并没有区分跨国人口贩运和国内人口贩运，而且明确坚持“无辜被害人”的标准；《部长指令》和《指引》虽然列出了识别可能的人口贩运被害人应该考虑的指标，但没有清晰地界定如何使用这些指标，给了移民部门较大的自由裁量权；没有明确的法律或措施对其他执法部门和提供服务的部门如何识别人口贩运被害人进行界定等。

出的人口贩运被害人由于被贩运而直接犯下的罪行，但并没有法律或措施对此作出明确规定。

（二）美国的实施

人口贩运被害人的识别是被害人获得法定服务和帮助的最大障碍。[①] 比如，2011 年，国土安全部共向 283 名潜在被害人证人签发了继续居留签证，向 557 名被害人和 772 名被害人直系亲属签发了人口贩运被害人非移民签证。[②] 在同一年，卫生与公共服务部共向 463 名外籍成年被害者和 101 名外籍儿童被害人签发用于获得联邦公共福利与服务的证明信或资格信。[③] 这与年均约 17500 名的人口贩运潜在外籍被害人数字相比，识别出的被害人数量实在是有限。[④] 起诉机关缺乏必要的资源，执法机关难以收集到有关证据，是影响被害人识别的重要原因。[⑤] 而执法机关难以收集到有关证据的重要原因在于以服务调查起诉人口贩运的刑事程序为目的而且申请程序复杂冗长、主观性强的被害人保护和帮助措施，这种将被害人作为刑事程序工具而且极难获得的保护和帮助措施，使得人口贩运被害人不愿意冒着遭受恐吓或报复的危险与执法机构合作。但是，贩运被害人的低识别率，在很大程度上也是因为美国坚持了“纯洁被害人”的识别标准，将大量通过非法移民或移民偷运方式

---

① See David Okech et al. , Human Trafficking: Improving Victim Identification and Service Provision, *International Social Work*, Vol. 55(4), 2012, p. 495.

② See U. S. A. Department of State, Trafficking in Persons Report 2012, p. 362.

③ See U. S. A. Department of State, Trafficking in Persons Report 2012, pp. 362 - 363.

④ 关于美国估计的年均人口贩运被害人数量，参见 Alison Siskin & Liana S. Wyler, *Trafficking in Persons: U. S. Policy and Issues for Congress*, Congressional Research Service (CRS) Report for Congress Prepared for Members and Committees of Congress, RL34317, December 23, 2010, p. 20; J. L. Roby et al. , U. S. Response to Human Trafficking: Is It Enough? *Journal of Immigrant & Refugee Studies*, Vol. 6(4), 2008, pp. 508 - 525.

⑤ See Dina Francesca Haynes, Good Intentions Are Not Enough: Four Recommendations for Implementing the Trafficking Victims Protection Act, *U. ST. THOMAS L. J.* , Vol. 6, 2008, p. 82.

进入美国后遭遇强迫卖淫或强迫劳动或服务的被害人，排除在了人口贩运被害人的范围之外。美国在为人口贩运被害人提供保护和帮助方面的另一个问题是未明确规定不羁押、不起诉人口贩运被害人。

(三) 泰国的实施

《反人口贩运法案》对在识别人口贩运被害人的过程中被害人的保护进行了规定。根据该法案第29条，为了查明与人口贩运有关的事实，或者在有合理理由相信其为人口贩运被害人的情况下保护潜在被害人的安全，有权官员有权临时将被害人看管起来，但是时间不应超过24小时。如需要延期则需要向法院申请，法院准许的看管期不超过7日。而且应将被看管起来的人口贩运被害人安置在合适的场所，而不是羁押中心或监狱。这些规定体现出对潜在被害人人权的保护，但是并没有对如何识别被害人进行规定和指导。这种缺陷直接导致识别出的人口贩运被害人的数量十分有限。2011年，泰国政府仅识别出392名外籍被害人，并在政府避难所为其提供了援助。① 而且泰国政府每年遣返数以十万计的非法移民，但是在2011年，仅从中识别出56名人口贩运被害人。② 出现这种低识别率的原因，除了由于法案未规定禁止对人口贩运被害人进行行政拘留或处罚，被害人由于害怕被遣返，害怕长期羁押或者漫长的诉讼过程和遣返过程，惧怕贩运者的报复而不愿将自己识别为人口贩运被害人也是重要原因。当然，未能对执法官员进行必要培训，致使执法官员识别被害人的能力不足也是重要原因。一些一线的执法官员缺乏对人口贩运构成要素的认识，经常将人口贩运被害人错误地识别为非法移民；一些执法官员经常认为要核实查清人口贩运，有必要羁押被害人或限制被害人的人身自由；还有一些官员未能认识到剥削性债务或操纵被害人对遣返的恐惧构成人口贩运手段要件

① See U. S. A. Department of State, Trafficking in Persons Report 2012, p. 340.

② See U. S. A. Department of State, Trafficking in Persons Report 2012, p. 341.

中的非身体上的胁迫。①

《反人口贩运法案》第41条对不起诉被害人作出了规定，规定除非司法部部长以书面形式许可，否则禁止调查官员以非法出入境、居留、就业、伪造证件或使用伪造的证件、向官方提供虚假信息、与卖淫有关的犯罪等理由发起针对被害人的刑事程序。这里的刑事程序应该包括作为刑事强制措施的拘留、逮捕以及刑事调查与起诉。这种禁止追究人口贩运被害人因实施作为人口贩运一部分的犯罪的刑事责任的规定，确实是一个进步。但是该规定并没有禁止以这些罪行对人口贩运被害人采取行政强制措施或实施行政处罚，并不禁止对被害人进行行政处罚或行政拘留。因此，这种规定并未对被害人的人权进行彻底保护，其在鼓励被害人协助调查、起诉人口贩运者方面的作用是有限的。事实上，在2011年就出现了多起被害人由于惧怕被长期羁押在避难所而不愿承认自己是被害人的案例。②

总之，尽管泰国《反人口贩运法案》参照《议定书》的规定对人口贩运被害人的保护和帮助进行了详细的规定，这些规定与《议定书》基本相符，甚至高于《议定书》的保护标准，但是其瑕疵也是明显的，如未对如何识别被害人进行规定，未明确颁发临时居留许可和工作许可的条件，未对禁止行政拘留或处罚被害人作出规定等。不管怎样，该法案在很大程度上体现了对被害人人权的保护。但是，仅有立法而没有高效正确的执法，同样无法有效地保护人口贩运被害人的人权，无法有效地促进调查、起诉人口贩运的刑事程序的顺利进行。泰国在现实中识别和保护被害人的低效率正说明了这一问题。因此，在制定完善的法律的同时，对执法人员特别是基层执法人员进行必要的培训，使其掌握法律的要求及识别和保护被害人的技巧，是有效实施《议定书》和相关国内法的必然

① See U. S. A. Department of State, Trafficking in Persons Report 2012, p. 341.

② See U. S. A. Department of State, Trafficking in Persons Report 2012, p. 341.

要求。

（四）中国的实施

《缅甸和中国关于加强打击拐卖人口犯罪合作谅解备忘录》第4条和第5条要求双方制定识别跨国人口贩运被害人的标准并对被害人进行及时识别，而且禁止将被识别出的被害人驱逐出境，而只能通过正式的途径及时遣返。《中国反对拐卖人口行动计划(2013-2020年)》在第二（六）（5）部分明确提出，要“加强与相关拐出国政府和国际组织合作，及时发现和解救被拐入中国的外籍受害人，完善对被拐卖受害人救助工作机制，做好中转康复工作，并安全遣返”。因此，建议在专门的反人口贩运法中制定识别跨国人口贩运被害人的标准和流程，确保及时准确地识别贩运被害人。

开展专项行动积极地识别和帮助贩运被害人无疑是有效地帮助和保护被害人的有效手段。值得注意的是，自2011年年底至2012年年底，民政部、中央综治委、公安部等八部委联合部署在全国开展了“接送流浪孩子回家”专项行动，在全国各地普遍建立起完善的流浪未成年人救助保护工作机制，将以流浪未成年人集中活动和露宿场所为重点区域，及时发现并查处侵害流浪未成年人权益的违法犯罪行为，并在保障受助未成年人基本生活的基础上，注重开展心理辅导、教育矫治以及法律援助、技能培训、就业帮扶和跟踪回访等多项延伸性服务，帮助流浪的未成年人用一种积极健康的身心回归家庭，融入社会。这种专项行动以作为弱势群体的流浪未成年人为救助对象，并深入重点地区积极识别被拐儿童，变“自愿受助”为“主动救助”，变“简单接送”为“儿童优先”，变“批评教育”为“教育矫治”，无疑既有利于对被拐流浪儿童进行积极准确的识别和救助，使其健康回归家庭和社会，又有利于减缓流浪儿童的脆弱状况，预防拐卖儿童犯罪的出现。而且民政部正在着手制定《城市生活无着的流浪乞讨人员救助管理办法》，使城市生活无着的流浪乞讨人员的救助制度化和规范化。这种针对弱势群体积极开展贩运被害人识别和保护工作的做法，无疑有利于保护弱势群体的人权，符合《议定书》的要求。[①] 如能将此种主动识别和救助的做法推广到可能存在强迫卖淫的娱乐服务场所以及可能存在强迫劳动的场所，将会使我国保护和帮助人口贩运被害人的水平得到进一步提升。值得注意的是，全国公安机关每年开展打击黄赌毒违法犯罪专项行动，在此过程中也确实识别出不少强迫卖淫的被害人。但是，若能将查禁卖淫嫖娼的行为日常化和规范化，积极发现强迫卖淫案件，严厉打击嫖娼行为，并加强对失足妇女的教育和挽救，[②] 无疑将会减缓弱势群体的脆弱性，同时抑制对强迫卖淫的需求，从而有利于有效地打击和预防强迫卖淫及与强迫卖淫有关的人口贩运犯罪。

《缅甸和中国关于加强打击拐卖人口犯罪合作谅解备忘录》第5条要求中缅双方采取适当措施保护贩运被害人的人身安全，应将贩运被害人视为犯罪行为的被害人，而不是违法犯罪者或犯罪嫌疑人，因此双方均不能因为贩运被害人的非法出入境或其他任何作为人口贩运犯罪的直接结果的违法犯罪行为而惩罚被害人。显然，该

① 国务院办公厅于2010年11月18日下发了《国务院办公厅关于加强孤儿保障工作的意见》（国办发［2010］54号），对作为弱势群体的孤儿的保障工作进行了全面翔实的规定，对亲属抚养、机构养育、家庭寄养和依法收养的养育方式进行了规定，并明确要求“严厉打击查处拐卖孤儿、遗弃婴儿等违法犯罪行为，及时发现并制止公民私自收养弃婴和儿童的行为”。这些规定既有利于救助和保护被拐卖的孤儿，也有利于减缓孤儿的脆弱性，预防拐卖儿童犯罪的出现。

② 值得注意的是，公安部会同人力资源和社会保障部、卫生部和全国妇联于2010年12月下发了《关于在查禁卖淫嫖娼等违法犯罪活动中加强对卖淫女教育挽救工作的通知》，要求切实将卖淫女的教育挽救工作融入查禁卖淫嫖娼等违法犯罪活动的各个环节，坚决防止和纠正重打击查处、轻教育挽救的做法，努力实现执法效果与社会效果的有机统一。通知强调，各级公安机关在工作中，要坚持严格、公正、规范执法，坚持理性、平和、文明执法，注意保护卖淫妇女和娱乐场所从业人员的人身权和健康权、名誉权和隐私权，不得歧视、辱骂、殴打，不得采取游街示众、公开曝光等侮辱人格尊严的方式羞辱妇女；对被处罚的卖淫妇女，要征询并尊重其意见，有选择性地通知其家属；对被查获的未成年卖淫女，要尽量缩小知情范围。

谅解备忘录要求不惩罚人口贩运被害人实施的作为人口贩运直接结果的违法犯罪行为，并没有禁止因此羁押被害人，也没有禁止因此起诉被害人。值得注意的是，《中国反对拐卖人口行动计划(2013—2020年)》在第二（二）（2）部分明确规定“对受欺骗或被胁迫从事违法犯罪行为的被拐卖受害人，依法减轻或免除处罚”。这与《刑法》第28条关于胁从犯处罚的规定是相一致的。

（五）综合分析比较

及时准确地识别出被害人是贩运被害人获得法定的保护和帮助的前提，也是有效地调查、起诉人口贩运者的关键。《欧洲理事会反人口贩运行动公约》第10条和第13条对人口贩运被害人的识别进行了专门规定，规定每一缔约国应确保在有权机关有合理理由相信某人是人口贩运被害人时不遣返被害人，直到识别被害人的程序结束，而且要确保这样的被害人立即获得其身心和社会重返所必需的帮助与安全以及不少于30天的恢复和思考期。《2011年欧盟反人口贩运指引》第11条也对人口贩运被害人的识别作出了类似的规定，要求成员国采取必要措施确保一旦有权机关有合理理由相信某人遭遇到了人口贩运就应该及时给予保护和帮助，而且要采取必要措施建立旨在对被害人进行早期识别并为其提供保护和帮助的适当机制，包括能够确保反人口贩运机构、移民管理机构、庇护管理机构、保护和帮助组织等机构和组织之间进行有效合作的国家转介机制。《打击人口贩运示范法》第18条和第30条对识别人口贩运被害人的程序进行了较为详细的规定，要求包括原住国在内的缔约国建立全国协调机构，并由该机构确立识别人口贩运被害人的全国指引或程序，并向可能遇到人口贩运被害人的专业人员提供包括识别和转介被害人的程序手册在内的有关人口贩运的信息和资料，同时要求有权机关与有关国家和非国家被害人保护组织合作以适当识别被害人，而且在完成被害人识别程序之前不得遣返被害人。

加拿大、美国和泰国均未明确规定及时准确地识别人口贩运被害人的义务。与之相反，《中国反对拐卖人口行动计划（2013—

2020)》则明确地提出了“及时发现和解救被拐卖入中国的外籍受害人”的行动计划。《缅甸和中国关于加强打击拐卖人口犯罪合作谅解备忘录》也要求双方制定识别跨国拐卖人口犯罪被害人的标准并及时予以识别，而且禁止将识别出的被害人驱逐出境，只能通过正式途径遣返。因此，尽管《议定书》没有规定及时准确地识别被害人的义务，但是从国家责任的角度来看，一个在反对人口贩运方面“尽职”的国家，有义务对被害人进行及时准确的识别，这也是调查、起诉人口贩运案件的前提，是向被害人提供法定的保护和帮助的关键。而且，我国在相关双边条约及全国性的反对拐卖人口行动计划中对此进行了明确规定，因而从履行双边国际义务和政府承诺的角度来看，也有必要对该义务进行细化，制定识别跨国人口贩运被害人的标准和流程。该义务的细化还应与外籍被害人在我国的地位结合起来，可以规定当有权机构初步评估认为某人可能是人口贩运被害人时，可以为了多种目的，包括为被害人提供一个反思期，使被害人获得身心康复，使被害人摆脱贩运人的影响，或方便被害人参与调查、起诉人口贩运的活动等，而给予被害人期限为30天至180天的短期临时居留许可。当有权机构经过对事实的全面核实后，有合理理由相信该人为人口贩运被害人时，可以再次签发短期临时居留许可。

在外籍人口贩运被害人的保护和帮助方面的另一个核心问题是是否追究人口贩运被害人所实施的作为人口贩运一部分的违法犯罪行为的法律责任。在实际中，阻碍贩运被害人与执法机关合作的一个重要原因是被害人担心自己在人口贩运过程中所实施的非法入境、非法居留、非法就业、伪造证据或使用伪造的证件、卖淫等行为受到执法机关的惩罚。《欧洲理事会反人口贩运行动公约》第26条、《2011年欧盟反人口贩运指引》第8条、《打击人口贩运示范法》第10条均对不起诉、不惩罚人口贩运被害人的义务进行了规定。

加拿大、美国的法律没有对不起诉、不惩罚人口贩运被害人的义务进行明确规定，尽管加拿大在现实执法中并不惩罚人口贩运被害人由于人口贩运而直接犯下的罪行。泰国《反人口贩运法案》则明确对不起诉被害人作出了规定，规定除非司法部长以书面形式许可，禁止调查官员以非法出入境、居留、就业、伪造证件或使用伪造的证件、向官方提供虚假信息、与卖淫有关的犯罪等理由发起针对被害人的刑事程序。这里的刑事程序应该包括作为刑事强制措施的拘留、逮捕以及刑事调查。《缅甸和中国关于加强打击拐卖人口犯罪合作谅解备忘录》要求中缅双方不能因为贩运被害人的非法出入境或其他任何作为人口贩运犯罪的直接结果的违法犯罪行为而惩罚被害人，但并没有禁止因此羁押、起诉被害人。《中国反对拐卖人口行动计划（2013—2020)》也明确规定“对受欺骗或被胁迫从事违法犯罪行为的被拐卖受害人，依法减轻或免除处罚”。我国反对拐卖人口行动计划这一规定是比较合理的，既与我国刑法的相关规定相一致，也与我国缔结的相关双边条约相协调（在涉及中国和缅甸的跨国拐卖人口案件中，可以对从事了相关违法犯罪行为的被害人免除处罚)，而且也使我国的出入境管理法律保持了完整。这种处罚规定，并不影响我国为了维护出入境管理秩序和国家安全而对从事违法犯罪行为的贩运被害人进行临时看管、羁押甚至处罚。对于具有较长边界线、维持出入境管理秩序任务繁重的中国来说，这种规定是必要的，也与《议定书》的要求相一致。

综上所述，《议定书》关于保护和帮助被害人义务的规定极其含混且富有弹性，未能向缔约国施加拘束力强的义务，而且这些规定以服务调查、起诉人口贩运者的刑事程序的顺利进行为目标，过于看重人口贩运被害人在有效调查和起诉人口贩运案件中的作用，并没有采取以被害人的人权为基础的方法，并非主要为人口贩运被害人的权利和利益着想。这主要是因为作为《联合国打击跨国有组织犯罪公约》的补充议定书的《议定书》本质上是一个刑事法律框架，旨在为包括目的地国、过境国和原住国在内的国际社会有效打击具有跨国有组织犯罪性质的国际人口贩运犯罪搭建一个国际合作的平台。在这样的刑事法律框架下，对被害人的保护和帮助被作为鼓励和保证被害人在调查和起诉人口贩运者的刑事诉讼中积极合作、提供证人证言的有效工具。而对保护和帮助被害人可能会刺激更多的非法移民和人口贩运的担心，对保护和帮助被害人会占用大量资源的考虑，使得国家既要对人口贩运被害人提供必要的保护和帮助，以充分发挥其在刑事诉讼中的工具作用以及相关国际法特别是国际人权法的限制作用，又要尽量减轻国家在保护和帮助被害人方面的义务。因此，作为折中妥协产物的《议定书》，其在人口贩运被害人的保护和帮助方面的规定就不可避免要使用富有弹性、缺乏强制力的语言，字里行间体现服务刑事诉讼、维护国家边境秩序的目的，更不会对人口贩运被害人的权利进行全面规定。《议定书》这种以起诉、打击人口贩运犯罪为中心的刑事法律框架，不仅不能有效地打击人口贩运活动，而且很容易违反缔约国根据国际法特别是国际人权法和国际人道主义法而承担的义务和责任。为了有效地打击人口贩运活动，促进《议定书》的有效实施，有必要运用以被害人的人权为基础的方法，对《议定书》的相关规定进行完善，特别是要在《议定书》中明确缔约国快速准确地识别被害人的义务和不羁押、不起诉被害人的义务这两项关键性的义务。只有如此，人口贩运被害人作为犯罪被害人和侵犯人权行为的被害人的权利才可能得到全面实现与保障。

第三章　进行有效刑事司法应对义务的实施

预防和打击人口贩运以及进行国际合作均是《议定书》的立法目的。为了有效地解决人口贩运问题，需要采用综合全面的方法，重视预防人口贩运、起诉人口贩运者、保护和帮助被害人以及进行国际合作的作用。[①] 而且以人权为基础的方法也是既重视对人口贩运被害人的保护和帮助，又重视对人口贩运的起诉和打击。[②] 另外，尽职地调查、起诉人口贩运者也是缔约国根据国际人权法必须承担的国家义务。[③] 而在现实社会中，不惩罚人口贩运者似乎已经成为国际社会的一种普遍现象。[④] 人口贩运者及其同伙很少被逮捕、调查、起诉或定罪，而作为成功起诉贩运者关键的被害人却很少被识别为被害人，往往被识别为非法移民或犯罪嫌疑人。这不仅不能有效地解决人口贩运问题，也不能有效地保护被害人的人权，还可能影响国家充分地履行将人口贩运规定为刑事犯罪、尽职地调查起诉人口贩运者以保护人口贩运被害人并预防人口贩运的义务，

① See OHCHR, UNHCR, UNICEF, UNODC, UN Women and ILO, *Joint UN Commentary on the EU Directive – A Human Rights – Based Approach*, p. 24

② See OHCHR, UNHCR, UNICEF, UNODC, UN Women and ILO, *Joint UN Commentary on the EU Directive – A Human Rights – Based Approach*, p. 25.

③ See Human Rights Committee, General Comment No. 31[80]: The Nature of the General Legal Obligation Imposed on State Parties to the Covenant, CCPR/C/21/Rev. 1/Add. 13, 26 May 2004, para. 8; *Rantsev v. Cyprus and Russia*, p. 69, para. 284.

④ See Anne T. Gallagher, *The International Law of Human Trafficking*, p. 370.

影响国家承担进行国际法律或其他方面合作的义务。因此，为了有效地惩治和威慑人口贩运犯罪，特别是具有跨国有组织犯罪性质的人口贩运，也为了使人口贩运被害人获得正义，有必要对人口贩运作出有效刑事司法应对，将人口贩运及相关行为规定为犯罪，同时通过国际合作对人口贩运及相关行为进行有效调查、起诉、判决和惩罚。

第一节　刑事定罪的义务

事实上，作为《联合国打击跨国有组织犯罪公约》的补充《议定书》，本质上是一个刑事法律框架，其重心在于通过打击具有跨国有组织犯罪性质的人口贩运犯罪和跨国有组织犯罪集团来维护国家安全，而不在于保护人口贩运被害人的人权。这一点已遭到许多学者的抨击。但是，在人口贩运的刑事司法应对方面，《议定书》仅规定了将人口贩运规定为刑事犯罪的义务。《议定书》第5条要求缔约国采取立法或其他措施将故意实施人口贩运的行为、人口贩运犯罪预谋或未遂①、作为共犯参与实施人口贩运的行为以及组织、指挥他人实施人口贩运的行为规定为刑事犯罪。根据该条规定，不管缔约国国内法如何规定，均应将人口贩运规定为刑事犯罪。该条规定也被认为是“缔约国的核心强制性义务”。② 人口贩运犯罪的主观方面为故意，不包括过失；客观方面包括实施、作为共犯参与实施、组织、指挥他人实施，尽管没有明确提及协助、教唆、便利或参谋实施的行为，但是这些行为应该被涵盖在作为共犯

① See Travaux Preparatoires for the UN Organized Crime Convention and Protocols, p. 364, Interpretative Notes, para. 2(b).

② See United Nations Office on Drugs and Crime, *Legislative Guides for the Implementation of the United Nations Convention against Transnational Organized Crime and the Protocols thereto*, New York, 2004, p. 267, para. 36.

参与实施的行为之内。[①] 人口贩运犯罪的主体除了可以为自然人外，还可以为法人。人口贩运经常涉及从事劳工招聘、旅游服务、娱乐服务、收养等业务的商业公司或企业，甚至运输公司，因此有必要规定法人的责任。《议定书》第 11 条明确规定，缔约国有义务采取措施，使包括运输公司及运输工具的所有人或经营者在内的运输企业负责确保旅客拥有进入接收国所需要的旅行证件，并对其违法行为实施制裁。[②] 此处的“制裁”不仅包括刑事制裁，还应该包括非刑事制裁。[③] 而且《联合国打击跨国有组织犯罪公约》第 10 条第 2 款和第 4 款专门规定了法人责任，规定法人责任可以为刑事的、民事的或行政的，而且缔约国应确保对承担责任的法人实施有效、适度和劝阻性的刑事或非刑事制裁，包括经济制裁。由于《公约》的条款经过适当变通后适用于《议定书》，因此，追究从事人口贩运的法人的责任，包括刑事责任、民事责任或行政责任，应是《议定书》的应有之义。

尽管《议定书》以拘束力强的语言要求缔约国将人口贩运规定为刑事犯罪，但是仅将人口贩运规定为刑事犯罪不足以有效地预防和打击人口贩运。人口贩运是一种复杂的犯罪，构成人口贩运的三个要素通常难以证明，而且人口贩运本质上是一种牟利型犯罪，

---

① 在《议定书》起草谈判的过程中，草案中曾一度将“协助、教唆、便利或参谋实施”与“组织、指挥实施”并列，但在最终文本中被删除。参见 Travaux Preparatoires for the UN Organized Crime Convention and Protocols, p. 362, fn. 6.

② 参见 UN Trafficking Protocol, Articles 11(2), 11(3) and 11(4)。值得注意的是，这些运输从业者仅有义务核实旅客是否具有前往目的地国或中转国所必需的旅行或身份证件，而无义务对这些证件的合法性或真实性进行判断或评估，而且这些规定不影响缔约国自由决定是否追究运输不具有合法证件的难民的运输从业者的责任。详细情况，参见 Travaux Preparatoires for the UN Organized Crime Convention and Protocols, p. 409, Interpreative notes, para. 4.

③ 在《议定书》起草谈判的过程中，最初文本使用了“刑事处罚”（penalty），后来一致同意用“制裁”（sanction）取代“刑事处罚”，所以此处的“制裁”应该既包括刑事制裁，又包括非刑事制裁。参见 Travaux Preparatoires for the UN Organized Crime Convention and Protocols, p. 405, fn. 20.

以获取经济或物质利益为最终目标，而对剥削所涉服务的需求是这种牟利型犯罪得以牟取物质利益的必要条件。并且国际人口贩运通常涉及两个以上的国家，对人口贩运犯罪的管辖权可能会出现积极冲突或消极冲突，不利于对人口贩运犯罪进行有效打击。因此，有必要完善《议定书》关于刑事定罪义务的规定，将与人口贩运有关的行为、使用剥削性服务的行为规定为刑事犯罪，将人口贩运犯罪的管辖权在刑事法律中予以明确。具体而言：

一、将与人口贩运有关的行为规定为犯罪

根据《议定书》第3条关于“人口贩运”的定义，作为“人口贩运”目的要件的“剥削”至少包括性剥削、强迫劳动或服务、奴役与类似奴役的做法、劳役与器官切除。跨国人口贩运本质上是一种既侵犯被害人人权又侵犯国家边界管理秩序的行为，国际社会之所以以《联合国打击跨国有组织犯罪公约》补充议定书的形式对人口贩运的预防和打击作出专门规定，就是因为国家希望在维护人的安全的同时维护国家的安全与秩序。[①] 人口贩运行为对人权的侵犯不仅表现在以暴力、胁迫或欺骗的方式对被害人实施了招募、运送、移交、接收或窝藏行为，严重违背了被害人的自由意志，而且表现在企图使被害人陷入剥削状态这种邪恶目的上。如果不将强迫卖淫、强迫劳动或服务、奴役或类似奴役的做法、劳役、强迫器官切除等与人口贩运有关的行为规定为犯罪，一方面可能会刺激更多的人口贩运行为，另一方面会在一定程度上减轻人口贩运的主观恶性，不利于起诉和打击人口贩运。更何况，在人口贩运与强迫卖淫、强迫劳动或服务、奴役或类似奴役的做法、劳役、强迫器官切除等与人口贩运有关的行为的关系上，仍存在较大争议，至今缺乏

---

① 当然，关于《议定书》在保护人权与维护国家安全方面的侧重点，存在较大争议。批评《议定书》的观点通常认为《议定书》侧重于调查、起诉人口贩运者，以维护国家安全为中心，而不是以保护被害人的人权为中心。

清晰的界定。比如，欧洲人权法院在蓝特赛夫诉塞浦路斯和俄罗斯一案中，认为人口贩运是一种现代形式的奴役，应该将《议定书》第3条界定的“人口贩运”归入《欧洲保护人权和基本自由公约》第4条所规定的“奴役”、“劳役”或“强迫或强制劳动”的范畴。[①] 但是，由于人口贩运以剥削为目的，并不以剥削目的的实现为构成犯罪的条件，所以人口贩运的范围应该大于以暴力、胁迫或欺骗方式实施的剥削，应该包括强迫卖淫、强迫劳动或服务、奴役或类似奴役的做法、劳役、强迫器官切除等强迫剥削行为。所以，为了有效实施《议定书》，有效地预防和打击人口贩运，有必要将所谓的与人口贩运有关的行为规定为犯罪。

将与人口贩运有关的行为规定为犯罪还有重要的法律原因。奴役、劳役、强迫或强制劳动已被多个国际人权公约明令禁止，[②] 而且涉及国际习惯法所承认的权利，或为国际习惯法所禁止，因而适用于所有国家。[③] 另外，在操作层面上，人口贩运问题较为复杂，证明构成人口贩运的三个要素通常较为困难，而且需要投入大量的资源，而强迫劳动、性侵犯、债役、洗钱、腐败等与人口贩运有关的犯罪则更为常见，更易理解和证明。所以，以与人口贩运有关的犯罪追究人口贩运者的刑事责任更易操作和切实可行。况且，在有些情况下以与人口贩运有关的犯罪而不是以人口贩运犯罪追究刑事责任更为有效。比如，有的国家未明确将人口贩运规定为犯罪，或者对人口贩运的惩罚未充分反映犯罪的性质，往往表现为惩罚过轻，或者在特定案件中，现有证据不足以支持以人口贩运起诉，但

① See Rantsev v. Cyprus and Russia, pp. 66 – 69, para. 272 – 282.

② See International Covenant on Civil and Political Rights, Article 8; Convention for the Protection of Human Rights and Fundamental Freedoms, Article 4; American Convention on Human Rights, Article 6; African Charter on Human and People's Rights, Article 5。值得注意的是，《美洲人权公约》将贩运妇女作为奴役或非自愿劳役的一种形式，而《非洲人权与人民权利宪章》仅规定了奴役，没有涉及劳役、强迫或强制劳动。

③ See Anne T. Gallagher, *The International Law of Human Trafficking*, p. 376.

足以支持以相关犯罪起诉。因此，联合国人权高级专员办公室建议国家采取必要立法和其他措施将人口贩运及与人口贩运有关的行为规定为犯罪。[①] 值得注意的是，联合国人权高级专员办公室将“人口贩运有关的行为”界定为包括“利用他人卖淫进行剥削或者其他形式的性剥削、强迫劳动或服务、奴役或类似奴役的做法和劳役”。[②] 这也许就是许多国家尽管有打击人口贩运的法律，但是很少以人口贩运起诉和惩罚人口贩运者的主要原因。尽管以相关犯罪追究人口贩运者的责任从短期来看可能比较可取，但是长期下来会产生大量重要潜在影响。例如，尚未实现剥削目的的纯粹的贩运行为可能得不到惩罚；若不以人口贩运起诉，被害人就无法获得法定的保护、帮助与服务，如反思恢复期、临时或永久居留身份等。因此，以与人口贩运有关的犯罪追究刑事责任并不能取代以人口贩运犯罪治罪。从广义上理解“与人口贩运有关的行为”，不应仅限于作为人口贩运目的要件的剥削行为，还应包括参加有组织犯罪集团、洗钱、腐败、妨害司法以及非法处置旅行或身份证件的行为。

首先，应将参加有组织犯罪集团、洗钱、腐败、妨害司法等与人口贩运有关的行为规定为犯罪。由于《议定书》是《联合国打击跨国有组织犯罪公约》的一个补充议定书，《议定书》应连同《公约》一并予以解释，而且《公约》的规定经过适当变通后适用于《议定书》，[③] 所以《公约》关于参加有组织犯罪集团、洗钱、腐败、妨害司法犯罪的规定同样适用于《议定书》。[④] 人口贩运本

---

① See UN Office of the High Commissioner for Human Rights, *Recommended Principles and Guidelines of Human Rights and Human Trafficking*, Principle 12.

② See UN Office of the High Commissioner for Human Rights, *Recommended Principles and Guidelines of Human Rights and Human Trafficking*, Principle 12. , p. 2, Note 3.

③ See See United Nations Convention against Transnational Organized Crime, Article 37; UN Protocol against Human Trafficking, Article 1.

④ See See United Nations Convention against Transnational Organized Crime, 225 UNTS 209, Articles 5, 6, 8, and 23.

质上是一种牟利型犯罪，而且具有跨国有组织犯罪性质的国际人口贩运，通常离不开有组织犯罪集团对政府官员的腐蚀与拉拢以及对政府官员和人口贩运被害人的威逼利诱。因此，为了有效地预防和打击具有跨国有组织犯罪性质的人口贩运犯罪，有必要协调缔约国的国内法，将作为人口贩运犯罪基础的参加有组织犯罪集团、洗钱、腐败、妨害司法等行为规定为犯罪。① 但是，并非主张必须在专门的反人口贩运法将这些作为人口贩运犯罪基础的行为规定为犯罪，而是只要缔约国国内法有所规定即可。事实上，在《欧洲理事会反人口贩运行动公约》起草的过程中，起草者就考虑到了将清洗人口犯罪所得及其收益规定为犯罪对打击人口贩运犯罪的重要意义，但是最终决定不在此公约中对洗钱犯罪进行规定，而是将其留给了一个综合的公约来规定。②

其次，应将非法处置旅行或身份证件的行为规定为犯罪。《议定书》第 12 条要求缔约国在力所能及的范围内采取必要措施确保其签发的旅行和身份证件不易被伪造或非法变造、复制或签发，并防止其被非法印制、签发和使用。此处的“非法变造、复制或签发”应该解释为不仅包括制作虚假的证件，而且包括变造合法的证件或填写偷来的空白证件，既涵盖了伪造的证件，又涵盖了合法

---

① 关于腐败与人口贩运的关系，参见 United Nations Office on Drugs and Crime, *Issue Paper: The Role of Corruption in Trafficking in Persons*, Vienna, 2011, at http://www.unodc.org/documents/human-trafficking/2011/ Issue_Paper_-_The_Role_of_Corruption_in_Trafficking_in_Persons.pdf (last visited 1 July 2014)；关于洗钱与人口贩运的关系，参见 The Financial Action Task Force (FATF), *FATF Report: Money Laundering Risks Arising from Trafficking in Human Beings and Smuggling of Migrants*, July 2011, at http://www.fatf-gafi.org/media/fatf/documents/reports/Trafficking%20in%20Human%20Beings%20and%20Smuggling%20of%20Migrants.pdf (last visited 1 July 2014).

② Council of Europe, *Explanatory Report on the Council of Europe Convention on Action against Trafficking in Human Beings*, para. 218.

签发的但被合法持有人之外的人员使用的真实证件。[①] 当然，《议定书》之所以这样规定，是为了有效地预防人口贩运的发生。尽管《议定书》未对缔约国应采取的“必要措施”进行解释，这些“措施”可能包括技术方面的，但是将非法处置旅行或身份证件的行为规定为犯罪也不失为有效地防止伪造、非法变造、复制、印制、签发和使用旅行和身份证件的必要举措。事实上，将非法处置旅行或身份证件的行为规定为犯罪，不仅有利于有效地预防人口贩运犯罪的发生，而且这种犯罪与人口贩运犯罪相比更易于证明，不失为打击人口贩运者的一个有效执法工具。这是因为扣留被害人的证件是人口贩运者经常使用的控制手段，与人口贩运活动关系极其密切。正因为如此，《欧洲理事会反人口贩运行动公约》第20条明确将与旅行或身份证件有关的行为规定为犯罪。《打击人口贩运示范法》第15条也规定有必要在刑法、移民法或反人口贩运法中将以下非法处置旅行或身份证件的行为规定为犯罪：任何在未经合法授权的情况下制作、生产或变造身份或旅行证件为人口贩运犯罪提供便利的行为；任何为了实施或促进实施人口贩运犯罪而获取、搜罗、毁坏、藏匿、丢弃、没收、扣留、变造、复制、持有或方便冒用身份或旅行证件的行为。

二、将使用强迫劳动或服务的行为规定为犯罪

《议定书》并没有明确规定缔约国具有将使用人口贩运被害人及强迫劳动或服务的被害人的服务的行为规定为犯罪的国家义务。《议定书》第9条第5款只是要求缔约国采取或加强立法或其他措施以抑制那种助长对人特别是对妇女和儿童的剥削从而导致贩运的需求。当然，抑制对剥削的需求的方法有很多种，如发起提高认识的运动，提高企业供应链条的透明度等，也可以通过将使用人口贩

---

① See Travaux Preparatoires for the UN Organized Crime Convention and Protocols, p. 413, Interpretative Notes (b).

运及强迫劳动或服务的被害人的服务的行为规定为犯罪，威慑强迫劳动或服务的使用者。这些使用者既包括以性剥削为目的的人口贩运被害人的顾客，如强迫卖淫服务的顾客，又包括强迫劳动或服务被害人的顾客，如使用贩运被害人的企业的老板或利用强迫劳动生产的产品的使用者。但是，毫无疑问，对强迫劳动或服务的使用或者对强迫劳动或服务的需求是强迫劳动或服务乃至人口贩运得以日益猖獗的重要原因。如果没有对强迫劳动或服务的需求，或者强迫劳动或服务无法找到相应的需求者，那么强迫劳动或服务就会因为无法获得利润而变得毫无意义，人口贩运者将会失去从事人口贩运的动力。事实上，对人口贩运被害人的劳动或服务的需求，与使被害人易遭贩运之害的各种因素，如贫穷、不发达和缺乏平等机会等，分别构成了人口贩运得以出现所必须具备的拉动因素和推动因素。因此，要从根本上有效地预防和杜绝人口贩运现象，有必要抑制或杜绝对作为人口贩运目的要件的强迫劳动或服务的需求。而使强迫劳动或服务的使用者承担相应的刑事责任是有效抑制对强迫劳动或服务的需求的必要手段。故此，应完善《议定书》的规定，明确缔约国具有追究强迫劳动或服务的使用者的刑事责任的义务。正是基于这些原因，《欧洲理事会反人口贩运行动公约》第19条明确规定，缔约国应考虑采取必要立法或其他措施，在其国内法中将在明知服务提供者为人口贩运被害人的情况下，使用作为人口贩运目的要件的剥削对象的服务的行为规定为犯罪。《打击人口贩运示范法》第11条也对此进行了明确规定，以威慑强迫劳动或服务的使用者，鼓励人口贩运被害人的潜在顾客向警方报告可疑案件。

当然，要求将故意使用强迫劳动或服务的行为规定为犯罪，并不是要阻止人口贩运的被害人就业或阻碍其回归社会，而是要惩罚那些通过购买作为剥削对象的服务而在剥削被害人的过程中发挥作用的人。同样，这样做也不是要惩罚使用卖淫者提供的服务的行为，而是要惩罚使用强迫卖淫被害人的服务的行为。尽管要证明作为构成犯罪的使用强迫劳动或服务行为的主观方面的“明知”有一定难度，但是这并不影响将故意使用强迫劳动或服务的行为规定为犯罪。行为人的主观状态可以从客观事实情况推出，并不影响无罪推定原则，《联合国打击跨国有组织犯罪公约》多处体现了这一指导思想。[①] 当然，由于证明强迫劳动或服务的使用者的主观状态并非易事，《欧洲理事会反人口贩运行动公约》与《打击人口贩运示范法》只是鼓励缔约国将故意使用强迫劳动或服务的行为规定为犯罪，并未要求缔约国必须作出这样的规定。因此，这种义务是鼓励性的，并非强制性的。

三、对人口贩运犯罪的管辖权作出明确规定

对刑事犯罪管辖权作出规定，是合理、有效地追究刑事犯罪的前提。因此，不仅要对犯罪作出规定，还有必要对犯罪的管辖权作出明确规定。《议定书》并没有对人口贩运犯罪的管辖权进行规定。属地管辖是国际法上最基本的刑事管辖原则。[②] 但是，人口贩运特别是国际人口贩运通常具有跨国性，而且涉及有组织犯罪集团，涉及在被害人的原住国、中转国和目的地国进行以剥削为目的的招募、运送、移交、接收或窝藏行为。显然，传统的属地管辖原则无法有效地应对人口贩运犯罪。因此，有必要根据人口贩运犯罪的特点并借鉴相关国际法规定，对《议定书》的规定进行完善，确立适当的管辖权原则。

尽管《公约》第15条关于管辖权的规定未必均适用于人口贩运犯罪，但是可以借鉴其规定，完善《议定书》的规定。《公约》第15条第1款对参加有组织犯罪集团、洗钱、腐败和妨害司法犯罪的管辖权主要规定了三类，分别是属地管辖（犯罪发生地国或者犯罪发生的船舶的船旗国或航空器的登记地国有权管辖）、消极

---

① See United Nations Convention against Transnational Organized Crime, Articles 5(2) and 6(2)(f).

② Malcolm N. Shaw, *International Law*, p. 654.

属人管辖（被害人的国籍国有权管辖）和国籍原则（犯罪嫌疑人的国籍国或作为嫌疑人的无国籍人员的惯常居所地国有权管辖）。值得注意的是，该条第2款还规定了一类特殊的管辖原则：当参加有组织犯罪集团的行为在一国境外实施但其目的是在其境内实施严重犯罪，或者当参与、合伙或共谋实施、实施未遂以及协助、教唆、便利和参谋实施洗钱犯罪的行为发生在一国境外，但其目的是在其境内实施其他类型的洗钱犯罪时，该国有权管辖。显然，根据这种管辖原则，当某一犯罪行为发生在一国境外，但其目的是在其境内实施人口贩运犯罪时，不管该犯罪企图是否得逞，该国均有权管辖。这种管辖原则类似于国际法上的保护管辖原则。[①] 值得注意的是，《公约》对上述管辖义务的强制性要求是不同的，属地管辖的义务是强制性的，要求缔约国采取必要措施确保此种管辖的实施，而其他种类的管辖的义务并非强制性的，允许缔约国采取必要措施确保其实施，缔约国当然有权决定不确立此类管辖。此外，该条第3款还对“或引渡或起诉”的义务作出规定，要求缔约国采取必要措施确保当犯罪嫌疑人在其境内，但其以该犯罪嫌疑人为其公民为理由拒绝引渡时，对《公约》规定的犯罪进行管辖。另外，该条第5款还规定，当出现管辖权的积极冲突时，有关缔约国的主管机构应酌情磋商，协调彼此的调查、起诉或司法程序。而且，根据《公约》第21条，此时如果移交刑事程序有利于正当司法并且可以使起诉集中，应考虑彼此移交刑事程序。值得注意的是，根据《公约》与《议定书》的关系，《公约》关于“或引渡或起诉”义务以及刑事程序移交的规定适用于《议定书》。《打击人口贩运示范法》第6条借鉴了《公约》关于管辖权的上述规定，将“或引渡或起诉”的原则作为与属地管辖相并列的行使管辖权的原则，

---

① 国际法上的保护管辖原则是指，当一国安全受到外国人在境外实施的行为的影响时，有权对该外国人的行为实施管辖。参见 Malcolm N. Shaw, *International Law*, pp. 666 - 667.

第7条还规定了消极属人管辖、国籍原则、保护管辖等原则。与《公约》不同的是，《打击人口贩运示范法》规定的管辖义务均具有强制性。

《欧洲理事会反人口贩运行动公约》第31条对人口贩运犯罪的管辖权原则、“或引渡或起诉”义务及管辖权积极冲突的处理作出了类似《公约》的规定。该条第1款第4项还对国籍原则规定了适用条件：只有当其公民或在其境内具有惯常居所的无国籍人实施的犯罪根据犯罪发生地国的刑法也应受到惩罚，或者只有当犯罪发生在任何国家的领土管辖之外。该规定实际上规定了如果要依据国籍原则实施管辖，犯罪行为就必须达到双重犯罪的严重程度或者不在任何国家的属地管辖之内。

《2011年欧盟反人口贩运指引》对人口贩运犯罪的管辖权进行了专门规定。该指引第10条第1款规定，属地管辖与国籍管辖为强制性管辖，要求缔约国必须采取必要措施确立此种管辖。但是，此处的属地管辖仅限于对发生在其境内的犯罪行为进行管辖，不包括船舶的船旗国或航空器的登记国对发生在船舶或航空器上的犯罪行为的管辖。而且此处的国籍管辖仅限于犯罪嫌疑人的国籍国实施的管辖，不包括无国籍人的惯常居住国对无国籍人实施的管辖。根据该条第3款，当人口贩运犯罪发生在缔约国境外而犯罪嫌疑人为其公民时，缔约国应采取必要措施，确保管辖权的行使不以人口贩运行为根据行为发生地国法律构成犯罪为条件，或者不以被害人在犯罪发生地报案并起诉或犯罪发生地国放弃管辖权为前提条件。根据该条第2款，而当犯罪嫌疑人为在其境内具有惯常居所的无国籍人时（国籍管辖原则的特殊情形），或者当犯罪是为了其境内法人的利益时（可以理解为对法人犯罪的国籍管辖），或者当犯罪的对象为其公民或者在其境内具有惯常居所的无国籍人时（被动属人管辖），缔约国可以决定是否行使管辖权。根据该条第3款，此时，如果人口贩运犯罪又发生在缔约国境外，该缔约国可以采取必要措施确保管辖权的行使不以人口贩运行为根据行为发生地国法律构成犯罪为条件，或者不以被害人在犯罪发生地报案而起诉或犯罪发生地国放弃管辖权为前提条件。因此，指引关于是否允许国籍管辖和被动属人管辖以人口贩运行为达到双重犯罪的严重程度为条件是有不同要求的。

总之，《议定书》应借鉴《联合国打击跨国有组织犯罪公约》、《打击人口贩运示范法》、《欧洲理事会反人口贩运行动公约》、《2011 年欧盟反人口贩运指引》等文件的规定，对人口贩运犯罪的管辖权作出明确规定，规定属地管辖、国籍管辖和“或引渡或起诉”原则为强制性管辖原则，而被动属人管辖、保护管辖为任择性管辖原则。同时规定在出现管辖权的积极冲突时，有关缔约国的主管机关应酌情磋商，加强协调，在必要时可以移交刑事程序，以使起诉集中，利于正当司法。对于管辖权的规定，既要防止出现管辖权的积极冲突，又要避免出现管辖权的消极冲突，努力做到不管人口贩运犯罪发生在哪里，涉及哪些国家的公民，都会受到适当、有效的调查、起诉和判决，从而有效地威慑和防止人口贩运犯罪的发生，保护被害人的合法权益。

第二节　有效调查、起诉和判决的义务

《议定书》未明确要求缔约国调查、起诉或审判人口贩运案件。但是，《议定书》第 2 条明确将打击人口贩运作为其宗旨之一，而且第 4 条将具有跨国性且涉及有组织犯罪集团的人口贩运的调查和起诉纳入了《议定书》的适用范围。因此，从这些规定中可以推断出缔约国有义务适当地调查、起诉和审判人口贩运案件，使《议定书》关于人口贩运犯罪的规定得以实施。而且如果仅有将人口贩运及相关行为规定为刑事犯罪的法律，而没有有效的刑事司法活动，那么这些法律将成为一纸空文，无法有效地发挥其威慑和预防人口贩运活动、保障被害人合法权益的作用。事实上，当今世界各国以人口贩运定罪的案件数量仍非常小。在联合国毒品和犯

罪问题办公室调查的132个国家中，16%的国家自2007年至2010年从未以人口贩运定罪，18%的国家在此期间未提供任何有关以人口贩运定罪的信息，23%的国家在此期间每年以人口贩运定罪的案件数量在10个以下，25%的国家在此期间每年以人口贩运定罪的案件数量在10个至50个之间，而在此期间每年以人口贩运定罪的案件数量在50个以上的国家仅占18%。[①] 另外，由于人口贩运活动本质上是一种严重侵犯人权的行为，因而缔约国不仅有义务尽职地调查、起诉和审判人口贩运案件，还有义务在调查、起诉和审判人口贩运案件的过程中保护有关人员的人权。因此，有必要借鉴相关国际人权法，厘清缔约国有效调查、起诉和审判人口贩运案件的义务的内容。

一、尽职调查和起诉人口贩运案件的义务

正如前文所述，“尽职”已成为国际人权法上广泛接受的用于判断国家是否应该对个人或实体实施的侵犯人权行为负责的标准，也是判断一国是否已经尽职地预防、调查、惩治和纠正了人口贩运活动的标准。根据此原理，《议定书》的缔约国有义务通过有效的调查和起诉活动确保其关于人口贩运犯罪的刑法得以有效实施，而不管实施人口贩运、侵犯被害人人权的主体为国家官员还是非国家主体。在蓝特塞夫诉塞浦路斯与俄罗斯一案中，欧洲人权法院裁定，在具体案例中，如果能够证明缔约国主管机关认识到或者应该认识到使人合理怀疑某一特定个人已经遭受贩运或剥削或者有遭受贩运或剥削的现实直接危险的情况时，那么缔约国就具有了对潜在的人口贩运进行调查的程序性义务。[②] 而且为了达到有效效果，这种调查应该符合以下要求：不依赖于被害人或其近亲属的投诉或报

① UNODC, *Global Report on Trafficking in Persons* 2012, United Nations publication, Sales No. E. 13. V. 1, p. 86.

② See *Rantsev v. Cyprus and Russia*, p. 70, para. 286 and 288.

案，只要当局认识到了这种潜在的人口贩运，就应该主动进行调查；必须独立于涉案当事人；调查手段必须能够引起对应负责个人的识别与惩罚；须具有合理的快捷性；在保护被害人或其近亲属的合法利益的必要限度内，使被害人或其近亲属参与程序；在跨国人口贩运的调查中，与其他相关国家的主管机关开展有效合作。①

由于人口贩运犯罪的成功调查和起诉在很大程度上依赖于被害人的合作，因此，在衡量缔约国当局是否尽职地调查和起诉人口贩运案件时，应考虑相关的制度设计是否有利于被害人向缔约国当局投诉或报案。如果一缔约国的相关制度设计阻碍或抑制被害人的投诉或报案，那么将会直接影响缔约国调查和起诉人口贩运案件的能力。正是为了防止人口贩运者向被害人施加压力或报复被害人以阻止被害人报案或使被害人撤回报案，《欧洲理事会反人口贩运行动公约》第27条第1款明确规定，缔约国应确保至少在人口贩运犯罪部分或全部发生在其境内时，对人口贩运案件的调查和起诉不以被害人的报案或控告为前提。《2011年欧盟反人口贩运指引》第9条第1款也作出了类似规定。为了方便被害人报案，《欧洲理事会反人口贩运行动公约》第27条第2款还规定，缔约国应确保在人口贩运犯罪的发生地与被害人的居住地不一致时，被害人有权在其居住地向居住地国当局报案，而接受报案的居住国当局应毫无迟延地向犯罪发生地国的主管机关移交案件。而且为了加强对被害人的保护，消除被害人报案的后顾之忧，《欧洲理事会反人口贩运行动公约》第27条第3款进一步规定，缔约国应通过立法或其他措施，确保以打击人口贩运或保护人权为宗旨的任何团体、基金会、协会或非政府组织，可以在刑事程序进行的过程中，在被害人同意的情况下，帮助或保护被害人。《2011年欧盟反人口贩运指引》第9条第2款甚至更进一步作出规定，要求成员国采取必要措施，确保在被害人进入成年后足够长的时间内能起诉人口贩运案件。

① See *Rantsev v. Cyprus and Russia*, pp. 70 – 71, para. 288 – 289.

二、对有关官员进行培训的义务

有效地调查、起诉和审理人口贩运案件不仅需要鼓励被害人报案的制度安排，还需要训练有素、业务精干的办案队伍。培训是提高办案人员尽职办案能力的有效手段。包括《议定书》在内的国际法律文件规定了对执法、移民及其他有关官员进行培训的国家义务。在蓝特赛夫诉塞浦路斯与俄罗斯一案中，欧洲人权法院也确认了缔约国有义务对其执法官员和移民官员进行相关培训。[①] 一般认为，培训应至少注意以下几个方面：一是需要对涉及人口贩运被害人的识别或保护、人口贩运的预防、调查、起诉或裁判的一切官员和非政府组织工作人员进行专门培训，培训对象包括警察、检察官、边防检查人员、移民官员、司法人员、社会工作者、公共健康工作人员等；[②] 二是应该采用以人权为中心的方法进行培训，使执法官员认识到其保护人口贩运被害人的安全和直接利益的责任，使其敏锐地意识到被害人特别是妇女、儿童的需要，确保“拯救”行动不会进一步损害被害人的权利和尊严，不使被害人因从事与人口贩运有关的活动而受到惩罚，提高其尊重和保护被害人人权的能力等；[③] 三是培训应旨在使刑事司法官员掌握识别、调查、起诉和

---

① See *Rantsev v. Cyprus and Russia*, p. 70, para. 287.

② UN Trafficking Protocol, Article 10(2); Recommended Principles and Guidelines on Human Rights and Human Trafficking, Guideline 5, para. 7; Council of Europe Convention on Action against Trafficking in Human Beings, Article 29(3); EU Directive 2011 on Human Trafficking, Article 9(3).

③ UN Trafficking Protocol, Article 10(2); Recommended Principles and Guidelines on Human Rights and Human Trafficking, Guideline 5, para. 1, 2, 5, 6, and 8; Council of Europe Convention on Action against Trafficking in Human Beings, Article 29(3).

裁判人口贩运案件所需要的技术性技巧；[①] 四是应使相关的非政府组织参与培训，并鼓励刑事司法机构与非政府组织合作以向被害人提供必要的保护和帮助，从而提高培训的质量和效果。[②]

三、建立专门反人口贩运机构的义务

要使刑事司法机构尽职地调查、起诉和裁判人口贩运案件，除了需要对其进行必要的培训外，还有必要赋予刑事司法机构必要的权力，为其配备必要的人员与技术，向其提供必要的资源，以使其能够对人口贩运案件作出适当、有效的刑事司法应对。[③] 一支训练有素、装备精良、严格执法的刑事司法队伍将会大大地打击人口贩运者的嚣张气焰，因为这会增加人口贩运者从事人口贩运活动的风险和成本。因此，相关国际法律文件要求缔约国向刑事司法机构提供有效地调查和起诉人口贩运案件所需要的执法权力和技术工具。[④] 甚至有国际法律文件要求缔约国建立打击人口贩运、保护被害人的专门机构，并为其配备专门人员，保障此种机构和人员具有有效行使职能所需要的一定的独立性和充分的财政资源。[⑤]《欧洲理事会反人口贩运行动公约》第 29 条第 2 款，要求缔约国确保与打击人口贩运、保护被害人有关的机构的政策和行动相互协调，必

---

① UN Trafficking Protocol, Article 10(2); Recommended Principles and Guidelines on Human Rights and Human Trafficking, Guideline 5, para. 7; EU Directive 2011 on Human Trafficking, Article 9(3); Council of Europe Convention on Action against Trafficking in Human Beings, Article 29(3).

② UN Trafficking Protocol, Article 10(2); Recommended Principles and Guidelines on Human Rights and Human Trafficking, Guideline 5, para. 2 and 9.

③ See *Rantsev v. Cyprus and Russia*, p. 70, para. 287.

④ Recommended Principles and Guidelines on Human Rights and Human Trafficking, Guideline 5, para. 3; EU Directive 2011 on Human Trafficking, Article 9(4).

⑤ Council of Europe Convention on Action against Trafficking in Human Beings, Article 29(1); Recommended Principles and Guidelines on Human Rights and Human Trafficking, Guideline 5, para. 4.

要时可通过建立专门协调机构加以协调。该公约第 29 条第 4 款要求缔约国考虑任命专门监督国家机构的反人口贩运活动以及相关国内法的实施的国家报告员或其他机制。

总之，为了确保缔约国尽职地调查、起诉和裁判人口贩运活动，有效地打击人口贩运活动，有必要进一步明确《议定书》的规定，对缔约国尽职地调查和起诉人口贩运案件的义务进行厘清，例如，对人口贩运案件的调查不应以被害人的投诉或报案为前提，调查的手段应能够将人口贩运者识别出并对其予以惩罚，调查应具有一定的快捷性，必要时使被害人的近亲属参与调查，在跨国人口贩运案件的调查中与相关国家密切合作，有必要采取措施方便和鼓励被害人报案，对有关官员进行人权、技能方面的培训，建立专门、独立的打击人口贩运的机构等。

第三节　实施有效、适当惩罚的义务

惩罚是综合应对人口贩运的必要组成部分。惩罚如果与人口贩运给被害人带来的伤害以及给贩运者带来的利益不相称，就会严重破坏刑事司法应对的效果。如果对人口贩运的惩罚过轻或过松，就起不到威慑人口贩运犯罪、保护潜在被害人的作用；如果对人口贩运的惩罚过重或过严，可能会侵犯国际法所保护的人权，或者破坏国际法所保护的司法正义。而且如果不同国家对人口贩运实施不尽相同的惩罚，可能会使贩运者选择在不予惩罚或者惩罚较轻或较松的国家从事人口贩运活动，还可能会影响国际合作程序的有效性。例如，可能会影响引渡程序的顺利进行，因为可引渡的犯罪所应受到的惩罚通常需要达到一定严重程度。值得注意的是，《议定书》并没有对人口贩运的惩罚作出规定，更没有规定对人口贩运犯罪施加有效、适当的惩罚。但是，为了对人口贩运进行有效的刑事司法应对，有效地打击和遏制人口贩运犯罪，有必要借鉴相关国际法律文件的规定，结合人口贩运犯罪的特点，明确缔约国对人口贩运者实施有效、适当惩罚的义务。

一、实施有效、适当惩罚的义务

正如上文所述，为了有效地惩治和威慑人口贩运犯罪，使人口贩运被害人获得正义，有必要将作为人口贩运目的要件的剥削行为，参加有组织犯罪集团、洗钱、腐败、妨害司法、非法处置旅行或身份证件的行为等与人口贩运有关的行为，以及人口贩运行为均规定为犯罪。相应地，也应对人口贩运行为及相关行为进行有效、适当的惩罚。尽管《议定书》没有对人口贩运行为及相关行为的惩罚或制裁作出明确规定，但《联合国打击跨国有组织犯罪公约》作出了类似规定。《公约》第 11 条第 1 款要求缔约国使参加有组织犯罪集团、洗钱、腐败、妨害司法犯罪受到与其严重性相当的制裁。该条第 2 款还要求缔约国努力确保其根据国内法所享有的与起诉《公约》所涵盖的犯罪有关的法律自由裁量权的行使，能够使与这些犯罪有关的执法措施取得最大成效，并适当考虑威慑这些犯罪的必要性。此外，该条第 3 款、第 4 款和第 5 款还对审判或上诉前的释放、早释、假释、追诉时效等方面进行了规定，以确保这些方面与犯罪的严重性相称。《欧洲理事会反人口贩运行动公约》第 23 条第 1 款明确要求缔约方采取必要的立法和其他方面的措施，确保对人口贩运犯罪及相关犯罪的惩罚是有效、适当和劝阻性的，而且在犯罪者为自然人时，惩罚应包括涉及剥夺人身自由且能够引起引渡的制裁。

在对法人的制裁方面，《联合国打击跨国有组织犯罪公约》第 10 条第 4 款要求缔约国确保应负责任的法人受到有效、适度和劝阻性的刑事或非刑事制裁，包括金钱制裁。《欧洲理事会反人口贩运行动公约》第 23 条第 2 款作出了类似要求。《2011 年欧盟反人口贩运指引》第 6 条则对法人所应受到的有效、适度和劝阻性的制裁的种类进行了详细列举，包括刑事或非刑事罚款及其他制裁，如禁止享有公共福利，临时或永久取消从事商业活动的资格，置于司法监督之下，司法清盘，临时或永久关闭用于从事犯罪活动的场所。当然，《欧洲理事会打击人口贩运指引》第 23 条第 4 款也规定了临时或永久取消从事商业活动的资格以及临时或永久关闭用于从事人口贩运活动的场所这两种制裁措施，但是并没有限定适用主体仅为法人犯罪者，也可根据情况适用于自然人犯罪者。该规定旨在使缔约国"采取行动打击用作人口贩运幌子的场所，如婚姻机构、中介机构、旅行社、宾馆、陪护服务机构，同时可通过关闭用于招募或剥削人口贩运被害人的场所（如酒吧、宾馆、饭店或纺织工厂）并禁止从事人口贩运活动，以降低风险、避免出现更多的受害者"。[①]

此外，《联合国打击跨国有组织犯罪公约》、《欧洲理事会反人口贩运行动公约》、《2011 年欧盟反人口贩运指引》均对犯罪所得、犯罪所得的收益以及犯罪工具的没收和扣押进行了规定。[②] 对犯罪所得、收益和工具的没收和扣押是制裁人口贩运者的重要手段，也是有效打击作为牟利型犯罪的人口贩运犯罪的必要手段。由于将在接下来的"没收并合理使用犯罪资产的义务"部分专门论述该问题，所以不在此处展开论述。

在判断对人口贩运者实施的惩罚是否有效、适当时，应当考虑人口贩运犯罪的特点。人口贩运犯罪通常涉及招募者、运送者、剥削者等个人，由于这些人员在实施人口贩运犯罪的过程中发挥的作用大小不同，对人口贩运被害人造成的伤害不尽相同，从人口贩运活动中获得的利益大小不尽相同，因此在决定惩罚时应考虑这些因素。如果一刀切地对人口贩运犯罪规定最低的惩罚标准，而规定的最低惩罚标准又比较高时，那么这不仅不能实现对人口贩运者实施

---

① Council of Europe, Explanatory Report on the Council of Europe Convention on Action against Trafficking in Human Beings, para. 257.

② United Nations Convention against Transnational Organized Crime, Article 12; Council of Europe Convention on Action against Trafficking in Human Beings, Article 23(3); EU Directive 2011 on Human Trafficking, Article 7.

有效、适当惩罚的目的，而且会带来一系列问题。一方面，这种做法压缩了司法自由裁量权的良好行使所需要的弹性空间，畸轻畸重的惩罚均不利于威慑人口贩运犯罪、保护人口贩运被害人；另一方面，对死刑的规定可能与国际人权法发展的方向相背，而且可能成为国家间引渡程序顺利进行的障碍。更何况，人口贩运犯罪较为复杂，犯罪嫌疑人在人口贩运过程中的关系和作用十分复杂，而人口贩运犯罪往往不易侦破，因此一刀切地适用死刑难免有失公允，也无法起到有效、适当地惩罚人口贩运者的目标。

二、对加重犯罪和累犯作出规定的义务

根据人口贩运犯罪的特点或严重性决定应受到的惩罚，不失为实施有效、适当惩罚的一种合理手段。因此，可以区分贩运犯罪的严重性实施不同的惩罚。将贩运犯罪分为普通犯罪和加重犯罪似乎是大势所趋。尽管《联合国打击跨国有组织犯罪公约》和《议定书》均未提到“加重犯罪”，但是《联合国打击移民偷运议定书》第6条第3款对移民偷运犯罪的加重情形作出规定：危及或可能危及被偷运移民的生命或安全；使此种移民蒙受包括为剥削目的而实行的非人道或有辱人格的待遇。《打击人口贩运示范法》第9条对人口贩运犯罪的加重情形进行了专门规定，但是将其作为任择条款，共列举了14种加重情形：(1) 犯罪使被害人或另一人遭受严重损害或死亡，包括由自杀引起的死亡；(2) 被害人非常脆弱，包括怀孕妇女；(3) 犯罪使被害人染上了严重危及生命的疾病，包括艾滋病病毒或艾滋病；(4) 被害人身体上或精神上有残疾；(5) 被害人是儿童；(6) 犯罪涉及一名以上被害人；(7) 犯罪是作为有组织犯罪集团活动的一部分实施的；(8) 犯罪的过程中使用了毒品、药物或武器；(9) 为了贩运目的而收养儿童；(10) 犯罪分子之前有过同样或类似犯罪；(11) 犯罪分子是公共官员（公务员）；(12) 犯罪分子是被害人的配偶或婚姻伴侣；(13) 犯罪分子在与被害人的关系上处于负责地位或者受到信赖；(14) 犯罪分

子有权管理儿童被害人。值得注意的是，对被害人负责任或受其信赖的人包括被害人的父母、对被害人具有法律或事实上控制权的个人等。这些加重情形总体上可以分为四类：一是被害人为怀孕妇女、儿童、身体或精神上残疾者等弱势群体或者被害人的数量为一个以上；二是犯罪带来了严重危害，使被害人或另一人严重受伤或死亡，或者使被害人染上危及生命的疾病；三是犯罪嫌疑人的身份特殊，犯罪嫌疑人或为罪大恶极的有组织犯罪集团、累犯，或者为受人信任或应负责任的公共官员、配偶、婚姻伴侣、法定监护人或具有事实上控制权的人；四是犯罪手段恶劣，或者使用了毒品、药物或武器，或者怀着贩运的目的收养儿童。

《欧洲理事会反人口贩运行动公约》第 24 条也对人口贩运犯罪的加重情形作出了专门规定，分为四种：由于故意或严重疏忽而严重危及了被害人生命；犯罪对象为儿童；犯罪由公共官员在履行职务过程中实施；犯罪由有组织犯罪集团实施。值得注意的是，这些情形均为《打击人口贩运示范法》所涵盖。《2011 年欧盟反人口贩运指引》第 4 条第 1 款对人口贩运犯罪的惩罚作出了专门规定，要求缔约国将人口贩运犯罪规定为可处以最高刑为 5 年以上有期徒刑的犯罪，这既与《联合国打击跨国有组织犯罪公约》关于“严重犯罪”的界定相一致，又给司法裁量留下了充分的自由裁量空间。该条第 2 款和第 3 款对可处以最高刑为 10 年以上有期徒刑的加重情形进行了规定，总体上包括五种情形：被害人特别脆弱，至少包括儿童；犯罪在有组织犯罪集团的框架内实施；由于故意或严重疏忽而危及了被害人的生命；犯罪由公共官员在履行职务过程中实施；犯罪以严重暴力的方式实施或对被害人造成了特别严重的危害。值得注意的是，前四种情形与《欧洲理事会反人口贩运行动公约》的规定基本一致，但是第一种情形显然不仅限于被害人为儿童，还包括处于弱势地位的其他被害人。而最后一种情形（犯罪以严重暴力的方式实施或对被害人造成了特别严重的危害）是《2011 年欧盟反人口贩运指引》所独有的，而且极具概括性，虽然不能涵盖《打击人口贩运示范法》关于犯罪嫌疑人具有特殊身份的规定，也不能涵盖关于使用毒品、药物实施犯罪或怀着贩运目的收养儿童的规定，但是其涵盖的情形在某些方面足以超过《打击人口贩运示范法》所列举的情形。

要使施加的惩罚既有效又适当，除了要根据人口贩运犯罪的特点或严重性区分普通犯罪与加重犯罪，还要对国际累犯作出规定。人口贩运犯罪通常由有组织犯罪集团跨越国界实施，而这些有组织犯罪集团的成员可能在一个以上国家因人口贩运犯罪受到过审判和定罪。在国内层面上，许多国家的法律制度规定，如果犯罪嫌疑人之前因人口贩运犯罪或类似犯罪被定罪，则应受到更加严厉的惩罚。一般而言，只有之前由本国法院进行的定罪才能作为累犯的条件，导致更加严厉的惩罚。传统上，之前由外国法院进行的定罪往往不被承认，这是因为刑法属于一国主权管辖范围内的事项，而不同国家的刑法可能存在较大差异，并且一国往往不信任他国法院作出的决定。[1] 但是，随着犯罪的日益国际化，各国的刑法标准日益国际化。特别是随着《公民权利和政治权利国际公约》等国际人权公约缔约国数量的扩大及其付诸实施，对其他国家司法系统的信任度也在不断提升，对外国法院刑事判决的承认日益增多。积极承认外国法院的刑事判决已成为日益强劲的发展趋势。[2] 因此，承认之前外国法院作出的有关人口贩运犯罪的判决，并在确定人口贩运者所应受到的惩罚时考虑这一判决而施加更加严厉的惩罚，应该会成为未来发展的趋势。《欧洲理事会反人口贩运行动公约》第 25 条明确要求缔约国采取立法和其他措施规定在向人口贩运者施加惩罚时考虑其他缔约国已通过的关于人口贩运犯罪的终审判决，以解

---

① Council of Europe, Explanatory Report on the Council of Europe Convention on Action against Trafficking in Human Beings, para. 265.

② 参见苏彩霞：《论外国刑事判决在我国的效力——我国刑法第 10 条之反思》，载京师刑事法治网：http://www.criminallawbnu.cn/criminal/Info/showpage.asp?pkID=8383，2006 年 6 月 9 日，最近一次访问时间：2014 年 7 月 16 日。

决国际层面缺乏关于累犯的标准概念且部分国家根本没有累犯这一概念的问题。[①] 当然，此规定并没有向缔约国法院或起诉机构施加采取措施查清受其起诉的人口贩运者是否已被另一缔约国的法院作出终审判决的积极义务。[②]《打击人口贩运示范法》第9条将“犯罪分子之前犯过同样或类似犯罪”作为加重犯罪的情形之一，虽然在效果上承认了累犯的存在，但是并没有明确是否包括之前在外国犯过的同样或类似犯罪。但是，结合国际累犯发展的趋势，应将此规定理解为包括在外国犯过的同样或类似犯罪的情形。

综上所述，为了切实起到既在国际层面有效惩治、威慑人口贩运犯罪，又充分保护被害人和犯罪嫌疑人的人权，保障国际刑事司法合作顺利进行的作用，有必要完善《议定书》的规定，明确规定对人口贩运及相关行为进行有效、适当的惩罚，对法人犯罪的惩罚以及犯罪所得和工具的没收与扣押作出明确而详细的规定。同时，要根据人口贩运的特点和严重性，区分人口贩运犯罪的通常情形与加重情形，并对加重情形进行详细规定。另外，要对国际累犯作出明确规定，明确缔约国在确定人口贩运者所应受到的惩罚时，应考虑之前其他国家法院作出的关于人口贩运犯罪的终审判决，从而对人口贩运者施加更加严厉的惩罚。

---

① Council of Europe, *Explanatory Report on the Council of Europe Convention on Action against Trafficking in Human Beings*, para. 268.

② Council of Europe, *Explanatory Report on the Council of Europe Convention on Action against Trafficking in Human Beings*, para. 270.

第四节 没收并合理使用犯罪资产的义务

一、没收和扣押犯罪资产的义务

人口贩运是一种公认的利润较高而风险又较低的犯罪。① 人口贩运已经成为仅次于毒品贩运和武器贩运获益最丰的跨国有组织犯罪。② 据估计，人口贩运者或剥削者每年所获非法收益达320亿美元。③ 而人口贩运活动的组织者和资助者又往往不直接参与人口贩运活动。因此，要通过调查找到充分的证据来起诉这些组织者和资助者并非易事。而且即使遭到了起诉和惩罚，人口贩运者通常仍能享用所获得的非法收益，并将其用于维持人口贩运活动的持续进行。更何况，越来越多的人口贩运者借助专业的机构和人员，如赌场、现金密集型企业、进出口公司、前台公司、地下银行等，对其

① 人口贩运之所以被认为风险较低，有很多原因，例如，人口贩运犯罪通常隐藏于非法移民、卖淫（部分国家）等犯罪之中，造成刑事司法人员将重心放在了移民身上，而不是人口贩运者身上；再如，人口贩运犯罪的调查和起诉通常需要跨越国界，而跨国调查和取证在实践中难度较大；又如，由于多种原因，很难从贩运被害人那里获得证据等。

② Nassir Abdulaziz Al - Nasser (President of the 66th Session of General Assembly of the United Nations), *Speech on the Occasion of the Second Ministerial Meeting of the Group of Friends United against Human Trafficking*, New York, 2011, at http://www.un.org/en/ga/president/66/statements/trafficking260911.shtml (last visited 1 July 2014); INTERPOL, *INTERPOL Call for Private Sector to Help Fight Human trafficking*, Lyon, 2006, at http://www.interpol.int/News - and - media/News - media - releases/2006/N20060124b (last visited 1 July 2014).

③ United Nations Office on Drugs and Crime, *The Globalization of Crime: A Transnational Organized Crime Threat Assessment*, p. 39, Vienna, 2010; International Labor Organization, *A Global Alliance Forced Labor*, p. 55, Geneva, 2005.

获得的非法收益进行清洗。① 因此，为了有效地打击人口贩运，有必要对人口贩运者通过人口贩运及相关犯罪所获得的非法收益和资产进行追查和没收，使人口贩运的资助者、组织者和受益人无法取得收益。这样，既有利于获得起诉人口贩运所需要的证据，打击了人口贩运者，又增加了人口贩运活动的风险和成本，降低了人口贩运犯罪的吸引力，威慑了潜在的人口贩运犯罪。

由于人口贩运犯罪通常跨越多个国家，而且人口贩运者为了逃避对人口贩运犯罪和犯罪资产的追查通常会进行一系列隐瞒或掩饰犯罪所得的来源和性质的活动，所以从人口贩运犯罪及相关犯罪中获得的收益可能不在贩运者的居住国，也可能不在犯罪发生地国。为了防止出现人口贩运犯罪的避风港，有必要加强国家间在冻结和没收跨国犯罪资产和收益方面的国际合作。事实上，《议定书》并未规定没收和扣押犯罪所得的义务。但是，《联合国打击跨国有组织犯罪公约》第12条和第13条对辨认、追查、冻结、扣押和没收犯罪所得及工具的义务以及在没收方面进行国际合作的义务进行了详细规定。由于《议定书》应连同《公约》一并解释，而且《公约》的规定经过适当变通后适用于《议定书》，因此《公约》关于犯罪资产的没收和扣押及没收事宜的合作的规定适用于《议定书》。根据《公约》第2条的解释，“没收”在适当的情况下包括充公，指根据法院或其他主管当局的命令对财产实行永久剥夺，而“冻结”或“扣押”是指根据法院或其他主管当局的命令暂时禁止财产转移、转换、处置或移动，或对之实施暂时性扣留或控制。显然，“冻结”和“扣押”是为最终实施“没收”而采取的临时的预防性强制措施，“没收”是“冻结”和“扣押”的出发点和落

① See The Financial Action Task Force (FATF), *FATF Report: Money Laundering Risks Arising from Trafficking in Human Beings and Smuggling of Migrants*, July 2011, para. 137 - 139, at http://www.fatf-gafi.org/media/fatf/documents/reports/Trafficking%20in%20Human%20Beings%20and%20Smuggling%20of%20Migrants.pdf (last visited 1 July 2014).

脚点。没收和扣押的对象包括“犯罪所得”，用于或拟用于犯罪的财产、设备或其他工具，犯罪所得所转变成的财产，犯罪所得与从合法来源获得的财产相混合形成的财产，以及从上述除犯罪工具之外的财产中获得的收入或其他利益。其中的“犯罪所得”是指直接或间接地通过犯罪而产生或获得任何财产，而“财产”是指各种资产，不论其为物质的或非物质的、动产或不动产、有形的或无形的，以及证明这些资产的所有权或权益的法律文件或文书。就人口贩运犯罪而言，作为没收和扣押对象的犯罪资产包括财产和金钱，例如，从人口贩运被害人的服务或对被害人的剥削中获得的利益，被害人支付的成本（如在被害人通过人口偷运者非法进入目的地国后陷入人口贩运境地时向贩运者支付的用于办理护照、签证的费用及运输的费用)，用于运输被害人的车辆，进行剥削的工厂、妓院、船舶、农场，将被害人转手卖给另一贩运者时取得利益，被害人无偿服务的价值，以及本应向被剥削者支付的工资等。《公约》第 12 条第 6 款还要求缔约国确保其法院或其他主管当局有权为了辨认、追查、冻结、扣押和没收犯罪资产而命令提供或扣押银行、财务或商务记录。

为了促进缔约国间在犯罪资产没收方面的国际合作，《公约》第 13 条第 1 款要求缔约国在收到另一对所涉犯罪具有管辖权的缔约国关于没收犯罪所得和犯罪工具的请求时，在其国内法允许的范围内最大可能地将此种请求提交其主管当局，以便能够取得没收令并在取得没收令时予以执行，或者将请求缔约国的法院所签发的没收令提交主管当局执行。可见，在犯罪资产没收方面的国际合作有两种基本形式，一是被请求国根据请求国的请求签发没收令并予以执行，二是被请求国直接执行请求国的没收令。显然，后一种形式的国际合作涉及外国刑事判决的承认和执行，而刑法通常是一国主权管辖范围内的事，因而这种国际合作对缔约国的主权让渡要求较高。但是，无论哪一种形式的国际合作，均可能触及缔约国的刑法，因而《公约》规定这些国际合作不能超越国内法允许的范围。

《公约》第13条第2款还要求缔约国在收到另一对所涉犯罪具有管辖权的缔约国的请求时，采取措施辨认、追查、冻结或扣押犯罪所得和犯罪工具，以便由请求缔约国或者被请求缔约国最终下令予以没收。值得注意的是，此种形式的国际合作义务是强制性的，不允许缔约国根据其国内法的规定予以拒绝。当然，根据《公约》第13条第3款，这些关于没收事宜国际合作的规定，受《公约》关于司法协助的规定的制约。

正因为《公约》关于犯罪资产没收和扣押、没收事宜国际合作的规定以及《公约》和《议定书》的关系，《联合国建议采用的人权与人口贩运问题原则和准则》明确要求缔约国在适当的案件中，冻结和没收涉嫌人口贩运犯罪的个人和法人的资产，并从法律上对人口贩运犯罪及相关犯罪的所得与工具的没收进行规定。[①]《欧洲理事会反人口贩运行动公约》在第23条“制裁与措施”条款中，要求缔约国采取必要的立法和其他措施，没收或剥夺人口贩运犯罪及相关犯罪的工具、所得或价值与此种所得相当的财产，将没收或剥夺犯罪工具及所得作为打击人口贩运犯罪的一个有效武器。《2011年欧盟反人口贩运指引》第7条也专门规定了扣押和没收人口贩运及相关犯罪的工具和所得的义务。

值得注意的是，《欧洲理事会反人口贩运行动公约》与《2011年欧盟反人口贩运指引》关于人口贩运犯罪及相关犯罪的工具和所得的没收的规定均比较简洁。之所以出现这种现象，是因为在欧洲已有一个于1993年生效的《欧洲理事会关于清洗、搜查、扣押和没收犯罪收益的公约》[②]，该公约已对犯罪收益的辨认、追查、

① OHCHR, *Recommended Principles and Guidelines on Human Rights and Human Trafficking* (UN Trafficking Principles and Guidelines), E/2002/68/Add. 1, New York and Geneva, 2002, Principle 16 and Guideline 4.4.

② Council of Europe, Council of Europe Convention on Laundering, Search, Seizure and Confiscation of the Proceeds from Crime, CETS No. 141. 该公约于1990年11月8日签署，并于1993年9月1日生效，截至2014年7月1日，已有48个缔约国批准了该公约。

冻结、扣押和没收及相关的国际合作作出了详细规定，没有必要在这些关于打击人口贩运犯罪的专门公约或指引中进行重复规定。正如《关于欧洲理事会反人口贩运行动公约的解释性报告》所指出的那样，《欧洲理事会反人口贩运行动公约》关于犯罪工具和所得的没收或剥夺的规定应结合《欧洲理事会关于清洗、搜查、扣押和没收犯罪收益的公约》一并解释。[①] 而将该反洗钱公约与《联合国打击跨国有组织犯罪公约》关于犯罪工具和所得的没收及相关国际合作的规定进行对照，不难发现后者许多规定借鉴了前者的内容，甚至在措辞表达上完全一致。

二、合理使用没收资产的义务

一般而言，没收的犯罪资产的处置由一国根据国内法和行政程序规定。但是，犯罪资产的处置可能会直接影响人口贩运被害人的赔偿，特别是当人口贩运者除了犯罪资产之外没有足够的能力支付被害人应得的赔偿时，更是如此。而且即使人口贩运者在犯罪资产之外有充分的资产用来支付被害人的赔偿，从没收人口贩运犯罪工具和所得中获得的资产也应该用于预防、起诉、打击人口贩运以及保护和帮助被害人的事业。将犯罪资产的没收与人口贩运被害人的保护和帮助结合起来，符合以人权为基础的方法[②]，既有利于打击人口贩运者，又有利于使被害人获得正义。尽管《议定书》第6条第6款确立了对被害人的损害进行赔偿的义务，但是没有明确如何确保对被害人的损害进行赔偿。毫无疑问，对犯罪资产的没收直接影响人口贩运者的赔偿能力，直接影响被害人获得的赔偿。因此，为了履行《议定书》关于对被害人进行赔偿的义务，有必要

① Council of Europe, Explanatory Report on the Council of Europe Convention on Action against Trafficking in Human Beings, para. 254.

② Human Rights Council, Report of the Special Rapporteur on trafficking in persons, especially women and children, Joy Ngozi Ezeilo, A/HRC/20/18, June 6, 2012, p. 20, para. 80.

对没收资产的合理使用问题进行规定，确保没收资产的处置有利于维护被害人的利益，特别是要确保被害人获得应得的赔偿。

有必要依据《联合国打击跨国有组织犯罪公约》关于没收犯罪资产的处置的规定，明确合理使用没收资产的义务。《公约》第14条第1款专门对没收的犯罪资产的处置问题进行了明确规定，规定没收犯罪资产的处置由缔约国依据其国内法和行政程序进行。但是，《公约》第14条第2款要求缔约国在另一缔约国请求进行没收事宜的国际合作时，应在其国内法允许的范围内并在对方发出此种请求的情况下，优先考虑将没收的犯罪资产返还请求国，以便请求国能对犯罪被害人进行赔偿或者将犯罪资产返还其合法所有人。可见，在进行没收事宜的国际合作时，应优先考虑使犯罪被害人获得赔偿或者使合法所有人获得犯罪资产，而不是在相关缔约国间分享犯罪资产或者用于其他用途。但是，这种优先考虑应符合被请求缔约国的国内法，而且以请求缔约国提出返还犯罪资产以赔偿犯罪被害人或返还合法所有人的请求为前提。因此，《公约》关于返还没收的犯罪资产以赔偿被害人的规定并不具有强制性。值得注意的是，《公约》第14条第3款还要求缔约国在进行没收事宜的国际合作时，可特别考虑缔结协定或安排，旨在将犯罪资产的全部或一部分捐给用于资助向发展中国家和经济转型期国家提供实施公约方面的技术援助的账号，或者捐给专门打击有组织犯罪的政府间机构，或者旨在与其他缔约国经常地或者逐案地分享没收的犯罪资产。当然，这方面的要求更加不具有强制性，允许缔约国自由决定是否作出此种特别考虑。由于《议定书》应连同《公约》一并解释，而且《公约》的条款经过适当变通后适用于《议定书》，而《公约》上述规定又没有限定仅适用于某些类型的犯罪，如参加有组织犯罪集团、洗钱、腐败、妨害司法犯罪等，因而这些规定应适用于《议定书》规定的人口贩运犯罪。因此，《议定书》缔约国有义务在另一缔约国提出没收事宜的国际合作时，优先考虑将人口贩运犯罪及相关犯罪的资产返还被请求国，以赔偿人口贩运被害人，而且可以特别考虑缔结条约或安排，旨在将没收的犯罪资产的全部或一部分捐给联合国人口贩运被害人自愿信托基金，或者捐给专事人口贩运打击或被害人保护与援助的政府间或非政府国际组织，或者旨在与其他缔约国经常地或者逐案地分享没收的犯罪资产。

尽管人口贩运者有义务对贩运被害人进行赔偿，不管是由民事法院作出指令还是由刑事法院作出指令，但是，事实上被害人很少能获得全部赔偿，因为要么找不到人口贩运者，要么人口贩运者失踪了，要么人口贩运者已宣告破产了。因此，有必要确保人口贩运被害人获得赔偿，而不管人口贩运者是否能对被害人进行赔偿。所以，《欧洲理事会反人口贩运行动公约》第 15 条第 4 款更进一步要求缔约国采取立法或其他必要措施，确保根据其国内法确定的条件使被害人获得赔偿，包括通过建立由没收的犯罪资产作为资金来源的被害人赔偿基金或旨在为被害人提供社会援助和社会融合的措施或项目。显然，与逐案地用没收来的犯罪资产赔偿人口贩运被害人相比，建立专门的由没收的犯罪资产作为资金来源的人口贩运被害人赔偿基金对人口贩运被害人进行赔偿，更有利于确保被害人获得赔偿，而不管具体案件中的人口贩运者是否实际上能够赔偿被害人。但是，这种对被害人进行赔偿的方式只是建议性的，并非强制性的。同样，《2011 年欧盟反人口贩运指引》也只是鼓励缔约国将扣押和没收的犯罪资产用于帮助和保护人口贩运被害人，包括对被害人的赔偿和跨境执法活动，并没有要求缔约国必须采取此种措施。[①] 因此，还可以借鉴上述国际法律文件的规定，对《议定书》下以没收的犯罪资产对人口贩运被害人进行赔偿的义务进行明确，除了要求缔约国在没收事宜的国际合作方面优先考虑将没收的犯罪资产用于赔偿人口贩运被害人之外，应鼓励缔约国建立专门的人口贩运被害人赔偿基金，可以将没收的犯罪资产作为资金来源。当然，没收的犯罪资产只是旨在向被害人进行赔偿的人口贩运被害人

① See EU Directive 2011 on Human Trafficking, at (13).

赔偿基金的来源之一，并不能代替其他资金来源。

综上所述，有必要依据《联合国打击跨国有组织犯罪公约》关于没收犯罪资产的处置的规定，明确《议定书》下合理使用没收资产的义务，将没收犯罪资产的使用与被害人的保护和帮助特别是被害人的赔偿结合起来，明确要求缔约国采取必要措施尽量确保没收的犯罪资产用于向被害人提供赔偿，确保在没收事宜的国际合作中，优先考虑将没收的犯罪资产返还被请求缔约国，以便对被害人进行赔偿，尽可能建立专门的人口贩运被害人赔偿基金，将没收来的犯罪资产作为其资金来源之一。

第五节　国际合作的义务

尽管组成人口贩运的各要件（行为要件、手段要件、目的要件）均可同时发生在一国境内，人口贩运者、被害人及相关犯罪证据均在一国境内，因而没必要进行国际合作。但是，人口贩运犯罪通常较为复杂，组成人口贩运犯罪的各要件及各要件的组成部分通常分布在一个以上的国家境内，人口贩运者、被害人及犯罪证据通常处于不同国家。因而，在某些人口贩运犯罪的调查和起诉中，进行国际合作是必要的，一方面可以避免出现人口贩运者的避风港，另一方面可以使缔约国更好地履行调查和起诉人口贩运犯罪的义务。尽管《议定书》把促进缔约国在预防和打击人口贩运及保护和帮助被害人方面的国际合作作为其三大宗旨之一，但是《议定书》并没有对缔约国在调查和起诉人口贩运犯罪方面进行国际合作的义务作出明确、具体的规定。这是因为《公约》已对此义务作出了详细规定，而且《议定书》应连同《公约》一并解释，《公约》规定经过适当变通后适用于《议定书》。因此，有必要结合《公约》及相关的国际法律文件对此义务进行明确。

一、引渡的义务

引渡是指被请求国应请求国的请求将犯罪嫌疑人或已决犯交请求国起诉或惩罚的一种程序。① 正如上文所述，由于人口贩运经常具有跨国性且较为复杂，作为起诉对象的人口贩运者通常为另一国国民，处于起诉国境外。而且人口贩运者也会为了逃避起诉和惩罚而故意逃到另一个国家，这就使得引渡成为起诉人口贩运者的必要条件。引渡的法律依据可以为双边或多边条约，也可以为国内法，或者同时以条约和国内法为依据。一国究竟以条约还是以国内法作为引渡的依据，取决于国际法在该国的地位和作用。具有多边条约性质的《议定书》并没有对包括引渡在内的国际刑事司法合作作出明确规定。具有多边条约性质的《公约》则对引渡作出了详细规定。只有依据《公约》对《议定书》下引渡人口贩运者的义务进行明确，才能纠正某些缔约国对这一义务的错误看法，缔约国才有可能直接依据这一义务进行引渡，或者将这一义务在国内法中作出规定，从而依据国内法进行引渡合作。引渡义务主要涉及可引渡的犯罪种类以及被请求引渡人应享有的公正待遇与人权两个方面。

首先是可引渡的犯罪种类。根据《公约》规定，可引渡的人口贩运犯罪包括：符合双重犯罪要求（根据被请求缔约国和请求缔约国的法律均构成犯罪且应受到惩罚）、具有跨国性、涉及有组织犯罪集团且属于严重犯罪的人口贩运活动；② 符合双重犯罪要求、涉及有组织犯罪集团且被请求引渡人在被请求国境内的人口贩运犯罪（不具有跨国性或严重性）；③ 被请求引渡人虽在被请求国境内却不涉及有组织犯罪集团或根据被请求国的法律不构成犯罪的人口贩运犯罪

① Malcolm N. Shaw, *International Law*, p. 686.

② United Nations Convention against Transnational Organized Crime, Article 16(1) and Article 3(1); UN Trafficking Protocol, Article 4.

③ United Nations Convention against Transnational Organized Crime, Article 16(1) and Article 3(1); UN Trafficking Protocol, Article 16(1).

（不具有跨国性或严重性）。[1]《公约》关于可引渡犯罪的规定符合国际社会关于可引渡犯罪的一般性要求：符合双重犯罪要求而且达到一定严重性（如可判处一定刑期以上的有期徒刑）。[2] 当然，对于前两种人口贩运犯罪，缔约国必须将其规定为可引渡的犯罪，而第三种犯罪可由缔约国自己决定是否规定为可引渡的犯罪。《公约》第16条第3款和第6款要求缔约国必须将前两种人口贩运犯罪在任何现有的和未来的引渡条约中规定为可引渡的犯罪，或者在国内法中规定为可引渡的犯罪，而对于第三种犯罪，只是建议缔约国将其规定为可引渡的犯罪。此外，《公约》第16条第2款还要求缔约国依据其国内法尽量加快引渡人口贩运犯罪的程序，并简化相关的证据要求。这说明国际社会认识到引渡包括人口贩运犯罪在内的跨国有组织犯罪是一种极其复杂、耗时的国际合作程序，需要通过简化程序、加快进程来更加有效地打击人口贩运活动。

尽管《欧洲理事会反人口贩运行动公约》与《2011年欧盟反人口贩运指引》仅概括性地要求缔约国在与人口贩运犯罪有关的调查和惩罚中进行国际合作，[3] 并未对人口贩运犯罪的引渡和司法协助问题作出明确规定，但是并不妨碍欧洲理事会成员国对人口贩运犯罪实施引渡和司法协助。这是因为在欧洲已存在诸多规范引渡

---

① United Nations Convention against Transnational Organized Crime, Article 16(1) and Article 3(1); UN Trafficking Protocol, Article 16(2).

② 根据《联合国打击跨国有组织犯罪公约》第3条，《公约》仅适用于具有跨国性且涉及有组织犯罪集团的严重犯罪、参加有组织犯罪集团、洗钱、腐败、妨碍司法犯罪，因而《议定书》规定的人口贩运犯罪若要受到《公约》规制，就必须属于具有跨国性且涉及有组织犯罪集团的严重犯罪，这也与《议定书》第4条规定的适用范围相一致。而根据《公约》第2条的规定，严重犯罪系指构成可受到最高刑至少4年的剥夺自由或更严厉处罚的犯罪的行为。可见，《议定书》规制的人口贩运犯罪属于严重犯罪。

③ Council of Europe Convention on Action against Trafficking in Human Beings, Article 24; EU Directive 2011 on Human Trafficking, at (5)

和司法协助问题的公约，如《欧洲引渡公约》①、《欧洲刑事事项相互协助公约》②、《欧洲理事会关于清洗、搜查、扣押和没收犯罪收益的公约》等，没有必要在专门性的反人口贩运公约中对这些问题进行重复规定。值得注意的是，《欧洲理事会反人口贩运行动公约》第13条第1款明确要求缔约国向自然人犯罪者施加足以引起引渡的剥夺自由惩罚。需要说明的是，根据《欧洲引渡公约》第2条第1款的规定，可引渡的犯罪必须是根据请求国和被请求国的法律均应处剥夺自由或者最高期限为1年以上监禁或者更严厉惩罚的犯罪。该规定也体现了符合双重犯罪且达到一定严重性的引渡要求。

其次是被请求引渡人应享有的公正待遇与人权。有效的刑事司法应对不仅需要对人口贩运者进行快捷、高效的引渡，以实现对人口贩运者的起诉和惩罚，而且还需要在引渡程序中尊重和保护人口贩运者的人权，使人口贩运者获得公正待遇，以保障引渡程序的顺利进行。在人权保护日益主流化的今天，国家间在人权保护层次和水平方面的差异日益成为影响引渡程序顺利进行的障碍，严重影响被请求国对请求国的信任和信心。因此，《公约》第10条明确要求缔约国在引渡程序的所有阶段确保被请求引渡人获得公正待遇，包括根据其所在国国内法应享有的权利与保障。事实上，《公约》要求可引渡的犯罪符合双重犯罪的原则，根据被请求缔约国和请求缔约国的法律均构成犯罪，在一定意义上也是确保被请求引渡人获

---

① 参见 European Convention on Extradition, CETS No. 024。该公约于1957年12月13日开放供欧洲理事会成员国或非成员国签署，并于1960年4月18日生效。截至2014年7月1日，已有50个缔约国批准了该公约，其中，以色列、韩国、南非不是欧洲理事会成员国。

② 参见 European Convention on Mutual Assistance in Criminal Matters, CETS No. 030。该公约于1959年4月20日开放供欧洲理事会成员国或非成员国签署，并于1962年6月12日生效。截至2014年7月1日，已有50个缔约国批准了该公约，其中，以色列、韩国、智利不是欧洲理事会成员国。

得公正待遇的一个重要方面。此外，《公约》第10条间接地承认了国民引渡例外，即当被请求引渡人为被请求缔约国国民时，被请求缔约国可以拒绝引渡。这在一定程度上，既维护了被请求缔约国的主权（属人管辖权），又可保证被请求引渡人获得公正待遇。《公约》还规定了政治犯不引渡原则（政治迫害不引渡原则），规定当被请求缔约国有充分理由认为请求引渡的目的是将以其性别、种族、民族、宗教、国籍或政治观点为由起诉或惩罚被请求引渡人，或者按该引渡请求行事将使该人的地位因上述任一原因而受到损害时，可以拒绝引渡请求。[①]《公约》的这些规定与国际人权法上的禁止歧视原则相一致，[②] 有利于保护被请求引渡人的人权，使其获得公正待遇，防止受到政治迫害或不公正审判。但是，为了确保作为被请求引渡人的人口贩运者获得公正待遇，尊重和保护其人权，除了要遵守上述双重犯罪原则、国籍例外、政治犯罪例外原则

① United Nations Convention against Transnational Organized Crime, Article 16(14). 当然，《公约》规定的这一引渡例外情形究竟是否属于政治犯不引渡，仍存在较大争议。例如，黄风教授认为此类条款属于“防止迫害”的条款，与政治犯罪例外条款在性质上不同，前者针对的是请求国的追诉活动，旨在防止这种追诉活动侵犯基本人权，而后者针对的是被请求引渡人的行为。见黄风：《国际引渡合作规则的新发展》，载《比较法研究》2006年第3期，第34页。再如，赵秉志教授认为，这类防止被请求引渡人遭受政治迫害或不公正审判的条款应该归入广义的政治犯不引渡原则。见赵秉志、陈一榕：《试论政治犯罪不引渡原则》，载《现代法学》2001年第1期，第47页。马德才教授持类似观点，认为这类“政治迫害（追诉）”条款是政治犯不引渡原则的补充条款，是政治犯不引渡原则的发展趋势之一，体现了国际社会的着眼点从分析被指控行为的政治性转向分析请求国追诉行为的政治性，是在国际社会缺乏统一的政治犯罪概念的情况下使复杂问题简单化的一种行之有效的方法，因而属于政治犯不引渡原则的范畴。见马德才：《政治犯不引渡原则的发展趋势探析——兼论我国〈引渡法〉的完善》，载《江西社会科学》2009年第2期，第145～146页。笔者赞成将“政治迫害不引渡”纳入政治犯不引渡原则的范畴，尽管这类条款与传统上的政治犯不引渡原则的含义不一致，但是其关注请求国追诉活动或引渡目的的政治性质，与传统的政治犯不引渡原则目的相同，均是为了防止被请求引渡人遭到政治迫害。而且《欧洲引渡公约》关于“政治犯罪”的第3条明确将“政治迫害不引渡”条款纳入了其范畴。

② See International Covenant on Civil and Political Rights, Article 2(1).

外，还有必要借鉴其他国际法律文件通常规定的其他原则，对《公约》这些规定进行完善，使《议定书》下确保被请求引渡人获得公正待遇的义务更加清晰、合理。

双重危险原则（一罪不二审原则）是确保被请求引渡人获得公正待遇的另一个重要原则，即被请求国在被请求引渡人已经因引渡所涉犯罪受到审判并被惩罚或开释时，拒绝予以引渡。该原则传统上仅适用于一国范围内的起诉，一国不得再以相同原因起诉和惩罚已在该国受过起诉和惩罚的个人。例如，《公民权利和政治权利国际公约》第14条第7款规定，禁止再次审判或惩罚那些已根据缔约国的法律和刑事程序被最终定罪或开释的个人。《公民权利和政治权利国际公约》该条规定仅适用于在一个缔约国境内进行审判的情形。[①] 目前，该原则已扩展适用于国际双重危险的情形，即当被请求引渡国发现某一个人已因为引渡请求所涉犯罪受到本国审判或惩罚时，不得再以同一原因对该人进行审判或惩罚，因而有权拒绝以同一原因作出的针对该个人的引渡请求。例如，《欧洲引渡公约》第9条对双重危险原则作出了规定，规定被请求引渡缔约国应在被请求引渡人已因引渡请求所涉犯罪受到被请求国主管机关最终判决时拒绝该引渡请求，而且该原则还适用于被请求缔约国主管机关已决定不启动或者终止相关程序的情形。当然，在被请求国发现被请求引渡人已受到第三国审判或惩罚时是否会拒绝针对该人的引渡请求这一问题，由于涉及外国刑事判决的承认问题，因而变得更加复杂。但是从双重危险（一罪不二审）原则旨在确保涉案人员获得公正待遇的目的出发，这种涉及外国刑事判决的承认问题的双重危险原则值得提倡。

事实上，《国际刑事法院罗马规约》也对一罪不二审原则进行了规定，规定除非规约另有规定，国际刑事法院不得再次审理已由

---

① A. P. v. Italy, Communication No. 204/1986, U. N. Doc. Supp. No. 40（A/43/40）, p. 242 , para. 7. 3.

国际刑事法院定罪或开释的犯罪行为，而且其他法院也不得再次审理已由国际刑事法院定罪或开释的犯罪行为。[①] 另外，根据规约第 20 条第 3 款，国际刑事法院不得再次审理已由其他法院定罪或开释的犯罪行为，除非其他法院进行程序的目的是使涉案人员通过逃避国际刑事法院的管辖来逃避刑事责任，或者其他法院进行的程序并没有根据国际法承认的正当程序规则独立地或者公正地进行，而且该程序进行的方式与确保将涉案人员绳之以法的目的相违背。显然，《国际刑事法院罗马规约》关于一罪不二审原则的规定，虽然在一定程度上有利于使涉案人员获得公正待遇，但其主要目的应该是维护国际刑事法院的权威，保障其管辖权，确保涉案人员被绳之以法。当然，这些关于一罪不二审原则的规定，与缔约国向国际刑事法院交出涉案人员的程序密切相关，有利于使涉案人员获得公正待遇。[②] 因此，在完善《议定书》的规定、明确引渡义务的内容时，可考虑引入双重危险（一罪不二审）原则，要求缔约国在其国内法允许的范围内，拒绝向另一缔约国引渡其犯罪已被该被请求缔约国或者第三国惩罚或开释的人口贩运者。

另一个可确保作为被请求引渡人的人口贩运者获得公正待遇的原则是罪名特定原则，即引渡请求国对其引渡回的罪犯只能就引渡请求所涉的犯罪进行审判或处罚，不得对其他犯罪进行审判或处罚。[③] 罪名特定原则旨在防止请求国滥用引渡程序，以某一犯罪为理由将罪犯引渡回其境内后以其他罪名，如属于不可引渡的政治罪，对其进行起诉或惩罚。例如，《欧洲引渡公约》第 14 条第 1

---

① Rome Statute of the International Criminal Court, 3 UNTS 2187, Articles 20(1) and 20(2). 该规约于 1998 年 7 月 17 日签署，并于 2002 年 7 月 1 日生效，截至 2014 年 7 月 1 日，已有 139 个国家签署了该规约，122 个国家批准了该规约，中国既未签署又未批准。

② Ibid., Article 89. 根据《国际刑事法院罗马规约》第 102 条的解释，依据该规约将涉案人员交给国际刑事法院的行为属于“交出”，而一国依据条约、公约或国内法将涉案人员交给另一国的行为属于“引渡”。

③ 赵建文主编：《国际法新论》，法律出版社 2000 年版，第 213 页。

款专门对这一原则作出规定：引渡请求国在将被请求引渡人引渡回其境内后，不得就被请求引渡人在引渡前所犯的、引渡请求所涉犯罪以外的犯罪，对被请求引渡人进行起诉、惩罚或拘留，也不得以任何其他理由限制其人身自由，除非被请求国同意这样做，或者被请求引渡人在被最终释放后本有机会离开请求国，但在该释放后45天内没有离开，或者在离开后又返回到了请求国境内。可见，罪名特定原则是可以有例外的，不管是被请求国同意，还是被请求引渡人以自身行为表示放弃罪名特定原则的保护，均不构成对引渡程序的滥用。而且根据该公约第14条第2款，罪名特定原则并不影响请求国采取必要措施将被请求引渡人驱逐出境，或者阻止时间流逝产生法律效力。根据该公约第14条第3款，如果在诉讼进行的过程中对起诉所涉犯罪的描述发生了变化，那么只有当新描述的犯罪的构成要件表明该犯罪属于可引渡犯罪时，才能对被引渡人进行起诉或判决。因此，罪名特定原则并不禁止在诉讼进行的过程中改变对引渡所涉犯罪的描述，但是新描述的犯罪必须仍属可引渡的犯罪。而且根据该公约第15条，除被引渡人以自身行为表示放弃罪名特定原则的保护以外，引渡请求国不得将被引渡人交给以起诉或惩罚被引渡人在交出前的犯罪行为为理由请求交出的另一缔约国或第三国，除非被请求国同意这样做。显然，《欧洲引渡公约》此条关于禁止向第三国再次引渡被引渡人的规定，旨在防止被引渡人因引渡所涉犯罪之外的犯罪受到起诉或惩罚，实质上是对罪名特定原则的延伸，有利于使被引渡人获得公正待遇。因此，在完善《议定书》规定时，可以借鉴《欧洲引渡公约》等国际法律文件的规定，引入罪名特定原则，禁止请求缔约国以引渡所涉犯罪之外的犯罪起诉或惩罚被引渡的人口贩运者，除非被请求缔约国同意这样做，或者被引渡的人口贩运者以自己的行为放弃罪名特定原则的保护；禁止在未经被请求缔约国同意的情况下将被引渡的人口贩运者再次引渡给第三国。

为了使作为被引渡人的人口贩运者获得公正待遇，还有必要将政治犯不引渡、死刑犯不引渡、酷刑不引渡等原则明确纳入《联合国打击跨国有组织犯罪公约》和《议定书》之中。尽管《公约》对作为政治犯不引渡原则延伸的“政治迫害不引渡”条款作出了规定，但没有明确提到传统的政治犯不引渡原则。尽管典型的人口贩运犯罪通常不具有政治特点，但是作为跨国有组织犯罪的人口贩运犯罪会经常涉及腐败犯罪，严重形式的人口贩运犯罪可能构成战争罪或反人类罪。① 尽管相关国际法律文件已明确规定不能将腐败

---

① 例如，国际刑事法院《犯罪要件》认为，贩运人口特别是妇女、儿童是“奴役反人类罪”三大构成要件“犯罪者对一人或多人行使了属于所有权的任一或全部权力，如买、卖、出借或交换一人或多人，或者向他们施加了类似的剥夺自由”所包含的行为之一，因此，如果人口贩运符合该要件，而且同时满足了另外两个要件的要求：“该行为是作为针对平民实施的广泛而系统性的攻击的一部分而实施的”；“犯罪者知道该行为是针对平民实施的广泛而系统性的攻击的一部分，或者犯罪者意图使行为成为针对平民实施的广泛而系统性的攻击的一部分”。参见 The International Criminal Court, Elements of Crimes, ISBN No. 92 – 9227 – 232 – 2, ICC – PIDS – LT – 03 – 002/11_Eng, The Hague, 2011, Article 7(1)(c) and Note 11。《国际刑事法院罗马规约》把“性奴役”、“强迫卖淫”与“奴役”相并列作为“反人类罪”构成行为的一部分。参见 Rome Statute of the International Criminal Court, Article 7(1)(g) and Article 7(1)(c)。根据《犯罪要件》，“性奴役反人类罪”与“奴役反人类罪”在构成要件上的差别在于，前者比后者多了一个构成要件——犯罪者使被害人进行了一个或更多与性有关的行为。参见 Elements of Crimes, Article 7(1)(g) – 2。《国际刑事法院罗马规约》把“性奴役”、“强迫卖淫”作为构成“战争罪”的行为的一部分。参见 Rome Statute of the International Criminal Court, Article 8(2)(b)(xxii)。根据《犯罪要件》，“性奴役战争罪”与“性奴役反人类罪”在构成要件上的差别在于，前者与后者在最后两个构成要件上不同，前者“发生在国际武装冲突中或与国际武装冲突有关”，而且“犯罪者意识到了据以断定存在武装冲突的事实情况”，而后者“是作为针对平民实施的广泛而系统性的攻击的一部分而实施的”，而且“犯罪者知道该行为是作为针对平民实施的广泛而系统性的攻击的一部分，或者犯罪者意图使行为成为针对平民实施的广泛而系统性的攻击的一部分”。参见 Elements of Crimes, Article 8(2)(b)(xxii) – 2。而“强迫卖淫战争罪”与“强迫卖淫反人类罪”在构成要件上的差别，与“性奴役战争罪”与“性奴役反人类罪”在构成要件上的差别相同。参见 Elements of Crimes, Article 8(2)(b)(xxii) – 3。值得注意的是，《犯罪要件》在对“性奴役反人类罪”、“奴役反人类罪”、“性奴役战争罪”的注释中，均将人口贩运作为这些国际犯罪构成要件的一部分。

犯罪、战争罪和反人类罪作为政治犯罪而拒绝引渡，① 但是有必要在《联合国打击跨国有组织犯罪公约》和《议定书》中予以明确，这是因为这些国际法律文件的缔约国不尽相同。

尽管并非所有国家已废除死刑，但越来越多的双边或多边引渡条约对死刑犯不引渡进行了规定。例如，《欧洲引渡公约》第11条规定，如果引渡请求所涉犯罪根据请求国法律可判处死刑，而且被请求国的法律没有就此类犯罪规定死刑或者被请求国就此类犯罪通常不执行死刑，那么被请求国可以拒绝引渡，除非请求国作出承诺，足以使被请求国相信不会执行死刑。值得注意的是，《欧洲引渡公约》此条规定是建议性的，不具有强制性。再如，《欧盟基本权利宪章》明确规定，禁止将任何人遣返、遣送或引渡到存在使该人遭受死刑、酷刑或其他残忍或非人道的待遇或惩罚的严重危险的国家。② 显然，《欧盟基本权利宪章》这一规定是强制性的。酷刑不引渡的原则也在《公民权利和政治权利国际公约》第14条第7款中得到了体现，该公约明确禁止使任何人遭受酷刑或残酷、非人道或有辱人格的待遇或处罚。《禁止酷刑公约》第3条第1款则更加明确地禁止将任何人遣送、送回或引渡到有重大理由相信该人将有遭受酷刑之危险。《禁止酷刑公约》此条规定与《欧盟基本权

① 根据《联合国反腐败公约》，当缔约国以该公约作为引渡的法律基础时，在缔约国国内法允许的范围内，不应该将公约规定的腐败犯罪、洗钱犯罪、妨害司法犯罪等犯罪视作政治犯罪。参见 United Nations Convention against Corruption, Article 44(4)。该公约于2003年10月31日签署，并于2005年12月14日生效，截至2014年4月2日，已有140个国家签署了该公约，并有171个国家批准了该公约，中国于2003年12月10日签署，并于2006年1月13日批准了该公约。参见 Rome Statute of the International Criminal Court, Articles 7 and 8.

② Charter of Fundamental Rights of the European Union, 2010/C 83/02, Article 19(2). 该宪章于2000年12月7日宣布，并于2009年12月1日随着《里斯本条约》的生效对欧盟机构和欧盟成员国生效。关于《欧盟基本权利宪章》这一规定产生的影响及其带来的问题，参阅 Miguel Beltran de Felipe & Adan Nieto Martin, Post 9/11 Trends in International Judicial Cooperation: Human Rights as a Constraint on Extradition in Death Penalty Cases, *Journal of International Criminal Justice*, Vol. 10, 2012, pp. 581－604.

利宪章》上述规定相似，其区别在于判断存在遭受酷刑危险的标准不同，前者采用了主观标准，后者似乎采用了客观标准，考虑到证明存在遭受酷刑之危险并非易事，前者采用的主观标准更具操作性。考虑到有的缔约国并未废除死刑，可以修改《公约》及《议定书》的规定，建议缔约国在其国内法允许的范围内将死刑犯不引渡予以规定。考虑到禁止酷刑是国际习惯法的一部分而且已成为一项国际法强行规范，[①] 将酷刑不引渡原则纳入《公约》及《议定书》中，或者在明确《议定书》下的引渡义务时明确该原则的适用，不失为正确地履行引渡义务和禁止酷刑义务的一种稳妥方法。

值得注意的是，《公约》在规定国民引渡例外规则的同时，为了防止滥用此规则，确保对人口贩运者的起诉和惩罚，还规定了"或引渡或起诉"的义务，要求缔约国在以国民引渡例外为理由拒绝引渡时，应该将案件提及其主管当局以便起诉或执行已判刑罚，而不得有任何不应有的延误。[②] "或引渡或起诉义务"应该有两层含义：一层是或引渡或起诉，另一层是或引渡或惩罚。这一义务也在《联合国反腐败公约》中得到了确认。[③] "或引渡或起诉义务"还适用于侵略罪、种族灭绝罪、反人类罪、战争罪等国际犯罪核心

---

① International Court of Justice, *Questions Relating to the Obligation to Prosecute or Extradite* (*Belgium V. Senegal*), Judgment (July 20, 2012), General List No. 144, para. 99.

② United Nations Convention against Transnational Organized Crime, Articles 16(10) and 16(12).

③ United Nations Convention against Corruption, Articles 44(11) and 44(13).

犯罪。[①] 尽管如此，“或引渡或起诉义务”还未成为一种国际习惯法规范，也不属于一般法律原则。但不管怎样，该义务适用于包括人口贩运犯罪在内的跨国有组织犯罪。而且启动该义务的条件不应仅限于国民引渡例外原则，还应包括“政治迫害不引渡”、死刑犯不引渡、酷刑不引渡原则，即当一缔约国以“政治迫害不引渡”、死刑犯不引渡或酷刑不引渡原则为理由拒绝引渡时，应毫不迟延地在其国内依照其国内法对被请求引渡人进行起诉或惩罚。[②] 这是因为，尽管“政治迫害不引渡”、死刑犯不引渡和酷刑不引渡原则有利于保护被请求引渡人的人权，使其获得公正待遇，但是这些原则也不能成为使被请求引渡人逃避起诉或惩罚的保护伞。从平衡保护人权和有效打击犯罪两者之间的关系出发，有必要将“或引渡或起诉义务”适用于死刑犯不引渡和酷刑不引渡这两个原则。

二、司法协助的义务

人口贩运案件的成功调查和起诉不仅经常需要国家间进行引渡

---

① 例如，联合国国际法委员会通过的《反人类和平与安全罪法典草案》规定，“或引渡或起诉”的义务适用于该草案规定的“侵略罪”、“种族灭绝罪”、“反人类罪”、“攻击联合国人员和相关人员罪”和“战争罪”。参见 International Law Commission, Draft Code of Crimes against the Peace and Security of Mankind (1996), Article 9, at http://untreaty. un. org/ilc/texts/instruments/english/draft%20articles/7_4_1996. pdf (Last visited 1 July 2014)；关于联合国国际法委员会在“或引渡或起诉的义务”方面的最新进展，参见 Report of the International Law Commission, Sixty – fourth Session (7 May – 1 June and 2 July – 3 August), General Assembly Official Records sixty – seventy session Supplement No. 10 (A/67/10), para. 203 – 220。

② 值得注意的是，笔者之所以未建议将“或引渡或起诉义务”适用于政治犯不引渡原则，是因为一国在以政治犯不引渡原则为理由拒绝引渡时，有权向被请求引渡人提供政治庇护，或者将其转交愿意为其提供政治庇护的第三国。而在“政治迫害不引渡”的情形下，不引渡的原因是有重大理由相信被请求引渡人在引渡请求国将会因为其性别、种族、民族、国籍、宗教或政治观点的原因受到起诉或惩罚，而引渡请求所涉犯罪为普通犯罪，并非政治犯罪，因而在拒绝引渡的情况下仍有必要依照被请求国的法律予以起诉和惩罚。

合作，还经常需要国家间的司法协助，以获得起诉人口贩运者所需要的处于起诉国之外的证据。司法协助对于缔约国尽职地履行调查、起诉人口贩运案件的义务可能会意义重大。在蓝特塞夫诉塞浦路斯与俄罗斯一案中，欧洲人权法院裁定，作为人口贩运目的地国并具有属地管辖权的塞浦路斯未能向作为原住国的俄罗斯提出刑事司法协助请求，获取曾在塞浦路斯与被害人一起工作的两名俄罗斯女孩的证人证言，而这些证人证言对于案件的成功侦破具有核心作用，因而未能尽职地履行其有效调查案件的义务。① 尽管《议定书》未对司法协助义务作出规定，但是作为《议定书》母约的《公约》则对该义务进行了详细规定。由于《议定书》应连同《公约》一并解释，《公约》的规定经适当变通后适用于《议定书》，况且《议定书》缔约国肯定同时也是《公约》缔约国，因而有必要根据《公约》对与人口贩运犯罪有关的司法协助义务进行厘清。

《公约》第18条要求缔约国在调查、起诉和审理公约所规定的犯罪包括人口贩运犯罪时相互提供尽可能广泛的司法协助，而且对司法协助的类型进行了详细列举，如向个人获取证据或证言，执行司法文书，执行搜查和扣押并实行冻结，检查物品和场所，提供资料、物证和鉴定结论，提供有关文件和记录的原件或经核证的副本，为有关人员自愿在请求缔约国出庭提供方便，为了提供证言而移送罪犯等。《公约》该条第9款还对“双重犯罪原则”在司法协助中的适用进行了规定：被请求缔约国可以不符合双重犯罪原则为理由拒绝提供司法协助，当然也可以不管司法协助所涉行为根据被请求国法律是否构成犯罪，在其认为适当情况下自由决定是否提供司法协助。《公约》该条规定与有关引渡的规定相似，均鼓励被请求国在司法协助或引渡请求所涉行为不符合双重犯罪原则时自由决定是否提供司法协助或者进行引渡，因而有利于促进缔约国间的刑事司法合作。

---

① See The European Court of Human Rights, *Rantsev v. Cyprus and Russia*, para. 241.

《公约》第18条第2款还对“罪名特定原则”在移送罪犯证人过程中的适用进行了规定：在为了提供证言而移送罪犯的过程中，除非被请求缔约国同意，否则移送请求缔约国不得因该犯罪嫌疑人在离开移送缔约国之前的作为、不作为或定罪起诉而在其境内对该移送的罪犯进行起诉、羁押、惩罚或限制人身自由。根据该条第27款，“罪名特定原则”还适用于应请求缔约国请求而同意到请求缔约国就某项诉讼作证或为某项调查、起诉或审判程序提供协助的证人、鉴定人或其他人员。值得注意的是，此时这些证人、鉴定人或其他人员可以通过一定的行为放弃这种安全保障，这些规定与《欧洲引渡公约》第14条第1款关于被引渡请求人放弃“罪名特定原则”保护的规定类似。根据该条第19款，“罪名特定原则”还适用于被请求国所提供资料或证据的使用：除非被请求国提前同意，否则司法协助请求国不得将被请求国提供的资料或证据转交或用于司法协助请求范围以外的调查、起诉或审判程序。《公约》关于“罪名特定原则”的这些规定，有利于防止滥用司法协助程序。《公约》还对接收和执行司法协助请求的机构、请求的形式和内容要求、执行请求的根据、程度和程序进行了详细规定，有利于快速、适当地实施司法协助。

三、执法合作的义务

对人口贩运犯罪进行有效司法应对所需要的国际合作不仅包括引渡合作和司法协助，还包括执法合作。有时，在正式的调查、起诉和审判程序开始之前，需要相关缔约国执法机构直接开展非正式的、规则制约性不太强的国际合作，以分享情报和信息。这种作为司法协助补充的非正式的执法合作，与正式的司法协助相比，通常能够更加快速、可行、低成本地获取信息和情报。因此，《公约》和《议定书》均对此方面的合作义务作出了规定。

《公约》用专门条款对执法合作义务作出了详细规定。《公约》第27条第1款要求缔约国在遵守各自国内法律和行政管理制度的情况下密切合作，以增强打击包括人口贩运在内的跨国有组织犯罪的执法合作的有效性，特别要采取以下有效措施：为了安全快捷地交换情报，在各国主管当局、机构和部门之间加强并在必要时建立联系渠道；与其他缔约国合作调查犯罪嫌疑人的身份、行踪、活动、犯罪所得以及用于或企图用于犯罪的财产和工具的去向；在适当情况下提供必要数目的物品以供分析或调查之用；促进各缔约国主管当局、机构和部门间的有效协调，并加强人员和其他专家的交流；与其他缔约国交换关于有组织犯罪集团所采取的具体手段和方法的情报；交换情报并协调为尽早查明犯罪而酌情采取的行政和其他措施。这些执法合作措施涉及情报交换的联系渠道，有关犯罪嫌疑人、犯罪所得和犯罪工具的情报，有关犯罪手段和方法的情报，人员和专家的交流，情报交换及执法措施协调等方面，旨在安全、快捷地获得有效打击包括人口贩运犯罪在内的有组织犯罪的情报和信息。值得注意的是，《公约》第 19 条还对联合侦查进行了专门规定，要求缔约国考虑缔结双边或多边协议或安排以便其主管当局建立联合侦查机构对涉及一国或多国的刑事侦查、起诉或司法程序所涉事项进行侦查，或者在没有这类协定或安排的情况下，在个案基础上商定进行这类联合侦查。联合侦查是执法合作的高级形式，有利于更加有效地进行调查。《议定书》第 10 条第 1 款明确要求缔约国的执法、移民或其他有关当局依照其本国法律酌情进行相互合作，交换情报，以便确定携带他人旅行证件或者未携带旅行证件而跨越国际边界者究竟是人口贩运者还是人口贩运被害人、人口贩运者为跨越国际边界而使用或企图使用的证件种类、有组织犯罪集团实施人口贩运犯罪的手段或方法以及侦破这些手段或方法的可能措施。《议定书》规定的这些执法合作措施旨在获取与人口贩运者或被害人的身份、所用证件的真伪以及犯罪手段和方法有关的情报。

第六节 义务的国内实施

正如上文所述，尽管《议定书》本质上是一个刑法公约，是以通过打击具有跨国有组织犯罪性质的人口贩运犯罪和跨国有组织犯罪集团来维护国家安全为中心，而不是以保护人口贩运被害人的人权为中心，但是《议定书》关于人口贩运犯罪的刑事司法应对的规定很简单。《议定书》主要要求缔约国将人口贩运规定为刑事犯罪，该规定也被认为是“缔约国的核心强制性义务”。[①] 这主要是因为作为《议定书》母约的《公约》已对包括人口贩运犯罪在内的跨国有组织犯罪的刑事司法应对作出了较为详尽的规定，而这些规定通常适用于《议定书》。上文从有效实施《议定书》和有效解决人口贩运问题的角度出发，厘清了《公约》和《议定书》下的刑事司法应对义务，并借鉴其他国际法律文件的规定对有效刑事司法应对义务的应有之义进行了探讨。至于这些刑事司法应对义务如何在缔约国得以具体实施，有待于结合各个国家的情况进行具体分析。

一、义务的实施

（一）加拿大的实施

1. 国内法上的实施

加拿大于2000 年 12 月 14 日签署了《公约》与《议定书》，并于2002 年5 月13 日予以批准。加拿大反人口贩运犯罪的法律主要包括《加拿大移民与难民保护法案》（《法案》）与《加拿大刑法典》。《加拿大移民与难民保护法案》于2001 年 11 月 1 日生效，

① See United Nations Office on Drugs and Crime, *Legislative Guides for the Implementation of the United Nations Convention against Transnational Organized Crime and the Protocols thereto*, p. 267, para. 36.

此时加拿大尚未批准《议定书》，而且《议定书》也尚未正式生效。《法案》第118条和第120条对人口贩运犯罪作出了规定：以诱拐、欺骗、欺诈、使用暴力或以使用暴力相威胁或胁迫的方式故意招募或运送一人或多人进入加拿大并在到达加拿大后予以接收或窝藏的行为，构成犯罪并处以100万加元以下的罚款，或最高可判终身监禁，或两者并罚。正如上文所述，《法案》界定的人口贩运犯罪的手段要件仅限于“诱拐”、“欺骗”、“欺诈”、“使用暴力或以使用暴力相威胁”或“胁迫”的方法，未明确将《议定书》规定的“滥用权力或滥用脆弱地位”与“通过授受酬金或利益取得对另一人有控制权的某人的同意”纳入手段要件之中。这可能因为包括“非身体上的强制或威胁”的“胁迫”可以容纳这三种手段，也可能和目前国际社会尚难以明确界定这三种手段的含义及适用有关。而且该《法案》界定的行为要件为“组织”，是指“招募”或“运送”并在入境后“接收”或“窝藏”的行为。而根据《议定书》，“招募”、“运送”、“移交”、“接收”或“窝藏”是选择性关系，均可单独成为人口贩运犯罪的行为要件。可见，《法案》将以违背被害人真实意愿的方式招募或运送被害人进入加拿大，与在加拿大境内以违背被害人真实意愿的方式接收或窝藏被害人并列作为人口贩运的行为要件，明确将以非法移民或以移民偷运的方法进入加拿大后陷入强迫卖淫、强迫劳动等强制剥削境况的情形排除在了人口贩运的范畴之外，显然不符合《议定书》的要求。《法案》之所以这样规定，一方面因为此时《议定书》尚未正式生效，更未对加拿大产生法律效力，另一方面因为《法案》是一部关于移民和难民保护的法律。《法案》第121条第1款还要求法院在决定应处的刑罚时考虑犯罪过程中是否造成了人身伤害或死亡、犯罪的实施是否是为了犯罪组织的利益或者是在其指挥下实施的或者与其有关、犯罪是否以营利为目的以及被害人是否遭受了侮辱人的或有辱人格的待遇，包括作为犯罪结果的工作或健康状况或性剥削等加重因素。《法案》这一规定有利于向人口贩运者施加有效、适当、相称的处罚。

《法案》第 122 条还将为了实施包括人口贩运犯罪在内的犯罪而持有、使用、出口、进口或交易护照、签证或其他证件的行为规定为犯罪，而且如果上述证件是伪造、空白、不完整、变造或虚假的，在没有其他相反证据的情况下，就足以证明持有、使用、出口、进口或交易这种证件的行为是以实施《法案》所规定的犯罪为目的的。因此，当这种将与人口贩运犯罪有关的非法处置证件行为规定为犯罪的做法，有利于防止利用虚假、伪造或变造的旅行或身份证件为实施人口贩运犯罪提供方便。而且根据《法案》第 123 条，考虑到犯罪行为危害性的差异，对非法持有证件的行为以及非法使用、出口、进口或交易证件的行为分别规定了 5 年以下有期徒刑和 14 年以下有期徒刑的刑罚，并规定了法院裁量时应予考虑的加重因素：犯罪的实施是否是为了犯罪组织的利益，或者是在其指挥下实施的，或者与其有关，以及犯罪是否以营利为目的。这些规定有利于对人口贩运者施加有效、适当和相称的处罚。

《加拿大刑法典》于 1985 年生效，起初并未对人口贩运犯罪作出规定，后于 2005 年为了实施《议定书》也为了对人口贩运犯罪进行综合应对，而首次对贩运人口罪作出规定。① 但是，仅仅规定了行为要件和目的要件，并没有明确规定手段要件，而通过对目的要件的分析可以推断出其包含的手段要件。② 行为要件包括“招募”、“运送”、“转移”、“接收”、“容纳”、“隐匿”或“窝藏”被害人的行为，或者对被害人流动“实施控制、指挥或影响”的行为。显然，该刑法典规定的行为要件的范围要广于《议定书》

---

① Laura Barnett, *Bill C – 49: An Act to Amend the Criminal Code (Trafficking in Persons)*, July 7, 2005, at http://www.parl.gc.ca/About/Parliament/LegislativeSummaries/bills_ls.asp? ls = C49&Parl = 38&Ses = 1 (last visited 1 July 2014).

② See Criminal Code, R. S. C., 1985, c. C – 46, Articles 279.01(1), 279.011(1), 279.02, 279.03, and 279.04.

的规定。该法典第279.04条将作为目的要件的剥削分为两类：一类是器官切除，要求使用的手段有“欺诈”、“使用暴力或以暴力相威胁”或者“其他形式的胁迫”；另一类目的是提供或者承诺提供劳动或服务，要求使用的手段为“通过实施在任何情况下可以合理地预期或导致另一人相信如果不提供或承诺提供该劳动或服务就会威胁到其自身安全或者其所认识之人安全的行为”。显然，第二类目的所要求使用的手段为“威胁人身安全的手段”，由于威胁人身安全的手段很多，不仅仅限于“以暴力相威胁”，所以“威胁人身安全的手段”范围要大于“以暴力相威胁”。而且被害人同意不影响人口贩运犯罪的构成。法典区分了普通情形与加重情形，分别规定了不同刑罚：对于普通情形，处14年以下有期徒刑；对于在犯罪的过程中对被害人实施了绑架、人身伤害或性侵害或者致使被害人死亡的加重情形，处终身监禁。刑法典于2010年进行了修改，增加了贩运儿童罪，规定了与贩运人口犯罪不同的刑罚，规定了最低刑期，而且也区分了普通情形与加重情形的刑罚：对于普通情形，处5年以上14年以下有期徒刑；对于加重情形，处6年以上有期徒刑乃至终身监禁。刑法典这种区分成年被害人与儿童被害人以及普通情形与加重情形而分别处以不同刑罚的做法，有利于法官根据人口贩运犯罪的情节和严重性施加有效、相称的刑罚。

尽管《加拿大移民与难民保护法案》与《加拿大刑法典》均对人口贩运犯罪作出了规定，但并没有说明这两种规定如何适用。通过对比这两种规定，可以发现以下区别：第一，在犯罪行为要件上，前者包括“招募”或“运送”人员进入加拿大并在入境后予以“接收”或“窝藏”的行为；而后者包括“招募”、“运送”、“转移”、“接收”、“容纳”、“隐匿”或“窝藏”被害人的行为，或者对被害人流动“实施控制、指挥或影响”的行为。显然，后者包括的范围较广，而且这些行为之间是选择关系。第二，在犯罪手段要件上，前者包括“诱拐”、“欺骗”、“欺诈”、“使用暴力或以使用暴力相威胁”或“胁迫”；后者则区分犯罪目的，规定当目的为“器官切除”时，所要求使用的手段有“欺诈”、“使用暴力或以暴力相威胁”或者“其他形式的胁迫”，而当目的是“提供或者承诺提供劳动或服务”，要求使用的手段为“威胁人身安全的手段”。显然，当犯罪目的是提供或承诺提供劳动或服务时，要求使用的手段范围较为狭窄，仅包括“威胁人身安全的手段”，而未包括“诱拐”、“欺骗”、“欺诈”、“滥用权力或滥用脆弱状况”以及其他“非身体上的强制或威胁”。第三，在犯罪目的要件方面，前者没有规定目的要件；后者则以“剥削”为目的要件，并区分“器官切除”和“提供或者承诺提供劳动或服务”。第四，在刑罚方面，前者要求法官考虑是否存在加重情形，对犯罪嫌疑人处100万以下罚款，或最高可判终身监禁，或两者并罚；后者则区分成年被害人与儿童被害人以及普通情形与加重情形，分别处以不同刑罚。总体而言，后者规定的刑罚较为详尽具体，给法官留下的自由裁量空间较小。

关于《加拿大移民与难民保护法案》与《加拿大刑法典》的适用范围，由于这两部法律均为经过国会批准的法律，尽管刑法典的规定晚于法案的规定，但是刑法典规定了一种被跨境贩运到加拿大的特殊情形，所以很难利用法律层级理论以及后法优于前法、特别法优于一般法的效力规则来解释两者的适用。笔者认为，应从规范对象上来解释其适用。毋庸置疑，国内人口贩运案件适用《加拿大刑法典》，问题是国际人口贩运案件究竟适用《加拿大移民与难民保护法案》还是《加拿大刑法典》。《加拿大移民与难民保护法案》规定的人口贩运犯罪实质上适用于将加拿大作为贩运目的地国或过境国而且入境违背被害人真实意愿的情形。而将加拿大作为贩运原住地国的跨国人口贩运案件显然不适用该法案，而只能适用刑法典。[①] 根据《跨国有组织犯罪公约》对“跨国犯罪”的解释，当人口贩运犯罪在加拿大实施，而其准备、筹划、指挥或控制的实质性部分发生在另一国，或者涉及在一个以上国家从事犯罪活动的有组织犯罪集团，或者对另一国有重大影响时，应适用《加拿大刑法典》。值得注意的是，以非法移民或移民偷运方式进入加拿大之后陷入强制剥削状态的情形显然不适用法案，若构成人口贩运犯罪，只能适用刑法典。

《加拿大刑法典》第 279.02 条还将明知经济利益或其他物质利益来源于人口贩运活动仍予以接收的行为规定为犯罪，并规定了 10 年以下有期徒刑的刑罚。该规定有利于限制使用人口贩运犯罪所得的行为和对人口贩运的需求，从而在一定程度上抑制了人口贩运活动的蔓延。此外，刑法典第 279.03 条还将扣押、毁坏证件的行为规定为犯罪，规定任何为了实施人口贩运犯罪或者为人口贩运犯罪提供方便而藏匿、丢弃、扣押或毁坏属于另一人的任何旅行证件或确认另一人的身份或移民身份的任何证件的行为均构成犯罪，应处以 5 年以下有期徒刑。该规定有利于打击作为人口贩运者控制被害人的惯常手段的扣押、毁坏证件行为，有效地预防和打击人口贩运行为。

值得注意的是，《加拿大刑法典》还规定了“绑架罪”、“诱拐 16 岁以下儿童罪”、“诱拐 14 岁以下儿童罪”、“违反监护令的拐带罪”、“拐带儿童罪”等与人口贩运犯罪十分接近的犯罪。首先，刑法典于 2005 年在原有“绑架罪”的基础上增加了“贩运人口罪”，刑法典第 279.（1）条将“使该人在违背其意志的情况下被非法送往或运到加拿大境外”作为绑架的目的之一，并没有进一步说明送往或运到加拿大境外的最终目的。既然“贩运人口罪”的目的为剥削，那么如果将人口绑架到加拿大境外的最终目的是剥

① 已有案件显示，存在将加拿大妇女贩运到美国并迫使其成为性工作者的实际案例。See Royal Canadian Mounted Police, *Human Trafficking in Canada*, p. 27.

削，则构成人口贩运罪，否则构成绑架罪。“诱拐16岁以下儿童罪”是指在未经合法授权的情况下，将16岁以下的未婚人员在违背其父母、监护人或任何其他具有合法监护权的人员的意愿的情况下带走或使其被带走，从而使其脱离了这些人监护的行为。而“诱拐14岁以下儿童罪”是指14岁以下儿童的父母、监护人或任何其他具有合法监护权的人员之外的人员，为了剥夺该儿童上述合法监护人的监护权而非法将该儿童带走、诱骗离开、藏匿、拘禁、接收或窝藏的行为。该罪与“诱拐16岁以下儿童罪”的区别在于，前者旨在剥夺14岁以下儿童合法监护人的监护权，后者只是非法地将16岁以下的儿童带走使其脱离了合法监护人的监护，并无剥夺合法监护人监护权的目的。“违反监护令的拐带罪”与“拐带儿童罪”的相同点在于犯罪主体均为被害人的父母、监护人或任何其他具有合法监护权的人员，犯罪主观方面以剥夺其合法监护人的监护权为目的，犯罪对象均为14岁以下的儿童，在犯罪的客观方面虽然均有带走、诱骗离开、藏匿、拘禁、接收或窝藏被害人的行为，但“违反监护令的诱拐罪”还违反了法院签发的监护令。总之，这些与人口贩运犯罪相近的犯罪的共同点是不以剥削为目的，有利于将行为要件和手段要件均与人口贩运相同但目的要件不同的犯罪纳入上述犯罪的范围，特别是在人口贩运犯罪目的要件难以得到证明的情况下，更加有利于打击人口贩运犯罪。

此外，《加拿大刑法典》还规定了“开办色情场所罪”、“淫媒罪”、“依靠未成年人的卖淫收入生活罪”、“嫖宿未成年人罪”、“参加犯罪组织活动罪”、“为犯罪组织实施犯罪罪”、“指挥犯罪组织的犯罪活动罪”、“洗钱罪”等与人口贩运犯罪有关的犯罪。① 这些犯罪作为人口贩运犯罪的补充，与上述与人口贩运犯罪相近的犯

① Criminal Code of Canada, Articles 210(1), 212(1), 212(2), 212(4),. 467.1(1), 467.12(1), 467.13(1), and 462.31.

罪一道和人口贩运犯罪形成了一个严密的反人口贩运犯罪网络。特别是在难以搜集到人口贩运犯罪的证据的情况下，以这些与人口贩运犯罪有关的犯罪起诉人口贩运者，同样起到了有效打击人口贩运犯罪的作用。

总之，加拿大关于反人口贩运的法律基本上符合《议定书》对“人口贩运”的界定，但刑法典对以“提供或者承诺提供劳动或服务”为目的的人口贩运的手段要件的界定过于狭窄，仅限于“威胁人身安全的手段”，与《议定书》的要求不符。总体而言，为了惩治人口贩运犯罪的需要，手段要件中并没有采纳含义不明、难以举证的“滥用权力或滥用脆弱地位”，相反采用了较为常见且容易证明的“欺诈”、“欺骗”、“使用暴力或以暴力相威胁”、“胁迫”等手段。另外，区分贩运人口与贩运儿童、普通情形与加重情形分别规定了不同的刑罚，并将非法持有、使用、出口、进口、交易、扣押或毁坏旅行证件或身份证件的行为以及故意接收来自人口贩运犯罪的物质利益的行为规定为犯罪，均有利于有效、适当地惩罚人口贩运犯罪。而且，将与人口贩运犯罪接近的绑架犯罪、诱拐儿童犯罪、拐带儿童犯罪予以规定，有利于全面有效地打击人口贩运行为。

2. 在刑事司法实践中的实施

自 2005 年《加拿大刑法典》首次将人口贩运犯罪在其中予以规定以来，截至 2012 年 4 月，以刑法典中的“贩运人口犯罪”定罪的仅有 25 起案子，涉及 41 名人口贩运被害人，不包括以刑法典中其他相关罪名定罪的案子；自 2001 年《加拿大移民与难民保护法案》首次将人口贩运犯罪在其中予以规定以来，截至 2012 年 4 月，以该法案中的“人口贩运犯罪”起诉的有 3 起案件，但是至今没有以该罪定罪的案例，有以该法案其他相关条款定罪的案例；截至 2012 年 4 月，已起诉但尚未审结的人口贩运案件大约有 56 起，至少涉及 85 名被告和 136 名被害人，其中至少有 26 名被害人在犯罪发生时年龄不到 18 周岁，而且其中 90% 以上的案子属于国内人口贩运，涉及被害人被从另一国带入加拿大的案子所占比例不到10%。[①] 首起以人口贩运犯罪定罪的案件发生在2008年。[②] 根据美国发布的《2012年人口贩运报告》，加拿大在2011年以“人口贩运犯罪”罪名为3起性贩运案件定罪，而在2010年为两起，在这3起定罪的性贩运案件中，截至报告起草之时，1起尚未宣判，另外两起分别判了30个月的监禁和374天的监禁；在同一时期，以刑法典中其他与人口贩运犯罪有关的犯罪定罪的人口贩运者至少为6人，这6人受到的刑罚从两年有期徒刑（缓期执行）到7天有期徒刑不等。[③] 上述统计显示，尽管加拿大已将人口贩运犯罪纳入其国内法多年，但是以人口贩运犯罪起诉和定罪的案例实在太少了，根据《加拿大刑法典》以人口贩运犯罪定罪的案例仅为25起，而根据《加拿大移民与难民保护法案》以人口贩运犯罪定罪的案例数为零；而且以人口贩运定罪的案例主要涉及性贩运，加拿大的人口贩运多数属国内人口贩运，跨国人口贩运案例很少，而且有一半以上案件涉及未成年人，对人口贩运犯罪判处的刑罚也似乎普遍较轻。

尽管对于以人口贩运犯罪起诉和定罪的案例较少的现象有各种解释，[④] 但是，这主要和法律的规定本身有直接关系。首先，《加

---

① See Government of Canada, *National Action Plan to Combat Human Trafficking*, p. 8.

② See *R. v. Imani Nakpangi* (24 June 2008), Brampton AG 0087 (Ont. Ct. J.), Atwood J. 另见 United Nations Office on Drug and Crimes, Nakpangi, UNODC No.: CAN004, Human Trafficking Case Law Database, http://www.unodc.org/cld/case-law/can/2008/nakpangi.html (last visited 14 July 2014).

③ See U. S. A. Department of State, Trafficking in Persons Report 2012, p. 111.

④ 关于这一现象的解释，参见 John. A. Ferguson, *International Human Trafficking in Canada: Why So Few Prosecutions?* Thesis for the Degree of Doctor of Philosophy in Law, University of British Columbia, June 2012; Katrin Roots, *Human Trafficking in Canada: "Crisis" or Confusion?: An Examination of Canada's Trafficking Legislation and the Development of a "Social Crisis"*, Thesis for the Degree of Master of Arts in Sociology, Lakehead University, March 2011.

拿大移民与难民保护法案》将“人口贩运”与“移民偷运”一起进行了规定，将贩运人口犯罪看成和偷运移民犯罪同属于影响国家的边境安全与移民管理秩序的犯罪。① 这种规定的内在动因是贩运人口犯罪将大量外国移民通常以非法入境的方式在违背被害人真实意愿的情况下运送到加拿大境内，这既破坏了加拿大的边境管理秩序，又带来了大量非理想的外国移民，而这些外国移民的自由意志也没有获得必要的尊重。正是在这样的认识下，《加拿大移民与难民保护法案》规定了人口贩运犯罪必须同时具有招募或运送外国人进入加拿大的行为与在其入境后予以接收或窝藏的行为，而且这两个阶段的行为的实施手段必须是“诱拐”、“欺骗”、“欺诈”、“使用暴力或以暴力相威胁”或胁迫。这种要求同时具备强迫运送入境和强迫在加拿大境内停留的做法，在世界上并不是个例，相反非常普遍，是对《议定书》“人口贩运”定义的曲解，也是对《公约》规定的“跨国性”的片面理解。这种规定具有深深的移民管理的烙印，没有将人口贩运与移民偷运正确地区分开来，将大量以移民偷运方式入境后陷入强制剥削状态的人口贩运犯罪排除在人口贩运犯罪的范围之外。实践中，真正以欺骗或胁迫的方式强制被害人入境并在其入境后强制其的事例应该是比较少的，而更多的是借助移民偷运自愿入境而入境后由于欠偷运人大量债务而陷入债役状态或者发现上当受骗陷入强迫劳动或服务状态的特殊形式的人口贩运犯罪。法案将剥削作为人口贩运犯罪的加重情

① 《加拿大移民与难民保护法案》将“移民偷运”界定为“故意组织、劝诱、协助或唆使没有本法案所要求的签证、护照或其他证件的一人或多人进入加拿大”，而且区分10人以下和10人以上被偷运人情形下的刑罚、初犯与再犯以及普通审理与简易审理的刑罚，还把获得利益的动机作为加重情节之一。法案还规定了“在航海中使人上船罪”，指“为了劝诱、协助或唆使一人或一群人非法进入加拿大而在航海的过程中使之上船的行为”，并把获得利益的动机作为加重处罚的情节之一。参见 Immigration and Refugee Protection Act (Canada), Articles 117, 119, and 121(1)(c)。法案规定的这些犯罪与《联合国打击移民偷运议定书》界定的“移民偷运”的最大区别在于，前者没有将直接或间接获得物质利益作为犯罪的目的，因而范围广于后者界定的范围。

节，对作为人口贩运犯罪目的要件的剥削的忽视也使得这种入境后陷入强迫剥削状态的人口贩运犯罪被排除在人口贩运犯罪的范畴之外。

而且从证据的可行性和可得性方面来看，要证明入境行为和境内停留行为均是在受到欺骗或胁迫的情况下作出的并非易事，而且还涉及跨国取证，在没有剥削的最终目的做参考的情况下，要判断当事人受到了欺骗或胁迫更是不易。证明人口贩运犯罪手段要件的不易，使得更多的人口贩运案件被作为更易证明的移民偷运案件或非法持有、使用、进口、出口或交易旅行或身份证件案件处理，是情理之中的事。而且以移民偷运犯罪或者非法持有、使用、进口、出口或交易旅行或身份证件犯罪对移民偷运者和非法移民进行惩罚，既能使从事人口贩运或移民偷运的犯罪者受到惩罚，又能维护边境秩序和移民管理秩序，更重要的是不以人口贩运犯罪定罪，既能避免沉重的举证负担，又能避免承担保护和帮助人口贩运被害人的沉重义务。这应该是《加拿大移民与难民保护法案》颁行十几年但无一起以人口贩运犯罪定罪的案件而以其他相关罪名定罪的案件相对较多的主要原因。

《加拿大刑法典》对人口贩运犯罪的规定也存在很大问题。首先，《加拿大刑法典》仅规定了人口贩运犯罪须同时具备行为要件和目的要件，而没有规定手段要件，而且不要求目的要件实际上得到了实现。根据这一要求，只要为了实现目的要件而实施行为要件的行为便构成人口贩运犯罪。尽管根据对目的要件的解释，目的要件行为的方式须为“威胁人身安全的手段”（适用于作为目的要件的强迫劳动或服务）或“欺诈”、“使用暴力或以暴力相威胁”或“其他形式的胁迫”（适用于作为目的要件的强迫切除器官）。这些作为目的要件行为方式的手段似乎与《议定书》规定的“人口贩运”的手段要件接近，但是根据刑法典的规定，这些手段并不是人口贩运犯罪的手段要件。刑法典规定的目的要件可以理解为剥削或为促成剥削，而这种剥削包括以“威胁人身安全的手段"实施的强迫劳动或服务和以"欺诈"、"使用暴力或以暴力相威胁"或"其他形式的胁迫"实施的强迫切除器官。而《议定书》规定的"人口贩运"的目的要件本身就包括"强迫劳动或服务"、"奴役或类似奴役的做法"、"劳役"、"利用他人卖淫进行剥削或其他形式的性剥削"或"切除器官"。作为目的要件的"强迫劳动或服务"、"奴役或类似奴役的做法"与"劳役"本身已具有强迫的性质，而且此处强迫的含义远大于"威胁人身安全的手段"，更不用讨论刑法典所使用的"劳动"或"服务"是否能涵盖《议定书》所使用的"强迫劳动或服务"、"奴役或类似奴役的做法"、"劳役"、"利用他人卖淫进行剥削或其他形式的性剥削"。因此，可以说刑法典界定的目的要件的范围远小于《议定书》界定的目的要件的范围。

其次，在操作层面上，要证明当前发生的"招募"、"运送"、"转移"、"接收"、"容纳"、"隐匿"或"窝藏"被害人的行为或者对被害人的流动"实施控制、指挥或影响"的行为具有将来从事强迫劳动或服务或强迫切除器官的最终目的并非易事。特别是当这些当前的行为本身不具有欺骗或胁迫性质时，更难证明将来行为的欺骗性或胁迫性。而证明当前的行为具有欺骗或胁迫性质相对于证明这些行为具有的目的的欺骗性或胁迫性，肯定容易多了。而且根据刑法典的规定，并不要求这些当前行为具有欺骗性或胁迫性。因此，虽然通过先证明这些当前行为的欺骗性或胁迫性能够更易证明未来目的行为的欺骗性或胁迫性，但是这种做法客观上给行为要件添加了欺骗性或胁迫性的手段要件，不符合刑法典的规定。因而，从证据层面上看，在目的行为尚未发生时，要证明这些未来目的行为的欺骗性或胁迫性，实在难以操作，难以成功。当然，如果目的要件最终得到了实施，那么证明这些目的要件行为的欺骗性或胁迫性要容易得多。这就使得大量仅有行为要件的行为而未真正实施目的要件行为的人口贩运案件因为难以得到证明而被排除在了人口贩运犯罪的范围之外。

最后，对于那些目的要件行为得到实施的人口贩运犯罪来说，由于作为强迫劳动或服务的手段的“威胁人身安全的手段”是指那些根据合理预见能够使被害人相信若不提供劳动或服务其“安全”或者其认识的人的“安全”将会受到威胁的行为。而合理预见究竟是指一个“正常人”的合理预见还是被害人的合理预见并不清楚，更重要的是此处的“安全”仅指“人身安全”，不包括心理上的安全和经济上的安全，[①] 这就使得通常不以“威胁人身安全的手段”实施的强迫劳动被排除在了《加拿大刑法典》的人口贩运犯罪范畴之外。因而，事实上以“威胁人身安全的手段”实施的强迫卖淫或以“欺诈”、“使用暴力或以暴力相威胁”或“其他

① 加拿大立法机构、执法机构和司法机构将《加拿大刑法典》在人口贩运犯罪规定中所使用的“安全”解释为人身安全。例如，加拿大司法部高级顾问 Carole Morency 在参加加拿大国会组织的旨在通过在《加拿大刑法典》中增加“贩运人口犯罪”规定的 C-49 议案的会议上指出，人口贩运犯罪的被害人主要担心他们自身及家人的生命或身体受到伤害。参见 Parliament of Canada, *Proceedings of the Standing Senate Committee on Legal and Constitutional Affairs*, Issue 25 - Evidence, 23 November 2005 (Carole Morency), at http://www.parl.gc.ca/Content/SEN/Committee/381/lega/25evb - e. htm? Language = E&Parl = 38&Ses = 1&comm_id = 11 (last visited 1 July 2014)。再如，加拿大皇家骑警在处理 Elmvale 11 案件中认为，案件所涉 11 名菲律宾人虽然在加拿大无偿劳动而且旅行证件被拿走，但是他们并没有担心生命或身体受到威胁，因而不符合《加拿大刑法典》第 279.04 条界定的作为人口贩运犯罪目的要件的“剥削”，所以没有以涉嫌人口贩运犯罪追究当事人 Imtazur Rahman 的刑事责任。参见 Parliament of Canada, *Proceedings of the Standing Senate Committee on Social Affairs, Science and Technology*, Issue 7 - Evidence, 26 May 2010 (Joy Smith), at http://www.parl.gc.ca/Content/SEN/Committee/403/soci/07eva - e. htm? Language = E&Parl = 40&Ses = 3&comm_id = 47 (last visited 1 July 2014)。关于 Elmvale11 案件的详情，参见 Dale Brazao, For Sale: Workers, Investigative Reporters and Editors, pp. 12 - 13。另外，在首起以人口贩运犯罪定罪的 *R. v. Imani Nakpangi* 一案中，法院以该案所涉两名未成年被害人中的 V. S. 虽然在罪犯 Nakpangi 的心理操纵和脆弱地位滥用下从事卖淫活动，但是 V. S. 并没有担心自己的身体受到伤害，因而不够人口贩运犯罪，最终以利于未成年人卖淫收入生活罪判决，参见 *R. v. Imani Nakpangi* (24 June 2008), Brampton AG 0087 (Ont. Ct. J.), Atwood J. 另见 United Nations Office on Drug and Crimes, Nakpangi, UNODC No.: CAN004, Human Trafficking Case Law Database, http://www.unodc.org/cld/case - law/can/2008/nakpangi. html (last visited 1 July 2014).

形式的胁迫”实施的强迫器官切除构成了《加拿大刑法典》所规定人口贩运犯罪的目的要件——剥削。而这种客观上将强迫劳动排除在目的要件范围之外的规定，也大大缩小了人口贩运犯罪的目的范围。

刑法典关于人口贩运犯罪的这种规定，使得与人口贩运犯罪有关的“获得物质利益罪”和“扣押、毁损证件罪”的适用范围大大缩小，因为这些相关犯罪的成立需要以人口贩运犯罪的成立或证明为前提。而且，根据《议定书》的规定，从人口贩运犯罪中获得物质利益的行为以及为了实施人口贩运犯罪或者为人口贩运犯罪提供方便而藏匿、丢弃、扣押或毁坏旅行证件或身份证件的行为构成了人口贩运犯罪的一部分。这是因为“扣押、毁损证件”是人口贩运者控制外籍被害人经常使用的手段，但是又不属于“威胁人身安全的手段”，因而无法构成刑法典意义上的人口贩运犯罪的目的要件。而唆使、组织、指挥他人从事人口贩运犯罪而自身不直接参与并从人口贩运犯罪中获取物质利益者，通常构成人口贩运犯罪的共犯。因而，尽管刑法典关于“获得物质利益罪”和“扣押、毁损证件罪”的规定有利于在无法证明构成人口贩运犯罪的情形下以这些罪名打击人口贩运者，但是客观上大大地缩小了《议定书》规定的人口贩运犯罪的范围。

总之，《加拿大刑法典》关于人口贩运犯罪的规定不仅大大地缩小了《议定书》所规定的人口贩运犯罪的目的要件的范围，而且使得人口贩运犯罪的证明难度大大地增加，还使得与人口贩运犯罪有关的犯罪的适用范围变得十分狭隘。最终结果便是使得大量符合《议定书》“人口贩运”犯罪构成的人口贩运犯罪逃脱了起诉和惩罚，这就使得以人口贩运犯罪及相关犯罪起诉人口贩运者的案例少之又少。因而，直到2012年4月才对加拿大历史上第一例以强迫劳动为目的的人口贩运案件进行判决。此案也涉及加拿大历史上最大的人口贩运犯罪团伙，团伙成员达10人，人口贩运被害人为

19人。[①] 此案中，人口贩运者控制被害人的主要方式便是以对被害人及其亲属实施身体上的暴力或杀害相威胁，符合《加拿大刑法典》对目的要件中的“威胁人身安全的手段”的要求。[②]

造成长期以来以人口贩运犯罪定罪的案例较少的另一重要原因是加拿大对人口贩运犯罪采用了属地管辖原则，对于加拿大人或永久居民在加拿大境外实施的人口贩运犯罪缺乏管辖权，造成了大量此类案件得不到起诉和惩罚。正因为如此，加拿大国会于2012年6月28日通过了C－310议案，对《加拿大刑法典》关于人口贩运犯罪的规定进行了修正，专门对人口贩运犯罪的属人管辖权进行了规定：加拿大公民或永久居民在加拿大境外实施的作为或不作为如果发生在加拿大将构成“贩运人口罪”、“获得物质利益罪”或“扣押、毁损证件罪”，那么就被认为是发生在加拿大的犯罪。[③] 值得注意的是，此属人管辖权的行使并未以符合双重犯罪的原则为前提，有利于打击和威慑发生在加拿大境外的人口贩运犯罪。而且该议案增加了一款，对如何决定作为人口贩运犯罪目的要件的剥削进行了解释，建议法院在决定被告是否实施了剥削时考虑被告是否使用了暴力或以使用暴力相威胁或使用了其他形式的胁迫、使用了欺诈或滥用了信任地位、权力地位或权威状况等因素。[④] 尽管该款建

---

① CBC News, *Hamilton human trafficking kingpin sentenced to* 9 *years*, April 3, 2012, at http://www.cbc.ca/news/canada/story/2012/04/03/hamilton－human－trafficking.html (last visited 6 July 2014); Nicole O'Reilly, *Human trafficking kingpin gets record* 9－*year sentence*, April 4, 2012, at http://www.thestar.com/news/world/2012/04/04/human_trafficking_kingpin_gets_record_9year_sentence.html (last visited 1 July 2014).

② 关于该案件的简要情况，见 United Nations Office on Drug and Crimes, *Domotor et al.*, Fact Summary, UNODC No.: CAN006, Human Trafficking Case Law Database, http://www.unodc.org/cld/case－law/can /2011/domotor_et_al.html (last visited 1 July 2014).

③ See Criminal Code (Canada), Article 7(4.1); 另见 Parliament of Canada, Bill C－310, An Act to amend the Criminal Code (trafficking in persons), June 28, 2012, at http://parl.gc.ca/HousePublications/Publication.aspx? Language = E&Mode = 1&DocId = 5697415&File = 24 (last visited 1 July 2014).

④ Criminal Code (Canada), Article 279.04(2).

议法院决定是否存在剥削时考虑的因素与《议定书》界定的“人口贩运”的手段要件的内容接近，但是该款规定并不能克服《加拿大刑法典》关于人口贩运犯罪的规定所存在的缺陷。这是因为，对作为目的要件的强迫劳动或服务所要求的方式仍为“威胁人身安全的手段”，仍要求被害人担心自身或亲属的人身安全，而且“欺诈”、“滥用权力或滥用信任”以及“其他形式的胁迫”等手段只是法院可以考虑的因素的一部分，并不要求必须考虑这些因素。即使人口贩运者使用了这些建议的考虑因素强迫被害人提供或承诺提供劳动或服务，法院仍需考虑是否构成“威胁人身安全的手段”，因而《加拿大刑法典》的这一修订并不能克服刑法典客观上将通常不采用“威胁人身安全的手段”的强迫劳动排除在了人口贩运犯罪的范畴之外的弊端。而且需要对将来发生的劳动或服务的方式进行证明这一要求并没有改变。因而如今的《加拿大刑法典》仍不符合《议定书》的要求。可以预见，以人口贩运犯罪起诉和判决的案件将来一定会增多，但是不会增长得很快。

造成加拿大较低的人口贩运犯罪定罪率的原因，除了上述法律规定上的缺陷之外，还有一个重要原因就是加拿大执法机构和刑事司法机构缺乏必要的培训与协调。尽管加拿大联邦、省和市级警察机构均可对人口贩运案件进行调查，而且警察机构和起诉机构可以在调查中采用卧底行动、电子监视等手段，还可以利用诸如加拿大金融交易和报告中心的部门和机构搜集来的情报，但是对于人口贩运犯罪这种新型的复杂犯罪，执法机构和刑事司法机构的调查和起诉能力有待进一步提高。例如，执法机关通常采用以被害人为中心的反应式调查，而不是主动调查，过分地依赖人口贩运被害人的合作和证人证言。而被害人因为多种原因通常不愿意与执法机关合作，特别是加拿大缺乏准确地识别人口贩运被害人的全国性机制而且有权机关在识别被害人方面有较大的自由裁量权，使得许多被害人无法获得有效的保护和帮助，严重挫伤了被害人与执法机关合作的积极性。而且这种过分依赖被害人的合作而不主动地采用其他手段搜集证据的反应式执法，使得执法机关取得的证据往往缺乏独立性。另外，缺乏必要的专门的人力和物力以采用讯问证人并获得证人的合作之外的调查技巧。[①] 而且各层次执法机关之间、各执法机关之间、执法机关与有关非政府组织之间，在人口贩运案件的调查以及被害人的识别与保护等方面还缺乏必要的协调与合作。值得注意的是，为了全面、综合地应对人口贩运问题，有效地调查、起诉和惩罚人口贩运者，加拿大政府于2012年6月发布了首个打击人口贩运国家行动计划。在调查、起诉人口贩运者方面，行动计划规定了加拿大政府未来侧重努力的方向：向执法人员和起诉人员提供具有针对性的人口贩运培训和教育；建立由加拿大皇家骑警、加拿大边境服务局和地方警察组成的专门、综合的调查组，旨在开展主动的人口贩运调查；加强在情报收集方面的协调和合作。[②]

（二）美国的实施

1. 国内法上的实施

美国于2000年12月13日签署了《议定书》，并于2005年11月3日予以批准，但是早在2000年10月28日便由国会通过了《贩运与暴力被害人保护法案》。因此，《贩运与暴力被害人保护法案》早于《议定书》诞生和生效。事实上，《议定书》的起草和通过是在美国的主导下进行的，是美国为了使国际社会一道帮助解决人口贩运这一严重困扰美国的通常涉及跨国有组织犯罪和非法移民的问题而极力倡导的，是美国试图在人口贩运这一涉及人权与执法的问题上起到引领作用的表现之一。[③] 尽管美国没有说明这一涉及美国重大国家利益的意图，但是通过美国当时所处的国际国内环境以及美国在《议定书》起草过程中的表现，能够推断出美国这一

① See The Royal Canadian Mounted Police (RCMP), *Project Seclusion: Human Trafficking in Canada*, PS64 - 78/2010E - PDF, March 2010, p. 40.

② See Government of Canada, *National Action Plan to Combat Human Trafficking*, p. 18.

③ Depart of Justice (U.S.), *Attorney General's Annual Report to Congress and Assessment of U.S. Government Activities to Combat Trafficking in Persons*, p. 2.

未说出的重大关切。为了对人口贩运犯罪作出有效刑事司法应对，美国在制定《贩运与暴力被害人保护法案》的同时，分别于2003年、2005年和2008年对该法案进行了修正。于2000年通过的《贩运与暴力被害人保护法案》首次对人口贩运犯罪进行规定。之前的人口贩运犯罪主要由1910年通过的《白奴贩运法案》（通常称为《曼恩法案》）规制。[①]《曼恩法案》规定了“运输人口从事性活动罪”、“怂恿、诱使、引诱、胁迫他人从事性活动罪”、“运输未成年人从事性活动罪”等与人口贩运有关的犯罪。[②]《贩运与暴力被害人保护法案》在规定了“债役罪”、“诱使进入奴役状态罪”、“通过贩卖使从事强迫性劳役罪”等与人口贩运犯罪有关的犯罪的加重情节的同时，首次对“强迫劳动罪”、“与债役、奴役、强迫性劳役、强迫劳动有关的人口贩运罪”（以下简称“强迫劳动、服务贩运罪”）、“儿童性贩运或以暴力、欺骗或胁迫方式实施的性贩运罪”（以下简称“性贩运罪”）、“非法处理证件罪”等犯罪进行了专门规定。

（1）在人口贩运犯罪的构成要件方面

《贩运与暴力被害人保护法案》将人口贩运犯罪总体上分为两大类：与债役、奴役、强迫性劳役、强迫劳动有关的人口贩运犯罪和儿童性贩运或以暴力、欺骗或胁迫方式实施的性贩运犯罪，即与强迫劳动或服务有关的人口贩运犯罪和性贩运犯罪。这两种人口贩运犯罪的界定方式是相同的，只要求具备行为要件和目的要件，而不要求手段要件，但目的要件含有手段的成分（儿童性贩运罪除外）。例如，与强迫劳动、服务有关的人口贩运罪是指为了从“债

---

① See U. S. Sixty - First Congress, *The Mann Act* (*the White - slave Traffic Act*), June 25, 1910, at http:// prostitution. procon. org/sourcefiles/MannAct. pdf (last visited 8 July 2014); U. S. Congress, U. S. Code, 18 USC § 2421 - TRANSPORTATION GENERALLY; U. S. Congress, U. S. Code, 18 USC § 2422 - COERCION AND ENTICEMENT; U. S. Congress, U. S. Code, 18 USC § 2423 - TRANSPORTATION OF MINORS.

② Ibid., Sections 2, 3 and 4.

役罪”、“诱使进入奴役状态罪”、“通过贩卖使从事强迫性劳役罪”或“强迫劳动罪”的实施中获取劳动或服务而故意以任何方式对任何人实施的招募、运输、提供、获得或窝藏的行为。[①] 值得注意的是，此罪的行为要件与《议定书》规定的行为要件接近。尽管该罪没要求手段要件，但是目的要件含有手段的成分，这些手段成分与“债役罪”、“诱使进入奴役状态罪”、“通过贩卖使从事强迫性劳役罪”或“强迫劳动罪”的实施方式有关。

而“性贩运罪”的行为要件除了与“强迫劳动、服务贩运罪”的行为要件重复的部分之外，还包括“引诱”或“保持”以及从合伙从事这些行为要件中获取经济利益或者任何有价值的物品的行为。[②] 这样，性贩运罪不仅惩处招募、运输、提供、获得、窝藏、引诱或保持被害人的行为，还惩处从参与从事这些行为的冒险活动中获取经济利益或任何有价值的物品的行为。这种惩处从人口贩运犯罪获得物质利益的规定，有利于惩处一切与人口贩运者合伙或合作并从中取得物质利益的行为，从而有效地惩处人口贩运活动。值得注意的是，“性贩运罪”的目的要件要求罪犯在从事行为要件的行为时，知道或由于粗心大意而没注意到将会运用暴力、以使用暴力相威胁、欺诈或胁迫的手段使被害人从事商业性行为，或者将会使18岁以下的被害人从事商业性行为。《2008年威廉·威尔伯福斯人口贩运被害人保护重新授权法案》对“性贩运罪”的目的要件所使用的“知道”的认定进行了解释，即当从事性贩运的被告有能够观察到被害人被以上述手段招募、运输、引诱、提供、获得、窝藏或保持的合理机会时，政府不用证明被告知道被害人尚未

① U. S. Congress, U. S. Code, 18 USC § 1590(a) - Trafficking with respect to peonage, slavery, involuntary servitude, or forced labor.

② U. S. Code, 18 USC § 1591(a)(2).

年满18岁。[1] 可见，该罪在被害人为18岁以下未成年时不要求手段成分，否则，需要“暴力”、“以使用暴力相威胁”、“欺诈”或“胁迫”等手段成分。此处的“胁迫”包括三种情形：以造成严重损害或实施人身限制相威胁；任何旨在使人相信若不从事某一行为将会受到严重损害或人身限制的计划或方案；滥用或以滥用法律或法律程序相威胁。而《2008年威廉·威尔伯福斯人口贩运被害人保护重新授权法案》对此处所使用的“严重损害”进行了解释，指任何身体上或非身体上的损害，包括心理上、经济上或名誉上的损害，其严重程度足以使具有相同背景和处境的理智之人为了避免遭受此种损害而不得不从事或继续从事所要求的劳动或服务。显然，“严重损害”既指身体上的损害，又指心理上、经济上或名誉上的非身体损害，而且其严重程度可根据“正常人”标准进行判断。而所谓的“滥用或以滥用法律或法律程序相威胁”是指为了向他人施加压力迫使其采取某种行为或不从事某种行为，而以任何方式或为了任何与法律的制定目标相悖的目的，使用此种行政、民事或刑事法律或法律程序，或以使用此种法律或法律程序相威胁。由此可见，“胁迫”的范围极广，涵盖了所有足以使人屈从压力、接受要求的身体方面、心理方面、经济方面、名誉方面和法律方面的威胁。因此，“性贩运罪”目的要件所包含的“暴力”、“以使用暴力相威胁”、“欺诈”或“胁迫”等手段成分，其范围与《议定书》规定的手段要件的范围基本一致。

但是，《贩运与暴力被害人保护法案》这种将手段成分包含在目的要件中的做法，与《议定书》将手段要件作为行为要件发生方式的做法是不一致的。正如上文所述，证明未来行为所采取的方式并非易事，《贩运与暴力被害人保护法案》这种界定与强迫劳

① U. S. Congress, U. S. Code, 18 USC § 1591(c) – Sex trafficking of children or by force, fraud, or coercion; William Wilberforce Trafficking Victims Protection Reauthorization Act of 2008, Sec. 222(b)(5)(D).

动、服务有关的人口贩运罪和性贩运罪的做法，使得人口贩运犯罪的构成过分依赖对目的要件的证明。当作为目的要件的行为已经完成时，要证明这种行为的方式相对容易。但是，当目的要件的行为尚未进行时，要证明这种行为的方式实在不易。因而，大量的目的要件难以证明的人口贩运案件将会落入《贩运与暴力被害人保护法案》界定的人口贩运犯罪的范围之外。这种界定方式使得借鉴美国的立法首次对人口贩运犯罪作出规定的《加拿大刑法典》也明显地打上了此种烙印，成为加拿大的人口贩运犯罪起诉率较低的重要原因之一。

（2）对与人口贩运有关犯罪的规定

《贩运与暴力被害人保护法案》还对“强迫劳动罪”、“非法处置证件罪”等与人口贩运有关的犯罪进行了规定。法案规定采取以下一种或几种方式提供或获得他人劳动或服务的行为构成强迫劳动罪：对该人或另一人使用暴力、以使用暴力相威胁、限制人身自由或以限制人身自由相威胁；对该人或另一人实施严重损害或以实施严重损害相威胁；滥用法律或法律程序，或以滥用法律或法律程序相威胁；任何旨在使该人相信若不从事此种劳动或服务其自身或另一人将会受到严重损害或人身限制的计划或方案。[①] 通过分析该定义以及法案所界定的“胁迫”的含义，上述规定的方式应该包括“使用暴力”、“以使用暴力相威胁”、“限制人身自由”、“实施严重损害”和“胁迫”，这些方式与《议定书》界定的“人口贩运”的手段要件基本上相符。

另外，《2008年威廉·威尔伯福斯人口贩运被害人保护重新授权法案》将从参与以上述方式实施的劳动或服务提供或获得中获得物质利益的行为规定为犯罪，并处以与强迫劳动犯罪相同的刑罚。[②] 这与将从参与性贩运犯罪中获得物质利益的行为规定为犯罪

① U. S. Code, 18 USC § 1589(a).

② U. S. Code, 18 USC § 1589(b).

的做法相同，有利于有效地打击一切与强迫劳动有关的犯罪，从而有效地打击强迫劳动犯罪。而且，根据《2008 年威廉·威尔伯福斯人口贩运被害人保护重新授权法案》，“强迫劳动罪”及从强迫劳动犯罪中获得物质利益的犯罪应处以与“强迫劳动、服务贩运犯罪”相同的刑罚，即区分普通犯罪与加重犯罪分别处以不同轻重的处罚：对普通犯罪情形，处以罚金、20 年以下有期徒刑或两者并罚；对加重犯罪情形，即当犯罪引起了死亡，或者在犯罪的过程中实施了绑架、企图绑架，或实施了严重的性虐待，或企图杀人时，应处以罚金、任意期限的有期徒刑或终身监禁，或两者并罚。[①] 这种将强迫劳动犯罪处以与强迫劳动、服务贩运犯罪以及从强迫劳动犯罪中获取物质利益的犯罪相同的刑罚的做法非常可取。这是因为，根据《议定书》对“人口贩运”的界定，以强迫劳动或服务为目的的人口贩运犯罪的外延大于强迫劳动犯罪，前者还包括强迫劳动或服务的目的未能实现的人口贩运犯罪，所以后者是前者的一种特殊情形；当然，也有学者认为，人口贩运犯罪是一种现代形式的奴役，应纳入奴役或类似奴役的做法、劳役或强迫劳动或服务的范畴，因而前者是后者的一种特殊情形。例如，欧洲人权法院在蓝特塞夫诉塞浦路斯与俄罗斯一案的判决中就持这种观点。因而，可以说国际社会在强迫劳动、服务贩运犯罪与强迫劳动犯罪的关系这个问题上分歧较大。在此情形下，将这两种犯罪规定相同的刑罚，无疑有利于防止因在犯罪性质认定上的差异而处以不同的刑罚，从而有效地打击人口贩运犯罪。而区分普通犯罪与加重犯罪分别处以不同刑罚的做法，有利于根据犯罪的情节和危害后果对于罪犯处以适当、相称的处罚。

《贩运与暴力被害人保护法案》还对“非法处置证件罪”进行了规定。法案规定，为了实施“债役罪”、“诱使进入奴役状态罪”、“通过贩卖使从事强迫性劳役罪”、“强迫劳动罪”、“强迫劳

① U. S. Code, 18 USC § 1589.

动或服务贩运罪”或“性贩运罪”，或在实施上述犯罪的过程中，或为了使严重形式人口贩运的被害人继续提供劳动或服务（包括性服务）而在没有合法授权的情况下阻止或限制或企图阻止或限制该人的运动或旅行自由，而故意毁损、隐藏、扔弃、没收或持有护照、移民证件或其他身份证件的行为，构成非法处置证件罪，处以罚款或5年以下有期徒刑或两者并罚。① 由于通过控制被害人的身份证件或旅行证件来控制被害人是人口贩运犯罪及相关犯罪中经常使用的控制手段，而当人口贩运者在实施人口贩运犯罪的过程中采用了上述手段时，可以人口贩运犯罪和非法处置证件罪进行并罚，因此上述规定有利于有效打击人口贩运活动。并且当人口贩运者之外的人实施该犯罪时，由于该人的活动帮助或助长了人口贩运者的犯罪活动，因而对此罪予以处罚也有利于打击人口贩运活动。值得注意的是，该规定不适用于严重形式人口贩运的被害人的由人口贩运引起的或附随于人口贩运的行为。② 该规定旨在预防和打击通过非法处置证件来协助人口贩运活动的犯罪行为，而通常是非法移民的人口贩运被害人为了避免因非法移民身份受到惩罚而实施的隐藏、扔弃、毁损身份或旅行证件的行为不应受到惩罚。这是因为，正如上文所述，人口贩运被害人不应因作为人口贩运组成部分的犯罪而受到惩罚。此外，法案还将阻碍、企图阻碍或以任何方式干涉、阻止调查、起诉和处罚非法处置证件犯罪的行为规定为犯罪，处以与非法处置证件犯罪相同的处罚。③ 此款关于妨碍司法罪的规定与《联合国打击跨国有组织犯罪公约》的要求相一致，有利于打击具有跨国有组织犯罪性质的非法处置证件犯罪。

此外，《2008年威廉·威尔伯福斯人口贩运被害人保护重新授权法案》将从债役、奴役和人口贩运中获得物质利益的行为规定

① U. S. Code, 18 USC § 1592(a).

② U. S. Code, 18 USC § 1592(b).

③ U. S. Code, 18 USC § 1592(c).

为犯罪，并处以与这些犯罪的实行行为相同的刑罚。[①] 这有利于打击和预防与这些犯罪有关的协助或共谋行为。《贩运与暴力被害人保护法案》还规定性贩运犯罪、强迫劳动或服务贩运犯罪以及相关的犯罪构成证人保护所要求的有组织犯罪或其他形式的严重犯罪。[②] 该规定有利于使这些犯罪的被害人证人获得法定的证人保护，有利于鼓励被害人与刑事司法机关合作调查、起诉人口贩运者。

(3) 对人口贩运犯罪及相关犯罪的管辖

《2008 年威廉·威尔伯福斯人口贩运被害人保护重新授权法案》对人口贩运及相关犯罪的域外管辖进行了规定，对于债役犯罪、诱使进入奴役状态犯罪、通过贩卖使从事强迫性劳役犯罪、强迫劳动犯罪、强迫劳动或服务贩运犯罪或性贩运犯罪以及企图实施或共谋实施这些犯罪的行为，如果犯罪嫌疑人为美国公民或者合法获得美国永久居住权的外国人，或者如果犯罪嫌疑人在美国境内，不管此时犯罪嫌疑人的国籍如何，美国有权行使管辖。[③] 该款实质上规定了美国的属人管辖权，有利于打击美国公民在美国境外实施的人口贩运活动及相关犯罪活动。关于只要犯罪嫌疑人在其境内美国就有权行使管辖而不管犯罪嫌疑人是否为美国公民的规定，既不属于标准的属地管辖，也不属于标准的属人管辖，还不属于标准的保护性管辖，类似于关于国际犯罪的普遍管辖权。特别是在没有其他连接因素的情况下，仅仅以犯罪嫌疑人在其境内而行使管辖权，十分接近普遍管辖权。然而，普通管辖权易于与他国行使的属地管辖权、属人管辖权或保护性管辖权相冲突。因而，该法案规定，当具有美国承认的管辖权的外国政府已经或正在以相同行为起诉犯罪嫌疑人时，不可以再次在美国起诉，除非检察总长或副总检察长同

① U. S. Code, 18 USC § 1593A.
② U. S. Code, 18 USC § 1594(f).
③ U. S. Code, 18 USC § 1596(a).

意管辖。[①] 这种一罪不二罚的规定，有利于防止出现管辖权的积极冲突的情形。

《2005 年人口贩运被害人保护重新授权法案》对某些人口贩运犯罪的域外管辖进行了规定：居住在美国境外受美国联邦政府雇用或者陪伴联邦政府的人员在美国境外从事如若发生在美国管辖区内将构成人口贩运犯罪或相关犯罪的行为，将构成人口贩运犯罪或相关犯罪，并受到相应的惩罚。[②] 由于规定中所指人员可能非美国公民，因而此款规定不能理解为传统意义上的属人管辖权，但可理解为属人管辖权的延伸。值得注意的是，为了避免此种域外管辖权可能与其他国家的属地管辖权、属人管辖权或保护性管辖权发生积极冲突，法案同时规定当具有美国承认的管辖权的外国政府已经或正在以相同行为起诉犯罪嫌疑人时，不可以再次在美国起诉，除非检察总长或副总检察长同意管辖。[③]

（4）对人口贩运犯罪及相关犯罪的处罚

《贩运与暴力被害人保护法案》区分情节对人口贩运犯罪的处罚进行了规定。对于"性贩运罪"，当目的要件行为通过暴力、以暴力相威胁、欺骗或胁迫的方式得以完成时或当被害人在犯罪发生时年龄不到 14 岁时，应处以罚金并处 15 年以上有期徒刑或终身监禁；而当目的要件行为并没有以上述方式完成而且被害人在犯罪发生时年龄在 14 岁以上 18 岁以下时，应处以罚金并处 10 年以上有

---

① U. S. Code,18 USC § 1596(b).

② U. S. Code,18 USC § 3271(a). 根据该法案的解释，"在美国境外受联邦政府雇用"是指作为联邦政府的文职雇员、作为一名联邦承包商（包括任何层次的分包商）或作为联邦承包商（包括任何层次的分包商）的一名雇员而受到雇用，且由于此种雇用而居住在美国境外又非东道国公民或常住居民；而"在美国境外陪伴联邦政府"是指作为联邦政府的文职雇员、联邦承包商（包括任何层次的分包商）或联邦承包商（包括任何层次的分包商）的雇员的家眷并且和他们一起居住在美国境外又非东道国公民或常住居民。另，参见 U. S. Code 18 USC § 3271(b)。

③ U. S. Code 18 USC § 3271(b).

期徒刑或终身监禁。① 值得注意的是，此处规定的罚金与有期徒刑或终身监禁之间是并列关系，而不是选择关系，而且还规定了有期徒刑的最低刑期，体现了对性贩运罪的严厉处罚。该规定还区分被害人的年龄及目的要件的实现情况分别规定不同处罚，有利于对性贩运犯罪进行有效、适当、相称的惩罚。对于“强迫劳动、服务贩运罪”，法案则区分普通犯罪与加重犯罪，分别规定不同的惩罚：对于普通犯罪处以罚金或 20 年以下有期徒刑或者两者并罚；而当犯罪引起了死亡，或者犯罪嫌疑人在犯罪的过程中实施了绑架或企图实施绑架，实施了严重的性虐待或者其他实施严重的性虐待，或者企图杀人时，处以罚金或任意期限的有期徒刑或终身监禁或两者并罚。② 这种区分普通犯罪与加重犯罪并考虑犯罪的结果、方式和严重性的做法，也有利于对人口贩运者实施有效、相称的处罚。

值得注意的是，法案将阻碍、企图阻碍或以任何方式干扰或阻止与“性贩运罪”和“强迫劳动、服务贩运罪”有关的司法活动的，构成妨碍司法罪，处以罚金或 20 年以下有期徒刑或两者并罚，与“强迫劳动、服务贩运罪”普通犯罪的处罚相同。③ 因此，当同时构成人口贩运犯罪和妨碍司法罪时可数罪并罚。该款关于妨碍司法罪的规定，与《联合国打击跨国有组织犯罪公约》的规定是一致的，有利于打击具有跨国有组织犯罪性质的人口贩运犯罪。

而且，《贩运与暴力被害人保护法案》与《2008 年威廉·威尔伯福斯人口贩运被害人保护重新授权法案》规定，将企图实施性贩运罪或强迫劳动或服务贩运罪的行为以及共谋实施强迫劳动或服务贩运罪的行为处以与犯罪既遂相同的刑罚。根据这两部法案，犯

---

① U. S. Code, 18 USC § 1591(b).

② U. S. Congress, U. S. Code, 18 USC § 1590(a) – Trafficking with respect to peonage, slavery, involuntary servitude, or forced labor.

③ U. S. Congress, U. S. Code, 18 USC § 1590(b); 8 USC § 1591(d).

罪预备或未遂均应处以与犯罪既遂相同的刑罚；与他人共谋实施强迫劳动或服务贩运犯罪的行为应处以与犯罪既遂相同的刑罚。[①] 值得注意的是，虽然《2008 年威廉·威尔伯福斯人口贩运被害人保护重新授权法案》也将与他人共谋实施性贩运犯罪的行为予以处罚，但是这种刑罚比性贩运罪的刑罚轻，不但没有规定最低的有期徒刑刑期，而且规定的各种刑罚之间是选择关系而不是并罚的并列关系。[②] 这说明该法案整体上把性贩运罪的共谋行为看作一种比性贩运罪轻的犯罪，但是法案的这种灵活性规定并排除在具体案件中对共谋行为处以比性贩运罪更加严厉的处罚，有利于法官根据共谋行为在性贩运犯罪中的作用处以灵活多样的刑罚。

为了有效地打击人口贩运活动，同时使贩运被害人获得必要赔偿，一方面使被害人获得正义、促进被害人的恢复与融入；另一方面鼓励被害人配合刑事司法机构的调查、起诉活动，《贩运与暴力被害人保护法案》对"强制性恢复原状"进行了规定，要求法院在对人口贩运者判处其他刑罚的同时，下令强制被告向被害人支付其全部损失，同时对被告犯罪工具和犯罪所得进行强制没收。[③] 对被害人进行强制性赔偿，对犯罪工具和犯罪所得进行强制没收，无疑既能有效地打击作为牟利型犯罪的人口贩运犯罪及相关犯罪，同时有利于保障刑事诉讼活动的顺利进行。

另外，《2003 年人口贩运被害人保护重新授权法案》对人口贩运被害人通过民事诉讼获得赔偿进行了规定，贩运被害人可以对贩运者以及从贩运活动中获得物质利益者提起要求赔偿损失并支付合理律师费用的民事诉讼，但是前提是有关的刑事程序已经结束。[④] 这增加了贩运被害人获得赔偿的机会，但问题是民事赔偿诉讼的提

① U. S. Congress, U. S. Code, 18 USC § 1594(a) - (b).

② U. S. Congress, U. S. Code, 18 USC § 1594(c).

③ U. S. Congress, U. S. Code, 18 USC § 1593; 18 USC § 1594(d).

④ U. S. Congress, U. S. Code, 18 USC § 1595.

起以相关的刑事调查、起诉和判决程序已经结束为条件。而外籍贩运被害人通常很难取得允许居留4年的人口贩运被害人非移民签证（T－1 Visa）、永久居留许可或身体或精神虐待被害人非移民签证（U Visa），而外籍被害人由于充当刑事程序的证人而获得的继续居留许可仅仅在刑事程序结束前有效。因此，通常情形是外籍被害人在刑事程序结束后将被遣返或送回原住国，无权继续在美国居留以提起针对人口贩运者的民事赔偿诉讼。尽管提起民事赔偿诉讼的有效期为10年，从理论上来说外籍被害人在被遣返或送回后还有机会返回美国提起此种诉讼。但问题是，美国法律并没有明确规定不处罚被害人作为人口贩运组成部分的行为。如果被害人被贩运到美国时没有合法的身份或旅行证件，那么被遣返的被害人可能会因为这种非法移民经历而被拒绝再次进入美国。即使允许被遣返的被害人返回美国提起民事赔偿诉讼，也会因为通常处于弱势地位的被害人缺乏必要的旅行、医保、法律咨询、诉讼等费用而望而却步。因此，建议修改上述规定，允许被害人在有关刑事程序进行的过程中提起此种诉讼，或者允许提起刑事附带民事诉讼，或者将此种诉讼与强制恢复原状的命令相协调，既有利于被害人获得民事赔偿，又有利于节省诉讼成本。

综上所述，美国关于人口贩运犯罪及相关犯罪的法律主要包括《曼恩法案》、《贩运与暴力被害人保护法案》、《2003年人口贩运被害人保护重新授权法案》、《2005年人口贩运被害人保护重新授权法案》、《2008年威廉·威尔伯福斯人口贩运被害人保护重新授权法案》。《曼恩法案》仅规定"运输人口从事性活动罪"、"怂恿、诱使、引诱、胁迫他人从事性活动罪"、"运输未成年人从事性活动罪"等与人口贩运有关的犯罪，而《曼恩法案》之外的其他法律则对人口贩运犯罪及相关犯罪进行了规定。尽管在《贩运与暴力被害人保护法案》通过后有时还会根据《曼恩法案》对人口贩运案件进行判决，但是大多数人口贩运案件还是要根据《贩运与暴力被害人保护法案》及相关法案判决的，而且这两类法案的区别也是明显的。根据《曼恩法案》，除了胁迫他人从事性活动罪需要采用胁迫的手段外，其他相关犯罪均不要求采用《议定书》规定的“人口贩运”应具备的手段要件；而《贩运与暴力被害人保护法案》及相关法案界定的性贩运犯罪、强迫劳动或服务贩运犯罪则在目的要件中保护了《议定书》所要求的手段成分。《曼恩法案》界定的与人口贩运有关的犯罪的目的要件是使被害人从事构成犯罪的性活动，《贩运与暴力被害人保护法案》及相关法案界定的人口贩运犯罪的目的要件，包括强迫性或受到欺骗的商业性活动、强迫劳动或服务、债役、奴役、强迫性劳役等活动。前者界定的与人口贩运有关的犯罪的行为要件仅包括“运输”、“怂恿”、“诱使”、“引诱”、“胁迫”等行为，而后者界定的人口贩运犯罪的行为要件包括“招募”、“运输”、“提供”、“获得”、“窝藏”、“引诱”或“保持”等与《议定书》界定的“人口贩运”的行为要件基本相符的行为，包括的行为范围较广。《贩运与暴力被害人保护法案》及相关法案对人口贩运犯罪及相关犯罪的规定基本上与《议定书》的要求相符，有利于有效地打击和预防人口贩运犯罪活动，但是其将手段要件暗含在目的要件之中的做法，加大了证明人口贩运犯罪的难度，与《议定书》的要求不一致。

2. 在刑事司法实践中的实施

在美国，人口贩运案件的调查主要由司法部联邦调查局、国土安全部移民海关执法局国土安全调查处、劳工部监察长办公室及国务院外交安全局人口贩运处进行。联邦调查局内部有两个部门负责调查人口贩运案件，分别是公民权利处与针对儿童犯罪处，前者负责调查涉及成年人、外国人被害人的人口贩运案件以及针对国内儿童的不涉及商业性剥削的案件，而后者负责调查针对国内儿童的商业性剥削案件。自2010年10月1日至2011年9月30日，联邦调查局共调查人口贩运案件183起，提交起诉书119份，定罪的案件有79起；在同一时期，联邦调查局共调查针对国内儿童的商业性剥削案件352起，提交起诉书188份，定罪的案件有196起。[①]移民海关执法局国土安全调查处主要负责调查涉及有组织犯罪的人口贩运案件，在2011年共调查与人口贩运有关的案件722起，提交起诉书444份，定罪的案件有271起。[②]国务院外交安全局人口贩运处主要负责调查与护照或签证欺诈有关的人口贩运案件。

人口贩运案件的起诉由司法部进行，司法部在全国有94个联邦起诉办公室和两个专门的部门，分别是公民权利处下设的人口贩运起诉科和犯罪处下设的儿童色情及剥削科。2011年，司法部共起诉42起涉及强迫劳动和以暴力、欺诈或胁迫的方式实施的成人性贩运的人口贩运案件，其中一半的案子主要属于强迫劳动，另一半主要属于性贩运，还起诉了83起涉及儿童性贩运的联邦案件。[③]同一时期，司法部确保70起涉及强迫劳动和以暴力、欺诈或胁迫的方式实施的成人性贩运的人口贩运案件被定罪，81起涉及儿童性贩运的联邦案件被定罪，这些数字还不包括对儿童的商业性剥削案件。[④]根据司法部司法统计局的调查，在2011年以“债役罪”、“诱使进入奴役状态罪”、“通过贩卖使从事强迫性劳役罪”、“强迫劳动罪”、“强迫劳动、服务贩运罪”、“性贩运罪”或“非法处理证件罪”的罪名对102名被告判刑的案件中，93名被告被判处有期徒刑，判处的刑期平均为11.8年，从10个月到50年不等，在被判刑的102名被告中，其中27人被判处5年以下有期徒刑，24人被判处5年以上10年以下有期徒刑，38人被判处10年以上有

① Department of Justice (U. S.), *Attorney General's Annual Report to Congress and Assessment of U. S. Government Activities to Combat Trafficking in Persons for Fiscal year* 2011, p. 59, at http://www.justice.gov/ag/annualreports/agreporthumantrafficking2011.pdf (last visited 1 July 2014).

② Department of Justice (U. S.), *Attorney General's Annual Report to Congress and Assessment of U. S. Government Activities to Combat Trafficking in Persons for Fiscal year* 2011, p. 60.

③ See U. S. A. Department of State, *Trafficking in Persons Report* 2012, p. 361.

④ See U. S. A. Department of State, *Trafficking in Persons Report* 2012, p. 361.

期徒刑。[①] 总体而言，美国调查和起诉人口贩运的力度较大，而且在逐年加大力度，这与美国将人口贩运犯罪看作一种严重影响国家安全和边境管理秩序的跨国有组织犯罪的认识有关。美国在人口贩运问题上坚持一种以刑事司法为中心的理念框架，而不是以贩运被害人的人权为中心的理念，在保护和帮助被害人方面的努力也是以服务刑事司法为中心。这种以服务刑事司法为中心的理念，也影响着保护和帮助被害人的效果，既无法获得调查、起诉人口贩运者所需要的证人，又无法从根本上解决人口贩运问题。尽管美国调查、起诉和判决人口贩运案件的力度较大，但是与年均14500至17500的被贩运者数量相比，力度显然不够。[②]

（三）泰国的实施

1．国内法上的实施

泰国既是人口贩运的原住国，又是人口贩运的目的地国或过境国，在澳大利亚、中国和日本均发现了泰国籍的人口贩运被害人，而在泰国也发现了来自柬埔寨、越南和缅甸的人口贩运被害人。[③] 泰国虽于2000年12月13日和18日分别签署了《联合国打击跨国有组织犯罪公约》和《议定书》，但是至今尚未予以批准。为了有效地打击人口贩运活动，泰国于2008年1月30日通过了《反人口贩运法案》，取代了1997年通过的《预防和打击贩运妇女、儿童措施法案》。这两部法案的区别是明显的。《预防和打击贩运妇女、

---

① Department of Justice (U. S.), *Attorney General's Annual Report to Congress and Assessment of U. S. Government Activities to Combat Trafficking in Persons for Fiscal year* 2011, p. 66.

② 关于美国估计的年均人口贩运被害人数量，参见 Alison Siskin & Liana S. Wyler, *Trafficking in Persons: U. S. Policy and Issues for Congress*, Congressional Research Service (CRS) Report for Congress Prepared for Members and Committees of Congress, RL34317, December 23, 2010, p. 20; J. L. Roby et al., U. S. Response to Human Trafficking: Is It Enough? *Journal of Immigrant & Refugee Studies*, Vol. 6(4), 2008, pp. 508–525.

③ UNODC, *Global Report on Trafficking in Persons* 2012, United Nations publication, Sales No. E. 13. V. 1, p. 72.

儿童措施法案》界定的“贩运妇女、儿童”以性剥削为目的要件，没有明确要求手段要件，而且贩运的对象仅为妇女、儿童，不包括成年男子。[①]而《反人口贩运法案》界定的“贩运人口”以剥削为目的要件，除了包括性剥削，还包括强迫劳动或服务、奴役、使他人成为乞丐、以交易为目的的强迫器官切除或导致强行勒索的任何其他类似做法，而且规定了明确的手段要件：除了当被害人为儿童时不需要手段要件之外，其他情形需要采用使用暴力或以使用暴力相威胁、诱拐、欺诈、欺骗、滥用权力或通过给出金钱或好处使对另一人具有控制权的人同意其将该人纳入其控制之中并进行剥削等手段。并且该法案规定的行为要件的范围更广，除了包括《预防和打击贩运妇女、儿童措施法案》列出的“买”、“卖”、“贩卖”、“带来”、“送走”、“接收”、“拘禁或限制人身自由”外，还包括“窝藏”的行为。另外，贩运的对象不仅包括妇女、儿童，还包括成年男子。因此，《打击人口贩运法案》对手段要件的要求，使得对成年人的贩运必须采用违背其自由意志的“使用暴力或以使用暴力相威胁”、“欺诈”等手段，这是《反人口贩运法案》与《预防和打击贩运妇女、儿童措施法案》最大的区别。

通过上述分析，不难看出，《反人口贩运法案》界定的“人口贩运”与《议定书》的要求基本一致，其区别在于：法案规定的行为要件的范围稍小于《议定书》，没有将“招募”、“运送”行为包括在内；法案规定的手段要件没有将“滥用脆弱地位”包括在内；但在目的要件方面，法案将《议定书》没有规定的“使他人成为乞丐”包括在内，还使用了“导致强行勒索的任何其他类似做法”这一兜底性条款，与《议定书》使用了“剥削应至少包

---

① The Measures in Prevention and Suppression of Trafficking in Women and Children Act B. E. 2540 (1997) (Thailand), translated by Wanchai Roujanavong from Office of the Attorney General, Chairperson of FACE, and Pen Suwannarat from Mekong Region Law Center, Section 5, at http://www.no-trafficking.org/content/pdf/ measures_in_prevention_and_suppression_of_trafficking_in_wom.doc (last visited 1 July 2014).

括”这样的字眼具有异曲同工之妙。法案之所以没有将“滥用脆弱地位”包括在手段要件之中，除了因为其和“滥用权力”有交叉的情形之外，还因为“滥用脆弱地位”的含义不明而且难以证明。值得注意的是，法案第4条在界定“强迫劳动或服务”时，将其手段要件界定为“通过恐吓、使用暴力或其他任何使该人处于无法反抗的状态的手段，使人担心其本人或另一人的生命、身体、自由、名誉或财产遭受损害”，这些手段包括身体上、心理上、经济上、名誉上和法律上的胁迫，而这些胁迫又足以使被害人处于无法反抗的状态。显然，法案对“强迫劳动或服务”界定的范围较广，与美国《2008年威廉·威尔伯福斯人口贩运被害人保护重新授权法案》对作为人口贩运犯罪手段要件之一的“胁迫”的解释相一致。

《反人口贩运法案》第7条还将支持、协助实施人口贩运犯罪、协助、同意协助人口贩运者逃避刑事惩罚以及使人加入以从事人口贩运犯罪为宗旨的有组织犯罪集团的行为规定为犯罪，而且施以与人口贩运者相同的刑罚。显然，这种施以重刑的行为有利于打击与人口贩运犯罪有关的协助行为、窝藏包庇行为及使人加入有组织犯罪集团的行为，从而有利于更加有效地打击人口贩运犯罪。法案第8条、第9条和第10条还对人口贩运犯罪的预备、共同犯罪中的犯罪未遂与中止、有组织犯罪集团的犯罪的处罚进行了详细规定，有利于法官根据人口贩运犯罪的进行状态、犯罪主体的性质与主观恶性施以有效、适当的惩罚。值得注意的是，法案第11条规定了对人口贩运犯罪的普遍管辖权，规定任何国籍的公民在泰国境外实施了本法案规定的人口贩运犯罪均应受到本法的惩罚，有利于有效地打击人口贩运犯罪。此外，法案第14条还对冒充国家公职人员、国家公职人员犯罪、法案授权主体犯罪等加重情节的惩罚进行了规定，有利于打击情节恶劣的人口贩运犯罪。值得注意的是，法案第12条和第13条将法案规定的所有犯罪规定为洗钱罪的上游犯罪。在对人口贩运犯罪的处罚方面，法案第14条区分普通犯罪与加重犯罪分别处以轻重不同的刑罚，对于普通犯罪处以 4 年至 10 年的有期徒刑并处 8000 铢至 20 万铢的罚金，而当被害人为 15 岁至 18 岁的儿童或 15 岁以下的儿童时，分别处以更加严厉的刑罚。法案还对法人犯罪、妨碍司法等犯罪进行了规定，有利于对人口贩运犯罪进行有效的打击。

《预防和制止卖淫法案》第 9 条也对与人口贩运有关的卖淫犯罪进行了规定。该法案规定了“招募、诱惑、带走、接收他人从事卖淫罪”，将为了卖淫目的而招募、诱惑、带走、接收他人的行为规定为犯罪，而不管该人是否同意，也不管该行为是否发生在泰国境内，并且将采取欺诈、欺骗、威胁、暴力、施加不正当影响或任何其他胁迫人的方式实施上述行为作为上述犯罪的加重情节。[①] 显然，根据该法案，为了卖淫目的以欺诈、威胁、暴力等违背被害人意愿的方式实施的招募、诱惑、带走、接收行为构成了“招募、诱惑、带走、接收他人从事卖淫罪”的加重情形，而不是人口贩运犯罪。而且，该法案区分了被害人的年龄，对被害人为 15 至 18 岁的儿童或 15 岁以下的儿童时分别规定了不同的刑罚。由于《反人口贩运法案》不影响《预防和制止卖淫法案》的效力，因而当出现加重情形时，究竟是按照上述犯罪还是按照人口贩运犯罪来追究罪犯的刑事责任存在较大争议。

2. 在刑事司法实践中的实施

在泰国，主要由隶属总理办公室的泰国皇家警察和隶属司法部的特殊调查局负责调查人口贩运案件。2011 年，泰国皇家警察调查与人口贩运有关的案件 83 起，高于 2010 年的 70 起，这 83 起中有 67 起涉及性贩运，16 起涉及强迫劳动，共涉及 155 名犯罪嫌疑人，其中大多数为泰国人；同一时期，共起诉 67 起案件，低于 2010 年的 79 起；同一时期，12 起与人口贩运有关的案件被定罪，

① Prevention and Suppression of Prostitution Act B. E. 2539 (1996) (Thailand), Section 9.

低于2010年的18起定罪案件，这12起定罪案件中，两起经过核实属于性贩运案件，而其余10起案件是否为人口贩运案件不详。[1] 2011年，特殊调查局共调查人口贩运案件5起，其中4起移交警方处理。[2] 上述调查、起诉的人口案件数量与估计的数万贩运被害人相比实在是太少了。[3] 这说明，尽管泰国于2008年制定的《反人口贩运法案》基本上符合《议定书》的要求，内容比较先进完善，而且于2010年制定了第二个国家反拐行动计划，但是仅有相对完善的法律和计划而缺乏强有力的实际执行，无法有效解决人口贩运问题。

泰国之所以在打击人口贩运方面的刑事司法应对较为薄弱，是因为以下原因：

第一，泰国的相关法律之间缺乏必要的协调。《反人口贩运法案》与《预防和制止卖淫法案》均涉及性贩运行为，但是没有明确二者在适用范围上的差异，致使执法机关在现实执法中以《预防和制止卖淫法案》规定的罪名起诉人口贩运案件，在一定程度上减小了人口贩运案件的数量。尽管泰国于2011年对1850名公共健康官员、社会工作者、警察和移民官员进行了反人口贩运方面的培训，但是执法官员对于《反人口贩运法案》的意识还是不够强烈，许多执法官员仍以其他法律起诉人口贩运者，以《预防和制止卖淫法案》第9条规定的罪名起诉34名人口贩运者。[4] 因此，厘清《预防和制止卖淫法案》第9条与《反人口贩运法案》规定的人口贩运犯罪之间的关系十分重要。

第二，在涉及移民强迫劳动案件的处理上，泰国政府往往采用非正式的争端解决办法予以解决，而不愿对强迫劳动的雇主进行刑

① 参见U. S. A. Department of State, *Trafficking in Persons Report* 2012, p. 339.

② 参见U. S. A. Department of State, *Trafficking in Persons Report* 2012, p. 339,

③ 关于泰国人口贩运被害人的数量估计，参见 *Trafficking in Persons Report* 2012, p. 338.

④ Ibid. , p. 340.

事起诉。这和泰国长期以来仅调查和起诉贩运妇女、儿童性贩运案件的传统有关，也和认为强迫劳动在很大程度上属于劳务纠纷、起诉雇主不仅影响经济发展也会增加政府的成本的观念有关。因此，树立以被害人的人权为中心、强迫劳动构成犯罪的观念，有助于加大对强迫劳动贩运案件的起诉力度。

第三，保释制度在人口贩运案件中的经常采用，使得被保释的人口贩运者在保释后轻易逃走或威胁被害人使其不敢与执法机关合作，造成相关的刑事程序无法继续或者被迫终止。

第四，泰国皇家警察和特殊调查局在调查人口贩运案件方面的职责分工不明确，协调配合不够，可能会使某些人口贩运案件得不到调查，或者得不到及时调查。尽管泰国于 2011 年试图修订有关特殊调查局的法律以授权特殊调查局不用将案件转交警方便可自行调查人口贩运案件，但是该修正案并未获得通过。另外，泰国执法部门存在较为广泛的腐败，某些官员或者保护妓院、其他色情场所、海产品工厂或血汗工厂免遭突击检查，或者直接与性贩运被害人发生商业性行为。[①] 因此，有必要通过特殊调查局等机构加大对于人口贩运有关的腐败案件的调查、起诉和定罪。

第五，泰国执法部门通常采用传统的反应式执法，而不是积极地执法，并没有在无证移民、待遣返移民等弱势群体中积极识别人口贩运被害人，而且在识别出人口贩运被害人后未能为其提供有效的保护和帮助，未能消除被害人在被遣返、遭报复、毁名誉方面的担心，因而人口贩运被害人不愿意被识别为被害人，更不愿意与执法机关合作，使过分依赖被害人的证人证言的刑事司法程序无法顺利进行。因此，建立以人口贩运被害人的人权为中心的被害人识别程序，对被害人提供切实有效的保护和帮助，是有效打击人口贩运活动、消除人口贩运现象的根本路径。

---

① Ibid.

（四）中国的实施

1. 国内法上的实施

在我国，人口贩运及相关犯罪主要由《中华人民共和国刑法》及相关的刑法修正案、单行刑法和司法解释组成，涉及强迫劳动罪；协助强迫劳动罪；雇用童工从事危重劳动罪；构成故意伤害或故意杀人的强迫器官切除；强迫卖淫罪；引诱幼女卖淫罪；组织卖淫罪；协助组织卖淫罪；拐卖妇女、儿童罪；收买被拐卖的妇女、儿童罪；聚众阻碍解救被收买的妇女、儿童罪；拐骗儿童罪；组织残疾人、儿童乞讨罪；组织儿童进行违反治安管理活动罪；组织他人偷越国（边）境罪；运送他人偷越国（边）境罪；骗取出境证件罪；提供伪造、变造的出入境证件罪；出售出入境证件罪等犯罪。这些罪名比较分散，总体上涉及强迫劳动、强迫卖淫、拐卖妇女和儿童、强迫切除器官、强迫乞讨和组织儿童从事非法活动、与偷越国（边）境罪相关的犯罪等方面，其中强迫劳动罪、协助强迫劳动罪和协助组织卖淫罪是在中国批准了《议定书》之后的2011年增加或修改的。究竟这些罪名是否符合《议定书》界定的“人口贩运”的要求，是否符合《议定书》规定的进行有效刑事司法应对的义务，需要进行具体深入的分析。

（1）强迫劳动罪

2011年2月25日通过的《中华人民共和国刑法修正案（八）》首次对强迫劳动罪进行了规定，取代了之前的强迫职工劳动罪，以履行《议定书》规定的国家义务。[①] 根据该修正案，以暴力、威胁或限制人身自由的方法强迫他人劳动的，构成强迫劳动罪。该罪与

① 如全国人大常委会法制工作委员会刑法室副主任黄太云、最高人民法院研究室主任胡云腾等均认为，《刑法修正案（八）》增加强迫劳动罪、协助强迫劳动罪（或构成强迫劳动罪的协助行为）的部分原因在于履行《议定书》规定的缔约国义务。参见黄太云：《〈刑法修正案（八）〉解读（三）》，载《人民检察》2011年第8期，第50页；胡云腾等：《关于执行〈中华人民共和国刑法〉确定罪名的补充规定（五）的理解与适用》，载《人民司法》2011年第13期，第25页。

之前的强迫职工劳动罪的区别在于：犯罪主体为普通主体，而不限于用人单位；不要求犯罪主体与被害人之间存在劳动合同关系；把情节严重作为一种加重情节，规定了更长的刑期，而不是将情节严重作为构成犯罪的必要条件；处罚更加严厉、合理，将并处罚金作为处罚的必要组成部分，而不是可选部分，而且规定了单位犯罪时单位和直接负责的主管人员及其他直接责任人员的责任，而不是仅仅由直接责任人员承担。显然，与之前的强迫职工劳动罪相比，强迫劳动罪的适用范围更大，处罚更严厉、合理。

而且修正案增加了第二款，明确规定了为实施强迫劳动的人招募、运送人员或者有其他协助强迫他人劳动行为的，依照有关强迫劳动罪的规定处罚。关于此款规定是否构成独立的协助强迫他人劳动罪，在立法界、司法界和学术界均存在较大争议。例如，黄太云认为《刑法修正案（八）》增加了协助强迫他人劳动罪；[①] 而最高人民法院在《关于执行〈中华人民共和国刑法〉确定罪名的补充规定（五）》中仅仅列出了强迫劳动罪，并没有列出协助强迫他人劳动罪。对此，胡云腾解释之所以认为协助强迫他人劳动的行为构成强迫劳动罪，是因为刑法对协助组织卖淫罪规定了不同于组织卖淫罪的、单独的法定刑，而且单独设置协助强迫他人劳动罪容易导致司法操作中案件定性的困难和争议，也不是充分体现我国积极履行《议定书》规定的缔约国义务的立场所必需的；[②] 还有学者认为，《刑法修正案（八）》将协助强迫他人劳动的行为单独列为一款，只是为了凸显此种行为的社会危害性，提醒司法工作人员在对协助强迫劳动的行为适用刑罚时要特别注意适用与强迫劳动罪一样

① 黄太云：《〈刑法修正案（八）〉解读（三）》，载《人民检察》2011年第8期，第49～50页。

② 胡云腾等：《关于执行〈中华人民共和国刑法〉确定罪名的补充规定（五）的理解与适用》，载《人民司法》2011年第13期，第25页。

严厉的刑罚，并没有增加新罪名的意思。① 笔者不但赞成将协助强迫劳动的行为单独列为一种罪名，而且主张修改该款关于协助强迫劳动的规定，将其修改为“为了实施前款行为或方便他人实施前款行为，而招募、运送、转移、接收或窝藏人员或有其他协助强迫劳动行为的，依照前款的规定处罚”，修改后的该款单独设立罪名——与强迫劳动有关的人口贩运罪。

这样建议主要基于以下原因：一是与强迫劳动有关的人口贩运罪与强迫劳动罪是不同的。根据《议定书》关于“人口贩运”的定义，与强迫劳动有关的人口贩运犯罪可以界定为以强迫劳动或服务为目的，采用以暴力相威胁或使用暴力或其他形式的胁迫、诱拐、欺诈、欺骗、滥用权力或滥用脆弱境况、通过授受酬金或利益取得对另一人有控制权的某人的同意的方式实施的招募、运送、移交、窝藏或接收行为。可见，强迫劳动或服务只是强迫劳动贩运犯罪的目的，强迫劳动贩运犯罪既涵盖了已实现强迫劳动目的的强迫劳动犯罪，又涵盖了尚未实现强迫劳动目的的贩运犯罪。因而，与强迫劳动有关的人口贩运犯罪的范围大于强迫劳动，既能囊括强迫劳动罪，又有自己独特的部分。正因为如此，加拿大和泰国在立法中专门规定了人口贩运罪，而把强迫劳动作为人口贩运罪的目的要件之一，并没有单独规定强迫劳动罪。美国更是在单独规定强迫劳动罪的基础上，专门规定了与强迫劳动或服务有关的人口贩运罪，而且处以与强迫劳动罪相同的刑罚。值得注意的是，加拿大还将从人口贩运犯罪中获取金钱或其他物质利益的行为规定为单独的犯罪，美国则将从参与强迫劳动犯罪的活动中获取物质利益的行为，处以与强迫劳动罪相同的处罚。因此，我国不仅将明知他人实施强迫劳动而为其招募、运送人员的行为处以与强迫劳动犯罪相同的处罚，而且将其他协助强迫他人劳动并从中获取物质利益的行为处以

① 王志祥、韩雪：《论〈刑罚修正案（八）〉中的强迫劳动罪》，载《法治研究》2011 年第 8 期，第 26 ~ 27 页。

与强迫劳动犯罪相同的处罚，这符合国际习惯做法。

但是，也有观点认为与强迫劳动有关的人口贩运应纳入强迫劳动的范畴。例如，欧洲人权法院在蓝特赛夫诉塞浦路斯与俄罗斯一案中就认为人口贩运应归入《欧洲保护人权和基本自由公约》第4条所规定的“强迫或强制劳动”、“奴役”或“劳役”的范畴。这种观点实质上认为人口贩运是强迫或强制劳动犯罪的协助行为，因而构成强迫劳动犯罪的共同犯罪，或者认为人口贩运是强迫劳动犯罪的犯罪预备或未遂形式。还有一种流行的观点认为人口贩运是由使用胁迫或欺诈方式实施的招募或运送行为加上剥削目的构成。① 因而，以胁迫或欺诈方式实施了招募或运送行为并实现了强迫劳动的、剥削目的的行为既构成人口贩运犯罪，又构成强迫劳动犯罪，而仅仅以胁迫或欺诈方式实施了招募或运送行为但未实现强迫劳动的剥削目的的行为仅构成人口贩运犯罪，而未以胁迫或欺诈方式实施招募或运送行为但实施了强迫劳动的，仅构成强迫劳动犯罪。所以，依照这种关于人口贩运的流行观点，人口贩运犯罪与强迫劳动犯罪既有交叉的地方，又有完全不同的方面。这些观点虽然均有一定的道理，但都没有正确地理解《议定书》界定的“人口贩运”的含义，没有准确地理解人口贩运与强迫劳动的关系。

正是这些对人口贩运的不准确或错误的理解，严重地影响《议定书》在缔约国的实施，包括在中国的实施。最高人民法院在制定《关于执行〈中华人民共和国刑法〉确定罪名的补充规定(五)》的过程中，认识到强迫劳动与协助强迫劳动在实际适用中难以区分，便是这种争议性理解的一种反映。但是，决不能因为人口贩运与强迫劳动在实际适用中难以区分便将人口贩运归入强迫劳动的范畴。正如上文所述，与强迫劳动有关的人口贩运不同于强迫劳动，而且在强迫劳动的实现过程中通常具有重要的作用，具有较

① See Susan Kneebone & Julie Debeljak, *Transnational Crime and Human Rights: Responses to Human Trafficking in the Greater Mekong Subregion*, p. 123.

为严重的社会危害性，特别是当人口贩运涉及有组织犯罪集团包括跨国有组织犯罪集团时，危害甚至大于强迫劳动。这也是国际社会专门制定了旨在预防和打击属于跨国有组织犯罪的人口贩运的《议定书》的重要原因。因此，有必要将与强迫劳动有关的人口贩运犯罪单独列出，并规定与强迫劳动相同的刑罚。这样，一方面有利于突出人口贩运犯罪的危害性，而且与《议定书》的规定保持一致，有利于人口贩运的被害人获得《议定书》规定的保护和帮助；另一方面有利于克服实际适用中的界定难度可能带来的处罚不一致，有利于有效地打击与强迫劳动有关的人口贩运犯罪和强迫劳动犯罪。正因为如此，《加拿大刑法典》仅仅规定了与强迫劳动或服务有关的人口贩运犯罪，而没有规定强迫劳动或服务犯罪。美国《贩运与暴力被害人保护法案》则对强迫劳动犯罪和与强迫劳动有关的人口贩运犯罪分别进行了规定，并且规定了相同的处罚。因而，以《刑法修正案（八）》所规定的协助强迫劳动的处罚与强迫劳动相同为理由将前者归入后者的范畴的做法是错误的，不足以显示我国积极承担《议定书》规定的缔约国义务的决心和努力。将与强迫劳动有关的人口贩运犯罪进行明确规定，与《议定书》使用的“人口贩运”概念相一致，是人口贩运被害人获得《议定书》所规定的保护和帮助的必要前提，特别是当与强迫劳动有关的人口贩运具有跨国性并涉及有组织犯罪集团时。

笔者建议修改关于协助强迫劳动的规定、对与强迫劳动有关的人口贩运犯罪作出规定的第二个原因是，不仅存在为了方便他人实施强迫劳动而招募、运送、移交、接收或窝藏人员的行为，还存在为了自己实施强迫劳动而招募、运送、移交、接收或窝藏人员的行为。当为了实施强迫劳动而招募、运送、移交、接收或窝藏人员并强迫人员劳动时，固然可以以强迫劳动犯罪追究刑事责任；但当仅仅为了实施强迫劳动而招募、运送、移交、接收或窝藏人员而尚未或未能强迫人员劳动时，若以强迫劳动犯罪的预备、中止或未遂追究刑事责任，则大大地减轻了人口贩运者的刑事责任，显然不利于有效地打击和威慑人口贩运犯罪。因而有必要将为了实施强迫劳动而招募、运送、移交、接收或窝藏人员的行为规定为人口贩运犯罪，并规定与强迫劳动犯罪相同的刑罚。显然，《刑法修正案（八）》仅将协助强迫劳动的行为规定为犯罪，而未能将为了实施强迫劳动而招募、运送、移交、接收或窝藏人员的行为明确规定为犯罪，会造成在实际操作中将这类行为按强迫劳动犯罪的预备或未遂处理，不符合《议定书》将人口贩运犯罪单独列为一种犯罪且处以重刑的要求。

笔者建议修改关于协助强迫劳动的规定的第三个原因是《议定书》界定的“人口贩运”的行为要件包括招募、运送、移交、接收或窝藏行为。事实上，根据黄太云对《刑法修正案（八）》的解读，“其他协助强迫他人劳动行为”是指除招募、运送人员外，为强迫劳动的单位或个人转移、窝藏或接收人员等行为。① 显然，招募、运送、转移、窝藏或接收人员等协助强迫劳动行为，是与《议定书》界定的“人口贩运”的行为要件相一致的。因此，为了与《议定书》保持一致，充分地履行《议定书》规定的缔约国义务，除了要将其明确规定为与强迫劳动有关的人口贩运犯罪外，还有必要将与强迫劳动有关的人口贩运犯罪的行为要件予以明确列举，将上述行为涵盖在内。

除了建议修改关于协助强迫劳动的规定外，笔者还建议进一步完善关于强迫劳动罪的规定。《刑法修正案（八）》之所以在原来强迫职工劳动罪的基础上规定强迫劳动罪，除了为了打击黑砖窑、黑煤窑之类无法纳入强迫职工劳动罪的强迫劳动行为外，还因为与强迫劳动有关的人口贩运和强迫劳动在实际适用中不易区分，特别是比较难以证明以强迫劳动为目的的人口贩运，规定强迫劳动罪有利于惩罚那些难以获得证明的人口贩运行为。尽管中国尚未批准

① 黄太云：《〈刑法修正案（八）〉解读（三）》，载《人民检察》2011年第8期，第50页。

《1930 年强迫劳动公约》、《1957 年废除强迫劳动公约》以及《公民权利和政治权利国际公约》，但是禁止强迫劳动已经成为国际人权法上的一种基本人权，[①] 而且我国已签署了《公民权利和政治权利国际公约》，因而将强迫劳动犯罪在刑法中予以明确规定也是为将来批准上述公约做准备。但是，修正案对强迫劳动罪的规定尚显简单，会导致实际适用中的困惑。

修正案关于强迫劳动的规定存在的问题之一是未对作为强迫劳动方法之一的“威胁”进行界定。我国刑法也未对“威胁”的含义作出界定。[②] 尽管可以将“威胁”界定为犯罪嫌疑人对劳动者施以恫吓，进行精神强制，使其不敢反抗、逃跑，[③] 但是恫吓与威胁实质上是同义词或近义词，显然这种界定“威胁”的方法并没有厘清“威胁”的真实内涵。事实上，作为强迫劳动手段的“暴力”或“限制人身自由”较容易理解与把握，而“威胁”则相对难以界定，严重影响了强迫劳动犯罪的界定。因此，有必要通过司法解释或修正案对此处的“威胁”进行明确界定。

《议定书》并未对“强迫劳动或服务”的含义进行界定，这与起草谈判过程中在此问题上的巨大分歧有关。《打击人口贩运示范法》第 14 条借鉴《1930 年强迫劳动公约》第 2 条的规定，对“强迫劳动或服务”进行了界定：“强迫劳动或服务系指以任何惩罚相威胁迫使任何人从事的非自愿的工作或服务”。根据该示范法第 16 条，此处的“任何惩罚”有多种形式，可能涉及身体方面、经济方面、法律方面或心理方面，如对被害人或其亲属实施暴力或人身

---

① 莫纪宏：《禁止强迫劳动》，载中国人权网：http://www. humanrights - china. org/ cn/rqfg/zyjx/t20061017_163749. htm 2006 年 10 月 17 日，访问时间：2014 年 5 月 18 日。

② 关于我国刑法中的“威胁”应具有的含义，参见朱宏伟：《论刑法中的威胁行为》，载《中国刑事法杂志》2005 年第 5 期，第 34 页。

③ 黄太云：《〈刑法修正案（八）〉解读（三）》，载《人民检察》2011 年第 8 期，第 50 页。

限制或者以实施暴力或人身限制相威胁，当被害人的工作身份或居留身份属于非法时，以向警方或移民当局告密相威胁，没收旅行或身份证件或者以没收旅行或身份证件相威胁，与债务有关的经济惩罚，不支付工资，如果工人拒绝超时间工作就会减少工资并以解雇相威胁。

美国《贩运及暴力被害人保护法案》对“强迫劳动”的界定更值得借鉴，规定采取以下一种或几种方式提供或获得他人劳动或服务的行为构成强迫劳动罪：对该人或另一人使用暴力、以使用暴力相威胁、限制人身自由或以限制人身自由相威胁；对该人或另一人实施严重损害或以实施严重损害相威胁；滥用法律或法律程序，或以滥用法律或法律程序相威胁；任何旨在使该人相信若不从事此种劳动或服务其自身或另一人将会受到严重损害或人身限制的计划或方案。① 根据该法案，实施强迫劳动的方式包括暴力、限制人身自由、实施严重损害、滥用法律或法律程序，或以使用上述方式相威胁。而此处的“严重损害”是指任何身体上或非身体上的损害，包括心理上、经济上或名誉上的损害，其严重程度足以使具有相同背景和处境的理智之人为了避免遭受此种损害而不得不从事或继续从事所要求的劳动或服务。② 因此，作为强迫他人劳动的方法之一的“胁迫”应指以使用暴力、限制人身自由、实施严重损害或滥用法律或法律程序相威胁。美国的这种界定比较符合《议定书》的要求，因此有必要借鉴美国的做法，在我国的相关司法解释或修正案中对此予以明确。事实上，以滥用法律或法律程序相威胁是跨国人口贩运中经常使用的控制不具有合法居留或工作身份的外籍被害人的手段。既然我国的强迫劳动罪不仅适用于被害人为中国人的强迫劳动，还适用于被害人为外国人的情形，就有必要将“以滥用法律或法律程序相威胁”纳入“胁迫”的范畴。总之，应借鉴

① U. S. Code, 18 USC § 1589(a).

② U. S. Code, 18 USC § 1591(e)(4).

《打击人口贩运示范法》和美国《贩运及暴力被害人保护法案》的规定，将“威胁”修改为“以使用暴力、限制人身自由、实施严重损害或滥用法律或法律程序相威胁”。其中的“严重损害”是指任何身体上或非身体上的损害包括心理上、经济上或名誉上的损害，严重程度足以使具有相同背景和处境的理智之人为了避免遭受此种损害而不得不从事或继续从事所要求的劳动或服务。

修正案关于强迫劳动的规定存在的问题之二是没有明确界定“情节严重”的含义或者列举“情节严重”的情形，而且仅仅规定了“情节严重”时处以 3 年以上 10 年以下有期徒刑，并处罚金。尽管“情节严重”通常是指强迫多人劳动、长时间地强迫他人进行重体力劳动或以非人道手段对待强迫劳动者等，具体标准应由司法机关根据实际情况通过司法解释确定，[①] 但是如果强迫劳动致人死亡，或者在强迫劳动的过程中使用了绑架手段或者企图使用绑架手段，或者对被害人实施了性侵害或者企图杀死被害人，这些情况显然也构成了“情节严重”。此时，若仍按照上述标准处罚，显然惩罚过轻。如果认为这些情节是构成独立罪名的独立情节，应与强迫劳动罪实行数罪并罚的话，应该在界定“情节严重”时明确予以排除。笔者认为，应借鉴《打击人口示范法》、《欧洲理事会反人口贩运行动公约》和《2011 年欧盟反人口贩运指引》的规定，除了将上述强迫多人劳动、长时间地强迫他人进行重体力劳动或以非人道手段对待强迫劳动者作为加重情节予以列出外，还应该将被害人为儿童、怀孕妇女、残疾人、智障人、犯罪嫌疑人属于有组织犯罪集团列为“情节严重”的情形。而对于强迫劳动致人死亡，或者在强迫劳动的过程中使用了绑架手段或者企图使用绑架手段，或者对被害人实施了性侵害或者企图杀死被害人这些特别严重的情节，可以作为独立情节，构成独立的犯罪，与强迫劳动罪一并处

---

① 黄太云：《〈刑法修正案（八）〉解读（三）》，载《人民检察》2011 年第 8 期，第 50 页。

罚。《加拿大刑法典》也把被害人为儿童作为加重情节，规定了最低刑。美国《贩运及暴力被害人保护法案》则把强迫劳动致人死亡，或者在强迫劳动的过程中使用了绑架手段或者企图使用绑架手段，或者对被害人实施了性侵害或者企图杀死被害人，作为强迫劳动犯罪的加重情节，规定了更加严厉的惩罚。结合我国的刑事法律体系，笔者建议将“情节严重的，处3年以上10年以下有期徒刑，并处罚金”改为“有下列情形之一的，处5年以上10年以下有期徒刑，并处罚金：

（一）犯罪涉及一名以上被害人；

（二）长时间地强迫被害人进行重体力劳动；

（三）非人道地对待被害人；

（四）被害人为18岁以下未成年人、怀孕妇女、残疾人或者智障人；

（五）造成被害人自杀的；

（六）犯罪涉及黑社会性质组织；

（七）犯罪分子之前有过同样或类似犯罪；

（八）其他严重情形。

在强迫他人劳动的过程中使用暴力，致使被害人伤残或死亡的，以强迫劳动罪、故意伤害罪或故意杀人罪数罪并罚。”

值得注意的是，于2002年12月28日通过的《刑法修正案(四)》还规定了雇用童工从事危重劳动罪。但是，规定这种犯罪并不是为了履行《议定书》规定的缔约国义务，而是为了履行我国于1999年4月28日批准的《准许就业最低年龄公约》和于2002年8月8日批准的《禁止和立即行动消除最恶劣形式的童工劳动公约》规定的国家义务。[①] 尽管如此，由于该罪与强迫劳动犯罪既有一定的联系，又有一定的区别，因而有必要厘清二者之间的关系，以更好地适用强迫劳动犯罪。由于该罪的成立以情节严重而且存在雇用关系为构成要件，所以当雇用 16 岁以下的童工从事危重劳动本身构成犯罪时，如果同时使用了暴力、限制人身自由或威胁的方法强迫其劳动，则应以该罪与强迫劳动罪数罪并罚；如果雇用 16 岁以下的童工从事危重劳动尚不具备犯罪所要求的严重情节，而实施的强迫劳动构成犯罪所要求的严重情节，此时由于两罪竞合，择一重罪处，而两罪的普通刑是相同的，所以以两者任意罪名处罚均可；如果强迫 16 岁以下童工从事危重劳动或危重劳动范围之外的劳动，而并不存在雇用关系时，应以强迫劳动罪处罚。

除了要完善有关协助强迫劳动罪和强迫劳动罪的规定并增设与强迫劳动有关的人口贩运罪之外，还有必要明确将故意从强迫劳动犯罪或与强迫劳动有关的人口贩运犯罪获取经济或其他物质利益的行为规定为犯罪。这是因为，某些主体可能不直接实施强迫劳动，但可能和实施强迫劳动者有一定的经济往来或者交易，明知或应知强迫劳动者实施强迫劳动，仍从他们之间的经济往来或交易中获取经济或物质利益的行为，无疑是对强迫劳动的纵容和鼓励。事实上，《加拿大刑法典》还将明知经济利益或其他物质利益来源于人口贩运活动仍予以接收的行为规定为犯罪，并规定了 10 年以下有期徒刑的刑罚。[②] 美国《2008 年威廉・威尔伯福斯人口贩运被害人

---

① 张道许、冯江菊：《雇用童工从事危重劳动罪研究》，载《前沿》2006 年第 1 期，第 125 页。关于两个公约的内容，参见 International Labor Organization, Convention concerning Minimum Age for Admission to Employment (No. 138), 公约于 1973 年 6 月 26 日签署，并于 1976 年 6 月 19 日生效，截至 2014 年 7 月 1 日，已有 167 个国家批准了该公约，我国于 1999 年 4 月 28 日批准了该公约。另参见 Convention concerning the Prohibition and Immediate Action for the Elimination of the Worst Form of Child Labor, 公约于 1999 年 6 月 17 日签署，并于 2000 年 11 月 19 日生效，截至 2014 年 7 月 1 日，已有 179 个国家批准了该公约，我国于 2002 年 8 月 8 日批准了该公约。

② See Criminal Code (Canada), Article 279.02.

保护重新授权法案》将故意从劳动或服务中获得物质利益的行为规定为犯罪，并处以与强迫劳动犯罪相同的刑罚。[①] 而且《贩运与暴力被害人保护法案》将从合伙从事这些行为要件中获取经济利益或者任何有价值的物品的行为作为“性贩运罪”行为要件的一种形式，并处以与“性贩运罪”相同的处罚。[②] 例如，在闫某才、王某、尚某勤犯强迫劳动罪一案中，法院就以王某在和闫某才有承包合同、明知闫某才强迫智障工人劳动的情况下为了经济利益予以纵容，判决王某犯了强迫劳动罪。[③] 因此，笔者认为，刑法第244条第2款中的“其他协助强迫他人劳动行为”应包含从强迫劳动或协助强迫劳动中获取物质利益的行为”。

总之，《刑法修正案（八）》在原来强迫职工劳动罪的基础上规定了强迫劳动罪，拓展了适用范围，并规定了更加严厉的刑罚，但是由于用语简单，未对“威胁”、“情节严重”等关键词语进行详细解释，将会严重影响强迫劳动罪的正确适用。为了与《议定书》的要求相一致，结合相关国际公约的规定和美国的做法，笔者建议通过司法解释或修正案将“威胁”修改为“以使用暴力、限制人身自由、实施严重损害或滥用法律程序相威胁”，同时具体列出“情节严重”的具体情形，并将不属于“情节严重”的严重情节单独列出。《刑法修正案（八）》规定的协助强迫他人劳动行为，应单独构成一种犯罪——与强迫劳动有关的人口贩运罪，而且应将该款规定修改为“为了实施前款行为或方便他人实施前款行为，而招募、运送、转移、接收或窝藏人员或有其他协助强迫他人劳动行为的，依照前款的规定处罚”。确立单独的与强迫劳动有关的人口贩运罪，不仅有利于充分地履行《议定书》规定的国家义

① U. S. Code, 18 USC § 1589(b).

② U. S. Code, 18 USC § 1591(a)(2).

③ 《闫某才、王某、尚某勤犯强迫劳动罪》，河南省驻马店市驿城区人民法院刑事判决书〈（2012）驿刑初字第26号〉，载驿城区法院网，http://ycqfy.chinacourt.org/public/paperview.php?id=867364，访问时间：2014年6月12日。

务，特别是与人口贩运被害人的保护和帮助有关的义务，而且有利于凸显人口贩运罪的严重性，更加有效地打击人口贩运行为。将与强迫劳动有关的人口贩运罪规定了与强迫劳动罪相同的刑罚，有利于避免人口贩运犯罪难以证明的缺陷，对人口贩运者实施有效打击。

（2）强制切除器官行为

《议定书》将切除器官作为“人口贩运”目的要件之一。因此，《刑法修正案（八）》对强制切除器官行为进行了规定，认为未经本人同意摘取其器官，或者摘取不满18周岁的人的器官，或者强迫、欺骗他人捐献器官的，依照故意伤害罪或故意杀人罪处罚。显然，强制切除器官行为要么构成故意伤害罪或故意杀人罪，要么违背成人的真实意愿，要么犯罪对象是不具有独立真实的意愿表达能力的儿童。修正案的这一规定基本上与《议定书》的要求一致，但是没有明确将为了强制切除器官或者方便他人强制切除器官而实施的招募、运送、移交、接收或窝藏行为规定为犯罪。在司法实践中，可能会将这些行为定性为故意伤害罪或故意杀人罪的协助行为或预备行为，因此处以比故意伤害罪或故意杀人罪轻的惩罚。显然，这不利于惩罚这类协助强制切除器官或者为强制切除器官做准备的行为。因此，笔者建议在该款关于强制切除器官的规定之后增加一款——“为了实施前款行为或者方便他人实施前款行为，而招募、运送、转移、接收或窝藏人员的行为的，依照前款的规定处罚”。该款规定的犯罪应独立命名为“与器官切除有关的人口贩运”，原因与上文笔者建议设置独立的“与强迫劳动有关的人口贩运”的原因相同。

（3）强迫卖淫罪

《议定书》将利用他人卖淫进行剥削或其他形式的性剥削作为“人口贩运”的目的要件之一，并规定了暴力、以暴力相威胁或其他形式的胁迫、诱拐、欺诈等手段要件和招募、运送、移交、接收或窝藏等行为要件，而当被害人为18岁以下的未成年人时，不要求具备手段要件。因此，为了利用他人卖淫进行剥削或者方便他人利用另一人卖淫进行剥削，使用暴力、以暴力相威胁、诱拐、欺诈等手段招募、运送、移交、接收或窝藏人员的行为，构成与卖淫有关的人口贩运罪。同样，为了利用18岁以下未成年人卖淫进行剥削或者方便他人利用该未成年人卖淫进行剥削，招募、运送、移交、接收或窝藏未成年人的行为，也构成与卖淫有关的人口贩运罪。

我国刑法规定了强迫卖淫罪；组织卖淫罪；协助组织卖淫罪；引诱、容留、介绍卖淫罪等相关犯罪。除了协助组织卖淫罪被《刑法修正案（八）》修改过，其他罪名自现行刑法1997年生效以来未做任何修改。无疑，强迫卖淫行为是可以纳入性贩运之中的，规定强迫卖淫罪有利于打击与卖淫有关的人口贩运行为，但是强迫卖淫犯罪只是与性剥削有关的人口贩运犯罪的一部分。为了强迫他人卖淫或者方便他人实施强迫卖淫行为，而招募、运送、移交、接收或窝藏人员的行为也是与性剥削有关的人口贩运犯罪的一部分。值得注意的，《刑法修正案（八）》修改完善了关于协助组织卖淫罪的规定，明确了为组织卖淫的人招募、运送人员的行为构成犯罪，以履行《议定书》规定的上述义务。① 但是这种修改能否履行《议定书》规定的缔约国义务值得深入探讨。争议焦点在于组织卖淫罪中的“组织”是否包含“强迫”，即组织卖淫罪和强迫卖淫罪的适用范围。主要有两种观点：一种认为组织卖淫罪是指以招募、雇用、强迫、引诱、容留等手段，控制多人从事卖淫的行为，因而包括强迫多人从事卖淫的行为。1992年12月11日发布的《最高人民法院、最高人民检察院关于执行〈全国人民代表大会常务委员会关于严禁卖淫嫖娼的决定〉的若干问题的解答》（以下简称《两院解读》）就持这种观点。根据这一种观点，协助组织卖淫罪

① 黄太云：《〈刑法修正案（八）〉解读（三）》，载《人民检察》2011年第8期，第51页。

涉及与卖淫有关的人口贩运行为。另一种观点认为，组织卖淫罪中使用的手段不应包括强迫，组织卖淫罪是指组织多人自愿卖淫的行为。① 显然，根据这种观点，协助组织卖淫罪与人口贩运犯罪无关。

笔者赞成第一种观点，认为强迫只是组织他人卖淫的一种手段，强迫多人卖淫构成组织卖淫罪，而且是组织卖淫罪的加重情节。当然，此时也可构成强迫卖淫罪的加重情节，属于犯罪竞合。但是，无论以哪一种罪名处罚，均处相同的刑罚——10 年以上有期徒刑或者无期徒刑，并处罚金或者没收财产。如果强迫 3 人以下卖淫的，只能构成强迫卖淫罪，而不构成组织卖淫罪。强迫卖淫行为既妨害了社会管理秩序，又侵犯了被害人的性自主权，严重性重于强奸罪。但是由于组织卖淫罪涉及多人，既严重地妨害了社会管理秩序，又败坏社会道德风尚，形成了依靠他人卖淫而生活的寄生阶层，因而同样具有极其严重的社会危害性。所以，将组织卖淫罪与强迫卖淫罪并列并处以相同的刑罚并不违背罪责刑相称的原则。值得注意的是，刑法还规定了五种加重情节，其中"强迫 14 周岁以下的幼女卖淫的"应是强迫卖淫罪的严重情节，如果强迫多名 14 周岁以下的幼女卖淫，则构成犯罪竞合，而且构成强迫卖淫罪和组织卖淫罪的特别严重情节；"多次强迫他人卖淫"是强迫卖淫罪的严重情节，如果多次强迫多人卖淫，则也构成犯罪竞合，而且构成这两种犯罪的特别严重情节；"强奸后迫使卖淫"是强迫卖淫罪的严重情节，如果强奸多人后迫使其卖淫的，则也构成犯罪竞合，而且构成这两种犯罪的特别严重情节；"组织他人卖淫，情节严重的"是组织卖淫罪的严重情节，组织 14 周岁以下的幼女卖淫

---

① 金泽刚、肖中华：《有关卖淫犯罪的疑难问题新探》，载《华东政法学院学报》2005 年第 6 期，第 55 页；周海洋：《卖淫相关犯罪探究》，载《山东警察学院学报》2007 年第 5 期，第 42 页；付凤：《论"组织犯罪"中的"组织"行为的含义》，载《湖南公安高等专科学校学报》2007 年第 2 期，第 60 页。

应该属于“情节严重”。总之，我国刑法关于组织卖淫罪和强迫卖淫罪的规定较为合理，强迫多人卖淫既能构成组织卖淫罪又能构成强迫卖淫罪，组织（多名）14 岁以下的幼女卖淫构成组织卖淫罪的严重情节，强迫（3 名以下）14 岁以下的幼女卖淫构成强迫卖淫罪的严重情节，均处以相同的更为严厉的刑罚，有利于有效地打击和威慑强迫卖淫犯罪，特别是强迫幼女卖淫犯罪，从而有效地打击与强迫卖淫有关的人口贩运犯罪和与幼女卖淫有关的人口贩运犯罪。这是因为，根据《议定书》，组织幼女自愿卖淫并利用其卖淫进行剥削已构成人口贩运犯罪，强迫卖淫也在人口贩运的范围之内，强迫幼女卖淫更是如此。但是，我国这些规定适用的“幼女”均为 14 岁以下的女孩，这与《议定书》界定的“18 岁以下的儿童”不一致。

正是由于组织卖淫罪涵盖了强迫 3 人以上卖淫的行为，所以《刑法修正案（八)》在原来协助组织卖淫罪的基础上进行了修改完善，将为组织卖淫的人招募、运送人员的行为纳入了协助组织卖淫罪的范畴，在一定程度上履行了《议定书》所要求的打击与强迫卖淫或儿童卖淫有关的人口贩运犯罪的义务。但是，修正案的这次完善与《议定书》的要求还有差距。第一个不足之处是修正案所使用的“幼女”仅指 14 岁以下的女孩，仅有强迫 14 岁以下的幼女卖淫、组织 14 岁以下的幼女卖淫的，方可构成组织卖淫罪或强迫卖淫罪的加重情节，而不适用于 14 岁以上 18 岁以下的女孩或 18 岁以下的男孩，这与《议定书》所使用的“18 岁以下儿童”不一致。第二个不足之处是协助组织卖淫罪未将为强迫 3 人以下卖淫的人招募、运送、移交、接收或窝藏人员的行为涵盖在内，不利于全面打击与强迫卖淫有关的人口贩运犯罪。第三个不足之处是未将为了强迫卖淫或组织 18 岁以下儿童卖淫而招募、运送、移交、接收或窝藏人员的行为单独规定为一类犯罪——与卖淫有关的人口贩运罪，以凸显人口贩运犯罪的独立性与社会危害性。

因此，笔者建议将关于协助组织卖淫罪的规定修改为“为了强迫他人卖淫或者利用18岁以下儿童卖淫进行剥削，或者为方便他人实施强迫卖淫或利用18岁以下儿童卖淫进行剥削，招募、运送、移交、接收或窝藏人员的，依照第一款的规定处罚”。这就是《议定书》所要求的与强迫卖淫或利用儿童卖淫进行剥削有关的人口贩运犯罪。为了有效地打击这种人口贩运犯罪，特别是跨国人口贩运犯罪，有必要将此种人口贩运犯罪规定为独立的犯罪并施加与强迫卖淫罪或组织儿童卖淫犯罪相同的刑罚。其原因与上述建议设立与强迫劳动有关的人口贩运罪以取代协助强迫劳动罪的原因相似。只有这样，才能凸显此种犯罪的危害性，与《议定书》的要求接轨，才能确保犯罪被害人获得《议定书》所要求的保护和帮助，才能顺利开展此方面的国际合作，包括执法合作、司法协助、引渡等。美国《贩运与暴力被害人保护法案》就专门对“儿童性贩运或以暴力、欺诈或胁迫的方式实施的性贩运”进行了规定，还根据被害人的年龄及犯罪的实施手段分别规定了不同的惩罚，值得我国在以后完善有关协助组织卖淫罪的规定时借鉴。

值得注意的是，根据《两院解读》对组织卖淫罪的界定，引诱、容留均可作为组织卖淫犯罪的手段，引诱3人以上卖淫或容留3人以上卖淫的，构成组织卖淫罪，否则，可能构成引诱、容留卖淫罪。因此，引诱3人以下不满14周岁的幼女卖淫的，构成引诱幼女卖淫罪。为了保护儿童的身心健康和合法权益，也为了与《议定书》的要求相一致，与上述设置新的人口贩运罪名的建议相协调，笔者建议将关于引诱幼女卖淫罪的规定修改为“引诱不满14周岁的幼女卖淫的，依照刑法第358条的规定处罚”。这与《全国人民代表大会常务委员会关于严禁卖淫嫖娼的决定》关于引诱幼女卖淫罪的处罚规定相一致。

综上所述，我国刑法关于组织、强迫、引诱卖淫罪和协助组织卖淫罪的规定在一定程度上符合《议定书》打击以利用他人卖淫进行剥削为目的的人口贩运犯罪的要求。但是人口贩运犯罪与强迫卖淫犯罪、组织儿童卖淫犯罪、引诱儿童卖淫犯罪不完全相同，其范围大于这些犯罪。因而，为了与《议定书》的要求相一致，有必要修改我国有关协助组织卖淫罪的规定，将其修改为“为了强迫他人卖淫或者利用18岁以下儿童卖淫进行剥削，或者为他人实施强迫卖淫或利用18岁以下儿童卖淫进行剥削，招募、运送、移交、接收或窝藏人员的，依照第一款的规定处罚”。修改后的条款设置一种新的罪名——与强迫卖淫或儿童卖淫有关的人口贩运罪，而且处以与强迫卖淫罪或组织儿童卖淫犯罪相同的刑罚。为了与该建议相协调，笔者还建议将有关引诱幼女卖淫罪的规定修改为“引诱不满14周岁的幼女卖淫的，依照刑法第358条的规定处罚”。

（4）拐卖、收买妇女、儿童罪

根据《议定书》，为了剥削目的而以“通过授受酬金或利益取得对另一人有控制权的某人的同意”的手段实施的招募、运送、移交、接收或窝藏人口的行为，构成人口贩运犯罪。值得注意的是，《议定书》起草谈判准备工作文件并没有对“通过授受酬金或利益取得对另一人有控制权的某人的同意”进行解释，也没有说明最终将其列入手段要件之中的原因。该手段的真实意义似乎就是买卖人口，将其纳入手段要件之中的主要考虑是尽可能将用于运送人口并使其进入剥削状态的各种手段涵盖在内。[①] 当然，究竟此手段所涉及“控制权”属于事实上的控制还是法律上的控制，争议很大。[②]，没有必要区分此处的“控制权”究竟是法律上的还是事实上的，只要通过此种手段实现了对被害人的控制权的转移，使被

① See United Nations Office on Drug and Crime, *Issue Paper: Abuse of a Position of Vulnerability and Other "Means" within the Definition of Trafficking in Persons*, p. 79.

② 例如，有的观点认为此处的“控制”应该属于“事实上的控制”而非“法律上的控制”，参见 David McCLEAN, *Transnational Organized Crime: A Commentary on the UN Convention and its Protocols*, p. 325。还有的观点似乎更赞成“法律上的控制”，例如，父母对孩子的控制权便属于此类控制，参见 Anne T. Gallagher, *The International Law of Human Trafficking*, p. 33。

害人进入了剥削状态，即可构成人口贩运。因此，无论是被害人的合法监护人，还是通过绑架、拐骗、买卖等非法手段获得实际控制权的人，均可成为贩卖人口的主体。基于上述理解，我国刑法第240条、第241条将拐卖、收买妇女、儿童的行为规定为犯罪，是符合《议定书》的精神的。

但是，与《议定书》相比，我国关于拐卖、收买妇女、儿童罪的规定存在明显的瑕疵。第一个瑕疵是拐卖、收买的对象仅限于妇女、儿童，拐卖、收买14岁以上男子的行为不构成犯罪。[①] 因此，如果以绑架、胁迫或欺诈的方式对14岁以上的男子进行招募、运送、移交、接收或窝藏并强迫其劳动的，根据现有法律只能构成强迫劳动罪；如果为了强迫劳动而以绑架、胁迫或欺诈的方式对14岁以上的男子进行招募、运送、移交、接收或窝藏而又未实施强迫劳动的，根据现有法律可能构成强迫劳动罪的犯罪预备、中止或未遂，处以较轻的处罚。但是，如果纳入笔者上文建议增设的与强迫劳动有关的人口贩运罪，上述行为就构成了独立的与强迫劳动有关的人口贩运罪，可处以与强迫劳动罪相同的处罚。如果实施人口贩运的人和强迫劳动的人属于同一人，而又实施了强迫劳动，可以按照这两种罪名实现数罪并罚，或者把实施了强迫劳动作为人口贩运犯罪的加重情节；如果未实施强迫劳动，则以与强迫劳动有关的人口贩运罪处罚。如果实施人口贩运的人不同于实施强迫劳动的人，对前者以与强迫劳动有关的人口贩运罪处罚，对后者按照强迫劳动罪处罚。因此，增设与强迫劳动有关的人口贩运犯罪，可以在一定程度上克服刑法的这一弊病。而且如果在拐卖妇女、儿童的过程中强迫被拐卖的妇女、儿童劳动的，或者将其卖给他人强迫劳动的，本应同时构成拐卖妇女、儿童罪与强迫劳动罪或者同时构成拐

① 1992年12月24日，最高人民法院、最高人民检察院印发《关于执行〈全国人民代表大会常务委员会关于严惩拐卖、绑架妇女、儿童的犯罪分子的决定〉的若干问题的解答》，将“儿童”界定为不满14岁的人。

卖妇女、儿童罪和与强迫劳动有关的人口贩运罪，实行数罪并罚，但由于刑法在拐卖妇女、儿童罪的加重情节中对强迫卖淫作出了类似规定，[①] 而且实现数罪并罚时的处罚与作为加重情节时的处罚差不多，所以建议不实行数罪并罚，而是将其也纳入拐卖妇女、儿童罪的加重情节中。因此，笔者建议在刑法第241条第1款加重情节中，增加“（九）以暴力、威胁或限制人身自由的方法强迫被拐卖的妇女劳动或者将被拐卖的妇女卖给他人迫使其劳动的”作为加重情节的第九种情形。同样道理，如果以绑架、胁迫或欺诈的方式对14岁以上的男子进行招募、运送、移交、接收或窝藏并强迫其卖淫的，可以按照笔者上文建议增设的与强迫卖淫或儿童卖淫有关的人口贩运罪或强迫卖淫罪，对有关行为进行处罚。因此，如果在有关强迫劳动或强迫卖淫的规定中，增设与强迫劳动有关的人口贩运犯罪和与强迫卖淫或儿童卖淫有关的人口贩运犯罪，就没有必要像许多学者建议的那样将拐卖妇女、儿童罪修改恢复为“拐卖人口罪”，将拐卖对象扩大到所有人。[②] 这是因为，“与强迫劳动有关的人口贩运罪”和“与强迫卖淫或儿童卖淫有关的人口贩运罪”的对象可以为所有人，不管是14岁以下儿童，还是14岁以上的男人、女人、两性人。另外，为了体现法律面前一律平等的精神，应

---

① 2010年3月15日，最高人民法院、最高人民检察院、公安部、司法部印发《关于依法惩治拐卖妇女儿童犯罪的意见》的通知（法发［2010］7号）第18条第1款进一步强调：“将妇女拐卖给有关场所，致使被拐卖的妇女被迫卖淫或者从事其他色情服务的，以拐卖妇女罪论处。”

② 建议将拐卖妇女、儿童罪改为“拐卖人口罪”，将适用范围扩大到所有人的学者很多，例如，梁淑英：《国际法关于贩运人口的定义及我国刑法相关规定之思考》，载《北大国际法与比较法评论》2011年第11期，第3～12页；刘国福：《中国反贩运人口法律的理性回顾与思考：以国际法为视角》，载《甘肃政法学院学报》2010年第5期，第80页；张红：《关于拐卖妇女、儿童罪的反思》，载《西部法律评论》2010年第4期，第77页；杨文龙：《论“拐卖人口罪”的恢复》，载《湖北社会科学》2008年第3期，第150～152页；刘宪权：《论我国惩治拐卖人口犯罪的刑法完善》，载《法学》2003年第5期，第97～98页。

将刑法第240条第1款加重情节“（八）将妇女、儿童卖往境外的”修改为“（八）跨境贩卖妇女、儿童的”。

我国关于拐卖妇女、儿童罪的规定的另一个缺陷是犯罪以“出卖”为目的，而不是以剥削为目的。因此，无法将与奴役或类似奴役的做法或劳役有关的人口贩运犯罪涵盖在内。根据《议定书》，“其他形式的性剥削”、“奴役或类似奴役的做法”或“劳役”均是作为“人口贩运”目的要件“剥削”的一种形式。《打击人口贩运示范法》对“性剥削”进行了界定，认为“性剥削”包括性奴役①，还规定“类似奴役的做法”应包括债役、农奴制、奴役婚姻以及对儿童和青少年的剥削。② 因此，性奴役和强迫婚姻应该是“剥削”的一部分，非法收养儿童和青少年的行为只有在构成“对儿童和青少年的剥削”时才构成“类似奴役的做法”，进而成为“剥削”的一部分。

尽管根据《议定书》以非法收养为目的采用“人口贩运”手段要件的形式实施的招募、运送、移交、接收或窝藏行为未必构成人口贩运犯罪，但是《议定书》列出的“剥削”类型只是对缔约国的最低要求。因而我国将为了非法收养目的而实施的拐卖、收买儿童行为规定为犯罪，实质上并不违反《议定书》的要求，有利于更好地保护儿童的人身安全与人格尊严。而且，根据我国刑法，不仅为了非法收养目的而实施的拐卖、收买儿童行为构成犯罪，而且为了非法收养目的而拐骗儿童的行为也构成犯罪。因此，不仅为了他人非法收养而拐卖儿童的行为构成犯罪，而且为了自己非法收养而采用绑架、偷盗、欺骗或胁迫的方式使儿童脱离监护人或家庭的行为，也构成犯罪。尽管这些犯罪未以人口贩运命名，但是确实发挥着保护儿童人身安全和人格尊严的作用。值得注意的是，尽管

---

① See United Nations Office on Drug and Crime, *Model Law against Trafficking in Persons*, p. 20.

② See *Model Law against Trafficking in Persons*, p. 18.

拐骗儿童罪不以出卖为目的，但是这种强制剥夺对儿童的合法监护权的做法严重地影响了儿童的人身安全和人格尊严，严重地影响了社会稳定，其危害性并不比以出卖为目的的拐卖儿童罪小多少。因此，笔者建议提高拐骗儿童罪的法定刑，改为“处5年以上10年以下有期徒刑”。

不仅如此，还应该提高收买被拐卖妇女、儿童罪的法定刑，严厉打击收买行为。根据我国刑法和最高人民法院、最高人民检察院、公安部、司法部于2010年3月15日印发的《关于依法惩治拐卖妇女儿童犯罪的意见》（以下简称《意见》），强奸收买的妇女的构成强奸罪，在收买被拐卖的妇女儿童后或在拐骗儿童后实施非法拘禁、故意伤害、侮辱、虐待构成犯罪的，或者组织、诱骗、强迫被收买的或被拐骗的儿童从事乞讨、劳役，或者盗窃、传销、卖淫等违法犯罪活动构成犯罪的，实行数罪并罚。因此，在收买被拐卖的妇女儿童之后实施强迫卖淫、强迫劳动、强迫乞讨或组织未成年人进行违反治安管理活动的，依照收买被拐卖的妇女、儿童罪和强迫卖淫罪、强迫劳动罪、组织儿童乞讨罪、组织未成年人进行违反治安管理活动罪等犯罪实行数罪并罚。这在一定程度上有利于打击人口贩运犯罪，但是在我国，收买被拐卖的妇女、儿童的主要目的是非法收养或非法婚姻，因此一般情况下不会出现上述需要数罪并罚的情况。仅有收买被拐卖的妇女、儿童的行为，而无其他犯罪行为，其社会危害性无疑要小很多，与以出卖非法牟利的拐卖行为相比危害性也要小一些。但是并不能因此忽视收买被拐卖的妇女、儿童行为的严重社会危害性。

事实上，收买行为在拐卖犯罪中发挥着不可或缺的作用，收买行为产生了鼓励拐卖犯罪的巨大市场需求，使人贩子为了丰厚利润不惜以身试法，或在卖方和买方之间充当中介，或铤而走险偷盗、绑架、拐骗妇女儿童。如果没有收买行为，就不可能有拐卖行为。尽管自2009年以来，我国开展了多次打拐专项行动，但是人口贩运多发状况短期内尚无法彻底改变，其重要原因是滋生拐卖犯罪的收买需求没有得到有效遏制。[①] 因此，为了有效打击、彻底消除以牟利为主要目的的人口贩运现象，有必要严厉打击收买行为。而且从拐卖、收买行为对被害人的家庭或监护人的影响来看，严重影响家庭的稳定和幸福，往往会使正常的家庭家破人亡，甚至会刺激被害人的家庭报复社会实施同样的拐卖或收买行为。从对被害人的影响而言，对被害人的拐卖和收买严重影响被害人的人身自由和健康成长。事实上，《议定书》第9条第5款要求缔约国采取或加强立法或其他措施以抑制那种助长对人特别是对妇女和儿童的剥削从而导致贩运的需求。尽管收买人收买妇女、儿童的目的可能只是非法收养或婚姻，并非要对被害人实施剥削，但是无疑任何目的的收买均会助长对贩卖的需求。

收买被拐卖的妇女儿童非常类似于构成掩饰、隐瞒犯罪所得、犯罪所得收益罪的收购犯罪所得、犯罪所得收益行为，均是明知收买的对象为非法得来的而故意予以收买，只不过前者收买的是人，后者收买的是物。但是，人的价值无论在何时都是高于物的价值的，而且收买人的行为对被害人的家庭所带来的感情伤害是永久也是无法弥补的，常常会带来家破人亡，而价值再高的物品也只是身外之物，物品的主人通常不会因为丢失物品而陷入终生痛苦之中，更不会因而家破人亡。但是，有意思的是，收买被拐卖的妇女儿童罪和掩饰、隐瞒犯罪所得、犯罪所得收益罪的法定刑完全相同，均为3年以下有期徒刑、拘役或管制。而且后者还规定了可以处3年以上7年以下有期徒刑的加重情节，也就是说在涉及的犯罪所得、犯罪所得收益价值较高时，犯罪嫌疑人可能会受到更严厉的处罚，而相应地被害人会获得更大的心理安慰和正义。为了非法收养或婚姻而收买被拐卖妇女儿童的行为确实有情可原、有值得同情的地方，难道由于过于贫穷为了维持生计而低价收买赃物的行为就不值

① 李娜、袁定波：《首个国家反拐行动计划圆满收官，全国法院5年审结拐卖案8599件，6成涉拐犯罪被判5年以上重刑》，载《法制日报》2013年1月19日第05版。

得同情吗？显然，这种规定不符合保护人权、保护人的尊严和价值的普遍性要求。与之相反，加拿大、美国对参与人口贩运过程的所有人规定了相同严厉的刑罚，最高可判14年或20年有期徒刑，甚至是终身监禁。《联合国打击跨国有组织犯罪公约》和《议定书》明确要求，将包括人口贩运在内的跨国有组织犯罪规定为最高可判4年以上有期徒刑的严重犯罪。因此，为了有效地打击和预防贩卖妇女、儿童犯罪，也为了有效地实施《议定书》，有必要加重收买被拐卖的妇女、儿童罪的法定刑，修改为“处5年以下有期徒刑或者拘役，并处罚金”。①

尽管《意见》第20条规定，被追诉前主动向公安机关报案或者向有关单位反映，愿意让被收买妇女返回原居住地，或者将被收买儿童送回其家庭，或者将被收买妇女、儿童交给公安、民政、妇联等机关、组织，没有其他严重情节的，可以不予追究刑事责任，以鼓励收买人在收买后善待被害人并尽可能主动报案或送回、交出被害人。但是鼓励措施有很多，没有必要考虑不追究刑事责任。例如，可以规定在符合这种条件的情况下“可以从轻或减轻处罚”。如果只要符合上述情形就一律不追究刑事责任，就会造成犯罪的成本太低，收买人可能会抱投机心理，根据形势的变化决定是否主动报案或送回、交出被害人。因此，若要有效地打击拐卖妇女、儿童犯罪，有必要修改“不追究刑事责任”的规定，改为“可以从轻或减轻处罚”。

有必要对完善有关性奴役犯罪处罚的规定。“性剥削”是《议定书》所界定“人口贩运”目的要件“剥削”的一种形式，《打击人口贩运示范法》第20条对“性剥削”进行了界定，认为“性剥削”包括性奴役。近年来，性奴案在我国频频出现，无论最近发生的深圳性奴案，还是2011年浮现的震惊全国的洛阳性奴案，

① 事实上，《中国反对拐卖人口行动计划（2013—2020年）》第二（四）2.（1）部分已明确要求“完善有关法律，加大对收买被拐卖受害人行为的打击力度”。

还是2010年爆出的武汉性奴案，均在警示我们周围还存在严重侵犯妇女的性自由、人身自由和人格尊严的性奴役事件。① 而在国际上也不断传出遭到性贩运的妇女沦为性奴的案件。② 尽管性奴案最终均可以强奸罪、非法拘禁罪及其他罪名追究犯罪嫌疑人的刑事责任，无论是洛阳性奴案的主角，还是武汉性奴案的主角，均最终被判处死刑，受到的惩罚不可谓不轻。但是这两起案件，除了涉及非法拘禁罪和强奸罪外，还涉及故意杀人罪、组织卖淫罪、抢劫罪、抢夺罪等罪名，最终依照这些罪名实行数罪并罚才得以判处罪犯死刑的。这两起案件中如果纯粹以非法拘禁罪和强奸罪实行数罪并罚能否判处死刑尚不可知。无论怎样，性奴役应是一种比强奸罪和非法拘禁罪均严重得多的犯罪。事实上，性奴役的主体不仅仅限于直接对被害人多次施暴或长期施暴的强奸者，还可以是长期或多次强迫某一被害人卖淫的强迫卖淫者。因此，强迫卖淫的被害人经过一段时间可能就成为了性奴役的被害人。所以，针对多次强迫他人卖淫的犯罪嫌疑人，如果依照强迫卖淫罪加重情节“（三）多次强迫他人卖淫的”处罚，处10年以上有期徒刑或者无期徒刑，并处罚金或者没收财产，显然是无法判处死刑的，除非还有其他严重情形，构成“情节特别严重”。为了使性奴役者受到有效、适当的惩

① 性奴是指被控制人身自由后被逼迫发生性行为，遭受控制者长期奸淫，沦为他人泄欲工具的人。参见金泽刚：《性奴案的浮起与沉寂》，载《东方法学》2012年第4期，第79页；黄盈盈、盘绥铭：《边缘人群的社会治理——河南“性奴案”引发的思考》，载《时事观察》，2012年第1期，第48~52页。

② James Rush, *Teenage sex slave raped 90 times in one weekend despite authorities saying she wasn't at risk*, March 10, 2013, at http://www.dailymail.co.uk/news/article-2291037/Centre-Social-Justice-Teenage-sex-slave-raped-90-times-weekend-despite-authorities-saying-wasnt-risk.html (last visited 1 July 2014); Oren Yaniv, *EXCLUSIVE: Teen sex slave spellbinds courtroom with tragic tale of pimp horror and desperate calls to a mother she cannot go home to*, March 3, 2013, at http://www.nydailynews.com/new-york/teen-sex-slave-tells-courtroom-horrific-story-savage-pimp-article-1.1278528 (last visited 1 July 2014).

罚，有必要通过司法解释规定“长期强迫他人卖淫的”依照具有加重情节的“强迫卖淫罪”和“非法拘禁罪”实现数罪并罚。而针对通过非法拘禁的方式长期强奸他人或多次强奸他人的犯罪嫌疑人，可以以“强奸罪”和“非法拘禁罪”实现数罪并罚，但是有必要在刑法第236条第3款的加重情节中增加一项作为第六项，增加“（六）多次或长期强奸妇女或幼女的”。这样，无论是通过长期强迫他人卖淫实施的性奴役还是通过长期强奸他人实施的性奴役，均会依照刑罚相当的标准判决。

值得注意的是，我国之所以在1979年刑法规定的拐卖人口罪的基础上，1991年全国人民代表大会常务委员会通过《关于严惩拐卖、绑架妇女、儿童的犯罪分子的决定（1991）》增加了拐卖妇女、儿童罪，之后在1997年刑法中仅保留了拐卖妇女、儿童罪而取消了拐卖人口罪，主要是受我国拐卖人口犯罪对象情况的变化以及人们对拐卖人口犯罪的社会危害性的认识变化等因素影响。[①] 事实上，正是为了打击日益严重的针对妇女、儿童实施拐、运、卖行为的犯罪团伙，我国才于1991年新设拐卖、妇女儿童罪名。而且通常拐卖妇女、儿童的目的是通过卖给有收养儿童或娶妻生子需求但无法通过正常途径实现的买主获利。显然，我国最初出现日益严重的拐卖妇女、儿童犯罪的深层次原因是有非法收养儿童或娶妻生子的巨大需求。在农村有收养需求而又能满足我国《收养法》第6条规定的条件者不是很多。特别是在早婚早育蔚然成风的当今农村，有收养需求又愿意等到法定的年满30岁的收养年龄者实在不多。而且收养通常需要通过社会福利机构进行，而收养需求又较大，再加上可能要支付较高的收养捐赠款，因此很多有收养需求的人不愿意通过较为复杂的合法收养程序去收养孩子。而不符合收养条件又希望多子多福的人更不可能通过正常的收养途径收养儿童。

① 刘宪权：《论我国惩治拐卖人口犯罪的刑法完善》，载《法学》2003年第5期，第96页。

因此，在我国民间非法收养较为流行，而超生儿童、非婚生儿童成为非法收养的潜在对象。但是受传统养儿防老、男尊女卑思想影响，收养者往往希望收养男孩，而可以收养的男孩数量又非常有限。所以偷盗、绑架、拐骗男孩以供自己收养或者以卖出供别人收养的现象就必然会发生了。符合条件的送养人往往有特殊困难无力抚养子女，再加上受利益的驱使，就不可避免地出现部分人出卖自己孩子的现象。因此，可以说拐卖儿童现象的出现，在一定程度上和我国的收养政策、人口政策以及社会福利政策有关。而拐卖妇女现象的出现和我国较高的出生人口性别比较大的地区经济水平差异、男尊女卑的传统思想有很大关系，也和男子有娶妻需求而囿于自身条件无法实现、处于弱势地位的妇女渴望摆脱贫困、易于上当受骗而犯罪嫌疑人利用这种需求的现实有关。

因此，在我国拐卖妇女、儿童卖给有收养或娶妻需求以牟取丰厚利润或者以收养为目的拐骗儿童现象的出现，在很大程度上和我国的国家政策、社会经济发展水平以及传统思想的影响有关。正是考虑到这一现实，刑法对收买被拐卖的妇女、儿童罪规定了较轻的刑罚，而且在符合法定条件下可以不追究刑事责任。而对于以出卖非法牟利为目的拐卖妇女、儿童罪规定了较重的刑罚，而且严格区分借收养之名出卖亲生子女与民间送养行为之间的界限。[①] 尽管买卖人口的主要目的是非法收养或娶妻，但是也不排除强迫卖淫或强

---

① 2010年3月15日，最高人民法院、最高人民检察院、公安部、司法部印发的《关于依法惩治拐卖妇女儿童犯罪的意见》第17条指出，区分犯罪与违法的关键在于行为人是否具有非法获利的目的，应当通过审查将子女“送”人的背景和原因、有无收取钱财及收取钱财的多少、对方是否具有抚养目的及有无抚养能力等事实，综合判断行为人是否具有非法获利的目的。并指出，具有下列情形之一的，可以认定属于出卖亲生子女，应当以拐卖妇女、儿童罪论处：（1）将生育作为非法获利手段，生育后即出卖子女的；（2）明知对方不具有抚养目的，或者根本不考虑对方是否具有抚养目的，为收取钱财将子女“送”给他人的；（3）为收取明显不属于“营养费”、“感谢费”的巨额钱财将子女“送”给他人的；（4）其他足以反映行为人具有非法获利目的的“送养”行为的。

迫劳动的目的，[①] 而且拐卖妇女以强迫卖淫的恶性案件日益增多，已成为我国拐卖人口犯罪变化的新趋势。[②] 所以，刑法将拐卖妇女并强迫卖淫或拐卖妇女以卖给他人强迫卖淫作为拐卖妇女罪的加重情节，规定了较为严厉的刑罚。并且规定对于收买被拐卖的妇女后非法剥夺、限制其人身自由或者强迫其卖淫的，依照数罪并罚的规定处罚，同样有利于打击收买并强迫妇女卖淫的行为。因此，我国拐卖、收买妇女、儿童罪若与其他相关罪名（如笔者建议的与强迫劳动有关的人口贩运罪和与强迫卖淫或儿童卖淫有关的人口贩运罪）相协调的话，则完全可以在不用扩大适用范围、恢复“拐卖人口罪”的条件下，既有效地打击与强迫劳动或强迫卖淫或儿童卖淫有关的人口贩运罪，又有效地打击涉及非法收养或非法娶妻的拐卖妇女、儿童行为。

需要指出的是，加拿大、美国有关人口贩运的法律并不涉及非法收养或非法娶妻现象，而是和强迫劳动、强迫卖淫或强迫切除器官这些牟利性犯罪有关。《议定书》也明确将强迫劳动、强迫卖淫或切除器官作为“人口贩运”的目的要件之一。而泰国《反人口贩运法案》在界定“人口贩运”的定义时明确把“出卖”或“收买”作为人口贩运的行为要件的一种形式，而且将“通过给出金钱或好处使对另一人具有控制权的人同意其将该人纳入其控制之中并进行剥削”作为人口贩运手段要件的一种形式，足以说明买卖人口在泰国人口贩运犯罪中的作用。之所以在加拿大、美国几乎不存在以非法收养或非法娶妻为目的的拐卖妇女、儿童犯罪，主要是

① 2011 年媒体共报道 833 例拐卖案件，按目的分类，非法收养占 34.2%，卖为人妻占 19.9%，强迫卖淫占 30.1%，强迫乞讨、偷窃或卖艺等占 6.1%，童工占 4.6%，强迫劳动占 3.6%，其他占 1.4%。非法收养和卖为人妻合占 54.1%。参见联合国反对拐卖人口机构间项目：《2011 年媒体报道拐卖案例按目的分类百分比》，载《反拐通讯》2012 年第 1 期，第 12 页。

② 李娜、袁定波：《首个国家反拐行动计划圆满收官，全国法院 5 年审结拐卖案 8599 件，6 成涉拐犯罪被判 5 年以上重刑》，载《法制日报》2013 年 1 月 19 日第 05 版。

因为在这些国家不存在导致这种犯罪出现的政策和制度原因，而且也和这些国家较高的社会经济发展水平有关。加拿大和美国鼓励多生育孩子，并为其提供较好的福利制度保障，如牛奶金、医保等，不会出现大量因为人口政策或贫困而放弃孩子的现象。尽管加拿大、美国也有着严格的收养法律和程序，但是具有优越社会经济条件的加拿大人和美国人可以通过合法的收养程序收养来自全世界各地特别是发展中国家的儿童。例如，美国作为全球最大的跨国收养接收国，收养儿童数量自1993年至2004年一直急剧上升，从1993年的7377人上升到2004年的22990人，之后一直急剧下降，2011年下降到9320人。[①] 中国作为向美国输送儿童的最大收养输送国，输出儿童人数自1999年至2005年呈总体上升趋势，由1999年的4108人上升到2005年的7903人，之后持续下降，2011年下降到2587人。[②] 再从娶妻需求来说，美国较高的社会经济发展水平吸引着大量来自发展中国家的女性通过跨国婚姻等方式实现其移民美国的梦想，所以不会出现大量因为娶不起媳妇而收买被拐卖的妇女的现象。当然，也可能会出现通过跨国婚姻进入美国后沦为性奴或者强迫劳动、强迫卖淫被害人的现象，[③] 但是这不同于通过收买被拐卖的妇女而非法娶妻的现象，即为了婚姻而买卖人口的现象在美国

---

① 关于美国历年通过跨国收养接收的儿童数量及主要送出国，见美国国务院网站，http://adoption. state. gov/ about_us/statistics. php，访问时间：2014年5月15日。Also see David M. Smolin，Child Laundering and the Hague Convention on Intercountry Adoption：The Past and Future of Intercountry Adoption，*University of Louisville Law Review*，Vol. 48，2010，pp. 441－442。

② 关于中国自1999年以来通过跨国收养向美国输送的儿童的数量，参见美国国务院网站，http:// adoption. state. gov/about_us/statistics. php，访问时间：2014年5月15日。

③ 《中国新娘远嫁美国成“性奴”，必须听话才有饭吃》，新华网：http://news. xinhuanet. com/overseas/2009－09/07/content_12009728. htm，2009年9月7日，访问时间：2014年3月6日；中国新闻网：《广西女子嫁到美国沦为性奴，中餐馆老板助其逃脱》，2014年3月23日，新浪网：http://news. sina. com. cn/s/ 2012－03－23/135424163858. shtml，访问时间：2014年3月6日。

并不常见。正是因为以非法收养或婚姻为目的的买卖人口在我国买卖人口案件中占绝对大的比例，我国才将其纳入了拐卖、收买妇女、儿童罪的范畴，而且将对象限制为妇女和儿童。事实上，为了非法收养或婚姻目的而拐卖14岁以上男子的现象似乎很少能见到，这其中也和我国《收养法》限定被收养人只能为14岁以下儿童有关，也和我国出生人口性别比较高、不会出现为了婚姻而拐卖14岁以上男子的现象有关。相反，强迫劳动或强迫卖淫的对象可以为任何性别、任何年龄的人。因此与强迫卖淫或儿童卖淫有关的人口贩运罪以及与强迫劳动有关的人口贩运罪可以用来作为保护任何人免遭强迫劳动或强迫卖淫的工具。所以，那种主张将拐卖妇女、儿童罪改为拐卖人口罪的观点，忽视了对我国整个反拐法律体系的系统深入分析，缺乏对拐卖妇女、儿童犯罪现象产生原因的深入分析，更重要的是忽视了对《议定书》要求精神实质的分析。

综上所述，我国关于拐卖、收买妇女、儿童罪的规定并没有严格按照《议定书》的要求界定人口贩运犯罪，和加拿大、美国、泰国的界定方法也不相同。我国这种独具特色的界定方法与我国人口贩运犯罪的特点以及产生这种犯罪的深层次原因密切相关。为了与《议定书》的要求相一致，可以修改有关强迫劳动和强迫卖淫犯罪的法律规定、增设与强迫劳动有关的人口贩运罪和与强迫卖淫或儿童卖淫有关的人口贩运罪，并修改有关拐卖、收买妇女、儿童罪的规定、使之与增设的人口贩运罪协调配合，而无须将拐卖妇女、儿童罪的对象扩大到所有人并触到其他多部法律。而且通过这样完善我国的反拐法律体系，不仅可以有效地惩治和威慑以强迫劳动或强迫卖淫为目的的拐卖犯罪，还可以有效地惩治和威慑以非法收养或婚姻为目的拐卖犯罪；不仅可以打击强迫劳动犯罪或强迫卖淫犯罪，还可以打击与之有关的人口贩运犯罪；不仅可以打击为方便他人实施强迫劳动或强迫卖淫而进行的人口贩运活动，还可以打击为自己实施强迫劳动或强迫卖淫而进行的人口贩运活动。因此，通过这样完善我国的反拐法律体系，不仅可以充分地履行《议定书》规定的缔约国义务，还可以有效地遏制日益猖獗的人口贩运活动特别是国内人口贩运活动。

（5）妨害国（边）境管理罪

《议定书》第11条对边界管理的义务进行了详细规定，规定了商业承运人在预防人口贩运中的责任，使边界管制机构的执法权力扩大，并要求加强缔约国边界管理机构间合作。第12条则对证件的安全与管制及其合法性与有效性的验证进行了详细规定，对缔约国签发的旅行或身份证件的特质及管理提出了严格要求，既要防止人口贩运者利用证件的缺陷而予以伪造、变造或滥用以方便跨境流动，又要防止证件签发机构为了帮助人口贩运者而违规印制、签发证件。尽管《议定书》没有明确要求将违反边境管理秩序或出入境证件管理秩序的行为规定为犯罪，但无疑对妨害国家边境管理秩序、影响国家安全的行为进行刑事惩罚是边境管理的有效手段和必要手段。事实上，以保护人权为名加强边界管理、维护国家安全被认为是国际社会签订《议定书》的真实目的，《议定书》也被认为是将发达国家的移民管制计划在全球予以实施和加强的一个工具，而且这种移民管制的方法也被认为是当今国际社会应对人口贩运问题的主导性方法。[①] 因此，无疑将违反移民管理的行为规定为犯罪并予以严惩是打击和预防人口贩运犯罪的重要手段。

我国《刑法》第六章第三节对妨害国（边）境管理罪进行了详细规定，涉及组织他人偷越国（边）境罪，运送他人偷越国（边）境罪，偷越国（边）境罪，骗取出境证件罪，提供伪造、变造的出入境证件罪，出售出入境证件罪等罪名。《最高人民法院、最高人民检察院关于办理妨害国（边）境管理刑事案件应用法律

---

① James C. Hathaway, The Human Rights Quagmire of "Human Trafficking", pp. 31 – 32; S. Pickering & Marie Segrave, Policing the Border Within: Sex Trafficking and the Regulation of Sex Work, in S. Pickering (Eds.), *Women, Borders, and Violence: Current Issues in Asylum, Forced Migration, and Trafficking*, New York: Springer, 2011, p. 93.

若干问题的解释》已于2012年12月20日生效，对上述罪名所涉及的关键术语及其适用关系进行了解释。《刑法》第415条还对办理偷运国（边）境人员出入境证件罪和放行偷运国（边）境人员罪进行了规定。再加上于2012年6月30日通过，2013年7月1日生效的《中华人民共和国出入境管理法》以及《中华人民共和国出境入境边防检查条例》的配合，这些法律和司法解释将成为我国有效地打击和预防跨国人口贩运活动的利器。

根据我国《刑法》第318条和第321条，犯组织他人偷越国（边）境罪或运送他人偷越国（边）境罪，对被组织人或被运送人有拐卖行为的，按照这些罪与拐卖妇女、儿童罪实行数罪并罚。因此，如果组织或运送他人偷越国（边）境又将其卖给他人非法收养或结婚的，则按照组织他人偷越国（边）境罪或运送他人偷越国（边）境罪与拐卖妇女、儿童罪实行数罪并罚；如果组织或运送他人偷越国（边）境又将其卖给他人迫使其卖淫或劳动的，则按照组织他人偷越国（边）境罪或运送他人偷越国（边）境罪与拐卖妇女、儿童罪（对象为妇女、儿童时）的加重犯罪或者与强迫卖淫或强迫劳动有关的人口贩运罪（对象非为妇女或儿童）实行数罪并罚；如果以强迫他人卖淫或劳动为目的组织或运送他人偷越国（边）境的，则按照组织或运送他人偷越国（边）境罪和与强迫劳动或强迫卖淫有关的人口贩运罪实行数罪并罚；如果组织或运送他人偷越国（边）境并在到达后强迫该人卖淫或劳动的，则按照组织或运送他人偷越国（边）境罪和强迫劳动或卖淫罪实行数罪并罚；如果以强迫他人卖淫或劳动为目的组织或运送他人偷越国（边）境并在到达后强迫该人卖淫或劳动的，则按照组织或运送他人偷越国（边）境罪和强迫劳动或强迫卖淫罪（或与之相关的人口贩运罪）实行数罪并罚。[①] 因此，如果采纳笔者上文所建议的增设与强迫劳动有关的人口贩运罪和与强迫卖淫或儿童卖淫有关的人口贩运罪，那么我国的反拐法律体系会同样和相关的边境管理法律制度相协调配合、有效地打击和预防人口贩运犯罪。

2. 刑事司法实践中的实施

我国是人口贩运的来源国，也是中转国和目的地国，但占绝大多数的还是国内人口贩运案件。[②] 拐入我国的贩运被害人主要来自越南、老挝、缅甸、蒙古、朝鲜和俄罗斯，我国妇女、儿童被拐卖到世界70多个国家。[③] 国内人口贩运案件主要涉及非法收养或非法婚姻，近年来涉及强迫卖淫和强迫劳动的案件增多。我国妇女、儿童被拐往国外的案件主要涉及强迫卖淫或强迫劳动。在我国，主要由公安机关刑侦部门负责侦破拐卖妇女、儿童案件。公安部早在1993年便在刑事侦查局成立了“打击拐卖妇女儿童犯罪办公室”，后由于中央部委机构精简合并于1998年被并入其他机构，之后于2007年才得以重建，即为今天的公安部刑侦局打拐办。2007年年底，国务院办公厅下发了《中国反对拐卖妇女儿童行动计划(2008—2012年)》，行动计划确立了反拐的总体纲领，对反拐的总体目标、组织机构和保障措施、行动措施和责任分工进行了详细规定，旨在建立集预防、打击、救助、康复和国际合作为一体的综合反拐工作长效机制。根据该行动计划，我国于2008年成立了由中

---

① 笔者主张当与强迫劳动或卖淫有关的人口贩运犯罪的主体与强迫劳动或卖淫犯罪的主体相同时，构成牵连犯，择一重罪处罚，而不实行数罪并罚。又由于笔者建议新设的人口贩运犯罪与强迫劳动或卖淫犯罪的刑罚相同，所以按其中哪一种犯罪处罚均可。

② 2011年媒体共报道833例拐卖案件，按目的分类，跨境占6.6%，跨省占63.1%，本省占28.6%，其他占1.7%，参见联合国反对拐卖人口机构间项目：《2011年媒体报道拐卖案例按目的分类百分比》，载《反拐通讯》2012年第1期，第12页。而且拐卖外籍妇女犯罪呈上升趋势，参见联合国反对拐卖人口机构间项目：《公安部：拐卖外籍妇女犯罪呈上升趋势》，载《反拐通讯》2011年第4期，第3页。

③ U.S.A. Department of State, *Trafficking in Persons Report* 2012, p.118.

央31个部门和单位组成的国务院反对拐卖妇女、儿童行动工作部际联席会议，负责全国反拐工作的组织、协调、指导和监督，联席会议由公安部牵头，联席会议办公室设在公安部刑侦局，由刑侦局局长兼任办公室主任，成员由各成员单位指定的一名联络员组成。全国人大常委会于2009年12月26日决定加入《议定书》，并于2010年2月8日向联合国提交了我国决定加入的批准书。因此，可以说为加入《议定书》，我国事先做了大量准备工作，建立了履行《议定书》所需要的行动计划和组织机构。

为了有效地履行《议定书》规定的缔约国义务，特别是对于人口贩运作出有效刑事司法应对的义务，也为了保护人权和维护社会秩序，自2009年以来，公安部多次组织开展全国专项打拐行动，摧毁了大量特大跨省拐卖妇女、儿童犯罪网络，解救了大量被拐卖妇女、儿童，初步遏制了拐卖犯罪的高发势头。自2009年至2012年4月，公安机关共侦破拐卖妇女、儿童犯罪案件3.65万余起，打掉犯罪团伙9092个，解救被拐卖妇女、儿童8万余人。[①] 但是，自2008年至2012年，全国各级法院共审结拐卖妇女、儿童犯罪案件8599件，依法惩处犯罪嫌疑人14122人，共审结强迫卖淫、强迫劳动和组织残疾人、儿童乞讨犯罪案件5698件，依法惩处犯罪嫌疑人10393人。[②] 显然，在此期间，尽管拐卖犯罪案件年均结案量1700余件，与2008年审结的1353件和2009年审结的1636件相比，[③] 确实逐年迅速上升，但是无疑拐卖妇女、儿童罪案件的审结率较低，尚不足25%。事实上，为了贯彻落实第一个国家反拐

① 《打拐成绩斐然形势仍严峻，多数打拐办有牌无人》，载中国网，http://www.china.com.cn/news/law/2012-04/09/content_25092796.htm，2012年4月9日，访问时间：2014年6月12日。

② 李娜、袁定波：《首个国家反拐行动计划圆满收官，全国法院5年审结拐卖案8599件，6成涉拐犯罪被判5年以上重刑》，载《法制日报》2013年1月19日第05版。

③ 参见最高人民法院、最高人民检察院、公安部、司法部印发《关于依法惩治拐卖妇女儿童犯罪的意见》（法发［2010］7号），第1条第1款。

行动计划，也为了加强在打击拐卖妇女儿童犯罪案件方面的协调和配合，2010年3月15日，最高人民法院、最高人民检察院、公安部、司法部印发《关于依法惩治拐卖妇女儿童犯罪的意见》，要求四部门相互支持，相互配合，共同提高案件办理的质量和效率。尽管如此，如此低的结案率还是无法满足有效打击拐卖妇女儿童犯罪的需要。

结案率低的原因很多，如案件复杂、涉及多名嫌疑人、跨区域调查核实证据难造成结案周期长，但是公安司法机关缺乏专司调查、起诉或审理拐卖犯罪案件的专职队伍可能造成侦破的案件证据不够确凿充分或者审理程序难以顺利进行应该是其中一个重要原因。目前，在全国省级公安机关中，仅有北京、天津、河北、吉林、安徽、广西、云南、贵州、四川、新疆等地成立了专门打拐机构，部分省、自治区、直辖市，特别是拐卖犯罪重点地区还没有专门反拐机构；县级以上政府有一个打拐领导办公室，设在公安局，但大多数打拐办一般情况下有牌无人，需要打击的时候才临时从各部门抽调几个人。[①] 尽管国务院反对拐卖妇女儿童行动工作部际联席会议办公室几乎每年举办全国性打拐反拐培训班，对包括公安、检察、法院系统在内的成员单位的工作人员进行培训，但是至今尚未听说法院设立专门的反拐审判庭或者配备专门审理拐卖妇女儿童罪案件的法官。即使经常进行打拐培训，也无法从根本上克服打拐人员不固定、不熟悉打拐技巧带来的消极影响。另外，跨国人口拐卖案件的被害人由于多种原因，如语言不通、惧怕被遣返或惧怕因非法入境、非法居留或非法工作而受到惩罚，不愿意与执法机构合作，也可能是影响调查、起诉和审理拐卖案件刑事程序顺利进行的重要原因。这是因为，被害人的合作是成功破案和起诉的关键。

---

① 《打拐成绩斐然形势仍严峻，多数打拐办有牌无人》，载中国网，http://www.china.com.cn/news/law/2012-04/09/content_25092796.htm，2012年4月9日，访问时间：2014年6月12日。

值得注意的是，在目前公布的打拐数据中鲜见有关受到惩处的收买被拐卖妇女儿童者的数字。这一方面说明公安司法机关并没有把打击收买被拐妇女儿童的行为作为成绩，并不重视打击收买被拐妇女儿童的行为。另一方面也说明收买被拐妇女儿童的行为受到追究的数字应该很小，绝大多数收买被拐妇女儿童的行为并未受到追究，这应该和刑法关于不追究收买者刑事责任的规定有直接关系。为了有效地打击拐卖犯罪，有必要严厉惩治使拐卖犯罪非法牟利的目的得以实现的收买行为。不管收买被拐妇女儿童的动机如何，不管是为了非法收养、非法婚姻，还是为强迫劳动或强迫卖淫，出于自私目的买卖人口而不顾被拐卖被害人家庭感受的做法是应该受到严厉打击的。因此，正如上文所述，为了对拐卖犯罪作出有效司法应对，必须修改刑法相关规定。一方面，要对收买犯罪规定更加严厉的刑罚，另一方面，修改关于不追究收买者刑事责任的规定，可以规定在此情况下“可以减轻或从轻处罚”，甚至可以规定在出现虐待被买儿童或者阻碍解救儿童或者阻碍被买妇女返回原居住地的“加重处罚”。

尽管根据《刑法》第36条和第64条在判处罚金或没收财产时优先考虑使被害人的经济损失得到赔偿，并且在追缴犯罪所得和没收犯罪工具时注意责令退赔和及时返还被害人的合法财产，在一定程度上有利于使人口贩运被害人获得经济赔偿或收回合法财产。但是并没有对没收的财产和罚金的合理使用作出规定。尽管将没收的财产和罚金上交国库有利于增强国家保护和帮助被害人的能力，但是由于人口贩运犯罪的调查、起诉和审判经常涉及对被害人的保护和帮助，涉及被害人的救助、安置、康复、遣返和回归社会，因此充分的资金保障是对被害人实施保护和帮助的必要前提。而对被害人的保护和帮助往往是成功调查、起诉和审理人口贩运案件的关键。我国参与缔结的《湄公河次区域反对拐卖人口区域合作谅解备忘录》在序言中强调了制定将犯罪所得用于帮助拐卖被害人的规定的重要性。因此，建议通过司法解释或者专门的人口贩运被害人保护法（或反人口贩运法）对与人口贩运有关的罚金及没收的犯罪工具和犯罪所得的使用进行专门规定，规定这些资产只能专门用于人口贩运被害人的保护和帮助，可考虑建立专门的人口贩运被害人保护基金，使保护和帮助被害人的非政府组织得到充分的资金。而且，有必要明确不仅拐卖被害人的经济损失可以获得赔偿，而且精神方面的损失也可以获得赔偿，这是因为拐卖被害人往往会因为被拐卖的经历而受到严重的精神创伤。

在人口贩运的国际合作方面，截至2012年11月28日，我国已与70个国家谈判缔结了108个司法协助类双边条约，其中刑事司法协助条约49项、引渡条约31项、被判刑人移管条约7项，并加入了《海牙送达公约》、《海牙取证公约》、《联合国打击跨国有组织犯罪公约》、《联合国反人口贩运议定书》、《联合国反腐败公约》等含有司法协助内容的多边公约。[①] 在这些条约或公约中，除了《联合国打击跨国有组织犯罪公约》和《联合国反人口贩运议定书》直接涉及人口贩运方面的引渡、司法协助或执法合作外，其余条约虽然没有明确规定适用于人口贩运案件，但是可以适用于人口贩运案件。在这些与中国缔结了双边司法协助类条约的国家中，俄罗斯、乌克兰、韩国、泰国、西班牙与我国的司法协助最全面，均涉及民商事和刑事司法协助、引渡和被判刑人移管，而白俄罗斯、哈萨克斯坦、吉尔吉斯斯坦、蒙古、老挝、罗马尼亚、保加利亚、突尼斯、立陶宛与我国的司法协助也较为全面，均涉及民商事和刑事司法协助及引渡。与我国签订司法协助条约的发达国家较少，意大利与我国仅签订了民事司法协助条约，法国除了与我国签订了民商事司法协助条约，还签订了刑事司法协助条约，加拿大、美国、新西兰、日本仅与我国签订了刑事司法协助条约，澳大利

---

① 赵阳、蒋皓：《我国已与160多个国家和国际组织开展司法协助》，载法制网，http://www.legaldaily.com.cn/zfb/content/2012-11/28/content_4018284.htm?node=33981，2012年11月28日，访问时间：2014年3月12日。

亚、葡萄牙除了与我国签订刑事司法协助条约外，还签订了被判刑人移管条约，与我国签订引渡条约的发达国家仅有西班牙。值得注意的是，《联合国打击跨国有组织犯罪公约》既涉及刑事司法协助，又涉及引渡和执法合作，可以作为缔约国间在预防和打击包括人口贩运在内的跨国有组织犯罪方面进行全面国际合作的基础。毫无疑问，众多司法协助条约的缔结有利于增进我国与其他国家在预防和打击人口贩运方面的合作。但是，由于这些条约较为分散，不仅使我国执法和司法机关对外寻求刑事司法国际合作缺乏相应的国内法支撑（引渡方面是个例外），也使我国执法和司法机关在处理外国或外法域向我国提出的刑事司法合作时缺乏规范指导。因此，为了使缔结的国际刑事司法合作条约切实发挥作用，有必要制定一部规范刑事司法合作的国内法，对我国进行国际刑事司法合作的体制和机制作出明确规定。

值得注意的是，司法部已牵头起草《国际刑事司法协助法（草案）》，但是至今尚未有正式的司法协助法出台。尽管如此，我国利用现有的司法协助条约确实侦破了不少跨国拐卖妇女儿童案件，解救了大批被拐卖妇女儿童，例如，2011 年 11 月 15 日，公安部与安哥拉警方合作，成功摧毁了一特大拐骗中国妇女至安哥拉并迫使其卖淫的犯罪团伙，并利用《中国和安哥拉引渡条约》将 11 名犯罪嫌疑人引渡回国，解救并送返 19 名被害妇女。公安部于 2012 年 7 月再次与安哥拉警方合作，摧毁了另一特大拐骗中国妇女至安哥拉并迫使其卖淫的犯罪团伙。再如，自 2005 年 8 月至 11 月，中国越南两国刑侦部门联合开展打拐和解救行动，共解救并遣返 100 多名被拐卖越南妇女。

其实，早在我国于 2010 年 2 月 8 日提交加入《议定书》批准书之前，我国在打击拐卖人口犯罪方面已进行了大量的国际合作。最为典型的是我国于 2000 年开始参与联合国机构间湄公河次区域反对拐卖人口项目，并于 2004 年 10 月与越南、老挝、缅甸、泰国、柬埔寨签订了《湄公河次区域合作反对拐卖人口谅解备忘录》，旨在使次区域的人口贩运应对符合国际标准，特别强调了有必要开展多边、双边及政府与非政府组织间的合作，以打击人口贩运，正式启动了湄公河次区域合作反对拐卖人口进程。为了实施上述谅解备忘录，项目成员国分别于2005年、2008年和2011年制定了3个湄公河次区域合作反拐行动计划，目前正在实施第三个行动计划。事实上，我国于2007年重建“打击拐卖妇女儿童犯罪办公室”，并于2007年年底制定了《中国反对拐卖妇女儿童行动计划（2008—2012年）》，之后于2008年成立了由中央31个部门和单位组成的国务院反对拐卖妇女儿童行动工作部际联席会议，负责全国反拐工作的组织、协调、指导和监督，均在很大程度上为了实施上述谅解备忘录及有关区域合作反拐行动计划。乃至2009年后多次开展的全国打拐专项行动，在很大程度上也是为了实施这些区域性国际法律文件。除了参与制定并实施谅解备忘录和区域合作反拐行动计划，我国分别于2009年11月11日和2010年9月与缅甸、越南签订了旨在加强双方在预防、打击人口贩运和帮助保护被害人方面的合作的双边合作备忘录——《缅甸和中国关于加强打击拐卖人口犯罪合作谅解备忘录》和《中国和越南加强合作预防和打击拐卖人口谅解备忘录》，对双方在预防、打击拐卖犯罪、保护和帮助被害人方面的协调与合作进行了详细规定，合作涉及案件调查、情报分享、边境地区交流与协作、犯罪嫌疑人的移交、被害人的安全有效识别与遣返、被害人保护培训、不惩罚被害人实施的作为人口贩运一部分的行为等。

值得注意的是，湄公河次区域6个国家除了泰国仅仅签署外，其余5个国家均批准了《联合国打击跨国有组织犯罪公约》和《议定书》。在这5个国家中，泰国与我国缔结了涉及民事司法协助、刑事司法协助、引渡和被判刑人移管方面的条约，而且还制定了2008年《反人口贩运法案》，有利于与我国在预防和打击人口贩运方面进行全面合作。老挝与我国缔结了涉及民事和刑事司法协助以及引渡方面的条约，但没有与我国缔结被判刑人移管方面的条约，也没有制定专门的反人口贩运法。越南则与我国缔结了民事和刑事司法协助条约，且制定了已于2012年1月1日生效的《反人口贩运法》，还与我国缔结了《中国和越南加强合作预防和打击拐卖人口谅解备忘录》，但未与我国缔结涉及引渡和被判刑人移管方面的条约。柬埔寨与我国缔结了引渡条约，并制定了2007年《制止人口贩运与性剥削法》，但未与我国缔结涉及民事和刑事司法协助及被判刑人移管方面的条约。缅甸至今未与我国缔结任何司法协助条约，但缔结了《缅甸和中国关于加强打击拐卖人口犯罪合作谅解备忘录》，且制定了2005年《反人口贩运法》。周边的朝鲜、日本与我国仅仅缔结了刑事司法协助条约。总之，在湄公河次区域6个国家中，仅有中国和老挝尚未制定专门的反人口贩运法，这无疑会影响这一区域的反拐合作。因此，为了切实有效预防和打击人口贩运活动特别是跨国人口贩运活动，有效地实施《议定书》，促进湄公河次区域反拐合作进程的顺利进行，我国有必要将现行有关人口贩运的法律条款进行整合并添加必要的新内容，制定一部专门的反人口贩运法。而且有必要进一步加强与这一区域的国际合作，与相关国家缔结更多的引渡条约、司法协助条约和被判刑人移管公约，继续建立边境反拐联络官办公室，加强彼此间在情报交流、执法行动和执法培训方面的合作，加强交流，增进互信，实现对这一地区拐卖犯罪的有效管控和综合治理。

值得注意的是，《中国反对拐卖人口行动计划（2013—2020年）》规定了未来8年我国在反拐国际合作方面的工作目标和行动措施，要求加强反拐工作国际交流与合作，积极参与湄公河次区域合作反拐进程等各项国际反拐合作机制，加强与相关国家组织和国家的交流合作，联合开展反拐培训，利用双边、多边和国际刑警组织等国际警务合作渠道，开展跨国拐卖人口犯罪案件侦办合作和情报信息交流，及时解救、接收和救助被拐卖出国的中国国籍被害人，及时发现和解救被拐卖入中国的外籍被害人，做好外籍被害人的救助、中转康复和遣返工作。另外，行动计划要求稳步推进与其他国家特别是周边国家缔结刑事司法协助条约和引渡条约工作。这为我国接下来一个长时期内的反拐国际合作指明了方向。但是，仅仅进行刑事司法合作和执法合作是不够的，还有必要在预防人口贩运、保护和帮助被害人方面进行更加有效合理的合作。

二、综合分析比较

（一）刑事定罪义务的实施比较

1. 将与人口贩运有关的行为规定为犯罪

加拿大《移民与难民保护法案》第 122 条将为了实施包括人口贩运犯罪在内的犯罪而持有、使用、出口、进口或交易护照、签证或其他证件的行为规定为犯罪。考虑到犯罪行为的危害性的差异，法案第 123 条对非法持有证件的行为以及非法使用、出口、进口或交易证件的行为分别规定了 5 年以下有期徒刑和 14 年以下有期徒刑的刑罚，并规定法院裁量时应予考虑的加重因素：犯罪的实施是否是为了犯罪组织的利益或者是在其指挥下实施的或者与其有关以及犯罪是否以营利为目的。《加拿大刑法典》第 279.03 条则将扣押、毁坏证件的行为规定为犯罪，规定任何为了实施人口贩运犯罪或者为人口贩运犯罪提供方便而藏匿、丢弃、扣押或毁坏属于另一人的任何旅行证件或任何确认另一人的身份或移民身份的证件的行为均构成犯罪，应处以 5 年以下有期徒刑。这些非法处置旅行或身份证件的行为，涉及为了实施人口贩运犯罪而持有、使用、进口、出口、交易、藏匿、丢弃、扣押或毁坏这些证件的行为，可能涉及非法证件的提供者、持有者、使用者以及通过控制这些证件对贩运被害人进行控制的人口贩运者。《加拿大刑法典》第 279.02 条将明知经济利益或其他物质利益来源于人口贩运活动仍予以接收的行为规定为犯罪，并规定了 10 年以下有期徒刑的刑罚。《加拿大刑法典》还规定了“开办色情场所罪”、“淫媒罪”、“依靠未成年人的卖淫收入生活罪”、“嫖宿未成年人罪”、“参加犯罪组织活动罪”、“为犯罪组织实施犯罪罪”、“指挥犯罪组织的犯罪活动罪”、“洗钱罪”等与人口贩运犯罪有关的犯罪。值得注意的是，《加拿大刑法典》并未明确将强迫劳动或服务规定为独立的一类犯罪，而是将其纳入了人口贩运罪的范畴。另外，《加拿大刑法典》还规定了“绑架罪”、“诱拐16岁以下儿童罪”、“诱拐14岁以下儿童罪”、“违反监护令的拐带罪”、“拐带儿童犯罪”等与人口贩运犯罪十分接近但不相同的犯罪。

《曼恩法案》第2条、第3条和第4条规定了“运输人口从事性活动罪”、“怂恿、诱使、引诱、胁迫他人从事性活动罪”、“运输未成年人从事性活动罪”等与人口贩运有关的犯罪。《贩运与暴力被害人保护法案》在原来“债役罪”、“诱使进入奴役状态罪”、“通过贩卖使从事强迫性劳役罪”的基础上，首次对“强迫劳动罪”、“非法处理证件罪”等与人口贩运犯罪有关的犯罪进行了专门规定。“非法处理证件罪”旨在惩罚为了实施人口贩运犯罪及相关犯罪而故意毁损、隐藏、扔弃、没收或持有护照、移民证件或其他身份证件的行为，不涉及通常是非法移民的人口贩运被害人为了避免因非法移民身份受到惩罚而实施的隐藏、扔弃、毁损身份或旅行证件的行为。法案还将干涉、阻止调查、起诉和处罚非法处置证件犯罪的行为规定为犯罪，处以与非法处置证件犯罪相同的处罚。值得注意的是，法案将干涉、阻止与人口贩运犯罪及相关犯罪行为（不包括强迫劳动犯罪）有关的执法活动的行为，处以与相应人口贩运犯罪或相关犯罪实行行为相同的处罚。《2008年威廉·威尔伯福斯人口贩运被害人保护重新授权法案》将从参与强迫劳动或服务提供或获得中获得物质利益的行为规定为犯罪，作为强迫劳动罪的一种形式。这与《贩运与暴力被害人保护法案》将从参与性贩运犯罪中获得物质利益的行为规定为性贩运犯罪的一种形式的做法相同。而且该法案还将从债役、奴役和人口贩运中获得物质利益的行为规定为犯罪，并处以与这些犯罪的实行行为相同的刑罚。

泰国《反人口贩运法案》第7条将支持或协助实施人口贩运犯罪、协助或同意协助人口贩运者逃避刑事惩罚以及使人加入以从事人口贩运犯罪为宗旨的有组织犯罪集团的行为规定为犯罪，而且施以与人口贩运者相同的刑罚。值得注意的是，法案第12条和第13条将法案规定的所有犯罪规定为洗钱罪的上游犯罪。法案还对法人犯罪、妨碍司法等犯罪进行了专门规定。

我国刑法在对拐卖妇女、儿童罪进行规定的同时，还规定了强迫劳动罪；协助强迫劳动罪；强迫卖淫罪；协助组织卖淫罪；引诱儿童卖淫罪；拐骗儿童罪；收买被拐卖的妇女儿童罪；组织残疾人、儿童乞讨罪；组织未成年人进行违反治安管理活动罪等与人口贩运犯罪有关的犯罪。此外，还对聚众阻碍解救被拐卖的妇女、儿童罪，不解救被拐卖、绑架妇女、儿童罪以及阻碍解救被拐卖、绑架妇女、儿童罪等妨碍公务、妨碍司法或渎职犯罪进行了规定。另外，还规定了骗取出境证件罪，提供伪造、变造的出入境证件罪和出售出入境证件罪等与出入境非法处置有关的犯罪。

由此可见，除了泰国，其余三国均对非法处置证件罪进行了规定，但是加拿大不仅涉及非法持有、使用、出口、进口或交易出入境证件的行为，还涉及藏匿、丢弃、扣押或毁坏出入境证件的行为，人口贩运被害人可能会因为非法持有、使用出入境证件而受到惩罚；美国仅将故意毁损、隐藏、扔弃、没收或持有出入境证件的行为规定为犯罪，而且该犯罪不适用于人口贩运被害人；中国仅将骗取出境证件、提供伪造或变造的出入境证件行为以及出售出入境证件的行为规定为犯罪，未将毁坏、藏匿、扔弃、没收或持有出入境证件的行为规定为犯罪。除了加拿大将从人口贩运犯罪及相关犯罪中获取物质利益的行为规定为独立的犯罪外，美国、泰国和中国均将从人口贩运犯罪及相关犯罪中获取物质利益的行为作为人口贩运犯罪或相关犯罪的一种形式。除了加拿大外，美国、泰国和中国均将妨碍相关执法活动规定为犯罪，但是美国将妨碍执法这种犯罪处以与人口贩运犯罪或相关犯罪相同的处罚，而泰国和中国将其规定为单独的犯罪。美国和中国将强迫劳动罪进行了单独规定，加拿大和泰国仅将强迫劳动作为人口贩运犯罪目的要件的一种。另外，泰国明确将人口贩运犯罪及相关犯罪纳入了洗钱罪上游犯罪的范围，加拿大将刑法典和国会法案规定的犯罪均纳入了洗钱犯罪上游犯罪的范围，美国法典也将人口贩运犯罪纳入了洗钱罪上游犯罪的范围，[①] 中国没有明确作出此种规定。根据中国刑法，仅有涉及黑社会性质的组织的人口贩运犯罪方能纳入第 191 条规定的洗钱罪上游犯罪的范围，不涉及黑社会性质的组织的人口贩运犯罪可作为刑法第 312 条规定的掩饰、隐瞒犯罪所得、犯罪所得收益罪上游犯罪的范围。但是掩饰、隐瞒犯罪所得、犯罪所得收益罪的法定刑罚比洗钱罪轻，不利于有效地打击和预防牟利型的人口贩运犯罪。因而，有必要在专门制定的反人口贩运法明确将人口贩运犯罪纳入刑罚第 191 条洗钱罪上游犯罪的范围。

我国刑法对骗取出境证件罪，提供、出售出入境证件罪以及办理偷运国（边）境人员出入境证件罪进行了规定，客观上有利于打击通过使用骗取、伪造、变造或非法办理的出入境证件对人口贩运被害人进行跨国运送的跨国人口贩运活动。在边界控制日益严格的今天，出入境证件不仅在进行跨国运送中发挥着十分重要甚至是必不可少的作用，而且在控制贩运被害人使其屈服与强迫劳动或强迫卖淫的过程中发挥着十分重要的作用。事实上，通过控制外籍贩运被害人的出入境证件来控制外籍被害人是强迫外籍被害人劳动或卖淫案件中经常使用的手段。正因为如此，加拿大和美国均对为了实施人口贩运犯罪及相关犯罪或方便他人实施人口贩运犯罪及相关犯罪而故意毁坏、藏匿、扔弃、没收或持有出入境证件的行为规定为犯罪。而且美国《贩运与暴力被害人保护法案》明确指出，人口贩运被害人由于人口贩运实施上述行为不构成犯罪。[②] 尽管美国法律并没有明确规定不追究人口贩运被害人因为人口贩运而实施的非法入境、非法居留或非法就业的刑事责任，但是这种不追究贩运

---

① 18 USC § 1956 – Laundering of monetary instruments, (c) (7) (B) (vii).

② U. S. Code, 18 USC § 1592(b).

被害人由于人口贩运而实施的与出入境证件有关的犯罪行为的刑事责任的规定，无疑有利于保护和鼓励被害人与执法机关合作。我国不仅没有将为了实施人口贩运犯罪或方便他人实施人口贩运犯罪而非法处置出入境证件的行为规定为犯罪，而且在部门规章，如2000年3月24日公安部发布的《公安部关于打击拐卖妇女儿童犯罪适用法律和政策有关问题的意见》第8条第5款明确规定，对非法入出我国国境、非法居留的外国人，应依法追究其法律责任包括刑事责任。显然，这里的外国人既包括实施拐卖妇女、儿童犯罪的外国人，也包括外籍人口贩运被害人。尽管外籍拐卖被害人不能当作一般的“三非”人员关押在拘留所，① 但并没有明确规定不追究“三非”被害人的法律责任。在跨国人口贩运案件日益增多的今天，② 为了维护出入境管理秩序、有效打击和预防跨国拐卖妇女、儿童犯罪、与强迫劳动有关的跨国人口贩运犯罪以及与强迫卖淫或儿童卖淫有关的跨国人口贩运犯罪、强迫劳动犯罪和强迫卖淫犯罪，有必要在刑法第320条后增加一款，作为第320条之二：“为了实施或方便他人实施拐卖妇女儿童行为、强迫劳动、强迫卖淫或与强迫劳动、强迫卖淫有关的人口贩运犯罪活动，毁坏、藏匿、扔弃、没收或持有他人出入境证件的，依照前款的规定处罚”。此条可命名为“毁坏、藏匿、扔弃、没收或持有他人出入境证件罪”。

2. 将使用强迫劳动或服务的行为规定为犯罪

在卖淫问题上，加拿大奉行“废除”的策略，致力于彻底废除卖淫，因此禁止第三方（如政府、淫媒、妓院老板等）利用他

---

① 曹勋：《打击跨国贩卖越南妇女儿童犯罪动态机制的构建》，载《广西警官高等专科学校学报》2013年第1期，第38页。

② 中国警方自2009年4月至2010年9月6日一年多时间内共解救被拐卖妇女10621人、被拐卖儿童5896人，共遣返外籍妇女1099人、拐卖去向日益复杂化和国际化。参见《中国警方一年多来解救被拐卖妇女儿童1.6万余人》，载新华网，http://www.chinanews.com/gn/2010/09-20/2544115.shtml，2010年9月20日，访问时间：2014年3月12日。

人卖淫获利，将充当淫媒与开办妓院规定为犯罪。但认为卖淫女是被害人，所以认为其是无罪的，对卖淫、嫖娼持容忍态度。为了打击使用儿童提供的性服务的行为，对儿童进行保护，《加拿大刑法典》第212条第4款规定了嫖宿儿童罪：在任何地方与儿童发生商业性行为或为了与儿童发生商业性行为而与他人协商的行为，应处以6个月以上5年以下有期徒刑。美国大部分州在卖淫问题上奉行“禁止”的策略，通过严格的立法和行政法规，惩罚与卖淫有关的一切行为或者任何人，包括卖淫、嫖娼和第三方利用他人卖淫获利的行为，旨在最终消除卖淫。当然，美国有个别州承认妓院卖淫合法化，如内华达州。尽管泰国《预防和制止卖淫法案》将在公共场合招揽卖淫和在色情场所从事卖淫规定为犯罪，但是处罚很轻，要么为1000泰铢以下的罚金，要么为1个月以下的有期徒刑或1000泰铢以下的罚金。[①] 事实上，为了刺激泰国经济的发展特别是旅游经济的发展，泰国对于卖淫活动往往睁一只眼闭一只眼，容忍其存在。而且《预防和制止卖淫法案》第8条仅规定在卖淫机构嫖宿儿童构成犯罪，而不管该儿童是否同意，嫖宿成年人则不构成犯罪。我国在卖淫问题上也奉行“禁止”的策略，惩罚与卖淫有关的一切行为或者任何人，包括卖淫、嫖娼和第三方利用他人卖淫获利的行为，卖淫、嫖娼、在公共场所拉客招嫖在我国构成违反治安管理的非法行为，引诱、容留、介绍他人卖淫即可构成违反治安管理的行为，又可在情节严重情形下构成犯罪。组织卖淫或强迫卖淫行为均构成犯罪。嫖宿幼女在我国构成犯罪。总之，为了减少对强迫卖淫的需求，加拿大、美国大部分州、泰国和中国均将利用他人卖淫规定为犯罪；除了加拿大外，其余三国均将卖淫、嫖娼非法化；加拿大、泰国和中国均规定了嫖宿幼女罪，加拿大和泰国还将嫖宿男童的行为规定为犯罪。

---

① The Measures in Prevention and Suppression of Trafficking in Women and Children Act B. E. 2540(1997) (Thailand), Section 5 and 6.

值得注意的是，根据我国《刑法》第236条，奸淫不满14周岁幼女的，以强奸论，从重处罚。而且理论上通常认为，不论行为人采用何种手段，也不论幼女是否同意，只要与幼女发生性行为，就构成强奸罪。[①] 根据《刑法》第360条，嫖宿不满14周岁幼女的，构成嫖宿幼女罪。显然，嫖宿幼女罪和奸淫幼女的强奸罪存在交叉关系，围绕是否应取消嫖宿幼女罪的问题，在我国刑法学界也存在较大争议。有学者认为，嫖宿幼女罪和奸淫幼女的强奸罪的区别在于幼女是否具有性同意能力，只要将具有性同意能力的职业卖淫幼女和那些被引诱、欺骗、胁迫或出于好奇、贪便宜等心理与行为人发生性关系的幼女区别开来，两种罪名是可以协调共存的。[②] 还有学者认为，嫖宿幼女罪是对保护幼女的基本公共政策的冲击，是一种立法歧视，因而治本之策在于取消该罪名。[③] 之所以出现关于嫖宿幼女罪和奸淫幼女的强奸罪关系的争议，主要是由于刑法对这两种犯罪规定了不同的法定刑，致使同一种行为分别依据这两种罪名处罚会得出不同甚至悬殊较大的结果。事实上，由于嫖宿幼女罪与强奸罪的关系和引诱幼女卖淫罪与强迫卖淫罪的关系相似，嫖宿幼女相当于引诱幼女与自己发生商业性行为，与引诱幼女卖淫性质无异。事实上，现行刑法对于嫖宿幼女罪和引诱幼女卖淫罪规定了相同法定刑，正说明了这一实质。引诱幼女卖淫本质上相当于强迫卖淫，但不同于强迫幼女卖淫。因此，嫖宿幼女相当于强奸，但不同于强奸幼女。当然，嫖宿幼女罪中的幼女应是被嫖资引诱而从事卖淫的幼女，而奸淫幼女的强奸罪是指以暴力、胁迫、欺骗等违背幼女意愿的方式奸淫幼女的行为，实质上构成了强奸幼女的强奸罪，相对于强奸罪从重处罚。为此，有必要协调嫖宿幼女罪与强奸

① 高铭暄、马克昌主编：《刑法学》，中国法制出版社2007年版，第551页。

② 车浩：《强奸罪与嫖宿幼女罪的关系》，载《法学研究》2010年第2期，第152页。

③ 叶良芳：《存与废：嫖宿幼女罪罪名设立之审视》，载《法学》2009年第6期，第122~123页。

罪的关系。从这样的逻辑思路出发，笔者建议完善嫖宿幼女罪的规定，而不是要废止该罪名。为了与强奸罪的规定相协调，也与笔者上文关于完善引诱幼女卖淫罪规定的建议相协调，笔者建议将刑法第360条第2款修改为："嫖宿不满14周岁的幼女的，处5年以上10年以下有期徒刑，并处罚金；有下列情形之一的，处10年以上有期徒刑、无期徒刑或死刑，并处罚金或没收财产：

（一）嫖宿幼女情节恶劣的；

（二）嫖宿幼女多人的；

（三）二人以上轮流嫖宿的；

（四）致被害人重伤、死亡或造成其他严重后果的。"

这样，既不会冲击保护幼女的基本公共政策，避免了立法歧视，又克服了在确定幼女是否具有性同意能力方面的困难，有利于遏制对儿童卖淫的需求，在一定程度上预防了儿童性贩运。

在将使用强迫劳动的行为规定为犯罪这方面，美国和中国将强迫劳动规定为单独的犯罪，美国将从参与强迫劳动中获取物质利益的行为作为强迫劳动犯罪的一种形式，中国则将这种行为纳入了协助强迫劳动罪的范畴；加拿大和泰国则将强迫劳动作为人口贩运犯罪目的要件的一种，而且加拿大界定的强迫劳动仅限于以威胁人身安全的手段迫使实施的劳动，范围较窄。在这方面，我国应借鉴美国的做法，对强迫劳动罪作进一步科学合理的界定。在将消费、使用通过强迫劳动生产的产品规定为犯罪方面，四国均未作出明确规定。

3. 在人口贩运犯罪的管辖权方面

长期以来，加拿大对人口贩运犯罪采用了属地管辖原则，对于加拿大人或永久居民在加拿大境外实施的人口贩运犯罪缺乏管辖权，造成了大量此类案件得不到起诉和惩罚。正因为如此，加拿大国会于2012年6月28日通过了C－310议案，对《加拿大刑法典》关于人口贩运犯罪的规定进行了修正，专门对人口贩运犯罪的属人管辖权进行了规定：加拿大公民或永久居民在加拿大境外实施的作为或不作为如果发生在加拿大将构成“贩运人口罪”、“获得物质利益罪”或“扣押、毁损证件罪”，那么就被认为是发生在加拿大的犯罪。[①] 值得注意的是，属人管辖权的行使不以符合双重犯罪的原则为前提，有利于打击和威慑发生在加拿大境外的人口贩运犯罪。

《2008 年威廉·威尔伯福斯人口贩运被害人保护重新授权法案》对人口贩运及相关犯罪的域外管辖进行了规定，对于发生在美国境外的人口贩运及相关犯罪行为，如果犯罪嫌疑人为美国公民或者合法获得美国永久居住权的外国人，或者如果犯罪嫌疑人在美国境内，不管此时犯罪嫌疑人的国籍如何，美国有权行使管辖。[②] 该款实质上规定了美国的属人管辖权，有利于打击美国公民以及拥有永久居住权的外国人在美国境外实施的人口贩运活动及相关犯罪活动。关于只要犯罪嫌疑人在其境内美国就有权行使管辖而不管犯罪嫌疑人是否为美国公民的规定，既不属于标准的属地管辖，也不属于标准的属人管辖，还不属于标准的保护性管辖，类似于关于国际犯罪的普遍管辖权。特别是在没有其他连接因素的情况下，仅仅以犯罪嫌疑人在其境内而行使管辖权，十分接近普遍管辖权。然而，普遍管辖权易于与他国行使的属地管辖权、属人管辖权或保护性管辖权相冲突。因而，该法案规定，当具有美国承认的管辖权的外国政府已经或正在以相同行为起诉嫌疑人时，不可以再次在美国起诉，除非检察总长或副总检察长同意管辖。[③] 这种一罪不二罚的规定，有利于防止出现管辖权的积极冲突的情形。《2005 年人口贩运被害人保护重新授权法案》对某些人口贩运犯罪的域外管辖进行了规定：居住在美国境外但受美国联邦政府雇用或者陪伴联邦政

---

① see Criminal Code (Canada), Article 7(4.1)；另见 Parliament of Canada, Bill C－310, An Act to amend the Criminal Code (trafficking in persons).

② US Code, 18 USC § 1596(a).

③ US Code, 18 USC § 1596(b).

府的人员在美国境外从事如若发生在美国管辖区内，将构成人口贩运犯罪或相关犯罪的行为，将构成人口贩运犯罪或相关犯罪，并受到相应的惩罚。[①] 由于规定中所指人员可能非美国公民，因而此款规定不能理解为传统意义上的属人管辖权，但可理解为属人管辖权的延伸。值得注意的是，为了避免此种域外管辖权可能与其他国家的属地管辖权、属人管辖权或保护性管辖权发生积极冲突，法案同时规定当具有美国承认的管辖权的外国政府已经或正在以相同行为起诉嫌疑人时，不可以再次在美国起诉，除非检察总长或副总检察长同意管辖。[②]

在人口贩运犯罪及相关犯罪的管辖权方面，泰国《反人口贩运法案》第11条规定了对人口贩运犯罪的普遍管辖权，规定任何国籍的公民在泰国境外实施了本法案规定的人口贩运犯罪均应受到本法的惩罚，有利于有效地打击人口贩运犯罪。然而，我国并未对此进行专门规定。我国《刑法》第6条、第7条、第8条和第9条分别规定了属地管辖、属人管辖、保护性管辖和普遍管辖的原则。值得注意的是，属人管辖原则并未以双重犯罪为条件，而且规定了可以放弃管辖的情形；保护性管辖原则以双重犯罪为条件，而且需要按照本法规定的最低刑为3年以上有期徒刑。因此，我国可依据这些管辖原则对人口贩运犯罪进行管辖。值得注意的是，我国刑法第10条并未规定一罪不二罚的原则，实质上承认了双重惩罚的可能性，并不能很好地协调管辖权的积极冲突。而且，该条仅适用于

---

① US Code, 18 USC § 3271(a). 根据该法案的解释，“在美国境外受联邦政府雇用”是指作为联邦政府的文职雇员、作为一名联邦承包商（包括任何层次的分包商）或作为联邦承包商（包括任何层次的分包商）的一名雇员而受到雇用，且由于此种雇用而居住在美国境外又非东道国公民或常住居民；而“在美国境外陪伴联邦政府”是指作为联邦政府的文职雇员、联邦承包商（包括任何层次的分包商）或联邦承包商（包括任何层次的分包商）的雇员的家眷并且和他们一起居住在美国境外又非东道国公民或常住居民。参见18 USC § 3271(b).

② 18 USC § 3271(b).

我国具有属人管辖权、保护性管辖权或普遍管辖权时的犯罪惩罚。

综上所述，属地管辖是国际法上最基本的刑事管辖原则。加拿大和美国在规定属地管辖原则的基础上均专门对人口贩运犯罪及相关犯罪规定了强制性属人管辖原则。这与相关国际法律文件的要求相一致。美国还将属人管辖的原则扩展到在美国拥有永久居住权的外国公民以及居住在美国境外受美国联邦政府雇用或者陪伴联邦政府的人员，这些人员可能不是美国公民或在美国拥有永久居留权的外国人。美国甚至还规定了类似普遍管辖的管辖规定，只要犯罪嫌疑人在美国境内，美国就可以行使管辖权。但是这种管辖不仅仅限于美国缔结或参加的国际条约所规定的犯罪嫌疑人，相反适用于一切其行为若发生在美国则构成犯罪的犯罪嫌疑人，因而其适用范围广于普遍管辖原则的适用范围。另外，美国还对管辖权积极冲突的协调进行了规定。泰国则对此专门规定了普遍管辖原则。因此，我国可以借鉴美国的做法，在专门制定的反人口贩运法中，对人口贩运犯罪及相关犯罪的属人管辖原则进行明确规定，适用于在我国领域外犯人口贩运罪及相关犯罪的我国公民、在我国拥有永久居住权的外国人以及居住在我国境外受我国政府雇用或陪伴政府的人员，无论这些人员是否是我国公民。

(二) 进行有效调查、起诉和判决义务的实施比较

尽管加拿大已将人口贩运犯罪纳入其国内法多年，但是以人口贩运犯罪起诉和定罪的案例实在太少。根据《加拿大刑法典》以人口贩运犯罪定罪的案例仅为25起，而根据《加拿大移民与难民保护法案》以人口贩运犯罪定罪的案例数为零。尽管加拿大联邦、省和市级警察机构均可对人口贩运案件进行调查，而且警察机构和起诉机构可以在调查中采用卧底行动、电子监视等手段，还可以利用诸如加拿大金融交易和报告中心的部门和机构搜集来的情报，但是执法机关通常采用以被害人为中心的反应式调查，而不是主动调查，过分地依赖人口贩运被害人的合作和证人证言。而被害人因为多种原因通常不愿意与执法机关合作，特别是加拿大缺乏准确地识

别人口贩运被害人的全国性机制。而且有权机关在识别被害人方面较大的自由裁量权，使得许多被害人无法获得有效的保护和帮助，严重挫伤了被害人与执法机关合作的积极性。这种过分依赖被害人的合作而不主动地采用其他手段搜集证据的反应式执法，使得执法机关取得的证据往往缺乏独立性。而且执法机构和刑事司法机构缺乏必要的培训与协调。各层次执法机关之间、各执法机关之间、执法机关与有关非政府组织之间，在人口贩运案件的调查以及被害人的识别与保护等方面，还缺乏必要的协调与合作。值得注意的是，加拿大政府于2012年6月发布了首个打击人口贩运国家行动计划，在调查、起诉人口贩运者方面，规定了未来侧重努力的方向：向执法人员和起诉人员提供具有针对性的人口贩运培训和教育；建立由加拿大皇家骑警、加拿大边境服务局和地方警察组成的专门、综合的调查组，旨在开展主动的人口贩运调查；加强在情报搜集方面的协调和合作。[①]

在美国，人口贩运案件的调查主要由司法部联邦调查局、国土安全部移民海关执法局国土安全调查处、劳工部监察长办公室及国务院外交安全局人口贩运处进行。联邦调查局内部有两个部门负责调查人口贩运案件，分别是公民权利处与针对儿童犯罪处，前者负责调查涉及成年人、外籍被害人的人口贩运案件以及针对国内儿童的不涉及商业性剥削的案件，而后者负责调查针对国内儿童的商业性剥削案件。移民海关执法局国土安全调查处主要负责调查涉及有组织犯罪的人口贩运案件。国务院外交安全局人口贩运处主要负责调查与护照或签证欺诈有关的人口贩运案件。人口贩运案件的起诉由司法部进行，司法部在全国有94个联邦起诉办公室和两个专门的部门，分别是公民权利处下设的人口贩运起诉科和犯罪处下设的儿童色情及剥削科。值得注意的是，根据《贩运与暴力被害人保护法案》，美国建立了由国务卿担任主席的监控与打击人口贩运机

① See Government of Canada, *National Action Plan to Combat Human Trafficking*, p. 18.

构间特别工作组以及协助该工作组的监控和打击人口贩运办公室，特别工作组由国务卿、美国国际发展署署长、总检察长、劳工部长、健康与人类服务部长、中情局局长以及总统任命的其他官员组成，以协调美国的预防和打击人口贩运活动。总体而言，美国调查和起诉人口贩运的力度较大，而且在逐年加大力度。这与美国将人口贩运犯罪看作一种严重影响国家安全和边境管理秩序的跨国有组织犯罪的认识有关。美国在人口贩运问题上坚持一种以刑事司法为中心的理念框架，而不是以贩运被害人的人权为中心的理念，在保护和帮助被害人方面的努力也是以服务刑事司法为中心。这种以服务刑事司法为中心的理念，也影响着保护和帮助被害人的效果，既无法获得调查、起诉人口贩运者所需要的证人，又无法从根本上解决人口贩运问题。尽管美国调查、起诉和判决人口贩运案件的力度较大，但是与年均14500至17500的被贩运者数量相比，力度显然不够。①

尽管泰国于2008年制定的《反人口贩运法案》基本上符合《议定书》的要求，内容比较先进完善，而且于2010年制定了第二个国家反拐行动计划，但是缺乏强有力的实际执行，调查、起诉的人口案件数量与估计的数万贩运被害人相比实在是太少了。② 在泰国，主要由隶属总理办公室的泰国皇家警察和隶属司法部的特殊调查局负责调查人口贩运案件。但是这两个部门在调查人口贩运案件方面的职责分工不明确，协调配合不够，可能会使某些人口贩运案件得不到调查，或者得不到及时调查。值得注意的是，根据

---

① 关于美国估计的年均人口贩运被害人数量，参见 Alison Siskin & Liana S. Wyler, *Trafficking in Persons*: *U. S. Policy and Issues for Congress*, Congressional Research Service (CRS) Report for Congress Prepared for Members and Committees of Congress, RL34317, December 23, 2010, p. 20; J. L. Roby et al., U. S. Response to Human Trafficking: Is It Enough?, pp. 508 – 525.

② 关于泰国人口贩运被害人的数量估计，见 *Trafficking in Persons Report* 2012, p. 338.

《反人口贩运法案》，设立了反人口贩运委员会以及协调和监控反人口贩运实施委员会，负责协调全国反人口贩运方面的努力。泰国执法部门通常采用传统的反应式执法，而不是积极的执法，并没有在无证移民、待遣返移民等弱势群体中积极识别人口贩运被害人，而且在识别出人口贩运被害人后未能为其提供有效的保护和帮助，未能消除被害人在被遣返、遭报复、毁名誉方面的担心，因而人口贩运被害人不愿意被识别为被害人，更不愿意与执法机关合作，使过分依赖被害人的证人证言的刑事司法程序无法顺利进行。再加上经常在人口贩运案件中采用保释制度，使得被保释的人口贩运者在保释后轻易逃走或威胁被害人不敢与执法机关合作，造成相关的刑事程序无法继续或者终止。另外，泰国执法部门存在较为广泛的腐败，官员保护妓院、其他色情场所、海产品工厂或血汗工厂免遭突击检查或者直接与性贩运被害人发生商业性行为的现象并不少见。①

在我国，自2009年以来，公安部多次组织开展全国打拐专项行动，摧毁了大量特大跨省拐卖妇女儿童犯罪网络，解救了大量被拐卖妇女儿童，初步遏制了拐卖犯罪的高发势头。尽管拐卖犯罪案件，年均结案量逐年迅速上升，但是案件的审结率较低，尚不足25%。在我国，主要由公安机关刑侦部门负责侦破拐卖妇女、儿童案件，但是公安司法机关缺乏专司调查、起诉或审理拐卖犯罪案件的专职队伍。根据《中国反对拐卖妇女儿童行动计划（2008—2012年）》，我国于2008年成立了由中央31个部门和单位组成的国务院反对拐卖妇女儿童行动工作部际联席会议，负责全国反拐工作的组织、协调、指导和监督。联席会议由公安部牵头，联席会议办公室设在公安部刑侦局，由刑侦局局长兼任办公室主任，成员由各成员单位指定的一名联络员组成。尽管国务院反拐部际联席会议办公室几乎每年举办全国性打拐反拐培训班，对包括公安、检察、

① *Trafficking in Persons Report* 2012, p. 340.

法院系统在内的成员单位的工作人员进行培训，但是至今尚未听说法院设立专门的反拐审判庭或者配备专门审理拐卖妇女儿童罪案件的法官。跨国人口拐卖案件的被害人由于多种原因，如语言不通、害怕遭报复、惧怕被遣返或惧怕因非法入境、非法居留或非法工作而受到惩罚，不愿意与执法机构合作。

综上所述，加拿大、美国、泰国和中国均未能充分地履行进行有效调查、起诉和判决的义务，但是，整体而言，美国和中国调查、起诉人口贩运案件的力度较大。这和美国是世界上人口贩运头号目的地国、跨国人口贩运现象严重，而中国是世界上头号人口大国、国内人口贩运现象严重有关。我国在有效调查、起诉和判决方面的努力比较大，也取得了一些好的经验和做法，如对拐卖儿童案件实行“一长三包责任制”，执行儿童失踪快速查找机制，开展来历不明儿童摸排工作。全国打拐专项行动这种运动式执法尽管存在这样那样的缺陷，但是，在国家资源有限的情况下，这种执法在动员社会资源和推进部门合作方面发挥着重要作用，[①] 也取得了较好的社会效果。而且，自2009年以来这种全国打拐专项行动经常开展，也会在未来8年里继续开展下去。[②] 因此，这种逐渐常规化的专项行动将会在逐步完善打拐工作机制的过程中，发挥有效打击拐卖人口犯罪的作用。除了要在坚持全国打拐专项行动的同时不断完善打拐工作机制，还有必要继续对与反拐工作有关的执法人员和社会服务人员进行定期培训，并建立相当稳定的打拐队伍。为了有效地调查、起诉跨国人口贩运案件，还有必要完善保护和帮助外籍被害人的机制，酌情给予一定的临时居留许可和人身保护，打消其惧怕因参与刑事程序而受到报复的顾虑。

---

① 唐贤兴：《中国治理困境下政策工具的选择——对“运动式执法”的一种解释》，载《探索与争鸣》2009年第2期，第35页。

② 参见《中国反对拐卖人口行动计划（2013—2020年）》第二（二）部分“打击犯罪和解救被拐卖受害人”第2项。

（三）实施有效适当惩罚义务的实施比较

加拿大《移民与难民保护法案》（以下简称《法案》）第121条要求法院在决定应处的刑罚时考虑犯罪过程中是否造成了人身伤害或死亡、犯罪的实施是否是为了犯罪组织的利益或者是在其指挥下实施的或者与其有关、犯罪是否以营利为目的以及被害人是否遭受了侮辱人的或有辱人格的待遇，包括作为犯罪结果的工作或健康状况或性剥削等加重因素。[①]《法案》的这一规定有利于向人口贩运者施加有效、适当、相称的处罚。《法案》的这一规定与《联合国打击移民偷运议定书》第6条第3款的要求相一致，有利于向人口贩运者施加有效、适当、相称的处罚。而且考虑到犯罪行为的危害性的差异，《法案》第123条对非法持有证件的行为及非法使用、出口、进口或交易证件的行为分别规定了5年以下有期徒刑和14年以下有期徒刑的刑罚，并规定法院裁量时应予考虑的加重因素：犯罪的实施是否是为了犯罪组织的利益或者是在其指挥下实施的或者与其有关以及犯罪是否以营利为目的。《加拿大刑法典》第279.01（1）条在界定贩运人口罪时也区分了普通情形与加重情形，分别规定了不同的刑罚：对于普通情形处以14年以下有期徒刑；对于在犯罪的过程中对被害人实施了绑架、人身伤害或性侵害或者致使被害人死亡的加重情形，处以终身监禁。刑法典第279.011（1）条在规定贩运儿童犯罪时，规定了与贩运人口犯罪不同的刑罚，规定了最低刑期，而且也区分了普通情形与加重情形的刑罚：对于普通情形处以5年以上14年以下的有期徒刑；对于加重情形处以终身监禁并处6年以上有期徒刑。总之，加拿大在规定人口贩运犯罪及相关犯罪的处罚时，考虑到犯罪给被害人带来的人身伤害、性侵害等危害、犯罪嫌疑人所获得的利益、犯罪的手段

① 《法案》将“犯罪组织”界定为一个有合理理由相信其在从事或已经从事了作为由大量人计划和组织的某一类型犯罪活动一部分的行为的组织，而这些人共同行事以促进实施犯罪或者促进在加拿大境外实施如若发生在加拿大也构成犯罪的犯罪。

(是否采用了绑架方式)、犯罪主体的特殊性(是否涉及犯罪集团)以及犯罪对象的特殊性(是否为儿童)区分普通情形和加重情形分别处以不同的刑法，有利于有效适当地惩罚犯罪。但是，加拿大并未对国际累犯作出规定。

美国《贩运与暴力被害人保护法案》区分情节对人口贩运犯罪的处罚进行了规定。对于“性贩运罪”，区分被害人的年龄及实现行为要件的方式分别规定不同处罚。对于“强迫劳动、服务贩运罪”，法案则考虑犯罪的危害性(是否引起了死亡或有引起死亡的危险，是否实施了严重的性虐待)和实施犯罪的手段(是否采用了绑架方式或企图采用绑架方式)，区分普通犯罪与加重犯罪，分别规定不同的惩罚。值得注意的是，法案将阻碍、企图阻碍或以任何方式干扰或阻止与“性贩运罪”和“强迫劳动、服务贩运罪”有关的司法活动的，构成妨碍司法罪，处以与“强迫劳动、服务贩运罪”普通犯罪相同的处罚。① 因此，当同时构成人口贩运犯罪和妨碍司法罪时可数罪并罚。该款关于妨碍司法罪的规定，与《联合国打击跨国有组织犯罪公约》的规定是一致的，有利于打击具有跨国有组织犯罪性质的人口贩运犯罪。《贩运与暴力被害人保护法案》与《2008年威廉·威尔伯福斯人口贩运被害人保护重新授权法案》规定，将企图实施人口贩运犯罪及相关犯罪的行为以及共谋实施除性贩运罪以外的人口贩运犯罪及相关犯罪的行为处以与犯罪既遂相同的刑罚。值得注意的是，虽然《2008年威廉·威尔伯福斯人口贩运被害人保护重新授权法案》也将与他人共谋实施性贩运犯罪的行为予以处罚，但是这种刑罚相当灵活，可以是任何数额的罚金或任何期限的自由刑或者两者并罚，有利于法官根据共谋行为在性贩运犯罪中的作用处以灵活多样的刑罚。②《贩运与暴力被害人保护法案》对“强制性恢复原状”进行了规定，要求

① U. S. Congress, U. S. Code, 18 USC § 1590(b); 8 USC § 1591(d).

② U. S. Congress, U. S. Code, 18 USC § 1594(c).

法院在对人口贩运者判处其他刑罚的同时，下令强制被告向被害人赔付其全部损失，同时对被告犯罪工具和犯罪所得进行强制没收。① 对被害人进行强制性赔偿，对犯罪工具和犯罪所得进行强制没收，无疑既能有效地打击作为牟利型犯罪的人口贩运犯罪及相关犯罪，同时有利于保障刑事诉讼活动的顺利进行。

泰国《反人口贩运法案》第8条、第9条和第10条对人口贩运犯罪的预备、共同犯罪中的犯罪未遂与中止、有组织犯罪集团的犯罪的处罚进行了详细规定，有利于法官根据人口贩运犯罪的进行状态、犯罪主体的性质与主观恶性施以有效、适当的惩罚。法案第14条对冒充国家公职人员、国家公职人员犯罪、法案授权主体犯罪等加重情节的惩罚进行了规定，有利于打击情节恶劣的人口贩运犯罪。在对人口贩运犯罪的处罚方面，法案第14条根据被害人的年龄，区分普通犯罪与加重犯罪分别处以轻重不同的刑罚。

我国《刑法》第240条根据拐卖犯罪的危害性（是否造成重伤、死亡或其他严重后果，是否实施了奸淫，是否强迫卖淫，是否卖往境外，是否拐卖多人）、犯罪的手段（是否采用绑架或偷盗的方式）以及犯罪主体的身份（是否是犯罪集团的首要分子），区分普通情形和加重情形，分别规定了不同的刑罚。第350条关于组织卖淫罪和强迫卖淫罪的规定，也区分普通情形和加重情形，分别规定了不同的刑罚。尽管关于强迫劳动罪、协助强迫劳动罪和协助组织卖淫罪的规定均区分普通情形和加重情形，分别规定了不同的刑罚，但是并没有明确列出加重的情形。我国刑法并没有对人口贩运犯罪及相关犯罪所得和犯罪工具的没收进行专门规定。刑法第59条、第60条和第64条关于没收财产的规定可以适用于人口贩运犯罪及相关犯罪案件。新修订的《刑事诉讼法》第五编"特别程序"第三章"犯罪嫌疑人、被告人逃匿、死亡案件违法所得的没收程序"部分适用于犯罪嫌疑人、被告人逃匿、死亡的贪污贿赂犯罪、

---

① U. S. Congress, U. S. Code, 18 USC § 1593; 18 USC § 1594(d).

恐怖活动犯罪等重大犯罪案件，而此处的“重大犯罪案件”究竟是指哪些案件？能否包括拐卖妇女、儿童罪，强迫劳动罪，协助强迫劳动罪，强迫卖淫罪，协助组织卖淫罪等犯罪，有待于司法解释的阐明。《刑事诉讼法》的这部分规定应该可以适用于犯罪嫌疑人、被告人逃匿、死亡的拐卖妇女、儿童罪，强迫劳动罪，协助强迫劳动罪，强迫卖淫罪，协助组织卖淫罪等人口贩运犯罪及相关犯罪案件。这是因为这些案件的法定刑罚往往较重，具有严重社会危害性，而且属于牟利型犯罪，需要综合运用各种没收程序，对犯罪嫌疑人进行严厉打击，同时可以威慑潜在的人口贩运案件。

综上所述，加拿大、美国、泰国和中国均对人口贩运及相关犯罪在区分普通情形和加重情形的情况下规定了不同的刑罚，有利于有效适当地惩罚这些犯罪。但是这些国家的规定在科学性和合理性方面存在差异。例如，我国虽然对强迫劳动罪、协助强迫劳动罪、协助组织卖淫罪区分了普通情形和加重情形，分别规定了不同的刑罚，但是并没有明确列出需要加重处罚的情形，需要通过修正案或司法解释进一步阐明。我国关于拐骗儿童罪和引诱幼女卖淫罪的规定并没有区分情形规定不同的刑罚。而且我国人口贩运犯罪及相关犯罪的规定之间缺乏密切的协调和配合。美国在专门的法律中将企图实施人口贩运犯罪及相关犯罪的行为以及共谋实施除性贩运罪以外的人口贩运犯罪及相关犯罪的行为规定了与犯罪既遂相同的刑罚。这种规定非常独特，有利于有效地惩治与人口贩运及相关犯罪有关的犯罪预备行为、犯罪未遂和共谋行为。美国对人口贩运及相关犯罪中的犯罪工具及犯罪所得的没收进行了专门规定，也值得借鉴和学习。

第四章　预防人口贩运义务的实施

犯罪预防是有效应对犯罪的根本途径。[①] 人口贩运是一种严重侵犯人权的行为，采用以人权为基础的方法，对人口贩运进行有效的综合应对，不仅需要有效地保护和帮助被害人，有效地调查、起诉人口贩运者，还需要从根本上预防人口贩运的产生，彻底消除人口贩运现象。这是因为在侵犯人权的人口贩运出现之后，及时有效地保护和帮助被害人，惩治人口贩运者，使被害人获得正义，是国家面对已出现的人口贩运行为应该尽职承担的义务，而尽职地采取措施预防侵犯人权行为的出现是人权保护的根本要求，而且属于更高水平的人权保护。尽管调查、起诉人口贩运者与保护和帮助被害人有利于威慑、预防人口贩运犯罪，但是从人口贩运产生的原因着手，有针对性地消除或减少影响人口贩运产生的因素，无疑是有效预防人口贩运产生的根本途径。虽然对于人口贩运产生的复杂原因莫衷一是，但是通常认为有以下影响因素：加大被害人和潜在被害人脆弱性的因素；产生或维持对通过贩运活动提供的产品和服务的需求的因素；建立或维持人口贩运者及其同伙不受惩罚的环境的因素；方便跨国人口贩运顺利进行的因素。与之相对应，分别产生消除导致人口贩运产生的脆弱状况、抑制对贩运活动所产生的产品和

① 所谓犯罪预防，是指调动社会上一切积极因素，运用各种手段，采取社会性和专门性的防治措施，限制、消除犯罪产生的原因和条件，以达到防止、遏制和减少犯罪的目的。参见康树华：《论犯罪预防》，载《中国刑事法杂志》1999年第1期，第3~4页。

服务的需求、预防和惩治与人口贩运有关的腐败行为、加强边界管理与证件管制四方面的国家义务。

第一节　义务的内容

一、消除脆弱状况的义务

尽管“滥用脆弱地位”仅仅是《议定书》所界定“人口贩运”手段要件的一种形式，并非所有的人口贩运犯罪均采用“滥用脆弱地位”的手段，但是一切人口贩运的被害人或潜在被害人无疑均在一定程度上存在易于遭受人口贩运之害的脆弱状况，只是脆弱状况在不同人口贩运犯罪中的作用大小不同而已。联合国毒品问题与犯罪办公室在其发布的专门问题报告中指出，“脆弱性”是理解人口贩运的关键：滥用脆弱地位是绝大多数人口贩运案例的固有特征。[①] 正如前文所述，国际社会在“滥用脆弱地位”的含义方面没有达成一致意见，虽然《议定书》谈判准备工作文件对其进行了解释，认为“滥用脆弱地位”是指“所涉当事人没有任何真正并且可接受的选择而只能屈从所涉滥用的任何状况”，[②] 该解释似乎是对“脆弱地位”的阐释，但是并没有明确“脆弱状况”具体包含哪些方面。一般认为，“脆弱状况”是指迫使一人接受剥削的任何困难状况，可以是身体方面的、心理方面的、情感方面的、

① See United Nations Office on Drug and Crime, *Issue Paper: Abuse of a Position of Vulnerability and Other "Means" within the Definition of Trafficking in Persons*, p. 7.

② 参见 Travaux Preparatoires for the UN Organized Crime Convention and Protocols, p. 347, Interpretative Notes。在《议定书》通过之前，有文件在界定人口贩运的含义时使用了与《议定书》谈判准备工作文件的解释相同的措辞和意义，但没有明确界定此种情况就是“滥用脆弱地位”。关于该文件的措辞，参见 Joint Action of 24 February 1997 concerning action to combat trafficking in human beings and sexual exploitation of children (97/154/JHA), OJL 063, Mar. 4, 1994。

与家庭有关的、社会方面的或者经济方面的。处于脆弱状况的弱势群体可能是缺乏权利与社会地位的人群，如女性、儿童、非法移民、难民、国内流离失所人员，也可能是残疾人、怀孕妇女，还可能是由职业带来脆弱性的人群，如妓女、家政工人等，他们可能由于经常不为人所见、缺乏法律保护、规范不到位等原因遭到贩运。这些弱势群体往往比较贫穷，收入不高；受教育水平不高，缺乏必要的自我保护意识和能力；社会地位较低，遭受性别歧视或种族歧视；职业选择余地小，自身能力有限等。正是由于弱势群体的脆弱性，才使人口贩运者有机可乘，要么采用诱拐或欺诈的方式，要么采用暴力、以暴力相威胁或胁迫的方式，使被害人被迫从事强迫劳动或服务、卖淫等。

正是由于认识到了脆弱状况在人口贩运产生中的作用，《议定书》第 9 条第 1 款明确要求缔约国制定综合的政策、计划或其他措施以预防和打击人口贩运，保护贩运被害人特别是妇女儿童免于再度受害，强调采取包括保护贩运被害人使其免于再度受害在内的综合措施对人口贩运进行预防。不仅如此，《议定书》该条款还要求缔约国采取或加强措施，包括通过双边或多边合作，以减缓使人特别是妇女儿童易遭贩运之害的各种因素，如贫困、不发达、缺乏平等机会等。该规定强调了减缓脆弱状况对于预防人口贩运的重要性。值得注意的是，《议定书》规定的上述义务与具有劝导性的保护和帮助被害人的义务不同，具有较强的强制性。这些义务在《联合国打击跨国有组织犯罪公约》中得到进一步强化，例如，《公约》第 31 条第 7 款要求缔约国在适当的情况下彼此合作，并与有关国际性和地区性组织合作采取措施，包括参加旨在预防包括人口贩运犯罪在内的跨国有组织犯罪的国际项目，以使处于社会边缘地位的群体不易受到包括人口贩运犯罪在内的跨国有组织犯罪的影响。《议定书》第 9 条第 2 款还要求缔约国努力采取诸如研究、宣传和新闻媒体的措施，并实施各种社会和经济举措，以预防和打击人口贩运，强调提高弱势群体的认识并采取提高贩运被害人和潜在被害人社会地位和经济能力的社会和经济举措在减缓潜在贩运被害人的脆弱性、预防人口贩运中的重要作用。《公约》第 31 条第 5 款作出了类似规定，要求缔约国努力促进公众对包括人口贩运犯罪在内的跨国有组织犯罪的存在、原因、严重性及其带来的威胁的认识，并在适当的情况下通过大众媒介传播信息，以促进公众参与预防和打击此种犯罪。值得注意的是，这种教育和提高包括易于遭受贩运的弱势群体在内的公众的意识、减弱其脆弱性并促进公众参与预防和打击人口贩运的义务，强制性相对较弱，只是要求缔约国“努力”遵守，而不是必须遵守。

《欧洲理事会反人口贩运行动公约》第 5 条第 2 款、第 4 款和第 6 款专门对人口贩运的预防进行了详细的规定。该公约除了规定通过研究、教育、宣传、提高认识、社会和经济举措以及市民社会的参与等方面政策以减缓弱势群体的脆弱性的义务外，特别要求缔约国在必要时采取适当措施使迁徙得以合法进行，要求有关机构宣传关于合法入境并合法居留条件的准确信息。这说明通过使潜在的贩运被害人了解合法迁徙的条件以减缓非法移民带来的脆弱性，是预防跨国人口贩运的重要方法。值得注意的是，该公约第 5 条第 3 款要求缔约国在制定、实施和评估预防人口贩运的政策和计划的过程中，坚持以人权为基础的方法，采用性别主流化（gender mainstreaming）和儿童敏感的方法，考虑妇女、儿童的特殊需要和脆弱性。这与我们提倡的在综合应对人口贩运的过程中坚持以人权为基础的方法的观点是一致的，通过减缓脆弱性来预防人口贩运同样需要坚持以人权为基础的方法，特别要考虑妇女、儿童的脆弱性和特殊需要。值得注意的是，《2011 年欧盟反人口贩运指引》第 18 条第 2 款同样强调要通过宣传、教育、研究和提高认识运动，使市民社会参与人口贩运的预防，在提高弱势群体认识的基础上，减缓其遭受人口贩运之害的脆弱性。

综上所述，潜在贩运被害人的脆弱性在人口贩运发生的过程中具有十分重要的作用。尽管脆弱性的作用大小在具体案件中可能有所不同，但是无疑是被人口贩运者利用的基础，人口贩运案件均在不同程度上存在滥用脆弱地位的情况，滥用脆弱地位严重到一定程度完全可以单独构成人口贩运的手段要件。这在《议定书》关于人口贩运的定义中得到了体现。《议定书》明确要求缔约国采取综合的政策和措施，包括研究、宣传、教育、社会和经济方面，在提高弱势群体认识的同时，提高其经济收入和社会地位，减缓其易于遭受贩运之害的脆弱性。其他国际公约也施加了类似义务，说明了国际社会已普遍认识到保护弱势群体的经济、社会和文化权利、减缓其脆弱性是从根本上预防人口贩运发生的必由之路。《议定书》规定的上述义务具有强制性。为了有效地预防人口贩运，应坚持以人权为基础的方法，对于已经发生的人口贩运案件的被害人进行有效保护和帮助、减缓其易于再度遭受贩运之害的脆弱性是必要的，同时还要切实保护潜在贩运被害人的权利，特别是经济、社会和文化权利，使其获得必要的经济能力和社会地位，减缓其易于遭受贩运之害的脆弱性。因此，为了使《议定书》得到有效实施，通过应对脆弱状况有效地预防人口贩运，有必要借助国际社会保护经济、社会和文化权利的机制以及保护公民权利和政治权利的机制，使公民的经济、社会、文化权利以及公民权利和政治权利得到切实保护，避免出现机会、财富和收入上的不平等、贫穷、性别歧视、种族歧视等脆弱性因素。由于提高社会的整体经济、社会和文化水平不是一个一蹴而就的过程，更何况每个具体人均存在自身特有的脆弱性，因此可以想象通过消除潜在贩运被害人的脆弱状况来预防人口贩运将是一个漫长的过程。

二、抑制贩运需求的义务

人口贩运犯罪是一种牟利型犯罪，犯罪者贩运人口的目的是从对被害人的剥削中获得物质利益或者其他方面的利益。例如，性贩运的目的是从对被害人的性剥削中获取物质利益，强迫劳动贩运的目的是通过获得廉价产品从而获得高额利润。人口贩运犯罪已经成为仅次于毒品贩运和武器贩运获利最丰的跨国有组织犯罪。① 因此，使人口贩运者无利可图将成为有效地预防和打击人口贩运的必要手段。对人口贩运者的犯罪资产进行没收和扣押固然有利于有效地打击和威慑人口贩运犯罪，但是对人口贩运的需求进行抑制从而使通过贩运产生的劳动或服务无法实现其价值，将会是有效预防人口贩运的另一有力工具。对贩运的需求可以从两方面来理解：一方面是雇主对低廉、可剥削劳动或服务的需求；另一方面是消费者对贩运被害人生产的产品或提供的服务的需求。当然，也可将剥削者及贩运过程所涉招聘者、中介组织、运输者对贩运和被害人的收入依赖理解为对贩运的需求。甚至腐败官员直接从贩运中获取利益，以及诸如娱乐业、旅游业的合法企业从与贩运有关的剥削中受益，也可理解为对人口贩运的需求。

《议定书》第 9 条第 5 款对抑制贩运需求进行了专门规定，要求缔约国采取或加强诸如教育、社会或文化措施的立法或其他措施，包括双边和多边合作，以抑制那种助长对人特别是妇女、儿童的剥削从而导致贩运的需求。《欧洲理事会反人口贩运行动公约》第 6 条专门对贩运需求的抑制进行了规定，要求缔约国采取或加强立法、行政、教育、社会、文化和其他措施，对抑制贩运需求的最佳做法、方法和策略进行研究，提高媒体和市民社会对贩运需求作用的认识，有针对性地开展宣传教育活动，特别是要在学校中开展性别平等方面的教育，等等。《2011 年欧盟反人口贩运指引》第 18 条第 1 款也作出了类似规定，除此之外，还要求缔约国考虑在必要时采取立法或其他措施，将使用作为剥削对象的服务的行为规定为犯罪。

---

① Nassir Abdulaziz Al – Nasser(President of the 66th Session of General Assembly of the United Nations) , *Speech on the Occasion of the Second Ministerial Meeting of the Group of Friends United against Human Trafficking*; INTERPOL, *INTERPOL Call for Private Sector to Help Fight Human trafficking*.

由于对贩运的需求通常和种族、性别歧视有关，因此为了遵守《议定书》规定的上述国际义务，有必要在相关的教育、社会和文化政策中注意纠正针对妇女和移民的歧视性态度。由于在卖淫是否应合法化的问题上存在较大分歧，所以《议定书》没有明确规定将使用性贩运被害人提供的服务规定为犯罪。不管一国在卖淫合法化问题上的分歧如何，均应该将使用强迫卖淫被害人提供的服务规定为犯罪，这是因为采用暴力、以暴力相威胁、诱拐、欺诈、欺骗等严重违背被害人真实意愿的方式实施的强迫卖淫，无疑构成了《议定书》界定的人口贩运。即使承认卖淫合法化的国家也需要将此种强迫卖淫行为规定为人口贩运犯罪。

另外，要抑制对贩运的需求，不仅需要抑制需求本身，还要消除影响需求的原因或因素；不仅要打击需求行为本身，还要应对容忍需求的制度环境。例如，有的目的地国为了获得巨大经济利益而故意纵容采用人口贩运的方式对廉价外国劳动者进行剥削的行为。再如，有的国家可能在卖淫问题上持强烈反对的态度，但是会容忍剥削对象为外国公民而且比较隐蔽的性剥削。有的原住国在经济上很大程度地依赖海外工人的汇款，因而可能容忍对其海外工人的剥削。正是这些容忍贩运剥削的做法使得贩运需求得以滋生蔓延。因此，要有效预防人口贩运，必须对贩运需求采取零容忍的态度，有效、迅速地调查、起诉和惩罚贩运及相关行为，使人口贩运成为一种高风险、低利润的产业，从而抑制贩运者和剥削者的需求。

三、预防和打击腐败行为的义务

尽管国际社会至今仍无统一的腐败概念，但是一般认为，腐败是指为了获得个人利益或好处而滥用公共权力的行为。[①] 根据国家责任原理，国家公职人员在行使职权的过程中实施的侵权行为，应

① United Nations Office on Drugs and Crime, *Issue Paper: The Role of Corruption in Trafficking in Persons*, 2011, p. 5.

由国家承担相应的责任。公职人员由于腐败而产生的侵权行为，自然也应由国家承担责任。由于腐败问题的政治敏感性和隐蔽性，至今仍缺乏有关腐败在人口贩运中具体作用的确凿证据，特别是缺乏官方数据。但是，毫无疑问，人口贩运特别是作为跨国有组织犯罪的跨国人口贩运的顺利进行，通常需要公职人员的积极参与或纵容。正是由于认识到腐败对于人口贩运顺利进行的重要意义，一些人口贩运者将腐蚀公职人员看作是进行人口贩运的必要投资，因而腐败可能成为人口贩运者的主要成本来源。① 例如，在人口贩运的运送阶段，签证官和边检人员可能会由于受贿而滥用职权签发虚假的护照，或违规签证，或对不符合出入境条件的人员予以放行；在剥削阶段，执法人员可能会由于腐败而对于剥削行为睁一只眼闭一只眼，或者帮助剥削者逃避执法检查；在刑事司法阶段，腐败的调查人员、起诉人员和法官可能有选择性地调查、起诉和裁判人口贩运案件，或者阻碍相关刑事程序的顺利进行；在被害人逃离了剥削而回原住国后，可能会受到腐败官员的威胁；为贩运被害人提供保护和帮助的非政府组织可能会与负责财政拨款的官员合谋侵吞国家资金，或者可能会向人口贩运者泄露或出卖有关被害人的信息。因此，腐败既会使人口贩运者及其同伙顺利进行人口贩运而得不到惩罚，也会影响被害人的安全，使人口贩运被害人得不到应有的保护、帮助和补救，使被害人由于不信任官员而拒绝合作参与刑事程序。腐败可能是解释人口贩运的最重要因素，在打击人口贩运方面努力不够的国家往往存在较严重的官员腐败问题。②

尽管《议定书》没有明确预防和打击有关腐败的义务，但是作为母约的《联合国打击跨国有组织犯罪公约》第 8 条，不仅明

① United Nations Office on Drugs and Crime, *Issue Paper: The Role of Corruption in Trafficking in Persons*, 2011, p. 8.

② United Nations Office on Drugs and Crime, *Issue Paper: The Role of Corruption in Trafficking in Persons*, 2011, p. 9.

确要求缔约国将故意行贿、受贿、作为共犯参与腐败的行为规定为犯罪，还建议缔约国将涉及外国公职人员或国际公务员的腐败行为规定为犯罪。不仅如此，《公约》第 9 条还要求缔约国采取立法、行政或其他有效措施使公职人员保持廉洁自律，并有效地预防、调查和惩治腐败行为，包括确保实施这些措施的主管当局具备充分的独立性，以免受到不适当的影响。而且根据《公约》第 11 条，对腐败犯罪的惩罚应考虑到犯罪的严重性。值得注意的是，妨害司法犯罪和腐败犯罪紧密相关。由于对刑事司法人员和贩运被害人进行恐吓、威胁或腐蚀会影响刑事司法程序的顺利进行，特别是在涉及跨国有组织犯罪的案件中更是如此，因此《公约》第 23 条还对妨害司法罪进行了专门规定，以确保公职人员正确地履行职务，证人能够积极地参与刑事程序。为了有效地打击和预防腐败犯罪，《公约》第 6 条和第 7 条还要求缔约国将与腐败犯罪有关的洗钱行为规定为犯罪，以打击和威慑腐败行为。值得注意的是，《欧洲理事会反人口贩运行动公约》第 24 条要求缔约国将公职人员在履行职务的过程中，实施人口贩运犯罪作为人口贩运犯罪的加重情节。《2011 年欧盟反人口贩运指引》第 4 条第 3 款也作出了类似规定。因此，对于与人口贩运犯罪有关的腐败犯罪，应结合犯罪的严重性，区分腐败行为在人口贩运犯罪中的作用，或以腐败犯罪追究相关公职人员的刑事责任，或以妨害司法犯罪追究相关公职人员的刑事责任，或将公职人员作为人口贩运犯罪的共犯并把其公职人员身份作为加重情节予以惩罚，或以腐败犯罪和人口贩运犯罪实行数罪并罚。

四、加强边境管理与证件管制的义务

国际人口贩运的顺利进行离不开被害人的跨境流动，而作为弱势群体的人口贩运被害人或潜在被害人往往不符合合法迁徙的条件，因此往往会借助移民偷运者或者通过偷渡的方式，在没有合法旅行证件或者使用伪造、变造或复制的身份或旅行证件的情况下非法进入目的地国。正如前文所述，通过移民偷运或者非法移民的方式进入目的地国后，陷入强迫劳动或服务境地的人口贩运案件，在所有的国际人口贩运案件中占绝对大的比例。因此，通过加强边境管理和证件管制来预防和调查人口贩运案件，是有效预防人口贩运的重要手段。而且在现有边境管理与证件管制体制下，通过投入更多人力和物力的方式来加强边境管理和证件管制，与通过加强刑事司法应对的策略相比，不仅不需要过多地修改现有法律制度，而且有利于有效地将非法移民堵在国门之外，节省执法成本。事实上，以保护人权为名，加强边界管理、维护国家安全，被认为是国际社会签订《议定书》的真实目的，《议定书》也被认为是将发达国家的移民管制计划在全球予以实施和加强的一个工具，而且这种移民管制的方法，也被认为是当今国际社会应对人口贩运问题的主导性方法。[①] 这也是澳大利亚和加拿大政府在《议定书》起草谈判的过程中努力使《议定书》与《联合国打击移民偷运议定书》的目标相一致的结果。[②]

基于上述原因，《议定书》对边境管理和证件管制的义务进行了详细规定。《议定书》第 11 条要求缔约国在不影响保障人员自由流动的国际义务情况下，尽量加强必要的边境管制，以预防和调查人口贩运；在适当且不影响适用的国际公约的情况下，采取措施规定商业承运人包括运输公司或交通工具的所有者或经营者有义务查明所有旅客拥有进入接收国所需要的旅行证件，并对违反这种义

---

① James C. Hathaway, The Human Rights Quagmire of "Human Trafficking", pp. 31 – 32; S. Pickering & Marie Segrave, Policing the Border Within: Sex Trafficking and the Regulation of Sex Workp, p. 93.

② General Assembly, Ad Hoc Committe on the Elaboration of a Convention against Transnational Organized Crime, *Revised Draft Protocol to Prevent, Suppress and Punish Trafficking in Women and Children, Supplementing the United Nations Convention against Transnational Organized Crime Proposal Submitted by Argentina and the United States*, U. N. Doc. AIAC. 254/4/Add. 3/Rev. 1, Feb. 22, 1999, p. 6, Note15.

务的行为予以制裁，以防止商业承运人经营的交通工具被用于人口贩运；考虑采取措施以便根据国内法拒绝与人口贩运有牵涉的人员入境或吊销其签证；考虑通过建立和保持直接联系渠道的方法，加强边境管制机构间的合作。这些义务规定了商业承运人在预防人口贩运中的责任，要求增强边界管制机构的执法权力，并加强缔约国边界管理机构间合作，有利于有效地预防非法出入境，从而预防人口贩运。但是，也有不同观点认为，这种强化边境管理的做法，在增加非法出入境难度的同时，也加大了移民偷运者的风险和成本，使得具有跨境流动刚性需求的弱势群体更多地借助移民偷运者，从而使跨国有组织犯罪增加，而且增加的移民偷运成本，使得偷渡成功的弱势群体更易陷入债役的境地，从而导致人口贩运增加而不是减少。[①] 而且这种强化边境管制的做法，使得难民因为无法进入目的地国而无法实际享有国际人权法所规定的权利，这是因为申请难民保护通常以难民在目的地国境内为前提。[②] 因此，可以说加强边境管制不是预防人口贩运的根本手段，要从根本上预防人口贩运，需要在消除潜在贩运被害人的脆弱状况的同时，抑制对贩运的需求，需要改变这种以管理为中心的移民管理模式，代之以人权保护为中心的移民管理模式，为弱势群体的跨国合法流动提供更多机会。

此外，《议定书》还对证件的安全与管制及其合法性与有效性的验证进行了详细规定。例如，第 12 条要求缔约国在其力所能及的范围内采取必要措施，以确保其签发的旅行或身份证件具有不易滥用和不便伪造与非法变造、复制或签发的特点，而且还要确保其签发的或其代表机构签发的旅行或身份证件的完整与安全，防止证

① James C. Hathaway, The Human Rights Quagmire of "Human Trafficking", pp. 32 – 34.

② James C. Hathaway, The Human Rights Quagmire of "Human Trafficking", pp. 35 – 41.

件的非法印制、签发和使用。该义务实际上对缔约国签发的旅行或身份证件的特质与管理提出了严格要求，既要防止人口贩运者利用证件的缺陷而予以伪造、变造或滥用以方便跨境流动，又要防止证件签发机构为了帮助人口贩运者而违规印制、签发证件。当然，为了防止出现上述违法违规现象，将上述行为规定为犯罪并予以惩罚不失为加强证件管制的一种有效手段。再如，《议定书》第13条要求缔约国根据另一缔约国的请求，依据其国内法，在合理的时间内验证由其签发而涉嫌被用于人口贩运活动的旅行或身份证件的合法性和有效性。在验证证件的合法性和有效性方面进行国际合作，也是加强证件管制的必要组成部分，在预防和打击国际人口贩运中具有十分重要的作用。

第二节 义务的国内实施

一、义务的实施

（一）加拿大的实施

为了加强在预防和打击人口贩运方面的努力，加拿大政府于2012年6月发布了首个打击人口贩运国家行动计划，对未来采取的预防举措进行了规定，并由专门设立的人口贩运部门间工作组对联邦政府相关部门的反人口贩运努力进行协调。加拿大皇家骑警发起了广泛的提高对人口贩运犯罪的认识的活动，并开展了许多有针对性的培训活动。尽管省级、地方政府也实施了一系列反人口贩运举措，但是和联邦政府的努力之间缺乏必要的协调。而且加拿大公民与移民部向包括住家护工在内的临时外国人提供材料，使其了解自身的权利以及在遭遇剥削时寻求帮助的途径。为了防止外国临时工人计划被滥用于人口贩运，加拿大于2011年4月对《移民与难民保护规章》进行了修正，提高了住家护工项目的门槛，更加严格地评估工作机会的真实性，指导外国临时工人如何在雇主存在过失时获得赔偿，并加大了对违规雇主的惩罚力度。[①] 尽管这一举措有利于预防和打击对强迫劳动的需求，但是加大对职业中介和招聘者的监管力度同样非常重要。

加拿大是儿童性旅游者的来源国。根据《加拿大刑法典》第7(4.1)条，从事性旅游构成犯罪，加拿大可以行使域外管辖权，处以最高14年的有期徒刑。而且加拿大外交和国际贸易部不断地提醒出国的加拿大公民，进行儿童性旅游可能会受到的惩罚，并且在签发新护照的过程中发放有关宣传册子。为了防止国际维和人员在海外从事人口贩运或者使用作为剥削对象的劳动或服务，加拿大在向海外派出国际维和人员之前，会向军事人员提供有关打击人口贩运方面的宣传材料。根据《加拿大刑法典》第213.（1）条，在公共场所或公众能看得到的地方征询卖淫构成犯罪。尽管加拿大依据该条规定起诉和打击在公共场所征询商业性行为的行为，有利于打击和预防使用性贩运被害人提供的服务的行为，从而在一定程度上抑制了对性贩运的需求，但并没有在抑制对强迫劳动的需求方面作出明显努力。值得注意的是，《加拿大刑法典》第279.02条还将明知经济利益或其他物质利益来源于人口贩运活动仍予以接收的行为规定为犯罪，并规定了10年以下有期徒刑的刑罚。该规定有利于限制对人口贩运犯罪所得的使用和对人口贩运的需求，从而在一定程度上抑制人口贩运活动的蔓延。此外，为了加强边界管理与证件管制，《加拿大移民与难民保护法案》第117条和第122条对组织、劝诱、协助、唆使他人非法进入加拿大的行为，以及为了实施包括人口贩运犯罪在内的犯罪而持有、使用、出口、进口或交易护照、签证或其他证件的行为规定为犯罪，而且规定了十分严厉

① Citizenship and Immigration Canada, Temporary Foreign Worker Program – Operational Instructions for the Implementation of the Immigration and Refugee Protection Regulatory Amendments, April 1, 2011, at http:// www. cic. gc. ca/english/resources/manuals/bulletins/2011/ob275C. asp#lcp (last visited 1 July 2014).

的惩罚，最高可判终身监禁或14年有期徒刑。

综上所述，加拿大在预防人口贩运方面的努力，主要集中在缓解贩运被害人和潜在被害人的脆弱性以及抑制对性贩运的需求方面，主要采取宣传、培训、教育、提高认识等方式，在一定程度上较好地履行了《议定书》规定的预防义务。但是加拿大的努力主要集中在对性贩运的预防上，而在预防强迫劳动贩运方面，特别是在抑制对强迫劳动的需求方面明显力度不够。因此，有必要进一步转变对人口贩运的认识，重视对强迫劳动贩运的预防和打击，克服种族歧视的偏见和狭隘的利益观，严厉打击实施强迫劳动的雇主和故意使用通过强迫劳动提供的劳动或服务的行为。

（二）美国的实施

《贩运与暴力被害人保护法案》、《2003年人口贩运被害人保护重新授权法案》、《2005年人口贩运被害人保护重新授权法案》以及《2008年威廉·威尔伯福斯人口贩运被害人保护重新授权法案》等法律，均对人口贩运的预防作出了规定。《贩运与暴力被害人保护法案》第106条，要求美国总统制订并实施旨在提高弱势群体特别是妇女儿童的经济和社会地位以及对人口贩运危险的认识的计划，这些计划涉及教育、培训、宣传、经济资助等方法，旨在通过缓解弱势群体的脆弱状况以预防人口贩运犯罪。而且该法案第105条要求总统建立由国务卿担任主席的监控与打击人口贩运机构间特别工作组，以及协助该工作组的监控和打击人口贩运办公室，特别工作组由国务卿、美国国际发展署署长、总检察长、劳工部部长、健康与人类服务部部长、中情局局长以及总统任命的其他官员组成，以协调美国的预防和打击人口贩运活动，测量和评估美国及其他国家在预防和打击人口贩运方面的努力，收集相关数据，协调原住国、过境国和目的地国间的合作等。值得注意的是，法案要求监控与打击人口贩运机构间特别工作组测量和评估其他国家遵守本法案确定的消除人口贩运最低标准的情况，并将这一情况作为美国是否向该国提供与贸易无关的非人道主义的对外援助的依据。这就是所谓的美国单边主义应对人口贩运策略。毫无疑问，美国这种单边主义奖惩机制，在一定程度上能够促进国际社会预防和打击人口贩运的努力，但是美国衡量其他国家应对人口贩运努力的标准是美国的《贩运与暴力被害人保护法案》等国内法，而不是《议定书》。美国这种将其国内法作为衡量其他国家行为的标准并由此决定其对外关系的做法，从美国的角度来看是其自由，但是从国际法的角度来看违背了国家主权平等的国际法原则。尽管美国也批准了《议定书》，而且《贩运与暴力被害人保护法案》在很多方面与《议定书》基本一致，但是《贩运与暴力被害人保护法案》确立的义务标准，在很多方面高于《议定书》。美国鼓励其他国家所遵守的最低标准在措辞、内容、适用等方面也存在很多问题。[①] 尽管美国这种采用单边主义的方法促进全球预防和打击人口贩运努力的做法存在很多问题，但是客观上确实能在一定程度上促进部分国家对《议定书》的实施。

加强边境管理和移民管理也是美国预防人口贩运法律的重要方面。在“9·11 事件”之后，美国加强了边界管理以预防和调查恐怖主义活动。由于恐怖主义分子入境可能会通过人口贩运或移民偷运的方式，加强边境管理以预防和调查人口贩运和移民偷运，从而阻止潜在的恐怖主义分子进入美国，便成为美国应对恐怖主义犯罪及其他跨国有组织犯罪的重要手段。《2003 年人口贩运被害人保护重新授权法案》对《贩运与暴力被害人保护法案》进行了修正，在人口贩运的预防方面，特别增加了边界拦截、国际媒体宣传、打击国际性旅游等方面的义务。这些新增加的义务明显具有将边境管

---

① 关于美国采用单边主义的方法将其国内法规则作为衡量其他国家在反人口贩运方面的努力的标准并以此为基础决定是否予以制裁的消极影响及效果，参见 Janie Chuang, The United States as Global Sheriff: Using Unilateral Sanctions to Combat Human Trafficking, *Michigan Journal of International Law*, Vol. 27, 2006, pp. 437 – 494; Alese Wooditch, The Efficacy of the Trafficking in Persons Report: A Review of the Evidence, *Criminal Justice Policy Review*, Vol. 22(4), 2011, pp. 471 – 493.

制延伸到海外、尽量将非法移民堵在美国境外的特点。例如，《2003年人口贩运被害人保护重新授权法案》第3条，对边境拦截的义务作出规定，要求总统制订和实施在美国境外进行边境拦截的计划，为外国非政府组织提供资金，使其在主要的边境口岸为人口贩运的被害人提供临时避难所，并对边检人员及其他执法人员进行教育和培训，以识别贩运被害人并防止其进入美国境内。可见，边界拦截义务旨在通过对外提供资金和技术援助使外国政府帮助识别人口贩运被害人并防止其进入美国境内，拦截的主要对象是美国不需要的人口贩运被害人而不仅仅是人口贩运者，美国政府对规模庞大、通常是非法移民的贩运被害人的恐惧不亚于对具有跨国有组织犯罪性质的人口贩运犯罪的实施者的恐惧。而且国际媒体宣传义务要求通过国际宣传使海外的弱势群体了解人口贩运危险，从而减缓其遭受人口贩运之害的脆弱性，防止其被贩运到美国。此外，通过对外技术援助和经济援助，使外国政府的立法、执法和宣传教育活动能够有效地预防和打击人口贩运，也是美国法律规定的另一项重要策略。①

（三）泰国的实施

泰国于2013年10月17日批准了《联合国打击跨国有组织犯罪公约》与《议定书》。值得注意的是，泰国在批准《公约》及《议定书》方面的努力以及所采取的预防和打击人口贩运的措施，在很大程度上是为了应付美国发布的年度人口贩运报告，为了表明泰国在努力预防和应对严重的人口贩运问题以满足美国根据其《贩运与暴力被害人保护法案》确定的反人口贩运最低标准，以持续获得美国提供的与贸易无关的非人道主义的援助。事实上，泰国在应对人口贩运问题方面的很多努力，是参考美国发布的人口贩运年度报告提供的建议进行的。例如，泰国针对美国发布的《2012

① William Wilberforce Trafficking Victims Protection Reauthorization Act of 2008, Sec. 103(a).

年人口贩运报告》指出的泰国尚未批准《议定书》、在识别人口贩运被害人、预防人口贩运等方面的努力不够等问题，专门制定了两年期的泰国2012—2013年反人口贩运行动计划，并于2012年进行了大规模的人口贩运被害人初步识别活动，加大了对具有较大人口贩运危险的行业的监管，并及时向美国监控和打击人口贩运办公室通报这些努力，以便在2013年的人口贩运报告中有更好的表现。[①]

不管采取应对人口贩运问题方面努力的动机如何，泰国确实在应对人口贩运方面进行了不少努力，与《议定书》的要求越来越接近。根据《反人口贩运法案》设立的反人口贩运委员会及协调和监控反人口贩运实施委员会负责协调全国的反人口贩运努力。泰国地理位置独特，与周边国家相比，经济水平较高，而且边界线较长，使得大量非法移民涌入泰国。非法移民的身份大大地增加了外籍人口遭受人口贩运之害的脆弱性。而泰国在从非法移民中识别贩运被害人特别是强迫劳动被害人方面并未形成长效机制，缺乏识别贩运被害人的动力，而且往往将贩运被害人识别为非法移民并对其予以惩罚。这就使得潜在的贩运被害人不愿意与执法机构合作，也进一步加大了潜在贩运被害人的脆弱性。因而，切实树立以人权保护为中心的理念，有效地区分非法移民与贩运被害人，并给予贩运被害人适当的保护和帮助，而不以贩运被害人同意参与调查、起诉人口贩运者的刑事程序为条件，从而减小贩运被害人再次遭受人口贩运的危险，是预防人口贩运的必要举措。另外，泰国未能对劳动力中介和小规模作坊进行有效监管，出现了黑中介收取高额费用、小作坊强迫劳动的现象。因而，监管不到位、劳动保护不健全，成为了加大潜在被害人的脆弱性的另一重要原因。

---

① See Thailand's Annual Report on Efforts and Progress on the Implementation of the Anti – Human Trafficking Action Plan in 2012 for the U. S. Department of State's preparation of Trafficking in Persons Report of 2013, p. 11, at http://www. nocht. m – society. go. th/album/download/08d77f3a6409a6d7dfa696b6fd16d331. pdf (last visited 1 July 2014).

泰国在减少对商业性行为和强迫劳动剥削的需求方面努力不够。尽管《预防和制止卖淫法案》将在公共场合招揽卖淫和在色情场所从事卖淫规定为犯罪，但是处罚很轻，要么处1000泰铢以下的罚金，要么处1个月以下的有期徒刑或1000泰铢以下的罚金。[①] 事实上，为了刺激泰国经济发展特别是旅游经济的发展，泰国对于卖淫活动往往睁一只眼闭一只眼，容忍其存在。而且《预防和制止卖淫法案》第8条仅仅规定嫖宿儿童构成犯罪，而嫖宿成年人不构成犯罪。这就使得对商业性行为的需求膨胀，出现了到泰国从事性旅游特别是儿童性旅游的大军，这在一定程度上加大了潜在贩运被害人遭受性贩运之害的脆弱性。据估计，泰国的国民收入中约有60%来自旅游业，特别是性旅游业，而到泰国旅游的男性游客中约70%为性旅游者。[②] 在涉及移民的强迫劳动案件的处理上，泰国政府往往采用非正式的争端解决办法予以解决，而不愿对强迫劳动的雇主进行刑事起诉，在一定程度上纵容了对强迫劳动贩运的需求。这和泰国长期以来仅调查和起诉贩运妇女、儿童的性贩运案件的传统有关，也和认为强迫劳动在很大程度上属于劳务纠纷、起诉雇主不仅影响经济发展也会增加政府成本的观念有关。因此，为了打击对性贩运和强迫劳动贩运的需求，有效减弱潜在贩运被害人的脆弱性，除了要严厉惩处性贩运者和强迫劳动贩运者，还有必要将接受作为强迫剥削对象的劳动或服务的行为规定为犯罪并予以严厉处罚。同时，要转变经济发展的模式和结构，在促进经济发展、缩小贫富差距的同时，进行男女平等、种族平等方面的教育和宣传，切实提高弱势群体特别是妇女儿童的社会和经济地位。

（四）中国的实施

我国非常重视对拐卖妇女、儿童犯罪等人口贩运犯罪的预防。

---

① The Measures in Prevention and Suppression of Trafficking in Women and Children Act B. E. 2540(1997) (Thailand), Section 5 and 6.

② Sex Tourism in Thailand, at http://www.wouk.org/rahab_international/pdf_files/Sex%20Tourism%20in%20Thailand.pdf (last visited 1 July 2014).

《中国反对拐卖妇女儿童行动计划（2008—2012 年）》将“预防为主、打防结合、以人为本、综合治理”作为全国反对拐卖妇女儿童的工作方针，并就如何建立健全预防犯罪机制进行了部署。而根据《中国反对拐卖人口行动计划（2013—2020 年）》，有效预防拐卖人口犯罪与依法打击拐卖人口犯罪以及积极救助、妥善安置被拐卖被害人一起，构成了我国反对拐卖人口犯罪工作的三大目标，也是“以人为本、综合治理、预防为主、打防结合”反拐工作方针的核心部分，更是集预防、打击、救助和康复为一体的反拐工作长效机制的必要组成部分。我国于 2008 年成立了国务院反对拐卖妇女儿童行动工作部际联席会议，负责全国反拐工作的组织、协调、指导和监督工作，而联席会议办公室每季度召开工作会议，通报交流反拐信息，并在分析和研究这些信息的基础上，对下一步的反拐工作进行指导。根据上述两个反拐行动计划，我国在预防包括拐卖妇女儿童犯罪在内的人口贩运犯罪方面的努力，主要集中在弱势群体脆弱状况的减缓、人口贩运需求的抑制和边境管理与证件管制的加强方面。例如，在减缓脆弱状况方面，要求改进失足妇女教育帮扶工作，切实帮助易被拐卖人群，通过加强计划生育服务和孕情管理，来减少意外妊娠和政策外生育，加大老少边贫地区农村人口扶持力度，保障所有适龄儿童、少年接受 9 年义务教育，健全流浪未成年人救助保护机制，对农村有外出务工意愿的妇女、残疾人、城市失业下岗妇女、女大学生和解救的被拐卖妇女在创业就业方面进行培训和帮助，消除男尊女卑、传宗接代等落后观念，确保女性在农村平等享有各种权利等。在抑制贩运需求方面，要求加强对劳动者求职、用人单位招用和职业中介活动的规范和管理，加强劳动保障监察执法和对非法行为的查处力度，加强拐卖人口罪犯教育改造工作，大力开展出生人口性别比偏高综合治理工作，规范婚姻登记工作，规范收养渠道，严禁医疗机构为被拐卖儿童出具虚假出生证明等。

人口贩运被害人无疑在某种程度上均是弱势群体，这种脆弱状况可能有多种表现，如贫穷、受教育水平低、社会地位低、反拐意识不强、残疾、移民身份不合法、语言不通等，而更深层次的原因可能是社会不公、经济社会发展水平低、性别歧视或种族歧视的社会文化、法制不完善等，既有个人原因，又有社会原因。因此，从这个意义来说，保护弱势群体、促进社会公平和发展的法律均有利于消除弱势群体的脆弱状况，从而有利于预防人口贩运的发生。在我国，相关法律有《未成年人保护法》（2012 年修订）、《妇女权益保障法》（2005 年修订）、《劳动法》、《劳动合同法》（2012 年修订）、《就业促进法》、《禁止使用童工规定》（2002 年修订）、《婚姻法》（2001 年修订）、《收养法》（1998 年修订）、《治安管理处罚法》（2012 年修订）、《中华人民共和国出境入境管理法》（2012 年）（以下简称《出境入境管理法》）。例如，《未成年人保护法》第 38 条禁止非法招用 16 岁以下的未成年人、禁止招用 16 岁以上 18 岁以下的未成年人从事危重劳动的规定，以及第 41 条禁止拐卖、绑架未成年人的规定，与《刑法》第 244 条关于雇用童工从事危重劳动罪的规定相配合，有利于防止儿童成为与强迫劳动有关的人口贩运犯罪的被害人。该法第 41 条有关禁止胁迫、欺骗、利用未成年人乞讨或者组织未成年人进行有害其身心健康的表演等活动的规定，与《刑法》第 262 条有关组织儿童乞讨罪、组织儿童进行违反治安管理活动罪的规定相配合，有利于保护儿童避免成为组织儿童乞讨罪或组织儿童进行违反治安管理活动罪的被害人。再如，《妇女权益保障法》第 2 条、第 23 条、第 39 条和第 41 条关于男女平等，禁止招用 16 岁以下女性未成年人，禁止拐卖绑架和收买妇女，禁止组织、强迫、引诱、容留、介绍卖淫的规定，均有利于保护妇女、减缓妇女的脆弱性。《劳动法》第 15 条、第 18 条、第 32 条、第 48 条、第 50 条、第 59 条、第 64 条和第 96 条关于禁止招用童工；禁止采取欺诈、威胁等手段订立劳动合同；保障最低工资；禁止克扣或无故拖欠劳动者的工资；禁止安排女职工从事危重劳动；禁止雇用童工从事危重劳动；禁止强迫劳动的规定与

《刑法》第276条关于拒不支付劳动报酬罪的规定以及第244条关于强迫劳动罪的规定相配合，有利于保护劳动者免遭强迫劳动和劳动剥削。《劳动合同法》第9条、第20条、第26条、第30条、第31条、第38条、第39条、第71条、第88条关于禁止扣押劳动者身份证件，保障最低工资，禁止拖欠或未足额支付劳动报酬，禁止强迫加班，禁止以欺诈、胁迫的手段或乘人之危订立或变更劳动合同，禁止强迫劳动的规定，及《就业促进法》第41条、第65条和第66条关于禁止扣押证件，禁止职业中介机构提供虚假信息的规定，以及《禁止使用童工规定》的规定，均有利于预防强迫劳动和劳动剥削。《婚姻法》第3条、第5条和第11条关于禁止买卖婚姻、禁止借婚姻索取财物，结婚自愿，胁迫婚姻撤销的规定，均有利于保护婚姻自由、预防以非法结婚为目的的拐卖、收买妇女犯罪的出现。《收养法》第20条和第31条关于严禁买卖儿童或借收养名义买卖儿童的规定，有利于预防儿童成为以非法收养为目的的人口贩运的被害人。《治安管理处罚法》第40条、第41条、第61条、第62条和第67条关于禁止强迫劳动，禁止胁迫他人乞讨，禁止协助组织或运送他人偷越国（边）境，禁止为偷越国（边）境人员提供条件，禁止引诱、容留、介绍他人卖淫的规定，均有利于防止强迫劳动、组织残疾人、未成年人乞讨、组织未成年人进行违反治安管理活动、跨国人口贩运等犯罪的出现。

《出境入境管理法》第46条关于难民身份甄别期间难民停留权的规定，有利于防止出现利用非法移民的不合法身份进行强迫劳动或强迫卖淫的人口贩运犯罪的出现。《国务院办公厅关于加强孤儿保障工作的意见》对孤儿的安置、基本权益的保护以及儿童福利机构建设的加强和工作机制的健全进行了全面规定，有利于减缓孤儿的脆弱性。《中国儿童发展纲要（2011—2020年）》是新时期保障儿童生存、发展、受保护和参与的权利、促进儿童健康、全面发展的纲领性文件，其实施必然会改善儿童的脆弱状况，更好地预防拐卖儿童犯罪的出现。《中国妇女发展纲要（2011—2020年）》

是新时期保障妇女权益、促进妇女发展、推进男女平等的纲领性文件，其实施必然会改善妇女的脆弱状况，更好地预防拐卖妇女犯罪的出现。值得注意的是，这些保护弱势群体的法律或文件涉及经济、社会、文化等权利的保护，若能得到很好的贯彻实施，必然会有力地减缓弱势群体遭遇人口贩运危险的脆弱性。但是这些法律或文件很多不具有强制性。

二、综合分析比较

加拿大在预防人口贩运方面的努力主要集中在缓解贩运被害人和潜在被害人的脆弱性以及抑制对性贩运的需求方面，主要采取宣传、培训、教育、提高认识等方式，在一定程度上较好地履行了《议定书》规定的预防义务。但是，加拿大的努力主要集中在对性贩运的预防上，而在预防强迫劳动贩运方面，特别是在抑制对强迫劳动的需求方面明显力度不够。

与加拿大预防人口贩运的侧重点不同，美国侧重于通过单边主义的应对人口贩运策略，将其他国家遵守美国国内法确定的消除人口贩运最低标准作为向其提供与贸易无关的非人道主义的对外援助的条件，对于达不到该最低标准的国家，则拒绝在世界银行、国际货币基金组织等国际组织的活动中给予政治支持。通过这种单边主义的做法，促进国际社会在预防和打击人口贩运的努力，从而预防以美国为目的地国的人口贩运活动。美国的另一个策略便是加强边界管理和移民管理，通过边界拦截、国际媒体宣传、打击国际性旅游等措施，将边界管制延伸到海外，尽量将非法移民堵在美国境外。此外，通过对外技术援助和经济援助，使外国政府的立法、执法和宣传教育活动能够有效地预防和打击人口贩运，从而预防以美国为目的地国的人口贩运，也是美国的一项重要策略。

作为对美国单边主义应对人口贩运策略的响应，泰国在批准《公约》及《议定书》方面作出了不少努力，也采取了消除脆弱状况、抑制贩运需求、加强移民管理等预防人口贩运措施。但是，这些努力在很大程度上是为了应付美国发布的年度人口贩运报告，为了表明泰国在努力预防和应对严重的人口贩运问题以满足美国根据其《贩运与暴力被害人保护法案》确定的反人口贩运最低标准，以持续获得美国提供的与贸易无关的非人道主义的援助。

我国在预防人口方面的努力主要侧重在消除脆弱状况、抑制贩运需求和加强边境管制三个方面，而且侧重于对国内人口贩运的预防。这与加拿大侧重于对国内人口贩运的预防的做法相同，但与美国侧重于对跨国人口贩运的预防的做法不同。与其他三个国家均不同的是，我国不仅努力抑制对强迫劳动和强迫卖淫的需求，而且努力抑制对以非法收养和非法娶妻为目的的人口贩运需求。这与我国人口贩运犯罪的实际情况相一致，符合我国的国情。

第五章 《议定书》实施监督机制的建立和完善

亚伯兰·蔡斯和安东尼亚·蔡斯在其1995年出版的极具影响力的《新主权：国际规范性协议的遵守》一书中，主张采用“合作性的、旨在解决问题的、管理的方法”以促进对国际协议的遵守，由此形成了国际法遵守理论诸多学派中的重要一派——国际法遵守的管理理论。① 他们以人权、环境保护和武器控制三个领域为例，主张国家在花费大量时间、精力起草、谈判、签署、批准国际条约时通常都有遵守的意愿，而在实施过程中出现的不遵守现象通常都不是故意的，是出于规则的含混不确定、缔约国实施能力的有限以及缔约后情势的变化的缘故。② 因此，条约“很少授权使用制

① See Abram Chayes & Antonia Handler Chayes, *The New Sovereignty: Compliance with International Regulatory Agreements*, Cambridge: Harvard University Press, 1995, p. 3; Harold H. Koh, Why Do Nations Obey International Law? The New Sovereignty: Compliance with International Regulatory Agreements by Abram Chayes; Antonia Handler Chayes; Fairness in International Law and Institutions by Thomas M. Franck, *The Yale Law Journal*, Vol. 106(1), 1997, p. 2601. 关于国际法遵守的理论流派很多，如理性选择理论、国家名誉理论、强制执行理论、民主主义理论、管理理论、合法性理论、跨国法律过程理论、互动理论等，详情见 William Bradford, International Legal Compliance: Surveying the Field, *Geo. J. Int'l L.*, Vol. 36, 2005, p. 496; Jutta Brunnee & Stephen J. Toope, *Legitimacy and Legality in International Law: An Interactional Account*, p. 98.

② See Abram Chayes & Antonia Handler Chayes, *The New Sovereignty: Compliance with International Regulatory Agreements*, pp. 3 – 17.

裁，即使有授权，也很少使用，即使使用了，也往往效率不高”。[①] 故此，促进条约遵守的策略应该着重关注缔约国不遵守的真实原因，采取积极措施予以管理：确保透明度（涉及机制的要求、程序及缔约国的实施行为），建立适当的争端解决机制，帮助缔约国提高实施能力。[②] 而整个管理策略是缔约国、条约组织和公众之间的一种持续、互动的说理、对话和说服的过程。

确保透明度、解决争端和建设履约能力是蔡斯倡导的国际法遵守管理策略的核心要素。蔡斯吸收了理性选择理论的部分观点，认为保持透明度，即形成并传播关于机制的要求及缔约方的实施情况的信息，有助于克服协调博弈中的信息不对称问题以及合作博弈中的集体行动问题，从而有利于促进遵守，威慑不遵守现象。[③] 当然，国家名誉理论所主张的名誉制裁也在很大程度上通过透明度得以实现。[④] 自己报告是取得缔约方实施信息的重要途径，而报告义务的遵守程度取决于缔约方整体的容忍程度，因此可通过提供技术和经济援助以提高其自身能力，明确并简化报告义务，提高对报告

---

① See Abram Chayes & Antonia Handler Chayes, *The New Sovereignty*: *Compliance with International Regulatory Agreements*, , pp. 32 – 33.

② See Abram Chayes & Antonia Handler Chayes, *The New Sovereignty*: *Compliance with International Regulatory Agreements*, , pp. 22 – 25.

③ 博弈理论是国际法遵守理性选择理论的重要部分，合作博弈和协调博弈是两种基本的博弈模式。协调博弈是理性主体可通过共同的标准取得最佳收益的情景模式，而合作博弈是理性主体为了避免因相互不合作而得到较少收益，而相互合作以获得长期的较多收益，但存在主体为了取得最佳收益而单方面不合作的可能性的博弈情景，囚徒困境是合作博弈的典型情形。关于博弈理论，参见 Duncan Snidal, Coordination Versus Prisoners' Dilemma: Implications for International Cooperation and Regimes, *Am. Political Science Rev.* Vol. 79, 1985, pp. 923 – 942; Kenneth W. Abbott, Modern International Relations Theories: A Prospectus for International Lawyers, *Yale J. Int'l L.*, Vol. 14, 1989, pp. 354 – 374; Jack. L. Goldsmith & Eric A. Posner, *The Limits of International Law*, New York: Oxford University Press, 2006, pp. 10 – 12.

④ See Kal Raustiala, Compliance and Effectiveness in International Regulatory Cooperation, *Case W. Res. J. Intl L.*, Vol. 32, 2000, p. 402.

功能的重视程度，以大大提高国家遵守报告义务的程度。[①] 而国家报告的可信程度可通过多种途径核实，如核查、国别访问、从其他国家、非政府组织以及利益相关方获得核对信息等。条约语言含混不清的原因有很多，例如，语言自身表达力有限，起草者对未来的预测能力有限，问题复杂而无法表达清楚，或者由于争议较大或者担心明确的语言可能产生较强拘束力而故意使用模糊的语言。[②] 因此，应建立一定的争端解决机制，以指导条约的解释和适用。当然，究竟哪一种争端解决机制有利于促进遵守存在较大争议。《联合国宪章》第 33 条规定了 6 种国际争端解决机制：谈判、调查、调停、和解、仲裁与司法解决，但是这些方式各有利弊，体现了不同程度的国家控制、第三方作用和法律性。[③] 通过条约机制全会机构、秘书处或者指定的解释机构对条约及争议的条款进行权威解释，似乎比较常见。[④] 技术和机构能力以及财政资源的有限，往往会导致对积极义务的违反。因此，提供技术和经济援助以及培训、研究、教育方面的帮助，可以促进条约遵守。

关于国际法遵守的管理理论的力量来源有多种解释。蔡斯认为，遵守管理这种策略之所以有效，是因为在日益相互依赖的国际体系中，主权不再意味着国家可以随心所欲独立地去追求自身利益，而要在作为国际生态组成的各种机制中谋求具有适当地位的成员身份，国家经济增长和政治影响力的实现离不开对这些国际机制

① See Abram Chayes & Antonia Handler Chayes, *The New Sovereignty*: *Compliance with International Regulatory Agreements*, p. 23.

② See Abram Chayes & Antonia Handler Chayes, *The New Sovereignty*: *Compliance with International Regulatory Agreements*, pp. 10 – 13.

③ See Geir Ulfstein et al. , Introduction, in Geir Ulfstein et al. (Eds.), *Making Treaties Work*: *Human Rights*, *Environment and Arms Control*, New York: Cambridge University Press, 2007, pp. 7 – 9; Knneth W. Abbott et al. , The Concept of Legalization, *International Organization*, Vol. 54(3), 2000, pp. 412 – 418.

④ See Abram Chayes & Antonia Handler Chayes, *The New Sovereignty*: *Compliance with International Regulatory Agreements*, p. 24.

的参与。[①] 还有观点认为，与争端解决机制的双边性相比，遵守管理机制可以用来解决涉及多边甚至整个国际社会的问题，而且可以预防不遵守现象的出现，而不是在出现不遵守现象并可能招致损害后进行补救。[②] 另外，与仲裁、司法解决这些争端解决机制相比，遵守管理策略允许国家对整个过程及后果实施更大程度的控制，而且通过遵守管理策略作出的决议往往不具有很强的法律拘束力，对国家主权的干预较小。[③] 当然，蔡斯的遵守管理理论遭到了与其针锋相对的强制执行理论的抨击，被认为只适用于合作要求不是太高的条约，而义务要求比较高、需要深度合作的条约则需要强制执行的保障。[④] 而跨国法律过程理论则认为，遵守管理理论过于强调国际法律过程，割裂了管理模式与执行模式间的互补关系，忽视了法律规则内容的合理性与分配正义，特别是未能解释管理模式发生作用的过程——一种由互动、解释以及国际规则向国内法律体系的内化组成的跨国法律过程。[⑤] 尽管如此，遵守管理这种非对抗的促进遵守的策略，被越来越多的国际法律合作证实是有效的。尽管关于贩运被害人的保护和帮助的义务在很大程度上具有软法性质，但是

---

① See Abram Chayes & Antonia Handler Chayes, *The New Sovereignty*: *Compliance with International Regulatory Agreements*, pp. 26 – 27.

② See Geir Ulfstein et al., Introduction, in Geir Ulfstein et al. (Eds.), *Making Treaties Work*: *Human Rights*, *Environment and Arms Control*, New York: Cambridge University Press, 2007, p. 10.

③ See Geir Ulfstein et al., Introduction, in Geir Ulfstein et al. (Eds.), *Making Treaties Work*: *Human Rights*, *Environment and Arms Control*, New York: Cambridge University Press, 2007, p. 10.

④ See George W. Downs et al., Is the Good News about Compliance Good News about Cooperation? *International Organization*, Vol. 50, 1996, pp. 379 – 383; Barbara Koremenos, If Only Half of International Agreements Have Dispute Resolution Provisions, Which Half Needs Explaining? *Journal of Legal Studies*, Vol. 36(1), 2007, pp. 189 – 212.

⑤ Harold H. Koh, Why Do Nations Obey International Law? The New Sovereignty: Compliance with International Regulatory Agreements by Abram Chayes; Antonia Handler Chayes; Fairness in International Law and Institutions by Thomas M. Franck, pp. 2639 – 2641 and 2603.

根据国际法遵守理论，要使法律得以有效遵守，建立有效的实施监督机制比提高其法律拘束力、增强其法律性更加重要。①

本章以这种促进国际合作的国际法遵守管理理论为分析工具，对作为《联合国打击跨国有组织犯罪公约》三个补充议定书之一的《议定书》的实施机制的发展进行梳理，并对其完善之道作出推想和预测。由于《议定书》是《公约》的补充议定书，《议定书》应连同《公约》一并予以解释，而且《公约》的规定准用于《议定书》，《议定书》的缔约国必然是《公约》的缔约国，而《公约》的缔约国未必是《议定书》的缔约国。② 因而，要研究《议定书》的实施机制，必须对《公约》实施机制进行考察。事实上，《议定书》实施机制发展的过程始终与《公约》的实施机制如影随形，甚至重合融为一体。

第一节　报告机制

一、现行报告机制的依据

《联合国打击跨国有组织犯罪公约》第 32 条第 1 款规定了缔约方会议，以“提高缔约国打击跨国有组织犯罪的能力，并促进和审议公约的实施”。为此，《公约》第 32 条第 3 款前 3 项授权缔约方会议促进培训、技术援助及相关活动，促进缔约国交流关于跨国有组织犯罪的模式和趋势及打击犯罪的良好做法的信息，并与有关政府间国际组织及非政府组织合作。因此，缔约方会议具有了促进技术援助、增强缔约国打击跨国有组织犯罪的能力的职责。另

① See Brown Edith Weiss & Dinah Shelton, Conclusions: Understanding Compliance with Soft Law, in Dinah Shelton (Eds.), *Commitment and Compliance: The Role of Non - binding Norms in the International Legal System*, New York: Oxford University Press, 2003, p. 548.

② See United Nations Convention against Transnational Organized Crime, Article 37; UN Protocol against Human Trafficking, Article 1.

外，《公约》第32条第3款第4项和第5项还授权缔约方会议定期审议公约的实施情况，提出改进公约及其实施的建议。据此，缔约方会议具有了监督和促进公约实施的职责。根据《公约》第32条第4款，为了实施该职责，“缔约方会议应通过缔约国提供的资料和缔约方会议可能建立的补充审议机制，对缔约国为实施公约所采取的措施以及在实施公约过程中遇到的困难获得必要的了解”。根据《公约》第32条第5款，相应地，各缔约方有义务对这一过程进行协助，“按照缔约方会议的要求，向其提供有关本国实施公约的方案、计划和做法以及立法和行政措施的资料”。根据关于“公约缔约方会议”的解释性声明，缔约方会议应考虑将信息提供常态化，而且此处的“行政措施”应作广义理解，包括立法、政策和其他有关措施实施程度的信息。①值得注意的是，《公约》第32条关于“公约缔约方会议”的规定中并未提到包括《议定书》在内的三个议定书。因此，根据该条规定，只有当与议定书有关的事项同时属于《公约》调整的范围时，才会受到缔约方会议的审议。但是，公约缔约方会议在2004年7月召开的第一届会议上，将《公约》第32条规定的职权扩展适用于《议定书》和《联合国打击偷运移民议定书》。② 据此，公约缔约方会议有权监督并促进上述两个议定书的实施，并提出完善议定书及其实施的建议。

---

① United Nations Office on Drugs and Crime, Travaux Preparatoires of the Negotiations for the Elaboration of the United Nations Convention against Transnational Organized Crime and the Protocols Thereto, p. 277.

② 关于缔约方会议职权的扩展，参见 Report of the Conference of Parties to the United Nations Convention on Transnational Organized Crime on its first session, held in Vienna from 28 June to 8 July 2004, UN Doc, CTOC/COP/204/6, September 23, 2004, pp. 5 – 6。《联合国打击跨国有组织犯罪公约关于打击陆、海、空偷运移民的补充议定书》于2000年11月15日获得通过，2004年1月28日生效，截至2014年7月1日，已有138个缔约国，中国尚未签署、批准该议定书。For text of the Protocol, see Protocol against the Smuggling of Migrants by Land, Sea and Air, supplementing the United Nations Convention against Transnational Organized Crime, 2241 UNTS 507.

二、透明度原则的运用

根据《公约》及公约缔约方会议第一届会议的决议，《议定书》缔约国有义务根据缔约方会议的要求，向其报告有关本国实施《议定书》的项目、计划和做法以及立法和行政措施的信息。而关于所报告信息的用途，公约及决议似乎只是将其作为缔约方会议及其可能建立的实施审议机制进行实施评估的基础，并不涉及将所报告信息在缔约国间公开或者向公众公开。这一点在公约及议定书实施审议工作组于2012年1月召开的工作组第二次会议通过的公约，及议定书实施审议机制草案修订稿中得到了证实。[①] 透明度原则在此处似乎并未充分发挥应有的作用。事实上，透明度原则与保密原则一直是《议定书》实施机制发展过程中的重要争议点。早在2006年10月召开的公约缔约方会议第三届会议上，在会议审议《议定书》实施情况的过程中，就有代表提出要建立统一的人口贩运信息管理制度，确保与国内隐私保护法和保密规定相一致。[②] 在2009年向缔约方会议秘书处提交关于可能的公约及议定书实施审议机制的评论与观点时，中国政府就强调收集的资料不能公开或者用于恶意干涉内部事务，而菲律宾建议秘书处要对缔约国提交的信息保密，只可以向其他缔约国披露吸取的教训或者良好做法。[③]

---

① See Revised draft terms of reference of the mechanism for the review of implementation of the United Nations Convention against Transnational Organized Crime and the Protocols thereto, UN Doc, CTOC/COP/WG. 5/2011 /2/Rev. 2, February 20, 2012, para. 15 and 32.

② See Report of the Conference of Parties to the United Nations Convention on Transnational Organized Crime on its third session, held in Vienna from 9 to 18 October 2006, UN Doc, CTOC/COP/2006/14, December 22, 2006, p. 28, para. 73.

③ See Compilation of comments and views received from States on possible mechanisms to review implementation of the United Nations Convention against Transnational Organized Crime and the Protocols thereto: Note by the Secretariat, UN Doc, CTOC/COP/WG. 1/2009/2, September 7, 2009, p. 7, para. 24.

保密原则在缔约方会议及相关工作组的决议中得到了体现。缔约方会议第五届会议在其作出的决议中强调，任何可能建立的实施审议机制都应该对信息的收集、制作和传播，包括保密问题以及向缔约方会议提交结果的问题，提供清晰、明确的指引。① 这一决定在公约及其议定书实施审议工作组于2011年在工作组第一次会议上起草的公约，及其议定书实施审议机制职权范围草案及修订稿，以及在2012年工作组第二次会议上所通过的修订稿中均得到了体现，被作为拟设的实施审议机制的指导性原则和特征。② 而且上述实施审议机制职权范围草案和修订稿，均对保密原则进行了详细而且近乎一致的扩展：审议缔约国和秘书处应该对在国别审议程序中获得的或者用到的所有信息保密；国别审议报告应该保密，被审议缔约国有权决定是否公开该报告或者报告的一部分；为了促进和增强缔约国间的合作和学习，在其他任一缔约国请求的情况下，被审议缔约国应该尽力使对方获得其国别审议报告，但是，在被审议缔约国没有行使主权公开其国别审议报告或者报告的一部分时，请求缔约国应该完全尊重此种报告或者报告

① See Report of the Conference of Parties to the United Nations Convention on Transnational Organized Crime on Its Fifth session, held in Vienna from 18 to 22 October 2010, UN Doc, CTOC/COP/2010/17, December 2, 2010, p. 19, para. 5.

② See Draft terms of reference of the mechanism for the review of implementation of the United Nations Convention against Transnational Organized Crime and the Protocols thereto, UN Doc, CTOC/COP/WG. 5 /2011/2, April 6, 2011, p. 3, para. 3; Revised draft terms of reference of the mechanism for the review of implementation of the United Nations Convention against Transnational Organized Crime and the Protocols thereto, UN Doc, CTOC/COP/WG. 5/2011/2/Rev. 1, May 24, 2011, p. 3, para. 3; Revised draft terms of reference of the mechanism for the review of implementation of the United Nations Convention against Transnational Organized Crime and the Protocols thereto, UN Doc, CTOC/COP/WG. 5/2011/2/Rev. 2, February 20, 2012, p. 3, para. 3.

的一部分的保密性。①

公约及其议定书实施审议工作组已将其于2012年2月通过的公约及其议定书实施审议机制职权范围草案修订稿提交于2012年10月召开的公约缔约方会议第六届会议表决。缔约方会议第六届会议已经结束，最终的会议报告尚未公布，我们无从知晓表决的具体情况，但是根据联合国毒品和犯罪办公室发表的会议新闻可知，包括审议机制职权范围草案修订稿在内的实施审议机制文件并没有获得缔约方会议通过，而未通过的主要原因是在审议机制的经费来源方面的分歧“不可逾越”。② 因此，在实施审议机制中坚持保密原则似乎已无争议。其实，国际社会制定《公约》和《议定书》的主要目标是通过国际合作预防和打击包括人口贩运在内的跨国有组织犯罪以及与其关系日益密切的恐怖主义犯罪。③ 因此，在公约和议定书实施的过程中，有必要平衡包括国家安全、国家主权以及人权保护在内的国家利益与国际社会共同利益之间的关系。对缔约国提交的有关实施信息及国别审议报告进行保密，在一定程度上有利于维护缔约国国家安全与国家主权独立，有利于保护人权。但是，为了促进缔约国间的合作与相互学习，有必要将这些信息和报

① See Draft terms of reference of the mechanism for the review of implementation of the United Nations Convention against Transnational Organized Crime and the Protocols thereto, p. 3, para. 30, 36 and 37; Revised draft terms of reference of the mechanism for the review of implementation of the United Nations Convention against Transnational Organized Crime and the Protocols thereto, p. 3, para. 32, 38, and 40; Revised draft terms of reference of the mechanism for the review of implementation of the United Nations Convention against Transnational Organized Crime and the Protocols thereto, p. 3, para. 32, 38, and 40.

② See United Nations Office on Drugs and Crime, Vienna Conference Closes after Week Long Discussion on Transnational Organized Crime, at http://www.unodc.org/unodc/en/frontpage/2012/October/vienna-conference-closes-after-week-long-discussion-on-transnational-organized-crime.html? ref=fs3 (last visited 1 July 2014).

③ See United Nations Convention on Transnational Organized Crime, General Assembly resolution 55/25 of 15 November 2000, para. 6; United Nations Convention against Transnational Organized Crime, Article 1; UN Protocol against Human Trafficking, Article 2.

告在缔约国间传播：一方面可以了解国际合作所需要的他国实施实践，另一方面可以学习他国好的经验和做法，提高自身实施能力。更重要的是，通过保持一定程度的透明度，使缔约国对彼此的实施情况了然于胸，既有利于形成国家间合作所需要的相互信任，又有利于通过国家名誉机制促进国家的遵守。正因为如此，实施审议机制草案及其修订稿均有明确条款鼓励受审缔约国行使主权对国别审议报告或者报告的一部分进行公布。[①] 可见，公约及议定书实施机制草案及其修订稿较好地平衡了透明度原则与保密原则之间的关系。因而，如果最终被缔约方会议通过，将会很好地发挥作为遵守管理三大策略之一的透明度原则的促进遵守的作用。

要使透明度原则充分地发挥促进遵守的作用，还有必要保证所收集信息的质量，保证收集来的信息是完整、可靠、及时而且可比较的。事实上，较低的报告义务履行率问题一直困扰着《公约》及《议定书》实施机制发展的整个过程。为了促进《议定书》的实施，缔约方会议在2004年召开的第一届会议上决定，将在第二届会议上就《议定书》开展以下工作：审议关于第5条（刑事定罪）的国内立法及其实施中的困难，加强国际合作并促进技术援助以克服议定书实施过程中遇到的困难，交流在实施第6条（对贩运被害人的帮助和保护）和第9条（人口贩运的预防）过程中获得的经验和观点。[②] 缔约方会议还要求秘书处使用本届会议批准

① See Draft terms of reference of the mechanism for the review of implementation of the United Nations Convention against Transnational Organized Crime and the Protocols thereto, p. 8, para. 36; Revised draft terms of reference of the mechanism for the review of implementation of the United Nations Convention against Transnational Organized Crime and the Protocols thereto, p. 9, para. 39; Revised draft terms of reference of the mechanism for the review of implementation of the United Nations Convention against Transnational Organized Crime and the Protocols thereto, p. 8, para. 39.

② See Report of the Conference of Parties to the United Nations Convention on Transnational Organized Crime on its first session, held in Vienna from 28 June to 8 July 2004, UN Doc, CTOC/COP/2004/6, September 23, 2004, p. 5.

的问卷调查表向《议定书》的缔约国和签署国收集实施信息，并依据这些信息向第二届会议提交分析报告。同时要求议定书缔约国迅速对问卷调查作出答复，并邀请签署国向秘书处提供相关信息。但是，到 2005 年 10 月召开缔约方会议第二届会议时，仅有 43% 的议定书缔约国向秘书处提交了问卷调查答复。① 针对此种情况，缔约方会议敦促尚未对问卷调查作出答复的缔约国于 2006 年 3 月 31 日前向秘书处提交答复，同时邀请尚未答复的签署国也向秘书处提交答复，还促请已提交问卷调查答复但尚未遵守议定书的国家尽快遵守并将其采取措施的信息提交秘书处，供第三届会议审议。缔约方会议还号召在向秘书处提交问卷调查答复或遵守议定书下的义务方面有困难的缔约国和签署国，向秘书处寻求援助。但是，截至 2006 年 7 月 24 日，向秘书处提交《议定书》实施信息的缔约国仅占缔约国总数的 47%。②

关于《议定书》实施的第二轮信息收集活动遭遇到了更为严重的报告义务履行不充分问题。在 2005 年召开的缔约方会议第二届会议上决定，将在第三届会议上审议《议定书》以下条款的实施情况：贩运被害人的保护和帮助（第 6 条）及被害人在接收国的地位（第 7 条）、被害人的遣返（第 8 条）、边界措施（第 11 条）、证件的安全与管制（第 12 条）以及证件的合法性和有效性

① See Report of the Conference of Parties to the United Nations Convention on Transnational Organized Crime on its second session, held in Vienna from 10 to 21 October 2005, UN Doc, CTOC/COP/2005/8, December 1, 2005, p. 7.

② See Implementation of the Protocol to Prevent, Suppress and Punish Trafficking in Persons, Especially Women and Children, supplementing the United Nations Convention on Transnational Organized Crime: updated information based on additional responses received from States for the first reporting cycle – analytical report of the Secretariat, UN Doc, CTOC/COP/2005/3/Rev. 1, August 8, 2006, p. 5, para. 14.

(第13条)。① 会议要求缔约国迅速向秘书处提交对于缔约方会议批准的问卷调查的答复，同时邀请签署国向秘书处提供相关实施信息。并要求秘书处根据这些答复向第三届会议提交分析报告。但是，截至2006年7月24日，仅有35%的《议定书》缔约国对此轮问卷调查作出答复。②

报告义务是透明度原则的核心要素，也是审议实施情况的必要前提。因此，必须确保缔约国严格遵守报告义务。根据国际法遵守管理理论，为了使缔约国产生遵守的压力，除了要公开报告的内容，还要公开缔约国遵守报告义务的程度。为了确保报告内容的完整性和准确性，有必要对报告义务的内容和形式作出明确规定。另外，有必要向不具有履行报告义务能力的缔约国提供援助。事实上，为了确保较高的报告义务履行率和较高的信息质量，公约缔约方会议已经作出了很多努力。首先，缔约方会议统一决定了报告义务的内容。而且使用的报告形式（问卷调查或者综合的自评清单）也需缔约方会议批准。其次，为了提高报告义务履行率，缔约方会议以报告或者会议文件的形式公布《议定书》缔约国履行报告义务的情况，而且对未能及时履行报告义务的缔约国设定新的报告期限，并敦促未遵守《议定书》的缔约国尽快采取实施措施并将所采取措施报告秘书处。缔约方会议还鼓励在履行报告义务或者遵守义务方面有困难的缔约国向秘书处寻求援助。

事实上，2008年10月召开的缔约方会议第四届会议考虑到缔

① See Report of the Conference of Parties to the United Nations Convention on Transnational Organized Crime on its second session, held in Vienna from 10 to 21 October 2005, UN Doc, CTOC/COP/2005/8, December 1, 2005, p. 8.

② See Implementation of the Protocol to Prevent, Suppress and Punish Trafficking in Persons, Especially Women and Children, supplementing the United Nations Convention on Transnational Organized Crime: Information received from States for the second reporting cycle - analytical report of the Secretariat, UN Doc, CTOC/COP/ 2006/6/, August 16, 2006, p. 4, para. 6.

约国对公约及议定书实施问卷调查的答复率较低，而且秘书处相关报告显示公约及议定书的实施一贯不足，因而设置专门议程就信息收集和可能的公约及议定书实施审议机制进行了讨论和审议，并责成秘书处研制新的信息收集工具，以减轻缔约国负担、方便缔约国提交实施信息。① 同时，为了确保收集信息的可靠、完整，促进缔约国对公约及议定书的遵守，会议计划建立一个合适、有效的公约及议定书实施审议机制，以协助缔约方会议对公约及议定书的实施进行审议。② 之后决定建立的公约及议定书实施工作组的主要任务之一，便是帮助缔约方会议收集实施信息并甄别遇到的困难及具体的技术援助需要，交流、传播最佳做法，帮助缔约国增强遵守报告义务及公约和议定书义务的能力。③ 而且该工作组在其起草的关于拟设的公约及其议定书实施审议机制的职权范围草案及修订稿中，对报告义务的要求及相关援助进行了明确规定：每一缔约国均应使用缔约方会议通过的综合自评清单向秘书处提交缔约方会议所要求的关于公约及议定书实施的信息，而且要提供完整、最新、准确、及时的信息；秘书处应根据对清单问题的答复向请求帮助的缔约国

① See Report of the Conference of Parties to the United Nations Convention on Transnational Organized Crime on its Fourth session, held in Vienna from 8 to 17 October 2008, UN Doc, CTOC/COP/2008/19, December 1, 2008, pp. 30 – 31.

② See Report of the Conference of Parties to the United Nations Convention on Transnational Organized Crime on its Fourth session, held in Vienna from 8 to 17 October 2008, UN Doc, CTOC/COP/2008/19, December 1, 2008, p. 4.

③ See Report on the meeting of experts on possible mechanisms to review implementation of the United Nations Convention on Transnational Organized Crime held in Vienna on 25 and 26 January 2010, UN Doc, CTOC/COP /EG. 1/2010/3, February 4, 2010, p. 2.

提供援助。[①] 另外，工作组还在其起草的公约及其议定书专题分配示意草案修订稿中明确了报告义务所涉条款。[②]

第二节　实施审议机制

一、缔约方会议审议机制

正如前文所述，在《公约》及《议定书》实施机制发展的过程中，报告机制只是实施监督审议机制的基础和必要工具。《联合国打击跨国有组织犯罪公约》第 32 条第 1 款规定了缔约方会议以“提高缔约国打击跨国有组织犯罪的能力，并促进和审议公约的实施”。《公约》第 32 条第 3 款授权缔约方会议定期审议公约的实施情况，提出改进公约及其实施的建议。根据《公约》第 32 条第 4 款，为了实施该监督职责，缔约方会议应“通过缔约国提供的资料和缔约方会议可能建立的补充审议机制，对缔约国为实施公约所采取的措施以及在实施公约过程中遇到的困难获得必要的了解”。可见，缔约方会议行使实施监督和审议职责的目的是了解缔约国在实施过程中的良好做法、经验以及存在的困难，从而可以有针对性地援助缔约国，提高缔约国的履约能力，最终促进对公约及议定书的实施。监督和审议实施的最终结果是“提出改进公约及其实施

① See Draft terms of reference of the mechanism for the review of implementation of the United Nations Convention against Transnational Organized Crime and the Protocols thereto, pp. 5 – 6, para. 15 – 16; Revised draft terms of reference of the mechanism for the review of implementation of the United Nations Convention against Transnational Organized Crime and the Protocols thereto, p. 6, para. 15 – 16; Revised draft terms of reference of the mechanism for the review of implementation of the United Nations Convention against Transnational Organized Crime and the Protocols thereto, p. 5, para. 15 – 16.

② See Revised draft indicative thematic distribution of the United Nations Convention against Transnational Organized Crime and the Protocols thereto, UN Doc, CTOC/COP/WG. 5/2011/5/Rev. 1, February 10, 2012.

的建议”，并不具有法律拘束力，更不具有惩罚性、制裁性。

缔约方会议主要通过讨论、对话、决定或决议的形式履行实施监督和审议职责的。例如，第一届会议围绕《议定书》的实施进行了讨论和对话，最终决定建立工作计划对《议定书》的实施进行定期审议，并决定准备在第二届会议上予以审议的《议定书》条款以及讨论、交流的条款，还安排了有关的信息收集任务。① 另外，会议还以决定的形式通过了《联合国打击跨国有组织犯罪公约缔约方会议议事规则》，为缔约方会议依法履行监督和促进对公约及议定书的实施的职责提供了法律保障。② 缔约方会议第二届会议审议了秘书处提交的关于第一轮《议定书》实施问卷调查答复的分析报告，并针对未履行第一轮实施报告义务以及未遵守《议定书》的情况，通过决定的形式要求有关缔约国尽快履行或者采取措施予以遵守并将有关情况及时报告秘书处。对于已经提交了问卷调查答复但是尚未遵守或者完全遵守《议定书》义务的缔约国，除了会议敦促其尽快改变这种状况并将其采取的措施报告秘书处供第三届会议审议外，秘书处还向这些缔约国分别发出照会，要求这些缔约国对其与《议定书》不一致的法律或做法作出解释或者说明拟采取的措施，而且公布了这些解释或者说明。③ 这不仅有利于在了解缔约国实施困难的基础上为其提供适当援助，而且在一定程

① See Report of the Conference of Parties to the United Nations Convention on Transnational Organized Crime on its first session, held in Vienna from 28 June to 8 July 2004, UN Doc, CTOC/COP/2004/6, September 23, 2004, pp. 5 and 19 – 21.

② 关于缔约方会议议事规则的内容，参见 Rules of Procedures for the Conference of the Parties to the United Nations Convention on Transnational Organized Crime, at http://www.unodc.org/pdf/ctoccop_2006/05 – 85142 _ebook – E. pdf (last visited 1 July 2014).

③ See Implementation of the United Nations Convention on Transnational Organized Crime, the Protocol to Prevent, Suppress and Punish Trafficking in Persons, Especially Women and Children, and the Protocol against the Smuggling of Migrants by Land, Sea and Air and program of work of the Conference of the Parties thereto: Clarifications from State Parties on Non – compliance for the First Reporting Cycle, UN Doc, CTOC/COP/2006/3, August 9, 2006, p. 4.

度上对不遵守或者不完全遵守的国家造成了压力，敦促其遵守。

为了加强对《公约》和《议定书》实施的监督和促进，2008年10月召开的缔约方会议第四届会议，计划建立一个合适、有效的公约及议定书实施审议机制。随后召开的两次不限成员名额政府间专家会议就实施审议机制的重要性、必要性、原则、方法及其与其他实施程序的关系等方面进行了交流和沟通，深化了对可能的实施审议机制的认识。2010年10月召开的缔约方第五届会议，决定建立一个不限成员名额政府间工作组——公约及其议定书实施审议工作组，以审议并探讨各种选择方案，并就设立一种或者几种机制以协助缔约方会议审议公约及议定书的实施情况提出建议，并编拟这种拟设机制的职权范围、政府专家准则、国别审议报告蓝图，供缔约方会议第六届会议审议和通过。① 公约及其议定书实施审议工作组分别于2011年5月和2012年1月召开了两次会议，在第二次会议上，工作组核准了《政府专家和秘书处国别审议实施准则草案修订稿》、《国别审议报告蓝图和内容摘要草案修订稿》、《〈公约〉及其议定书条款分配修订办法》及《〈联合国打击跨国有组织犯罪公约〉及其议定书实施审议机制职权范围草案修订稿》（第41段和第54~57段除外）。② 值得注意的是，工作组未能对《〈联合国打击跨国有组织犯罪公约〉及其议定书实施审议机制职权范围草案修订稿》的第41段（是否允许观察员参加巴勒莫实施审议工作组的会议）和第54~57段（巴勒莫实施审议机制及秘书处活动的资金来源）达成协商一致意见。因此，工作组促请缔约国和签

---

① See Report of the Conference of Parties to the United Nations Convention on Transnational Organized Crime on its Fifth session, held in Vienna from 18 to 22 October 2010, UN Doc, CTOC/COP/2010/17, December 2, 2010, p. 18.

② See Report on the meeting of the open – ended intergovernmental working group on the review of the implementation of the United Nations Convention on Transnational Organized Crime and the Protocols thereto held in Vienna from 23 to 26 January 2012, UN Doc, CTOC/COP/WG. 5/2012/2, February 7, 2012.

署国在缔约方会议第六届会议召开之前对上述问题进行磋商。值得注意的是，在2012年10月15日至19日召开的缔约方会议第六届会议上，会议就公约及其议定书的实施审议机制在很多问题上达成了一致意见，但是在审议机制的资金来源方面的分歧“无法逾越”。[①] 尽管如此，工作组关于审议机制的构想整体上得到了缔约方会议的认可，因此对于该拟设审议机制的特点进行分析，有助于预测公约及其议定书实施审议机制发展的总趋势。

二、拟设的实施审议机制

（一）建立专门实施审议机制的必要性和可行性

建立专门实施审议机制的法律依据是《公约》第32条第4款：为了定期审议公约的实施情况，提出改进公约及其实施的建议，缔约方会议应通过缔约国提供的资料以及缔约方会议可能建立的补充审议机制，对缔约国为实施公约所采取的措施以及在实施公约过程中遇到的困难获得必要的了解。因此，拟设的实施审议机制只能是缔约方会议了解缔约国实施公约情况的一种补充机制，其与缔约方会议的关系是：受缔约方会议领导并向其报告工作。根据缔约方会议议事规则第2条第2款，该议事规则应该准用于拟设的实施审议机制。[②]

虽然拟设的实施审议机制只是一种补充机制，但是对于确保缔约方会议充分地履行其监督和促进公约及议定书实施的职责是必要的。原因有三方面：一是设立实施审议机制对于系统利用收集来的大量实施信息非常有必要。无论是缔约方会议核准的综合自评清单，还是不断改善的综合的信息收集软件，均能大大地促进信息的

---

① See United Nations Office on Drugs and Crime, *Vienna Conference Closes after Week Long Discussion on Transnational Organized Crime.*

② See Rules of Procedures for the Conference of the Parties to the United Nations Convention on Transnational Organized Crime, Article 2 (2), at http://www.unodc.org/pdf/ctoccop_2006/05-85142_ebook-E.pdf (last visited 1 July 2014).

收集。但是要使收集的信息充分发挥其应有的作用，有必要对这些信息进行系统分析，特别是要将其用于实施审议和提出促进公约及其实施的建议。而这正是缔约方会议职责的一部分。而且对收集来的信息进行评估和审议，有利于核实这些信息，提高所收集信息的质量。二是设立专门的实施审议机制是弥补缔约方会议审议机制不足的需要。缔约方会议通过审议秘书处提交的基于缔约国提交的实施信息作出的分析报告，可以发现没有遵守公约及议定书的缔约国。之后，缔约方会议可以责成秘书处分别向不遵守的缔约国发出照会，要求这些缔约国对其不遵守的情况作出解释或者说明计划采取的实施措施。但是这种促进公约及议定书实施的方法效果并不佳。正如前文所述，秘书处曾向 31 个不遵守第一报告周期有关条款的缔约国分别发出照会，要求就其不遵守情况予以解释，但是仅有 10 个国家给予了答复。[①] 而且这种分别发出照会的方式存在很多问题。缔约国数量巨大，而且涉及 4 个国际条约，要找出每一强制性条款的不遵守情况，并逐个国家解决，实在极其耗费时间。即使这种方法行得通，而且不遵守的缔约国也会作出答复，这种方法也只是将注意力集中在了个别条款上，无法掌握整个实施状况。另外，这种方法主要针对已经提交了实施情况的缔约国，而且将注意重心放在了这些国家实施的瑕疵上。因此，缔约方会议的这种方法不利于对公约及其议定书的实施情况进行综合审议。三是对公约及其议定书的实施进行系统而综合的审议是缔约方会议评估技术援助效果的需要。缔约方会议根据缔约国对技术援助需要问卷调查和清单的答复，确定了很多需要优先提供技术援助的领域。建立专门的实施审议机制对公约及议定书的实施情况进行系统而全面的审议，

① See Implementation of the United Nations Convention on Transnational Organized Crime, the Protocol to Prevent, Suppress and Punish Trafficking in Persons, Especially Women and Children, and the Protocol against the Smuggling of Migrants by Land, Sea and Air and program of work of the Conference of the Parties thereto: Clarifications from State parties on Non-compliance for the First Reporting Cycle, p. 4.

有利于确立评估这些技术援助未来影响的基准，有利于在一个较长时期内评估打击包括人口贩运在内的有组织犯罪的努力的发展趋势。

值得注意的是，中国在2009年向秘书处提交关于可能的公约及议定书实施审议机制的评论和观点时，认为建立实施审议机制为时尚早，原因是对实施情况问卷调查和清单的答复率太低，因而当务之急是改进收集信息的方法，以便更好地了解缔约国实施公约及议定书的情况，缔约方会议只有在完全了解和研究实施困难之后，才能决定是否需要审议机制以及需要什么样的审议机制。[①] 可见，当时中国似乎不太赞成建立实施审议机制，认为信息收集效率低以及对实施困难了解不够是建立审议机制的主要障碍。其实，建立适当的实施审议机制不仅不阻碍信息收集方法的改进和对实施困难的加深了解，相反有助于改进收集信息的方法，在信息报告方面向有困难的缔约国提供援助，有助于深入了解缔约国在实施方面的困难。所以，中国最关心的好像不是是否建立实施审议机制的问题，而是可能设立的实施审议机制的性质和功能，对实施审议机制可能带来的影响有所顾虑。而且，从国际政治的角度来看，不赞成建立实施审议机制这种立场似乎为中国在接下来的实施审议机制谈判博弈中争取了主动。

（二）拟设的专门实施审议机制的性质

实施审议机制的性质涉及实施审议机制的指导原则与特点，包括审议机制的目的以及审议过程和功能应该坚持的原则等。正如上文所述，既然拟建的实施审议机制是缔约方会议了解缔约国实施公约情况的一种补充机制，因而该审议机制的性质就必然由缔约方会

① See Compilation of comments and views received from States on possible mechanisms to review implementation of the United Nations Convention against Transnational Organized Crime and the Protocols thereto: Note by the Secretariat, UN Doc, CTOC/COP/WG. 1/2009/2, September 7, 2009, p. 3, para. 6.

议的性质决定。缔约方会议作为《公约》及其《议定书》实施的审议和监督机构，其设立的目的旨在提高缔约国打击跨国有组织犯罪的能力，审议和促进公约的实施。事实上，公约及其议定书实施审议机制职权范围草案修订稿关于拟设实施审议机制的指导原则与特点的规定，充分地反映了缔约方会议的性质。而且拟设实施审议机制的性质直接反映了作为国际法遵守管理机制核心组成部分的透明度原则与缔约国能力建设援助原则在促进公约及议定书实施中的核心作用。根据该草案修订稿，审议机制与缔约方会议的关系是：审议机制及其对公约及议定书实施情况的审议均受缔约方会议领导。① 而且审议程序的目的是援助缔约国实施公约及其议定书，并且促进公约及其议定书目的的实现。②

草案修订稿第二部分对审议机制的指导原则和特点进行了集中规定：审议机制是一种政府间程序，应该透明、高效、包容、公正，不具侵犯性，不进行排名，具有非对抗性、非惩罚性、技术性的特点；审议过程应该以一种非政治化、非选择性、持续、渐进的方式进行，考虑地域均衡性，考虑各缔约国的发展水平及其在司法、法律、政治、经济和社会制度上的多样性以及在法律传统上的差异性，遵守明确的信息汇集、制作和传播规则，尽早查明缔约国在实施中的困难及良好做法，提供交流这些良好做法及挑战的平台，促进缔约国在预防和打击跨国有组织犯罪、保护和帮助证人及被害人方面的建设性合作，协助缔约国有效实施公约及其议定书；是现有有关国际性和区域性实施审议机制的补充，与这些机制配

---

① See Revised draft terms of reference of the mechanism for the review of implementation of the United Nations Convention against Transnational Organized Crime and the Protocols thereto, UN Doc, CTOC/COP/WG. 5/2011 /2/Rev. 2, February 20, 2012, p. 4, para. 10.

② See Revised draft terms of reference of the mechanism for the review of implementation of the United Nations Convention against Transnational Organized Crime and the Protocols thereto, UN Doc, CTOC/COP/WG. 5/2011 /2/Rev. 2, February 20, 2012, p. 4, para. 11.

合，避免出现工作重复。[①] 这些规定充分反映了实施审议机制的透明性、合作性、公正性、高效性的特点以及了解实施中的困难和良好做法、帮助提高实施的能力、促进公约及议定书的实施的宗旨。这种对话的、合作性的、援助性的审议机制再次证明了国际法遵守管理理论的强大力量。

事实上，审议机制的性质一直备受缔约国关注。例如，中国和77 国集团多次强调拟设的实施审议机制应该透明、高效、包容、公正，不具侵犯性，不进行排名，具有非对抗性和非惩罚性，充分遵守缔约国相互平等和主权独立的原则，旨在协助缔约国有效实施公约及其议定书、促进缔约国在预防和打击跨国有组织犯罪方面的国际合作。[②] 因此，草案修订稿中关于实施审议机制的透明性、合作性、非对抗性、公正性、包容性的规定很大程度上反映了包括中国在内的广大发展中国家的意愿。但是，在是否具有包容性、允许观察员国参加拟设的巴勒莫实施审议工作组方面始终未能达成一致意见。[③] 在此方面主要有两种观点：一种主张巴勒莫实施审议工作组应该是缔约国间的一种不限成员名额的政府间工作组，受缔约方

① See Revised draft terms of reference of the mechanism for the review of implementation of the United Nations Convention against Transnational Organized Crime and the Protocols thereto, UN Doc, CTOC/COP/WG. 5/2011 /2/Rev. 2, February 20, 2012, pp. 3 – 4, para. 3 – 9.

② See Statement of the Group of 77 and China on the occasion of the Second Session of the Working Group on the Review of the Implementation of the United Nations Convention against Transnational Organized Crime and the Protocols thereto, 23 – 27 January 2012, delivered by H. E. Ambassador Antonio García Revilla, Permanent Representative of Peru, at http://www. g77. org/vienna/2NDWGRIUNTOC12. html (last visited 26 July 2014); Statement of the G77 and China at the Twentieth Session of the Commission on Crime Prevention and Criminal Justice, 11 – 15 April 2011 delivered by H. E. Ali Ashgar Soltanieh, Permanent Representative of the IR of Iran, at http://www. g77. org/vienna/UNODCCCPCJ20th. htm (last visited 26 July 2014).

③ See Report on the meeting of the open – ended intergovernmental working group on the review of the implementation of the United Nations Convention on Transnational Organized Crime and the Protocols thereto held in Vienna from 23 to 26 January 2012, UN Doc, CTOC/COP/WG. 5/2012/2, February 7, 2012, p. 2, para. 4.

会议领导并向其报告工作；另一种观点主张巴勒莫实施审议工作组应该是一种受缔约方会议领导并向其报告工作的不限成员名额的政府间工作组，适用缔约方会议议事规则，而且根据该议事规则，除非工作组作出了不同决定，否则应允许观察员参加工作组的会议。[①] 可见，这两种观点的最大差异之处在于是否允许作为非缔约国的观察员参加实施审议工作组的会议。根据缔约方会议议事规则，包括签署国、非签署国、实体与政府间组织以及非政府组织在内的非缔约国国家和组织，有权依据该议事规则作为观察员参加缔约方会议并行使相关权利，例如，出席缔约方会议召开的会议，在会议上发言，获取会议文件，以书面形式向会议提交意见，甚至参加会议的审议过程。[②] 但是依据该议事规则第 2 条，除非缔约方会议有不同的决定，否则该规则准用于缔约方会议根据《公约》第 32 条设立的任何机制。[③] 因此，拟设的巴勒莫实施审议工作组可以适用该议事规则，允许观察员参加工作组并行使相关权利，或者由缔约方会议通过决议，决定是否允许观察员参加工作组并行使相关权利。这就难怪缔约国在这方面形成两种截然不同的观点。当然，这只是产生分歧的法律层面的原因。其实，缔约国的分歧源于缔约国对观察员参与巴勒莫实施审议工作组的活动对缔约国国家利益的影响有不同的判断。所以，有必要了解巴勒莫实施审议工作组在拟设实施审议机制中的作用以及观察员参与的潜在影响。

（三）实施审议机制的审议方法

拟设的实施审议机制采用单一、渐进、同行专家审议的方法。

---

① See Revised draft terms of reference of the mechanism for the review of implementation of the United Nations Convention against Transnational Organized Crime and the Protocols thereto, UN Doc, CTOC/COP/WG. 5/ 2011/2/Rev. 2, February 20, 2012, p. 8, para. 41.

② See Rules of Procedures for the Conference of the Parties to the United Nations Convention on Transnational Organized Crime, Rules 14 – 17, at http://www. unodc. org/pdf/ctoccop_2006/05 – 85142_ebook – E. pdf (last visited 1 July 2014).

③ Ibid., Rule 2.

首先，对公约及其三个议定书的实施审议将会采用单一审议机制而不是多个审议机制。实施审议机制职权范围草案修订稿之所以采用了单一审议机制，具有以下原因：针对这四个相互联系的国际公约分别建立不同的实施审议机制，既需要设立过多的官僚机构，又会带来不利的财政影响，特别会给能力比较有限的国家带来更大破坏；三个议定书均规定应该连同公约一并解释，而且公约的条款准用于议定书，除非议定书有不同规定，因而单一的审议机制将会确保采用综合的审议过程，避免在相似的专题问题上出现工作重复；而且采用单一的审议机制将会最大程度地促进与现有审议机制的协调与一致，避免工作重复。① 中国也强调应避免交叉审议，将给缔约国带来的负担降到最低。② 其次，将会采用渐进的方法，分阶段、分周期、分专题地审议。其主要原因在于审议的对象涉及四个国际公约，有多个专题，而且缔约国数量比较大，不可能在一个周期内完成对所有重要专题实施情况的审议，分周期、分专题地进行审议有利于将相似条款放在一起审议。审议机制职权范围草案修订稿明确规定，审议机制适用于所有缔约国，并逐步涵盖《公约》及其议定书的实施情况。③ 为此，公约及其议定书实施审议政府间工作组专门草拟了公约及其议定书专题条款分配示意草案，将实施

---

① See Terms of reference for a review mechanism or mechanisms, guidelines for governmental experts and a blueprint for the country review reports: proposal and initiatives of State parties and signatories, UN Doc, CTOC/COP/WG. 5/2011/2/CRP. 1, May 10, 2012, pp. 3 – 4, para. 9.

② See Compilation of comments and views received from States on possible mechanisms to review implementation of the United Nations Convention against Transnational Organized Crime and the Protocols thereto: Note by the Secretariat, p. 4, para. 9.

③ See Revised draft terms of reference of the mechanism for the review of implementation of the United Nations Convention against Transnational Organized Crime and the Protocols thereto, p. 5, para. 12.

审议分为三个周期，供缔约方会议最后审议通过。①

同行专家审议是拟设实施审议机制的一大特色，也是实施审议机制的关键阶段。一般来说，实施审议机制通常包括三个阶段：第一阶段是实施信息的收集，缔约国报告在实施国际公约方面的努力及结果；第二阶段对报告的信息进行审议和分析，对现实实施问题进行详尽讨论，可由其他缔约国进行，或者由专门的专家小组进行；第三阶段通常由缔约方会议或根据条约设立的类似机构对第二阶段讨论的结果进行讨论，决定采取适当的后续行动，这些行动从通过建议到提供技术援助不等。② 显然，审议机制职权范围草案修订稿采用了同行专家审议的方式，而没有采用专家小组或者专家委员会审议的方式。采用同行专家审议的方式有很多好处。例如，同行专家审议机制有利于将发展水平相当或者属于同一地区的同行专家召集在一起。而且同行专家在一起讨论实施问题的过程，也是相互学习、交流观点和经验的过程。另外，同行专家审议机制有利于在缔约国间形成有效的相互问责制度。③ 与专家小组或专家委员会审议相比，同行专家审议机制的最大好处是缔约国可以对整个审议过程实施有效控制。特别是在涉及国家主权和安全的跨国有组织犯罪这个问题上，缔约国更不愿意将其交予相对独立、客观、不易控制的专家小组或专家委员会审议。这也是许多缔约国对《公约》第 35 条第 2 款或者《议定书》第 15 条第 2 款关于单方面将《公

① See Revised draft indicative thematic distribution of the United Nations Convention against Transnational Organized Crime and the Protocols thereto, February 10, 2012.

② See Comparative mechanisms to review implementation of the United Nations Convention against Transnational Organized Crime and the Protocols thereto: Comparative analysis of existing review mechanisms under other international instruments, UN Doc, CTOC/COP/WG. 1/2010/2, December 29, 2009, pp. 2 – 3, para 6.

③ See Comparative mechanisms to review implementation of the United Nations Convention against Transnational Organized Crime and the Protocols thereto: Comparative analysis of existing review mechanisms under other international instruments, UN Doc, CTOC/COP/WG. 1/2010/2, December 29, 2009, p. 5, para. 15.

约》或《议定书》解释或适用方面的争端提交国际仲裁或者国际法院裁决的规定提出保留的原因。[①] 当然，对缔约国来说，同行审议这种机制往往需要大量资源，而且在公约所涉范围广泛的情况下，可能不易获得审议全部问题所必需的专门知识。

因此，为了对受审议国的实施情况进行准确评估，也为了便于属于同一地理区域的缔约国之间相互交流和学习，审议机制职权范围草案修订稿规定，公约（或议定书）每一缔约国应由另外两个公约（或议定书）缔约国审议，而且两个审议缔约国中应当有一国与受审议缔约国同属一个地理区域，如有可能，其法律体系应当与受审议缔约国相似。[②] 而且为了使受审议缔约国参与并在一定程度上控制审议的过程和结果，草案修订稿规定：应当使受审议缔约国积极参与审议过程，而且每次国别审议的日程表及要求均应当由秘书处与审议缔约国和受审议缔约国协商确定；[③] 如果受审议缔约国同意，应根据政府专家和秘书处审议指南，采用国别访问或者在联合国维也纳办事处举行联席会议等直接对话手段对桌面审议进行补充；[④] 鼓励缔约国在国别访问过程中为国内所有相关利益方的参

---

① 关于《公约》的保留情况，参见 The status of ratification for the United Nations Convention on Transnational Organized Crime, at http://treaties. un. org/Pages/ViewDetails. aspx? src = TREATY&mtdsg_no = XVIII - 12&chapter = 18&lang = en（last visited 1 July 2014）；关于《议定书》的保留情况，参见 The status of ratification for the UN Trafficking Protocol, at http://treaties. un. org/Pages/ViewDetails. aspx? src = TREATY&mtdsg _ no = XVIII - 12 - a&chapter = 18&lang = en（last visited 1 July 2014）。

② See Revised draft terms of reference of the mechanism for the review of implementation of the United Nations Convention against Transnational Organized Crime and the Protocols thereto, p. 6, para. 18 and 20.

③ See Revised draft terms of reference of the mechanism for the review of implementation of the United Nations Convention against Transnational Organized Crime and the Protocols thereto, , para. 18 and 26.

④ See Revised draft terms of reference of the mechanism for the review of implementation of the United Nations Convention against Transnational Organized Crime and the Protocols thereto, para. 29.

与提供便利；[1] 而且审议国应该根据指南和蓝图，与受审议缔约国密切合作与协调，并在秘书处的协助下，编写附有内容提要的国别报告；[2] 包括内容提要在内的国别报告应由审议缔约国和受审议缔约国协商定稿；[3] 而且受审议缔约国有权决定是否公布其国别审议报告或者国别审议报告的一部分。[4] 所有这些规定均表明，同行审议有利于缔约国对整个审议过程和结果实施较大程度的控制，因而成为缔约国优先选择的审议方式。

值得注意的是，具有核实所收集信息的准确性、了解实施真实情况作用的国别访问，只是国别审议的一种补充方式。根据草案修订稿，审议缔约国应根据受审议缔约国对于综合自评清单所列问题的答复进行桌面审议，重点分析实施《公约》及《议定书》的措施，以及在实施方面的成功做法和挑战。[5] 必要时，审议国可以在秘书处的协助下要求受审议国作出解释或者提供补充信息，或者对与审议有关的补充问题作出答复，相应的建设性对话可酌情采用电话会议、视频会议、电子邮件交流等方式。[6] 如上文所述，在受审

---

① See Revised draft terms of reference of the mechanism for the review of implementation of the United Nations Convention against Transnational Organized Crime and the Protocols thereto, para. 31.

② See Revised draft terms of reference of the mechanism for the review of implementation of the United Nations Convention against Transnational Organized Crime and the Protocols thereto, para. 34.

③ See Revised draft terms of reference of the mechanism for the review of implementation of the United Nations Convention against Transnational Organized Crime and the Protocols thereto, para. 35.

④ Ibid. , para. 39.

⑤ See Revised draft terms of reference of the mechanism for the review of implementation of the United Nations Convention against Transnational Organized Crime and the Protocols thereto, para. 24.

⑥ See Revised draft terms of reference of the mechanism for the review of implementation of the United Nations Convention against Transnational Organized Crime and the Protocols thereto, para. 25.

议缔约国同意的情况下，可以使用国别访问或者在联合国维也纳办事处举行联席会议等直接对话手段对桌面审议加以补充。之所以在国别审议中规定了国别访问，是因为国别访问不仅可以使审议国专家和受审议国专家进行深入、持续的沟通，寻求解决实施问题的办法，而且有利于从各种政府部门及其他渠道获得信息。另外，国别访问不仅可以对立法进行评估，还可以对受审议国的国家制度结构和实施能力进行评估。但是，由于国别访问的进行往往需要更多资源，更重要的是，国别访问具有直接审查、监督国家实施情况的作用，受审议国对此往往比较敏感，所以草案修订稿把国别访问作为了桌面审议的补充方式，而且规定国别访问的进行须以受审议国的同意为前提。而且草案修订稿还在审议机制的指导原则与特点中强调，不应该把审议机制作为干涉缔约国内政的工具，应遵守缔约国地位平等和主权独立的原则。①

（四）审议的结果

根据国际法遵守管理理论，审议机制的目的是通过了解、监督和评估缔约国的实施情况，确保适当程度的透明度，以建立国际合作所需要的信任，同时给缔约国造成遵守国际法的压力；更重要的是通过了解缔约国实施的良好做法与困难，可以有效援助缔约国，提高缔约国的实施能力。审议结果直接影响审议机制目的的实现。根据草案修订稿，审议国应该与受审议国密切合作和协调，并在秘书处的协助下，编写附有内容提要的国别报告，而且报告应当明确在实施《公约》及其议定书方面的成功事例、良好做法和挑战并提出意见，还应酌情明确改进《公约》及其议定书实施情况所需

① See Revised draft terms of reference of the mechanism for the review of implementation of the United Nations Convention against Transnational Organized Crime and the Protocols thereto, para. 5.

要的技术援助。[①] 秘书处则应该汇集国别审议报告所载关于成功事例、良好做法、挑战、意见及技术援助需求的最为常见和相关的信息，并按照专题将其列入专题实施情况报告和区域补充增编，以便提交巴勒莫实施情况审议组。[②] 而巴勒莫实施情况审议组应以秘书处准备的专题实施情况报告为基础，通盘考虑审议过程以确定挑战和良好做法，同时考虑技术援助需要以确保公约及其议定书的有效实施，在此基础上提出建议和结论以供缔约方会议审议和核准。[③] 最后，由缔约方会议对巴勒莫实施情况审议组提交的建议和结论进行审议和核准。在随后的审议阶段，每一缔约国都应在其对综合自评清单所列问题的答复中，结合以往国别审议报告所载意见，提交关于既有进展的信息，而且还应酌情提供信息说明其在国别审议报告方面提出的技术援助需要是否已得到满足。[④] 值得注意的是，如前文所述，国别审议报告是保密的，鼓励缔约国行使主权公开审议报告或者审议报告的一部分；但在其他任一缔约国请求的情况下，受审议缔约国应该努力使之获得其国别审议报告。这样，既可以避免由于向社会公开国别审议报告而可能带来的不利影响，又可确保审议报告在缔约国间流通，从而实现国际法遵守管理策略所需要的透明度原则和缔约国遵守能力建设。

① See Revised draft terms of reference of the mechanism for the review of implementation of the United Nations Convention against Transnational Organized Crime and the Protocols thereto, para. 34.

② See Revised draft terms of reference of the mechanism for the review of implementation of the United Nations Convention against Transnational Organized Crime and the Protocols thereto, para. 36.

③ See Revised draft terms of reference of the mechanism for the review of implementation of the United Nations Convention against Transnational Organized Crime and the Protocols thereto, para. 43.

④ See Revised draft terms of reference of the mechanism for the review of implementation of the United Nations Convention against Transnational Organized Crime and the Protocols thereto, para. 44.

可见，国别审议主要有两个作用：一是了解特定缔约国在实施公约及其议定书方面的困难和良好做法，以有效地提供技术援助，并在交流经验和良好做法的基础上提高缔约国的实施能力；二是了解公约及其议定书的整体实施情况，包括实施挑战和良好做法，以协助缔约方会议最终作出帮助提高缔约国实施能力、促进公约及其议定书实施的策略。国别审议的整个过程是互动的说理、对话、说服和合作的过程，目的是在了解各缔约国实施困难和良好做法的基础上，通过技术援助、交流学习经验和良好做法等非对抗性的互动合作过程，促进对公约和议定书的有效实施，最终实现对包括人口贩运在内的跨国有组织犯罪的有效预防和惩治。这一过程充分体现了遵守管理策略的特点和良好效果。

（五）拟设审议机制的审议机构

拟设审议机制的审议机构主要涉及缔约方会议、巴勒莫实施审议工作组、秘书处和审议缔约国。作为监督、促进《公约》及其议定书实施的主要机构，缔约方会议的地位和作用在草案修订稿中得到了进一步明确：对《公约》实施情况的审议及拟设的《公约》及其议定书实施审议机制均受缔约方会议领导；① 巴勒莫实施情况审议组应受缔约方会议领导并向其报告工作；② 审议巴勒莫实施情况审议组的建议和结论，同时负责确定与审议进程有关的政策和优先事项，确定审议进程的阶段和周期以及审议的范围、专题顺序和细节，确定每个审议周期的长度以及审议周期内每一年参与的缔约国数量；③

① See Revised draft terms of reference of the mechanism for the review of implementation of the United Nations Convention against Transnational Organized Crime and the Protocols thereto, para. 10.

② See Revised draft terms of reference of the mechanism for the review of implementation of the United Nations Convention against Transnational Organized Crime and the Protocols thereto, para. 41.

③ See Revised draft terms of reference of the mechanism for the review of implementation of the United Nations Convention against Transnational Organized Crime and the Protocols thereto, para. 44 – 47.

核准对审议机制职权范围的修订，同时对实施机制及其职权范围的执行情况进行评估。[①] 可见，缔约方会议不仅决定与审议有关的重大程序性事项，而且有权最终决定改进《公约》及其议定书实施的建议和结论。缔约方会议除了第一届和第二届会议按年举行，正常情况下至少每两年举行一次，除非缔约方会议另有决定或者需要召开特别会议的特殊情况。

正如上文所述，作为拟新设机构的巴勒莫实施情况审议组应受缔约方会议领导并向其报告工作，主要职能是依据秘书处编制的专题实施情况报告，并参考国别审议报告的内容提要，通盘审视审议进程以确定挑战和良好做法，考虑技术援助需要以确保公约及其议定书的有效实施，在此基础上向缔约方会议提交建议和结论。显然，巴勒莫实施情况审议组行使了作为遵守管理策略最重要组成部分的对缔约国的实施情况进行系统审议和评估的功能。[②] 根据国际法遵守管理理论，审议和评估程序将所有的遵守管理措施和工具融入单一、协调的遵守策略之中，使所有缔约国加入日益具体和综合的对话之中，不仅要找出遵守方面存在的不尽如人意的地方，还要构思出改进遵守的方法。[③] 经过信息收集和国别审议之后形成的较为完整、准确、可靠的缔约国实施情况报告——国别审议报告，在经过秘书处的编纂后形成专题实施情况报告，之后再由巴勒莫实施情况审议组予以通盘审议，最终形成提交缔约方会议审议和核准的关于如何改进《公约》及其议定书实施的建议和结论。巴勒莫实

① See Revised draft terms of reference of the mechanism for the review of implementation of the United Nations Convention against Transnational Organized Crime and the Protocols thereto, para. 48.

② 关于政策审议与评估在遵守管理策略中的地位和作用，参见 Abram Chayes & Antonia Handler Chayes, *The New Sovereignty: Compliance with International Regulatory Agreements*, pp. 229 – 249。

③ Abram Chayes & Antonia Handler Chayes, *The New Sovereignty: Compliance with International Regulatory Agreements*, p. 249.

施情况审议组的审议以及在此基础上形成的建议和结论，对于改进《公约》及其议定书的实施具有至关重要的作用。尽管巴勒莫实施情况审议组提出的建议和结论还需要缔约方会议的审议和核准，但是对实施总体情况进行通盘审议的主体是巴勒莫实施情况审议组而不是缔约方会议，因而巴勒莫实施情况审议组提出的建议和结论在缔约方会议建议和结论形成的过程中具有极其重要的作用。这也许就是上文所提到的缔约方会议在是否允许观察员参加巴勒莫实施情况审议组会议方面形成重大分歧的原因所在。当然，要了解是否应允许观察员参加巴勒莫实施情况审议组会议，还有必要分析观察员参与审议组会议的意义。

根据缔约方会议议事规则，包括签署国、非签署国、实体与政府间组织以及非政府组织在内的非缔约国的国家和组织，有权依据该议事规则作为观察员参加缔约方会议并行使相关权利，例如，出席缔约方会议，在会议上发言，获取会议文件，以书面形式向会议提交意见，甚至参加会议的审议过程。[①] 因而，如果允许作为非缔约方的观察员参与巴勒莫实施情况审议组会议的话，那么观察员将会接触到秘书处编制的专题实施情况报告以及国别审议报告的内容提要，会参与通盘审视审议进程以确定挑战和良好做法，考虑技术援助需要以确保公约及其议定书的有效实施，从而参与作出关于如何改进《公约》及其议定书的实施的建议和结论。这样，非缔约国将可能接触到包括内容提要在内的国别审议报告，从而影响受审议缔约国对报告的保密权，也会影响审议组作出关于如何提供技术援助以及如何促进《公约》及议定书实施的建议和结论的进程。所以，建议应由缔约方会议作出决定不允许观察员参与巴尔莫实施情况审议组的会议，并在实施审议机制职权范围予以明确。

---

① See Rules of Procedures for the Conference of the Parties to the United Nations Convention on Transnational Organized Crime, Rules 14 – 17, at http://www.unodc.org/pdf/ctoccop_2006/05 – 85142_ebook – E.pdf (last visited 1 July 2014).

结　论

作为《联合国打击跨国有组织犯罪公约》三个补充议定书之一,《议定书》本质上是一个国际刑法公约，也是目前国际社会在打击人口贩运方面最主要、最具影响力的普遍性国际公约。《议定书》体现了将人口贩运作为一种影响国家安全和移民管理秩序的跨国有组织犯罪对待的思维框架，而不是一种将人口贩运作为严重侵犯人权行为对待的思维框架。这也是《议定书》在诞生的过程中曾经将人口贩运和移民偷运问题一并予以规定的重要原因。《议定书》的这种思维框架渗透在《议定书》的字里行间，左右着《议定书》的内容，也决定了《议定书》的局限性。《议定书》仅有 20 条，主要规定了三方面的国家义务：保护和帮助被害人的义务、刑事定罪的义务和预防人口贩运的义务。要厘清《议定书》下的国家义务，不能仅从条文本身去解读，相反，应依照《维也纳条约法公约》第 31 条和第 32 条的规定，结合《议定书》的母约《联合国打击跨国有组织犯罪公约》及相关的谈判准备工作文件来阐释。但是，要有效解决人口贩运问题，仅靠《议定书》这种刑事思维框架是无法实现的，因而有必要从保护人权、有效解决人口贩运问题的角度出发，结合相关的国际人权公约和刑法公约对《议定书》应予以界定的国家义务进行探讨。所以，界定《议定书》下的国家义务的过程，既是完整准确地还原《议定书》下的国家义务的过程，也是探讨如何完善《议定书》以有效地解决人口贩运问题的过程。

作为妥协产物的《议定书》不仅自身存在许多缺陷，而且在实施的过程中也存在很多问题。通过系统深入探讨比较《议定书》在加拿大、美国、泰国和中国的实施情况，既在一定程度上了解了《议定书》自身存在的缺陷，又在一定程度上掌握了有效实施《议定书》的良好做法和经验。这是因为，缔约国在实施《议定书》方面存在的很多问题在很大程度上是《议定书》自身缺陷的反映，而其他缔约国结合其制度环境和文化氛围采取的良好做法，在一定程度上确实值得我国学习和借鉴。因此，探讨《议定书》在其他国家实施的过程，也是借鉴他国良好做法完善我国相关法律制度的过程。

《议定书》的第一个缺陷是未对“人口贩运”定义所涉核心概念进行全面准确界定。尽管《议定书》是首个对“人口贩运”的定义进行界定的国际法律文件，但是由于缔约国在应对卖淫问题上的政策差异以及在人口贩运与移民偷运区分上的不同认识等方面的因素，并未对该定义所涉“其他形式的胁迫”、“滥用权力或滥用脆弱地位”、“性剥削”、“强迫劳动或服务”等关键术语进行准确的界定。这一方面有利于更多的国家批准或加入《议定书》、促进缔约国根据各自的具体情况加以实施；另一方面也成为了阻碍《议定书》“人口贩运”定义的统一有效实施的障碍，使《议定书》的“人口贩运”定义在缔约国有不尽相同的解释。通过系统深入考察《议定书》的“人口贩运”定义在加拿大、美国、泰国和中国的实施，发现这些国家在界定人口贩运的定义时确实有不尽相同的做法。例如，加拿大、泰国采用了统一综合界定人口贩运的方法，而美国、中国则采用了分散式立法；加拿大、美国采用了寓人口贩运手段要件于目的要件之中的做法，泰国则采用了几乎与《议定书》完全相同的三要件界定方法，而中国分散的立法则兼采了这两种界定方法。这些国家在界定人口贩运方面的不同做法，既受《议定书》在界定人口贩运定义方面的特点影响，又受缔约国原有法律制度和文化传统的限制，反映了缔约国在人口贩运问题上不尽相同的国家利益考虑。

《议定书》的第二个缺陷是关于保护和帮助被害人的义务的规定用语模糊且缺乏强制性，而且没有对相关核心义务作出规定。作为国际刑事法律文件的《议定书》之所以用3条14款对保护和帮助被害人的义务作出规定，主要是为了通过对人口贩运被害人进行保护和帮助，防止其因参与调查、起诉人口贩运的刑事程序而受到威胁或报复，鼓励被害人合作参与调查、起诉人口贩运者，从而保障刑事程序的顺利进行。不管是对被害人隐私和身份的保护，还是对被害人的帮助和赔偿，甚至临时居留身份或永久居留身份的给予，抑或被害人的安全遣返，均是以服务调查和起诉人口贩运者的刑事程序为目的。但是，由于缔约国担心对贩运被害人提供保护和帮助可能会鼓励更多的非法移民，所以使用了模糊灵活、不具强制力的语言。由于同样的原因，《议定书》未对及时识别被害人的义务和不羁押、不惩罚被害人的义务作出明确规定，不但使通常是非法移民的人口贩运被害人无法得到《议定书》规定的保护和帮助，而且有可能使这种被害人进一步受到伤害，加剧被害人的脆弱性。正因为如此，美国明确将被害人愿意与执法机关合作作为获得保护和帮助的条件，加拿大和泰国虽然未规定此种条件，但是赋予了主管机关较大的自由裁量权，而我国并未对外籍贩运被害人的保护和帮助作出明确具体的规定。

尽管《议定书》本质上是一个刑法公约，是以通过打击具有跨国有组织犯罪性质的人口贩运犯罪和跨国有组织犯罪集团来维护国家的安全为中心的，而不是以保护人口贩运被害人的人权为中心的，但是《议定书》仅在第5条中要求缔约国将人口贩运规定为刑事犯罪，这也是“缔约国的核心强制性义务”。这主要是因为作为《议定书》母约的《公约》已对包括人口贩运犯罪在内的跨国有组织犯罪的刑事司法应对作出了较为详尽的规定，而这些规定通常与《议定书》一同适用。因此，结合《公约》对《议定书》规定的对人口贩运作出有效司法应对的义务进行总结和分析是必要的。通过考察这一义务在上述四国的实施，发现缔约国结合《公约》和《议定书》的要求对有效应对人口贩运进行了具体详细的规定，实践中产生一些比较好的做法，值得我国学习和借鉴。例如，美国将为了实施人口贩运及相关犯罪而故意毁坏、藏匿、扔弃、没收或持有他人出入境证件的行为规定为犯罪，以有效打击通过控制外籍被害人的出入境证件来实施人口贩运及相关犯罪的行为。再如，美国将与人口贩运及相关犯罪有关的犯罪预备行为、犯罪未遂和共谋行为规定了与犯罪既遂相同的处罚，以有效地惩处人口贩运及相关犯罪。

《议定书》用5条详细地规定了通过减缓脆弱状况、抑制贩运需求特别是通过加强移民管理和合作来预防人口贩运的义务，明显体现了将人口贩运作为影响国家安全和移民管理秩序的跨国有组织犯罪对待的思维框架。该义务使希望获得用于减缓脆弱状况的经济和技术援助的原住国与希望通过移民管理国际合作将包括人口贩运被害人在内的非法移民堵在国门之外的目的地国找到了利益平衡点。美国的边境拦截计划与单边主义应对人口贩运策略充分地反映了这一点。

根据国际法遵守的管理理论，确保透明度、争端解决和履约能力建设是促进国际法有效实施的三大核心策略。通过确保透明度，形成有关国际机制的要求、程序及缔约国的实施情况的信息并予以传播，有助于促进缔约国对国际条约的遵守，威慑不遵守现象，这在一定程度上比增强国际条约的法律性和法律拘束力更能有效地促进缔约国的遵守。尽管《议定书》多数条款用语模糊、缺乏强制力，但是只要建立适当的实施审议监督机制，充分发挥透明度的作用，同样可以促进《议定书》的有效实施。《公约》及其《议定书》现行报告机制和缔约方会议审议机制的运行，在很大程度上是贯彻实施透明度原则的结果。但是这些机制未能使透明度原则充分发挥作用，也未能充分发挥监督和促进《公约》及其《议定书》有效实施的作用。因此，通过建立专门的实施审议机制以弥补缔约方会议审议机制的不足，是《公约》及其《议定书》实施审议机制发展的必然趋势。拟设的实施审议监督机制及其对《公约》及《议定书》实施情况的审议应受缔约方会议领导，而且审议程序的目的应是促进缔约国对《公约》及其《议定书》的实施，并且促进《公约》及其《议定书》目的的实现。采用单一的、渐进的、同行专家审议的方法有利于经济、高效地促进缔约国的实施和缔约国履约能力的提高。审议的结果应确保适当程度的透明度，以建立国际合作所需要的信任，同时给缔约国造成遵守国际法的压力。

通过全面深入探讨《议定书》下的国家义务并系统分析比较这些义务在加拿大、美国、泰国和中国的实施情况，建议在无须将《刑法》第 240 条规定的拐卖妇女、儿童罪恢复为拐卖人口罪的情况下，完善、协调我国《刑法》、《刑事诉讼法》等法律的相关规定，形成一个严密配合、科学合理的反拐法律体系。例如，建议根据我国《刑法》第 244 条第 2 款关于协助强迫劳动的规定新设立“与强迫劳动有关的人口贩运罪”，同时完善该款规定，将为了实施强迫劳动而招募、运送、移交、接收或窝藏人员的行为纳入该罪的范畴，而不仅仅限于明知他人实施强迫劳动而招募、运送人员或有其他协助强迫他人劳动的行为；完善《刑法》第 358 条第 3 款关于协助组织他人卖淫罪的规定，将为了强迫卖淫而招募、运送、移交、接收或窝藏人员的行为纳入该罪的范畴，同时将罪名修改为“与强迫卖淫有关的人口贩运罪”；完善《刑法》第 240 条关于拐卖妇女、儿童罪的规定，将“强迫被拐卖的妇女、儿童劳动或者将被拐卖的妇女、儿童卖给他人迫使其劳动的”、“引诱被拐卖儿童卖淫或者将被拐卖的儿童卖给他人引诱其卖淫的”、“以暴力、胁迫手段组织被拐卖的儿童乞讨或者将被拐卖的儿童卖给他人迫使其乞讨的”以及“组织被拐卖的儿童进行违反治安管理活动或将被拐卖的儿童卖给他人使其进行违反治安管理活动的”作为拐卖妇女、儿童罪的加重情节；加重《刑法》第 241 条收买被拐卖的妇女、儿童罪的法定刑，将法定刑修改为“5 年以上有期徒刑或拘役，并处罚金”。建议制定专门的人口贩运被害人保护法并完善

《刑事诉讼法》的相关规定，对人口贩运被害人特别是跨国人口贩运被害人的保护和帮助作出详细规定，涉及被害人的隐私和身份保护、人身保护、救助、赔偿、临时居留、安全遣返等方面。例如，建议在制定的人口贩运被害人保护法中明确规定，在处于执法机关看管之下的外籍人口贩运被害人的安全处于危险状态时，执法机关有义务确保不公开被害人及其家庭成员的名字和身份信息等。

参考文献

一、英文文献

（一）英文专著

1. Abram Chayes & Antonia Handler Chayes, *The New Sovereignty: Compliance with International Regulatory Agreements*, Cambridge: Harvard University Press, 1995.

2. Andrew T. Guzman, *How International Law Works: A Rational Choice Theory*, New York: Oxford University, 2008.

3. Anne T. Gallagher, *The International Law of Human Trafficking*, New York: Cambridge University Press, 2010.

4. Brown Edith Weiss & Dinah Shelton, Conclusions: Understanding Compliance with Soft Law, in Dinah Shelton (Eds.), *Commitment and Compliance: The Role of Non – binding Norms in the International Legal System*, New York: Oxford University Press, 2003.

5. Christina J. Tams, Enforcement, in Geir Ulfstein et al. (Eds.), *Making Treaties Work: Human Rights, Environment and Arms Control*, New York: Cambridge University Press, 2007.

6. David McClean, *International Cooperation in Civil and Criminal Matters*, Oxford: Oxford University Press, 2012.

7. David McCLEAN, *Transnational Organized Crime: A Commentary on the UN Convention and Its Protocols*, New York: Oxford University Press, 2007.

8. Dinah Shelton, *Commitment and Compliance: The Role of Non-binding Norms in the International Legal System*, New York: Oxford University Press, 2007.

9. Edith B. Weiss, Rethinking Compliance with International Law, in Eyal Benvenisti & Moshe Hirsh (Eds.), *The Impact of International Law on International Cooperation: Theoretical Perspectives*, Cambridge: Cambridge University Press, 2004.

10. Ernesto U. Savona et al., *Measuring Human Trafficking: Complexities and Pitfalls*, California: Springer, 2007.

11. Geir Ulfstein et al., Introduction, in Geir Ulfstein et al. (Eds.), *Making Treaties Work: Human Rights, Environment and Arms Control*, New York: Cambridge University Press, 2007.

12. Hans J. Morgenthau, *Politics among Nations: The Struggle for Power and Peace*, New York: Jefrey A. Knopf, 1985.

13. Heather M. Smith, *Sex Trafficking: Trends, Challenges, and the Limitations of International Law*, New York: Oxford University Press, 2011.

14. H. L. A. Hart, *The Concept of Law*, Oxford: Clarendon Press, 1961.

15. Jack. L. Goldsmith & Eric A. Posner, *The Limits of International Law*, New York: Oxford University Press, 2005.

16. John M. Scheb & John M. Scheb II, *Criminal Law*, Sixth Edition, Belmont: Wadsworth Cengage, 2012.

17. Louise Shelley, *Human Trafficking: A Global Perspective*, New York: Cambridge University Press, 2010.

18. J. Crawford and S. Olleson, The Nature and Forms of International Responsibility, in Malcolm D. Evans (Eds). *International Law*, New York: Oxford University Press, 2006.

19. Jürgen Neyer & Dieter Wolf, The Analysis of Compliance with

International Rules: Definitions, Variables, and Methodology, in Zürn and Joerges (Eds.), *Law and Governance in Post – nationalEurope: Compliance beyond the Nation – state*, Cambridge: Cambridge University Press, 2005.

20. Jutta Brunnee & Stephen J. Toope, *Legitimacy and Legality in International Law: An Interactional Account*, New York: Cambridge University Press, 2010.

21. Kal Raustiala & Anne – Marie Slaughter, International Law, International Relations and Compliance, in Walter Carlsnaes, Thomas Risse & Beth A Simmons (Eds.), *Handbook of International Relations*, London: Sage Publications, 2006.

22. Lon L. Fuller, *The Morality of Law*, Revised Edition, New Haven: Yale University Press, 1969.

23. Louis Henkin, *How Nations Behave: Law and Foreign Policy*, Second Edition, New York: Columbia University Press, 1979.

24. Maggy Lee, *Trafficking and Global Crime Control*, London: Sage, 2011.

25. Manfred Nowak, *U. N. Covenant on Civil and Political Rights: ICCPR Commentary*, Second Edition, Arlington: N. P. Engel, 2005.

26. Oran R. Young, *Compliance and Public Authority: A Theory with International Applications*, Baltimore: Johns Hopkins Press, 1979.

27. Ronald B. Mitchell, *Intentional Oil Pollution at Sea: Environmental Policy and Treaty Compliance*, Cambridge: MIT Press, 1994.

28. Sally Cameron et al. (Eds.), *Trafficking in Humans: Social, Cultural and Political Dimensions*, Hong Kong: United Nations University Press, 2008.

29. Susan Kneebone & Julie Debeljak, *Transnational Crime and Human Rights: Responses to Human Trafficking in the Greater Mekong Subregion*, London and New York: Rougledge, 2012.

30. Silvia Scarpa, *Trafficking in Human Beings: Modern Slavery*, New York: Oxford University Press, 2008.

31. S. Pickering & Marie Segrave, Policing the Border Within: Sex Trafficking and the Regulation of Sex Work, in S. Pickering (Eds.), *Women, Borders, and Violence: Current Issues in Asylum, Forced Migration, and Trafficking*, New York: Springer, 2011.

32. T. A. Aleinikoff, International Legal Norms on Migration: Substance without Architecture, in R. Cholewinski et. (Eds), *International Migration Law: Developing Paradigms and Key Challenges*, The Hague: T. M. C. Asser Press, 2007.

33. Tom Obokata, *Trafficking of Human Beings from a Human Rights Perspective: Towards a Holistic Approach*, Leiden: Martinus Nijhoff Publishers, 2006.

(二) 英文文章

1. Alese C. Wooditch & M. A. Dupont - Morales, Trafficking Jam: A Policy Review of the United States' Trafficking Victims Protection Act of 2000, *Trends Organized Crimes*, Vol. 12, 2009.

2. Anne - Marie Slaughter Burly, International law and International Relations Theory: A Dual Agenda, *American Journal of International Law*, Vol. 87, 1993.

3. Anne T. Gallagher, Human Rights and Human Trafficking: Quagmire or Firm Ground? A Response to James Hathaway, *Virginia Journal of International Law*, Vol. 49(4), 2009.

4. Barbara Koremenos, If Only Half of International Agreements Have Dispute Resolution Provisions, Which Half Needs Explaining? *Journal of Legal Studies*, Vol. 55(4), 2007.

5. Conny Rijken, A Human Rights Based Approach to Trafficking in Human Beings, *Security and Human Rights*, Vol. 3, 2009.

6. Charles A. Smith & Brandon M. L. Cuesta, Human Trafficking in

Conflict Zones: The Role of Peacekeepers in the Formation of Networks, *Human Rights Rev.*, Vol. 12, 2011.

7. Dale Brazao, For Sale: Workers, *IRE Journal*, Vol. 31(6), 2008.

8. David Okech et al., Human Trafficking: Improving Victim Identification and Service Provision, *International Social Work*, Vol. 55(4), 2012.

9. Duncan SnIbidal, Coordination Versus Prisoner's Dilemma: Implications for International Cooperation and Regimes, *Am. Political Science Rev.*, Vol. 36(1), 1985.

10. George W. Downs et al., Is the Good News about Compliance Good News about Cooperation? *International Organization*, Vol. 50, 1996.

11. Harold H. Koh, Why Do Nations Obey International Law? The New Sovereignty: Compliance with International Regulatory Agreements by Abram Chayes; Antonia Handler Chayes; Fairness in International Law and Institutions by Thomas M. Franck, *The Yale Law Journal*, Vol. 106(1), 1997.

12. Heather M. Smith, Sex Trafficking: Trends, Challenges, and the Limitations of International Law, *Hum Rights Rev.*, Vol. 12, 2011.

13. James C. Hathaway, The Human Rights Quagmire of "Human Trafficking", *Virginia Journal of International Law*, Vol. 249(1), 2008.

14. Jaye Ellis, Shades of Grey: Soft Law and the Validity of Public International Law, *Leiden Journal of International Law*, Vol. 25(2), 2012.

15. Jean Allain, Rantsev v. Cyprus and Russia: The European Court of Human Rights and Trafficking as Slavery, *Human Rights Law Review*, Vol. 10(3), 2010.

16. Kal Raustiala, Compliance and Effectiveness in International

Regulatory Cooperation, *Case W. Res. J. Intl L.*, Vol. 32, 2000.

17. Kalen Fredette, Revisiting the UN Protocol on Human Trafficking: Striking Balances for More Effective Legislation, *Cardozo J. Intl & Comp. L.*, Vol. 17, 2009.

18. Kenneth W. Abbott, Modern International Relations Theories: A Prospectus for International Lawyers, *Yale J. Intl L.*, Vol. 14, 2008.

19. Kenneth Abbott et al., The Concept of Legalization, *International Organization*, Vol. 54(3), 2000.

20. Kenneth Abbott et al., Hard and Soft Law in International Governance, *International Organization*, Vol. 54(3), 2002.

21. Leroy G. Polls, Global Trafficking in Human Beings: Assessing the Success of the United Nations Protocol to Prevent Trafficking in Persons, *The George Washington International Law Review*, Vol. 35 (1), 2003.

22. Martha Finnemore et al., Alternatives to "Legalization": Richer Views of Law and Politics, *International Organization*, Vol. 54 (4), 2001.

23. Matthias Goldmann, We Need Cut off the Heat of the King: Past, Present, and Future Approaches to International Soft Law, *Leiden Journal of International Law*, Vol. 25(2), 2012.

24. Oona A. Hathaway, Between Power and Principle: An Integrated Theory of International Law, *The University of Chicago Law Review*, Vol. 72, 2005.

25. Olivera Simic, Rethinking "Sexual Exploitation" in UN Peacekeeping Operations, *Women's Studies International Forum*, Vol. 32, 2009.

26. Robert O. Keohane, International Relations and International Law: Two Optics, *Harv. Intl. L. J.*, Vol. 38, 1997.

27. Seo - Young Chou et al., Compliance with the Anti - Traffic-

king Protocol, *European Journal of Political Economy*, Vol. 28, 2012.

28. Steven Ratner & Anne – Marie Slaughter, Appraising the Methods of International Law: A Prospectus for Readers, *American Journal of International Law*, Vol. 93, 1999.

29. William Bradford, International Legal Compliance: Surveying the Field, *Geo. J. Int'l L.*, Vol. 36, 2005.

30. Heather M. Smith, Sex Trafficking: Trends, Challenges, and the Limitations of International Law, *Human Rights Rev.*, Vol. 12, 2011.

31. Janie Chuang, The United States as Global Sheriff: Using Unilateral Sanctions to Combat Human Trafficking, *Michigan Journal of International Law*, Vol. 27, 2010.

32. Jennifer M. Chacon, Misery and Myopia: Understanding the Failures of U. S. Efforts to Stop Human Trafficking, *Fordham L. Rev.*, Vol. 74, 2005 – 2006.

33. Mohamed Y. Mattar, Interpreting Judicial Interpretations of the Criminal Statutes of the Trafficking Victims Protection Act: Ten Years Later, *Journal of Gender, Social Policy & the Law*, Vol. 19(4), 2011.

34. Jennifer M. Chacon, Tensions and Trade – offs: Protecting Trafficking Victims in the Era of Immigration Enforcement, *University of Pennsylvania Law Review*, Vol. 158, 2011.

35. Kalen Fredette, Revisiting the UN Protocol on Human Trafficking: Striking Balances for More Effective Legislation, *Cardozo J. Int'l & Comp. L.*, Vol. 17, 2009.

二、中文文献

（一）中文文章

1. 金泽刚：《性奴案的浮起与沉寂》，载《东方法学》2012年第4期。

2. 张远煌、林德核：《试析有组织犯罪的演变特征及存在形态》，载《法学杂志》2012 年第 3 期。

3．魏怡然：《全球化背景下跨国人口贩运之国际法分析》，载《湖北大学学报（哲学社会科学版）》2012 年第 2 期。

4．赵秉志、张伟柯：《中国惩治有组织犯罪的立法演进及其前瞻——兼及与〈联合国打击跨国有组织犯罪公约〉的协调》，载《学海》2012 年第 1 期。

5．黄盈盈、盘绥铭：《边缘人群的社会治理——河南“性奴案”引发的思考》，载《时事观察》2012 年第 1 期。

6．梁淑英：《国际法关于贩运人口的定义及我国刑法相关规定之思考》，载《北大国际法与比较法评论》2011 年第 11 期。

7．甄贞、申飞飞：《附带民事诉讼的困境与出路——以刑事和解为视角》，载《法学杂志》2011 年第 10 期。

8．黄太云：《〈刑法修正案（八）〉解读（三）》，载《人民检察》2011 年第 8 期。

9．王志祥、韩雪：《论〈刑罚修正案（八）〉中的强迫劳动罪》，载《法治研究》2011 年第 8 期。

10．魏怡然：《论〈打击人口贩运议定书〉的成就与不足》，载《湖北社会科学》2011 年第 4 期。

11．刘志云：《国际关系与国际法的学科结合——中国现状、存在问题及解决思路》，载《国际政治研究》（季刊）2011 年第 3 期。

12．许晓娟、彭志刚：《论〈巴勒莫公约〉相关议定书对我国刑法的影响》，载《西部法学评论》2011 年第 2 期。

13．徐崇利：《国际关系理论与国际法学之跨学科研究：历史与现状》，载《世界经济与政治》2010 年第 11 期。

14．刘国福：《中国反贩运人口法律的理性回顾与思考：以国际法为视角》，载《甘肃政法学院学报》2010 年第 5 期。

15．张红：《关于拐卖妇女、儿童罪的反思》，载《西部法律评论》2010 年第 4 期。

16. 刘国福：《试论中国反贩运人口法律制度的完善》，载《政法学刊》2010 年第 3 期。

17. 荆长岭：《中国治理跨国人口贩运的现状及其发展》，载《政法学刊》2010 年第 2 期。

18. 刘志云：《国际法与国际关系跨学科研究之路径》，载《世界经济与政治》2010 年第 2 期。

19. 车浩：《强奸罪与嫖宿幼女罪的关系》，载《法学研究》2010 年第 2 期。

20. 高鸿钧：《比较法研究的反思：当代挑战与范式转换》，载《中国社会科学》2009 年第 6 期。

21. 叶良芳：《存与废：嫖宿幼女罪罪名设立之审视》，载《法学》2009 年第 6 期。

22. 徐崇利：《构建国际法之“法理学”——国际法学与国际关系理论之学科交叉》，载《比较法研究》2009 年第 4 期。

23. 唐贤兴：《中国治理困境下政策工具的选择——对“运动式执法”的一种解释》，载《探索与争鸣》2009 年第 2 期。

24. 杨文龙：《论“拐卖人口罪”的恢复》，载《湖北社会科学》2008 年第 3 期。

25. 孙南申、彭岳：《证人保护制度构建之法律思考》，载《复旦大学学报（社会科学版）》2008 年第 1 期。

26. 赵军：《略谈我国拐卖犯罪的立法缺陷——以山西黑砖窑事件及联合国“The UN Trafficking Protocol”为视角》，载《法学评论》2008 年第 1 期。

27. 周海洋：《卖淫相关犯罪探究》，载《山东警察学院学报》2007 年第 5 期。

28. 张道许、冯江菊：《雇用童工从事危重劳动罪研究》，载《前沿》2006 年第 1 期。

29. 富强等：《刑法应增设偷盗婴幼儿罪》，载《人民检察》2005 年第 7 期。

30. 金泽刚、肖中华：《有关卖淫犯罪的疑难问题新探》，载《华东政法学院学报》2005 年第 6 期。

31. 朱宏伟：《论刑法中的威胁行为》，载《中国刑事法杂志》2005 年第 5 期。

32. 蔡巍：《惩治跨国贩运妇女儿童犯罪的现状、困境与对策》，载《政法学刊》2005 年第 2 期。

33. 毛立华：《证人作证：保护比补偿更重要》，载《中国刑事法杂志》2005 年第 1 期。

34. 刘志云：《国际机制理论与国际法的发展》，载《现代国际关系》2004 年第 10 期。

35. 杨金彪：《拐卖妇女儿童罪的几个问题》，载《现代法学》2004 年第 5 期。

36. 刘宪权：《论我国惩治拐卖人口犯罪的刑法完善》，载《法学》2003 年第 5 期。

37. 吴丹红：《证人保护制度探析》，载《华东政法学院学报》2003 年第 3 期。

38. 徐崇利：《全球化趋势与“跨国法学”的兴起》，载《法商研究》2003 年第 4 期。

39. 刘志云：《试论当代国际关系理论中的国际法角色定位》，载《现代国际关系》2003 年第 2 期。

40. 姜伟、陈正云：《罪刑法定与刑法解释——兼析为收养而偷盗婴儿的行为应否定罪》，载《人民检察》2001 年第 1 期。

41. 朱晓青：《〈公民权利和政治权利国际公约〉的实施机制》，载《法学研究》2000 年第 2 期。

42. 康树华：《论犯罪预防》，载《中国刑事法杂志》1999 年第 1 期。

43. 沈宗灵：《比较法的方法论》，载《法制与社会发展》1996 年第 3 期。

44. 莫纪宏：《禁止强迫劳动》，载中国人权网，http://www.

humanrights - china. org/cn/rqfg/zyjx/t20061017 _ 163749. htm. 2006年10月17日，访问时间：2014年7月18日。

（二）中文专著

1. 柳华文著：《〈联合国禁止贩运人口议定书〉研究——以人权法为视角》，社会科学文献出版社2011年版。

2. 高铭暄、马克昌主编：《刑法学》，中国法制出版社2007年版。

3. 邵沙平著：《国际刑法学——经济全球化与国际犯罪的法律控制》，武汉大学出版社2005年版。

4. 刘宪权主编：《打击拐卖人口犯罪的法律对策》，上海人民出版社2003年版。

5. 赵建文主编：《国际法新论》，法律出版社2000年版。

6. 康树华主编：《当代有组织犯罪与防治对策》，中国方正出版社1997年版。

后 记

本书是在我的博士论文基础上经过整理、修改、完善而成的。从2011年11月参加博士论文开题报告，至2012年在加拿大麦吉尔大学搜集、研读材料和撰写博士论文，再至2013年上半年博士毕业前不断修改完善论文，乃至博士毕业以来不断更新补充内容，至今已有整整3年的时间。其间，国际反拐法治和国内反拐实践均取得较大进步，特别是《联合国反人口贩运议定书》实施审议监督机制略见雏形，我国第二个反拐国家行动计划《中国反对拐卖人口行动计划（2013—2020）》发布实行，因此，根据这些变化进步及时更新、完善了论文内容。

博士论文原题目为《〈联合国反人口贩运议定书〉实施问题研究》。之所以研究人口贩运问题，一方面，希望以研究规制人口贩运问题的《联合国反人口贩运议定书》为突破口，对其母约《联合国打击跨国有组织犯罪公约》进行系统深入研究和探讨；另一方面，希望通过研究人口贩运这一困扰世界各国的跨国有组织犯罪问题，探讨国际刑法公约与国内法互动之规律。更重要的是，希望通过对国际反拐法治要求的探讨和相关外国法治实践的借鉴，为我国深化应对人口贩运问题之策略提供参考建议。作为现代形式奴役的人口贩运经常与移民偷运、强迫劳动、强迫卖淫、强制切除器官等问题交织，严重侵犯人的人格尊严和人身自由与安全，严重影响国家安全和社会的稳定与和谐。预防和惩治人口贩运犯罪是我国政府坚定不移的立场和态度。

本书之所以取名《拐卖犯罪防治对策比较研究：以〈联合国

反人口贩运议定书〉实施为视角》，一方面是因为拐卖犯罪是国内与人口贩运犯罪相接近而且易于为公众所理解的犯罪。当然，国际上的“人口贩运”犯罪涵盖的范围极其广泛，不仅仅指我国刑法规定的拐卖妇女儿童罪、收买被拐卖的妇女儿童罪、拐骗儿童罪，还包括强迫劳动罪、协助强迫劳动（罪）、组织卖淫罪、协助组织卖淫罪、强迫卖淫罪、组织未成年人进行违反治安管理活动罪等犯罪。这些犯罪可以统称为拐卖犯罪或拐卖人口犯罪，这也是《中国反对拐卖人口行动计划（2013—2020）》首次使用“拐卖人口”而且其内容涵盖了对上述犯罪的防治策略的主要原因之一。另一方面，该书名凸显了本书的主要研究方法——国际法和比较法的研究方法以及国际关系理论与国际法学跨学科研究的方法。本书在研究《联合国反人口贩运议定书》时，将其作为一项具有法律拘束力的国际法律文件，而不仅仅是可资借鉴的国际公约。无论在探讨《议定书》在加拿大、美国、泰国等国的实施情况时，还是在探讨我国完善反拐策略之道时，均考虑国际义务的内容和缔约国实施的路径问题。而缔约国在实施国际公约时通常要考虑国际规则的合法性与合理性及其对国家利益、国家权力的影响等因素，而这些因素是国际关系理论与国际法学跨学科研究的方法重点关注的因素。也正是由于国家在实施《议定书》时要考虑上述因素，所以各国符合其国情的实施策略必然有其独特之处。因而，采用比较研究的方法，探讨国家实施策略的共同之处和独特之处，一方面有利于准确地评估国家遵守《议定书》的情况，另一方面，有利于总结我国反拐法治的独特之处，同时明确其完善之道。

本书写作、完善的过程是一个艰辛跋涉而又意趣盎然的历程。2012 年，在加拿大麦吉尔大学法学院访学期间，安静而又忙碌的阅读、写作使我无暇领略蒙特利尔冬日厚厚的皑皑白雪、春日短暂频繁而又温润的小雨、夏日艳阳白云笼罩下的绿荫翠草、秋日五彩斑斓温馨宜人的枫叶林。2013 年，在紧张忙碌的工作之余，总是挤时间努力使纷乱的思绪安静下来，在空旷而寂寥的学术原野上狂奔。2014 年，在平稳而有序的工作之余，终能抽出时间阅读回味书稿内容，使其渐趋完善。尽管书稿内容仍存诸多不成熟之处，但是我要感谢在写作道路上给予了大力支持和帮助的人们。

首先要感谢我的博士生导师赵建文教授。感谢赵老师一直以来悉心的支持、指导和提携。赵老师严谨治学、精益求精的精神和淡泊从容、追求卓越的气魄，永远是我努力学习的榜样。在论文写作的过程中，不断地调整和完善研究的思路，改进研究的方法，提高写作的技巧和水平，乃至不断地强化字斟句酌的能力，每一步均离不开赵老师一丝不苟的指导和帮助。尽管论文可能还存在诸多问题，但是论文写作的过程确实在不断地塑造治学的品格、培养钻研的精神。

感谢联合国移民人权问题特别报告员、加拿大麦吉尔大学法学院教授弗朗索瓦·克雷勃（François Crépeau）先生以及阿尔伯塔大学法学院乔安娜·哈灵顿（Joanna Harrington）教授在我访加研修期间从文章结构思路、研究方法及材料搜集方面给予的指导和帮助。克雷勃教授认真敬业、严谨治学、造诣深厚，使我受益匪浅。诚挚感谢国际关系学院吴慧教授、中国政法大学林灿铃教授、中国人民大学邵沙平教授和中国人民公安大学莫开勤教授在论文评阅、答辩过程中给予的宝贵意见和建议。感谢中国社会科学院国际法研究所的沈涓教授、朱晓青教授和莫纪宏教授。他们渊博的学识和大家的风范以及对论文的指导和帮助使我收获颇多。衷心地感谢公安部刑侦局打拐办陈士渠主任在论文后期修改、完善过程中从实务专家的角度给予的宝贵建议和指导。

特别感谢铁道警察学院闫继忠书记、郝宏奎院长、管曙光副院长、江宜怀副院长、陈济鹏副院长、吕萍副院长及科研处刘国建处长、教务处刘猜处长、法律系王运生主任，感谢他们一直以来对我的关心、指导和帮助，使我有机会攻读博士学位和出国研修，为本书的诞生提供了必要保障。

感谢我的爱人师秀霞及家人，她们的无私奉献和默默支持是我不断前进的力量之源。爱人师秀霞不仅在生活上予以分担和照顾，而且通读了书稿，提出了不少建设性意见和建议。这部书既有她的一半功劳，又是结婚10周年送给她的生日礼物！

兰立宏

2014年11月22日于郑州